10.150
cata

La colección Dos Siglos agrupa textos fundamentales que contribuyen al entendimiento y necesaria profundización en las identidades e historias de Chile. Se propone como un aporte reflexivo indispensable ante la interpelación que nos provoca el Bicentenario de la República.

Comité Editorial:
Adriana Valdés
Humberto Giannini
Sonia Montecino
Roberto Aceituno
Volodia Teitelboim
Roberto Hozven
Rolf Foerster
Alfredo Jocelyn-Holt
Miguel Orellana

HISTORIA
DE CHILE

ARMANDO DE RAMÓN

HISTORIA DE CHILE
Desde la invasión incaica
hasta nuestros días
(1500-2000)

Catalonia

DE RAMÓN, ARMANDO

    Historia de Chile (1500-2000)
    Santiago: Catalonia, 2003
    322p.; 15 x 22cm.

    ISBN 956-8303-04-9

    HISTORIA DE CHILE
    983

Diseño de portada: Guarulo & Aloms
Fotografía de portada: Horst Foerster Krause
Dirección editorial: Arturo Infante Reñasco
Impresión: Andros Impresores

Todos los derechos reservados.
Esta publicación no puede ser reproducida,
en todo o en parte, ni registrada o transmitida
por sistema alguno de recuperación de información,
en ninguna forma o medio, sea mecánico
fotoquímico, electrónico, magnético,
electroóptico, por fotocopia o cualquier otro,
sin permiso previo, por escrito,
de la editorial.

Cuarta edición: Enero 2006

ISBN 956-8303-04-9
Registro de propiedad intelectual N° 135.842

© Editorial Biblos, 2001
© Catalonia Ltda., 2003
Santa Isabel 1235, Providencia
Santiago de Chile
www, catalonia.cl

ÍNDICE

Dos palabras 11

Introducción 13

I. La hispanización en la zona central de Chile (siglos xvii y xviii) 33
La sociedad señorial. 36 – Los mercaderes y la elite. 41 – Los grupos elitistas rurales. 44 – El comercio exterior: los sebos, los trigos y los minerales. 46 – Los intentos ordenadores del territorio; la modernización. 51 – La nueva sociedad chilena. 52– Relaciones internacionales: comercio y emancipación. 54

II. Proyecto histórico de la oligarquía chilena 63
Estructuración del Estado oligárquico. 69 – La ideología conservadora y los hombres de Portales. 72 – La ideología alberdiana y su proyección. 75 – Crisis del Estado portaliano en Chile. 78 – La obra de la oligarquía chilena en el siglo xix. 80 – *La articulación del territorio en el valle central.* 80 – *Reordenación del territorio; la ocupación del estrecho de Magallanes.* 83 – *La colonización de los territorios de Valdivia, Osorno y Llanquihue, al sur de Arauco.* 85 – *La "pacificación" de la Araucanía.* 88 – La Segunda Guerra del Pacífico o "Guerra del Salitre" (1879-1883). 97 – Los problemas limítrofes con la Argentina. 102 – La educación y la Salud. 105 – La banca, la oligarquía y el Congreso Nacional. 107 – Oligarquía chilena: auge y decadencia. Los sectores populares. 109

III. El proyecto de las clases medias; democratización y modernización de Chile (1920-1973) 115
La primera transición chilena del siglo xx. Anarquía y caudillos (1920-1938). 121 – El Frente Popular y los partidos políticos. 140 –

La derecha y su renovación. 144 – Política internacional, imperialismo y guerra fría. 148 – El Estado empresario. 153 – La agricultura y la reforma agraria. 157 – Nacionalización del cobre. 163 – Desarrollo cultural de Chile. 165 – Elementos para el desarrollo. Balance de medio siglo. 174

IV. UNIDAD POPULAR, EL PROGRAMA DE UNA REVOLUCIÓN 181
El programa de la Unidad Popular. 188 – La desaparición del centro político. 194 – La cara visible de la contrarrevolución. Violencia, huelgas y atentados. 200 – Las Fuerzas Armadas chilenas. 206 – *Orígenes de las Fuerzas Armadas chilenas.* 206 – *La modernización a la europea.* 208– *Las Fuerzas Armadas progresistas.* 211 – *La modernización a la norteamericana.* 213 – *El reingreso de las Fuerzas Armadas chilenas a la política contingente.* 215 – Conjunción de variables: terrorismo de derecha. 219 – Gestación del golpe de Estado. 221 – Los actores del drama. 227

V. AÑOS NEGROS. UNA TRANSICIÓN PARA EL SIGLO XXI 233
Antología del horror. 239 – Intervención de la Iglesia Católica chilena. 244 – La búsqueda de una legitimación. 250 – La Constitución de 1980 (el surrealismo en política). 254 – Las relaciones chileno-argentinas (1960-1983). 261 – La política económica y sus efectos después de 1973. 264 – Las protestas populares (1983-1986). 267 – Las acciones de la civilidad. 272 – El plebiscito. 278

VI. Epílogo. La Concertación de Partidos por la Democracia (1990-2000) 283

ÍNDICE DE NOMBRES 303

BIBLIOGRAFÍA 309

DOS PALABRAS

La presente obra es una historia de Chile completa, escrita no sólo para los especialistas sino dedicada especialmente a las personas de otras disciplinas, de Chile y del exterior, que tengan interés en conocer las diversas etapas que han cumplido los sucesos históricos ocurridos en ese país.

También hay que advertir que en ella, aunque se recorren todos los siglos que se han sucedido desde su fundación, se ha preferido profundizar en aspectos que no siempre se tocan en los trabajos históricos corrientes. En cambio, se habla de paso acerca de acontecimientos como la emancipación, las revoluciones y otros sucesos que en muchas obras se tratan con gran minuciosidad. Pienso que no se puede insistir *ad aeternum* en analizar aquellos detalles para los cuales el lector puede aprovechar la extensa bibliografía existente.

Habitualmente se ha estimado que una historia de Chile debe ser escrita en muchos volúmenes. Basta con ver la *Historia general de Chile* de Diego Barros Arana, con dieciséis volúmenes, escrita en el siglo XIX o, en el XX, la de Francisco Antonio Encina. *Historia de Chile. Desde la prehistoria hasta 1891*, con veinte tomos, o la *Historia del pueblo chileno* de Sergio Villalobos, que lleva tres volúmenes pero que aún no atraviesa el umbral del siglo XVIII. Lo mismo para la *Interpretación marxista de la historia de Chile* de Luis Vitale, con cinco tomos y que recién se está adentrando en el siglo XX. También la voluminosa *Historia de Chile* de Gonzalo Vial, que inicia su relato con la revolución de 1891 y espera llegar hasta el golpe militar de 1973. De esta última historia han aparecido cuatro volúmenes, que alcanzan hasta 1931, lo que nos hace suponer que faltan todavía otros cuatro para cumplir su meta. Finalmente, acaba de aparecer una *Historia contemporánea de Chile*, que tendrá cuatro volúmenes escritos por Gabriel Salazar y Julio Pinto y que enfoca la historia del país desde nuevos e interesantes puntos de vista. Por tanto hay historia para todos los gustos y materias donde el lector de mi modesto trabajo puede cotejar los detalles que en él no encontrará.

En consecuencia, el trabajo que ahora presentamos prefiere entregar brevemente los hechos históricos dentro de las grandes áreas de lo social, lo económico, lo urbano u otra especialidad, deteniéndose en la historia política sólo cuando los hechos relatados comienzan a cruzar las transiciones, momentos en los que la historia parece precipitarse.

En todo caso, esta obra busca desarrollar, sin mengua de la verdad histórica, una interpretación donde los grupos sociales aparecen con un protagonismo muy alto. Por supuesto, se trata de la manera como el autor observa la historia de su país, inserto dentro del contexto latinoamericano que lo influye constantemente, lo interviene y modifica.

Chile no se entiende sin conocer lo que ocurre y ha ocurrido en Argentina, Bolivia y Perú, sus inmediatos vecinos, pero tampoco se comprende sin observar la influencia más lejana, pero siempre poderosa, de sus otros grandes y más lejanos vecinos: Brasil, México y, sobre todo, Estados Unidos.

Del mismo modo, no se obtendrá una cabal comprensión si al menos no se tocan brevemente las influencias todavía más lejanas que van llegando hoy en día con mucho estrépito desde un mundo globalizado e integrado, que se mete por todos los rincones y que no acepta limitaciones ni rigideces ni, menos aún, fundamentalismos de cualquier especie que ellos sean.

Habrá, también, algunas partes donde la subjetividad subyacente en todo trabajo histórico saldrá con fuerza a la luz. Sin haber creído nunca en la objetividad científica de la historia hay muchos párrafos que han sido escritos, sin ánimo de falsear los hechos, desde mi ser de hombre, con mis conocimientos, mis investigaciones y mi profundo dolor de testigo.

ARMANDO DE RAMÓN
La Reina, invierno austral de 2000

Guerra de Arauco. Lámina original de Pineda y Bascuñán.
(Archivo Nacional de Chile)

INTRODUCCIÓN

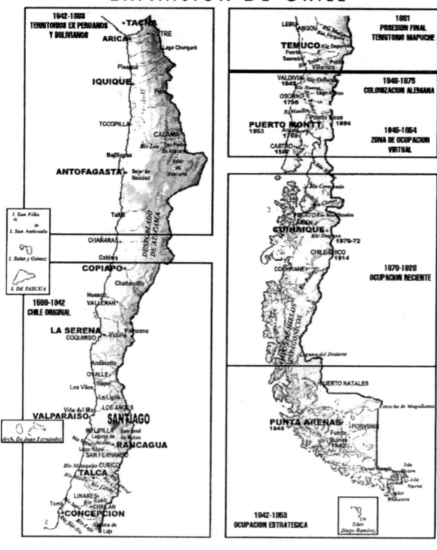

La actual República de Chile se encuentra en el extremo sudoccidental de América del Sur, y su territorio continental se extiende de cara al océano Pacífico entre los 18° 30' y los 56° 32' de Latitud sur, estando su eje en el meridiano 70° oeste (véase mapa, p. 32).

La determinación de este territorio fácilmente distinguible en los mapas pertenece a los conquistadores castellanos, quienes lo fijaron como constitutivo del antiguo Reino de Chile. A diferencia de los casos de México y Perú, estos límites no estuvieron determinados por la historia anterior de los naturales del país, pues los aborígenes chilenos no llegaron a formar un Estado o una nación homogénea y compacta como la de los imperios mencionados. Esto hacía que sus límites fueran tan variables como lo exigían su propia evolución y las circunstancias de su vida.

Por tanto, puede decirse que los conquistadores, obrando de consuno con los burócratas de la Península, crearon de la nada un nuevo país que tomó la forma de una larga y angosta isla, la cual, si bien no estaba rodeada de agua por todos sus costados, sí lo estaba por los accidentes de la naturaleza tan decisivos como un inmenso océano, una altísima cordillera y un desierto considerado el más árido del planeta.

Los diversos grupos aborígenes que habitaron el actual territorio chileno mantuvieron estrechos contactos entre sí, pero también los tuvieron con otros pueblos indígenas situados en la vertiente oriental de los Andes, de manera que esta cordillera, que para los españoles terminó siendo una frontera, para los indígenas, por el contrario, fue una columna vertebral, un nexo que franqueaba el paso de una a otra de sus vertientes. Creo de interés destacar que, en ciertos momentos de los tiempos contemporáneos, ha sido el comercio el que ha obligado a esta cordillera a dejar atrás su condición de barrera entre los dos pueblos para convertirse en unión. Así ocurrió a fines del siglo XVIII y principios del XIX, cuando miles de mulas la atravesaban llevando y trayendo materias primas y mercaderías. Así está volviendo a pasar con el milagro de la integración chileno-argentina y sus enormes flotas de camiones que la cruzan diariamente llevando y trayendo la riqueza que promueve la potencialidad de ambas naciones.

Más curioso, si cabe, fue el caso del desierto de Atacama y la puna del mismo nombre, límite norte para los españoles que, por lo menos desde los tiempos de la cultura tiawuanacu, fue una puerta de entrada al país del sur y una llave articuladora de las relaciones entre el imperio del mismo nombre, o del imperio quechua más tarde, con las etnias de Atacama y Coquimbo en Chile y con las de Salta y Jujuy en el actual territorio de la República Argentina.

Me parece claro que los conquistadores adoptaron esta configuración debido al fracaso de los primeros límites y lineamientos de las gobernaciones creadas entre 1529 y 1534, las que atravesaban horizontalmente el Cono Sur de América Latina, desde el océano Pacífico hasta el Atlántico. Las cédulas reales que otorgaron gobernaciones en 1534 a Diego de Almagro, a Pedro de Mendoza y a Simón de Alcazaba y en 1539 a Francisco de Camargo, no pasaron de ser declaraciones teóricas. El abandono de todas estas conquistas o, mejor, la imposibilidad de estos capitanes de llevar a cabo sus cometidos, comprobó que no correspondía formar los Estados en el Cono Sur del continente conforme a los paralelos geográficos sino que debía hacerse siguiendo la ruta de los meridianos.

El principal autor de este diseño geográfico-político fue Pedro de Valdivia, primer conquistador y fundador de Chile, quien recorrió el país de norte a sur ponderándolo en sus famosas cartas al emperador Carlos V y dándole la personalidad geográfica y política que hoy tiene gracias a la admiración que trasuntaba su relato sobre sus riquezas, la bondad del clima, la belleza de su paisaje y la abundancia de su población. El relato de Chile que hizo en sus célebres cartas es la descripción de su actual espacio geográfico y no parecen quedar dudas respecto de que el Chile que hoy existe es el Chile valdiviano, el Chile que éste conoció al atravesarlo de norte a sur entre el despoblado de Atacama y las selvas australes, con la mira puesta en las tierras del estrecho de Magallanes donde, sin embargo, no le fue posible llegar.

A instancias del propio Valdivia, el presidente Gasca, en el Perú, le otorgó por gobernación "hasta cuarenta e un grados de norte sur, costa adelante, e cien leguas de ancho hueste resto", según expresa Valdivia en las instrucciones a sus apoderados en la corte enviados desde Santiago de Chile el 15 de octubre de 1550. Estos mismos límites le fueron otorgados por Real Cédula del 31 de marzo de 1552 aunque más tarde, por Real Cédula dada en Arrás el 29 de septiembre de 1554, el emperador

Introducción

extendió estas fronteras hasta el estrecho de Magallanes, con lo cual quedó conformado el primer mapa de Chile, que será repetido por cronistas, gobernadores, poetas y funcionarios.

Pero la anchura de cien leguas, este-oeste, fue quedando sin efecto cuando en 1563 una cédula de Felipe II quitó la gobernación de Tucumán, Juries y Diaguitas a la gobernación de Chile incluyéndola en el distrito de la Audiencia de Charcas. Dos siglos más tarde, al crearse el Virreinato del Plata en 1776, la provincia de Cuyo fue segregada de Chile e incluida en el nuevo virreinato. Finalmente, el resto de la Patagonia fue reconocido por Chile como perteneciente a la República Argentina en un tratado de 1881.

Este mapa del país era notorio desde los siglos XVI y XVII y se expresaba como algo natural y definitivo en todos los textos de la época. Tomamos un ejemplo en la siguiente frase del famoso cronista Alonso de Ovalle, cuando expresaba en 1646: "Extiéndese [Chile] por lo ancho su jurisdicción hasta 150 leguas del este a oeste porque, aunque *lo más ancho de lo que propiamente se llama Chile no pasa de 20 a 30 leguas* que son las que se contienen entre el mar y la famosa Cordillera Nevada, de que hablaremos en su lugar, le arrimó el Rey las dilatadas provincias de Cuyo".

La mayoría de los cronistas coloniales dicen lo mismo y todos ellos coinciden en que el territorio del que hablan, pese a los extravagantes resultados que muestra su extrema longitud de quinientas leguas y su corta anchura de veinte o treinta, fue reconocido en su tiempo como una unidad histórica y geográfica coincidente en el espacio y en el tiempo.

Para demostrarlo basten los versos con que Alonso de Ercilla lo describe en el canto primero de su poema épico *La Araucana*, publicado en Madrid en 1569:

> Es Chile norte sur de gran longura
> costa del nuevo mar, del Sur llamado
> tendrá del este a oeste de angostura
> cien millas, por lo más ancho tomado
> bajo del Polo Antártico en altura
> de veintisiete grados, prolongado
> hasta do el mar Océano y Chileno
> mezclan sus aguas por angosto seno.

Los bravos castellanos no pudieron colonizar a todo lo largo este territorio. Como se sabe, a causa de la gran sublevación indígena de 1598 y al abandono del territorio ubicado al sur del río Biobío, la colonización del territorio quedó circunscripta, por un tiempo relativamente largo (1600 a 1840), a un espacio geográfico limitado a sólo diez grados de Longitud

(27° y 37°). En otras palabras, al valle central del actual territorio y a la periferia del mismo en sus extremos norte y sur (Copiapó, Valdivia, Chiloé).

Esta circunstancia actuó como elemento compactador de la masa, atenuador de las diferencias y homogeneizador de las características culturales. Su misión consistió en formar el esbozo de una nación permitiendo que ella pudiera recuperar los territorios soñados por Valdivia y ratificados por los soberanos españoles. Mientras tanto, durante los siglos XVII y XVIII, el país fue elaborando en forma muy perfecta los elementos surgidos de la acción, muchas veces dramática, de los hechos históricos y de los fenómenos naturales.

A mi juicio, parece haber en todo esto un determinismo histórico, idea que en esta ocasión empleamos como hipótesis. Su alcance no es otro que el de llamar la atención hacia la consistente homogeneidad política en un territorio que geográficamente parecía estar destinado a no tenerla, lo cual permitió a la población crear sus valores y pasar de colonizado a efectivo colonizador de los territorios que se le incorporaron durante el siglo XIX.

Durante los tiempos precolombinos se extendieron por este espacio diferentes culturas, separadas en diversas regiones, aunque manteniendo contactos entre ellas. El primer factor político de unidad lo constituyó la invasión incaica de fines del siglo XV, que logró asentarse sobre lo que hoy es el norte y el centro-norte de Chile. La invasión castellana hizo lo mismo, aunque al conseguir afincarse en un espacio mayor y durante un tiempo mucho más extenso que el que logró el imperio quechua, pudo plasmar los elementos que se precisaban para crear una nación.

El territorio del futuro Chile fue también consagrado, no sólo en los títulos reales que diseñaban países, como era de suponer, con una dosis de ignorancia geográfica propia de su época sino también en los hechos notables y en los enormes sacrificios soportados por los primeros expedicionarios. Pero tanto Almagro, que recorrió el país entre 1536 y 1537, como Valdivia, quien lo penetró más profundamente entre 1540 y 1553, se movieron casi abrazados del meridiano 70 oeste que en gran medida se constituyó en una especie de columna vertebral que recorre Chile de sur a norte y que pronosticaba la forma futura del país. Hubo un instante en el que Valdivia, en jornadas épicas, dentro de los grados heroicos que solían alcanzar los conquistadores, pareció haber consolidado en sólo doce años (1540-1553) de duro bregar gran parte de este espacio entre San Pedro de Atacama (Latitud 22° 55') hasta Osorno (40° 35'). En diciembre de 1553 tal era el espacio geográfico y político que parecía dominar Valdivia y sus huestes. El 25 de diciembre del mismo año, los que estaban muriendo con él en la batalla de Tucapel fueron testigos del derrumbe de sus sueños y de la aparición de los fantasmas de la derrota, del fracaso y de la caída en la nada.

Introducción

Después de la muerte de Valdivia siguieron otros cincuenta años de dura guerra para mantener lo conquistado por ese fundador, pero sin conseguirlo. Este retroceso, iniciado con la batalla de Tucapel en 1553, donde murió el conquistador de Chile, se consolidó con el combate de Curalaba en 1598 donde falleció otro gobernador, Martín García Oñez de Loyola.

Repetimos que este alzamiento determinó que, a partir del siglo XVII, el llamado Reino de Chile fuera una realidad que se concentraba en un pequeño territorio de sólo 190.000 kilómetros cuadrados. Esto corresponde a poco más de lo que ocupa hoy la República del Uruguay y parece que, en el caso de Chile, era lo único posible de colonizar dentro de las circunstancias del siglo XVII.

Como una última paradoja histórica, fue también una reina española, Isabel II, quien en el Tratado de Paz y Amistad firmado en 1844 entre los gobiernos de Chile y España, al despedirse de su antigua colonia repitió los límites que había pedido Valdivia a su lejano antepasado el emperador Carlos V. Así, en su artículo 1° dijo textualmente: "Su Majestad Católica, usando de la facultad que le compete por decreto de las Cortes Generales del Reino de 4 de diciembre de 1836, reconoce como nación libre, soberana e independiente a la República de Chile compuesta de los países especificados en su Ley Constitucional, a saber: todo el territorio que se extiende desde el Desierto de Atacama hasta el Cabo de Hornos, y desde la Cordillera de los Andes hasta el mar Pacífico, con el archipiélago de Chiloé y las islas adyacentes a la costa de Chile. Y Su Majestad renuncia, tanto por sí como por sus herederos y sucesores, a toda pretensión al gobierno, dominio y soberanía de dichos países".

***

Repetimos, no puede hablarse de una sola nación chilena aborigen, antepasada de la actual y anterior a la conquista del país por los europeos, como en cambio sí puede hacerse con México y Perú. Ello se debe a que sus primitivos habitantes no lograron conformar una unidad política ni económica sino que estaban divididos en, por lo menos, cuatro grandes áreas culturales.

Las poblaciones aborígenes, al parecer, comenzaron a penetrar el país hacia los diez o quince mil años antes de Cristo, tanto por el norte desde el Perú como a través de los Andes, viniendo desde lo que hoy es la República Argentina. La última invasión preeuropea realizada sobre el territorio hoy chileno fue, como hemos dicho, la que hicieron los incas del Perú quienes usaron, indistintamente, aquellas vías de penetración ya señaladas. El inca Topa Yupanqui (1471-1493) anexó a su imperio todo lo que hoy es el Norte Chico de Chile, mientras que su hijo y sucesor Wayna Cápac (1493-1525) avanzó hacia la zona central, estimándose hoy que la conquista efectiva llegó hasta los valles del Mapocho y del Maipo, aunque se registra la presencia quechua hasta por lo menos la zona del Maule.

Los conquistadores europeos, en la medida en que vinieron a Chile desde el Perú, usaron las mismas vías y fue así como el primer descubridor, el adelantado Diego de Almagro, empleó para llegar en 1536 el camino del Alto Perú, Salta y Tucumán en la banda transandina para penetrar luego en la cordillera de los Andes y en el actual territorio chileno por el paso de San Francisco que lo condujo a Copiapó. Almagro se detuvo en el valle de Chile o de Quillota junto al río Aconcagua y desde allí recorrió los alrededores hasta el Mapocho, mientras enviaba a un lugarteniente con tropas que alcanzaron hasta los ríos Itata y Ñuble en el centro sur del país; estos soldados sostuvieron allí algunos combates con los naturales. Almagro regresó al Perú a fines de 1536, decisión atribuida, según testimonios de sus soldados, al deseo de tomar posesión de la gobernación de Nueva Toledo y el Cuzco, cuyos títulos le llegaron cuando se encontraba en Chile. El retorno al norte fue hecho por el otro camino, es decir, por los valles transversales de Chile, y luego por el despoblado de Atacama y los oasis de Tarapacá hasta llegar a Arequipa en 1537.

Este regreso no favoreció a nadie y si perjudicó a muchos, pues fue causa del inicio de las guerras civiles peruanas donde el primer derrotado y decapitado en la plaza de Cuzco en 1538 fue el propio Almagro. También provocó grave daño a los conquistadores que vinieron a Chile en pos de él debido a que los pueblos indígenas, habitantes que habían recibido pacíficamente a Almagro, no lo hicieron de igual forma con sus sucesores, escarmentados por los atropellos y abusos que llevaron a cabo las tropas de aquél.

En 1539 Francisco Pizarro, gobernador del Perú, nombró al capitán Pedro de Valdivia su lugarteniente y le encomendó la prosecución de esta conquista. Valdivia partió desde el Cuzco seguido por un número reducido de compañeros, con los cuales inició la penetración de lo que hoy es territorio chileno desde Arica, donde se encontraba a principios de febrero de 1540. Desde allí continuó hacia el sur bordeando el piedemonte cordillerano para aprovechar la existencia de las numerosas quebradas que allí se encuentran y donde se levantaban algunos pueblos indígenas con abundancia de agua, alimentos y forraje para los animales.

De ahí en adelante y hasta el despoblado de Atacama, los castellanos toparon con la primera gran área cultural existente en el territorio chileno. Me refiero a la periferia de la cultura tiawanaku, que en esta región estaba poblada por agricultores que poseían técnicas muy desarrolladas, aprovechaban los frutos de cactáceas, tubérculos y gramíneas de altura. Poseían una ganadería basada en animales domesticados como la llama y la alpaca y también en especies salvajes como el guanaco y la vicuña. Las modernas investigaciones han destacado el esfuerzo hecho por estas poblaciones para aprovechar las zonas situadas a cuatro mil metros y más sobre el nivel del mar, sin potencial agrícola pero, en cambio, con buenos recursos para el pastoreo. Destacan también el aprovechamiento de las tierras más bajas con mayor capacidad agrícola, así como la integración que hacían de estas zonas de cultivo con otras de pastoreo equilibrando de esta forma las necesidades de su población.

Todas estas localidades habían sido en otra época dependientes de un Estado cuya capital era una gran ciudad con una extensión de unas cuatrocientas hectáreas, adornada con notables edilicios de piedra para los templos y palacios, situada en las cercanías del lago Titicaca. El Estado Tiawanaku, asimismo, logró integrar una periferia de colonias conocida como "fase Cabuza" (300-700 después de Cristo) en lo que hoy es Arica, en el extremo norte de Chile, y se extendió más tarde hacia una ultraperiferia de intercambio de bienes y servicios, que los especialistas llaman la "fase Quitor" en San Pedro de Atacama (400-700 después de Cristo) comprendiendo un vasto espacio entre Tarapacá y el valle de Calchaquí, hoy Argentina. En años posteriores, estas fases dieron paso a otras diferentes que extendieron su influencia hasta la costa, según denotan los recientes descubrimientos.

En esta primera parte de su viaje, Pedro de Valdivia recorrió uno a uno los pequeños poblados que existían en las diversas quebradas que se sucedían hacia el sur, todos situados entre los 3.087 y los 2.520 metros de altitud. Así, llegó al pueblo de Tarapacá en abril de 1540 luego de recorrer 121 leguas desde Arica. Este pueblo, ubicado a 1.410 metros sobre el nivel del mar, era uno de los más extensos y ricos de toda la región; la aldea tenía en esa época unos quinientos habitantes, aunque toda la quebrada contaba con cuatro mil y el poblado alcanzaba 5.500 metros cuadrados de superficie. Hacia 1550 esta gran aldea tributaba 583 quintales métricos de maíz y mantenía abundante ganado en los campos de la quebrada. Junto con el pueblo de Pica, había formado durante los quinientos años anteriores a la conquista española un interesante complejo que controló un conjunto de pequeñas aldeas distribuidas por los bordes altos.

Desde Pica la expedición conquistadora continuó hacia el sur y Valdivia envió a algunos emisarios a la región de Porco en el Alto Perú en busca de nuevos refuerzos para aumentar su todavía pequeña columna expedicionaria. Pronto llegaron hasta el río Loa alcanzando el oasis de Calama y más allá el pueblo de Chiu Chiu, cabecera de todas las aldeas que existían junto a ese río hasta el mar. No se detuvo allí sino que continuó avanzando hasta el poblado de San Pedro de Atacama, que era a su vez cabeza de los caseríos que existían hacia la cordillera. En él lo esperaban algunos refuerzos traídos desde el Alto Perú por Francisco de Aguirre quien, durante la espera, había derrotado a tropas indígenas atrincheradas en el "pukara" o fuerte de Quitor. Esta victoria trajo como botín una cantidad importante de alimentos que permitieron, a su vez, que Valdivia pudiera permanecer allí durante dos meses.

San Pedro de Atacama o Atacama la Alta, como se ha dicho, tenía una amplia jurisdicción hacia la cordillera de los Andes que comprendía algunos pueblos situados en la puna de Atacama, en su parte hoy perteneciente a la República Argentina. Allí se producía maíz, algarrobas, papas y otros productos de la tierra, recursos que permitieron a Valdivia proveer y abastecer a sus tropas para el paso del Despoblado de Atacama, estéril desierto que se extendía a través de 183 leguas hasta terminar en el valle de Copiapó, primero de los valles transversales que existen desde allí al sur en lo que hoy se llama "Norte Chico".

Al comenzar esta travesía, ya la hueste castellana contaba con ciento cincuenta soldados, incluida la única mujer del grupo, llamada Inés Juárez o Suárez, a los cuales había que agregar los auxiliares indígenas o yanaconas en número difícil de precisar. Las jornadas diarias eran de ocho a quince leguas cada una y la expedición no se detenía sino en aquellos lugares donde existían pozos o *jagüeyes* que contenían agua semisalobre, pero que les permitía reponer fuerzas. De noche no siempre encontraban leña u otras materias para hacer fuego, y debían soportar las muy bajas temperaturas nocturnas. Sin embargo, Valdivia y los suyos pudieron sobreponerse a estos inconvenientes y llegaron sin perder un solo hombre al valle de Copiapó, donde el capitán tomó posesión de estas nuevas tierras en nombre del emperador y las bautizó con el nombre de Nueva Extremadura.

Aquí Valdivia penetraba en la segunda área cultural de importancia del territorio que hoy es Chile. En ella se había desarrollado la cultura diaguita, la cual ha dejado sus muestras tanto en el actual territorio chileno como en el que hoy corresponde a la Argentina. Esta cultura floreció en el llamado "Norte Chico" de Chile, es decir, entre los cuatro valles situados al sur de Copiapó hasta Aconcagua, estimándose su población, a la llegada de Valdivia, en unos treinta mil habitantes. En estos valles se producía maíz, quínoa, frijoles y papas y, desde Huasco al sur, hay que agregar el zapallo y las semillas comestibles del chañar, el algarrobo y los cactos. Además de esos productos agrícolas, esos pueblos producían el algodón que necesitaban para hacer sus vestidos y mantenían animales domésticos como la llama, además de cazar otros salvajes como el guanaco, del cual hacían charqui o carne seca. Fueron notables ceramistas que dibujaban con primoroso arte los objetos que fabricaban. En cuanto a sus poblados, se clasificaban en aldeas, donde vivían en épocas de paz, y *pukaraes*, aldeas fortificadas, que servían de refugio en tiempo de guerra.

Estaban organizados en lo social y lo político a través de un curioso sistema de mitades mediante el cual cada valle, aunque considerado una unidad, estaba dividido en dos partes, la de arriba junto a la cordillera y la de abajo junto a la costa del mar. Cada mitad tenía un jefe que se consideraba hermano del jefe de la otra, los cuales solían actuar de común acuerdo pese a ocasionales rivalidades. Los autores estiman que la estructura política de los diaguitas "puede ser comprendida como una federación de señoríos".[1]

Valdivia se detuvo en Copiapó, el primer valle, donde además de celebrar la ceremonia de toma de posesión se dedicó a buscar alimento y provisiones para sus hombres y sus cabalgaduras. Por su parte los indígenas, que recordaban el terrible regreso de Almagro y los suyos por esas tierras, no cesaban de molestar a los españoles, obligando a Valdivia no sólo a estar alerta sino a combatir constantemente. Esto se repitió en el valle del Huasco, al cual encontraron despoblado debido a que los indios habían huido a los montes por temor a los castellanos, y en el tercer valle llamado Coquimbo donde, además de la fuga de sus habitantes, debieron enfrentar a los guerreros indios que acometieron con brío contra ellos. Habiendo pasado el valle de Liman, los expedicionarios llegaron al de Aconcagua o valle de Chile, de donde le vino el nombre al país, y en todas partes encontraron la desconfianza y los ataques de los indígenas.

Cuando Valdivia y su hueste arribaron en diciembre de 1540 al valle del Mapocho y antes, al cruzar el valle de Aconcagua, los conquistadores habían penetrado en una tercera área cultural a la cual se han dedicado actualmente numerosos estudios. Allí fundó en febrero de 1541 la primera ciudad, a la que llamó Santiago del Nuevo Extremo, e inició el proceso de colonización e hispanización, punto de partida del período llamado tradicionalmente de la "Colonia".

El territorio donde se estableció la futura capital de Chile correspondía en aquella época a lo que ha sido llamado "complejo cultural Aconcagua", que tenía como límites norte y sur el territorio situado entre los ríos Petorca y Cachapoal, respectivamente. Este sistema ha sido investigado según las zonas y valles comprendidos entre aquellos ríos. Así, en el litoral costero han sido estudiados los basurales conchíferos, los numerosos cementerios y las manifestaciones de arte rupestre concentradas en sitios altos de los valles. También han atraído la atención los restos de alfarería que permiten comprender el importante grado de especialización de los artesanos, quienes sometían la cerámica a altas temperaturas de cocción y mezclaban diversos metales y arcillas para obtener los colores deseados.

---

1. Sobre los pueblos primitivos de Chile en la zona central, véase Jorge Hidalgo *et al.* (eds.), *Culturas de Chile. Prehistoria desde sus orígenes hasta los albores de la conquista*, Santiago de Chile, Andrés Bello, 1989, en especial los artículos de Gastón Castillo, Gonzalo Ampuero, Jorge Hidalgo, Fernanda Falabella, Rubén Stehberg, Eliana Durán y María Teresa Planella.

Estos pueblos supieron combinar, como sus vecinos del norte, tanto el pastoreo como la agricultura. Sus conjuntos habitacionales y sus cementerios estaban en relación con esta agricultura, pero no formaron pueblos propiamente dichos sino que sus viviendas se encontraban dispersas debido a que buscaban construir junto a los sembradíos que realizaba cada jefe de familia. Tampoco está clara la configuración de señoríos establecidos en torno de una organización política como la que hemos visto para los diaguitas, y sólo en el valle de Aconcagua aparece esta organización dual con un jefe de la zona alta del valle y otro de la región costera. Se estima que al menos entre la población diaguita y la de Aconcagua parece haber gravitado más un esquema de integración que de contactos esporádicos. Se estima también que tanto el área diaguita como la transandina formaron un "macrosistema de relaciones de intercambio preincaico con amplias proyecciones desde y hacia el norte de Chile, sur peruano, noroeste argentino y zona del altiplano: Chile central es una zona intermedia que propicia la interacción con grupos de los valles transversales nortinos, con el noroeste y centro oeste argentinos, y con la zona sur de Chile, a la vez que presenta desafíos y una fisonomía propios".

Sin duda que esta región, a la llegada de los conquistadores europeos, se encontraba muy influida por cincuenta años de presencia incaica. Aunque los incas no crearon en ninguna parte de Chile centros urbanos similares a los que existieron en el centro de su imperio, algunos autores estiman que el emplazamiento de la actual capital de Chile se había convertido en el asentamiento principal de la ocupación inca del Mapocho. Este probablemente fue un centro administrativo que podría haber cumplido funciones de proveedor de abastecimientos para las tropas del inca encargadas de proseguir la conquista hacia el sur del país, papel que, más tarde, también asignaron los castellanos a la ciudad de Santiago.

Seguramente esta hipótesis tiene asidero si se considera que el lugar en el que se levanta Santiago es el extremo septentrional del Valle Longitudinal (depresión intermedia) y que esta ubicación privilegiada permite que desde él pueda controlarse todo el territorio que se extiende hacia el sur. De hecho, tanto las expediciones que se dice hicieron los incas hasta el Maule y el Biobío, así como las que efectivamente hicieron hacia esos mismos sitios los castellanos a partir de 1550, tuvieron como punto de apoyo y como lugar de partida la mencionada cuenca de Santiago. Hay autores que piensan que estas comparaciones ayudan a entender los motivos que tuvo, más tarde, el fundador Pedro de Valdivia para establecerse allí y relacionan este hecho con las numerosas afirmaciones del cronista Jerónimo de Vivar respecto de que el destino de la expedición de Valdivia desde que partió del Cuzco a fines de 1539 era el valle del Mapocho "donde pensaban fundar un pueblo en nombre de Dios Nuestro Señor y de Su Majestad". El propio Valdivia se encargó de decir, en carta al emperador del 15 de octubre de 1550, que Santiago era "la puerta para la tierra de adelante".

Durante los primeros años de la fundación de Santiago, Valdivia y sus hombres no pudieron hacer expediciones muy lejos de ella. El 11 de septiembre de 1541, a los siete meses de establecida la ciudad, debió sufrir el asalto de los indígenas comandados por Michimalonco, jefe de una de las dos secciones del valle de Aconcagua y nombrado jefe de la rebelión que se desató en aquel año. La recién fundada ciudad quedó asolada y también fueron atacados y destruidos los grupos de españoles e indios que trabajaban las minas de oro de Marga Marga y quemado el barco que se había comenzado a construir en la costa cerca de Valparaíso. Los castellanos debieron recluirse en el interior de una casa fuerte levantada en la Plaza Mayor de Santiago y se dedicaron a proteger las siembras que ellos mismos hicieron en los sitios y solares de la ciudad. Los indígenas, por su parte, y en lo que se denomina "guerra económica", desampararon sus tierras al destruir casas y sembrados y se trasladaron con sus familias a los *pukaraes* que habían construido en zonas montañosas y donde tenían sus provisiones para resistir durante algún tiempo. Por tal motivo, durante los primeros tres o cuatro años del arribo de Valdivia y los suyos al valle del Mapocho, no les quedó otro remedio que combatir a los indígenas en sus refugios para lograr rescatar desde allí algunas pocas provisiones. Otros indígenas también tomaron a sus familias pero lo hicieron para huir de la zona central hacia el sur, más allá del Maule, en una emigración que dejó casi despobladas las tierras de Chile central.

Los primeros socorros a Valdivia le llegaron por barco desde El Callao en septiembre de 1543, mientras en diciembre del mismo año arribó a Santiago una expedición de setenta jinetes reclutados también en Perú por emisarios que Valdivia había enviado dos años antes. Con estos refuerzos, Valdivia pudo mandar a principios de 1544 una expedición a recorrer la zona centro sur del actual Chile, tierra llamada de los "promaucaes", penetrando en lo que consideramos cuarta área cultural, área que, a diferencia de las anteriores, ha sido poco estudiada.

Esta tierra de los promaucaes, nombre que significa "gatos monteses", como dice Jerónimo de Vivar, ha dejado pocas descripciones en los testimonios de la época. Confundidos con el pueblo nombrado Picunche, comprendieron grupos belicosos que habitaban entre los ríos Cachapoal y Ñuble, que lograron detener a los incas peruanos en su avance hacia el sur, pero que no se dedicaban ni a la agricultura ni a la ganadería, prefiriendo la caza y la recolección. A la falta de información arqueológica se une la escasez de datos etnohistóricos, lo que hace suponer que se trató de una zona escasamente poblada si la comparamos con el Chile central y luego con la zona situada al sur de los ríos Ñuble e Itata, donde comenzaban los famosos araucanos o mapuches. Por esta razón resulta difícil llamar "área cultural" a esta región y a sus habitantes pareciendo ser, más bien, un área de transición antes de llegar a las tierras que ocupaba el pueblo mapuche.

Como se dijo, en 1544 partió el mismo Valdivia con un grupo de soldados a recorrer las tierras de los promaucaes, llegando hasta el río Maule. A medida que avanzaban los castellanos, los indígenas huían hacia el sur de ese río, por lo que el conquistador debía limitarse a recorrer la tierra explorando sus posibilidades y tratando de recuperar población, para lo cual uno de sus capitanes fundó un fuerte a orillas de aquel río.

Todos estos acontecimientos, la guerra, el hambre y la emigración, tuvieron como resultado un fuerte descenso de la población que habitaba entre los ríos Choapa y Maule. Algunos autores hablan de unas 130.000 almas en 1540, las que, medio siglo más tarde, estarían reducidas a unas veinte mil. Otros calculan que los indios que emigraron eran unos veinticinco mil, particularmente guerreros y gente joven. Por su parte, la "guerra económica" de la que se habló poco antes también tuvo el efecto de diezmar a la población, ya que la prolongada permanencia en los fuertes o *pukaraes* y la táctica de suspender toda actividad económica favorecía a los indios siempre que los períodos de guerra fueran de corta duración. Pero al permanecer los españoles en Santiago y no regresar al Perú, como había hecho Almagro y como suponían los indios que podía ocurrir, se produjo una prolongación de aquel estado que condujo a una situación de miseria que debilitó también su poderío militar.

Luego de seis años de estrecheces y de un viaje al Perú donde combatió contra la rebelión de Gonzalo Pizarro, Valdivia logró reconocimiento real de sus derechos como conquistador de Chile y obtuvo también que los españoles se interesaran en este nuevo territorio. Fue en esa época cuando comenzaron a llegar refuerzos de soldados a Chile en un proceso que se mantuvo durante todo el siglo xvi. En enero de 1550, con doscientos hombres, pudo hacer una entrada definitiva hacia el sur de Chile y llegar hasta el Biobío el 24 de aquel mes y año.

Habiendo acampado en los terrenos donde hoy se levanta la ciudad de Concepción, sufrió un asalto nocturno por parte de los indios, acción que tuvo a las tropas expedicionarias en grave peligro. Ésta fue la batalla de Andalién, librada el 22 de febrero de 1550, que mereció los elogios del propio Valdivia. En esa ocasión, en carta al emperador, escrita en Concepción el 15 de octubre de 1550, comentándole que fue atacado "con tal ímpetu y alarido que parecían hundir la tierra y comenzaron a pelear de tal manera, que prometo mi fe que ha treinta años que sirvo a Vuestra Majestad y he peleado contra muchas naciones y nunca tal tesón de gente he visto jamás en el pelear".

Con esta batalla los españoles, sin saberlo aún, habían topado con el pueblo araucano o mapuche, nombre genérico con el que se conoce a los pueblos que habitaban al sur del Itata. Con este hecho daban inicio a una prolongada contienda que los historiadores han denominado "guerra de Arauco".

Este pueblo comprendía lo que sería la quinta área cultural según nuestra nomenclatura y ocupó un territorio que reconocía como límite norte el río Itata y por el sur el río Toltén. El límite norte, al iniciarse la conquista castellana, se trasladó al Biobío y esta corriente fluvial fue durante varios siglos el límite definitivo con las tierras colonizadas por los conquistadores. Lo mismo ocurrió con la frontera sur, que pasó a ser la cuesta de Lastarria o de Loncoche. Entre estos límites, los autores estiman que había una población de quinientas mil almas, número que parece muy elevado pero que ha sido corroborado por la mayoría de los testimonios de la época y que explica el enorme interés de los conquistadores por asentar la nueva colonia en estas tierras, ya que la alta concentración de población, a semejanza de lo ocurrido en México y Perú, permitía una explotación intensiva de sus riquezas naturales.

La economía en este pueblo se basaba en la caza, la recolección y la horticultura. Su alimentación básica la constituía el poroto pallar y la papa, aunque habían incorporado en su dieta la quínoa y el maíz, todos los cuales eran sembrados en "claros de bosque" o en vegas muy húmedas, lo que permitía una horticultura productiva y eficiente sin necesidad de muchos cuidados ni tecnologías avanzadas. Por esta razón los mapuches concentraban su población en ciertas regiones que presentaban estas condiciones. Puede citarse como ejemplo la vertiente oriental de la cordillera de Nahuelbuta (Angol y Purén) así como el extremo sur de esta cadena de cerros (Imperial) que, además, eran regiones ricas en piñones, que proporcionaban harina. Al mismo tiempo hay que destacar que se encontraban cerca del mar, de ríos y lagos, los que entregaban el complemento alimentario de peces y aves y contenían una rica fauna de mamíferos como guanacos, huemules y otros.

La única institución social permanente con que contaban era la familia extensa, donde convivían todos los descendientes masculinos del jefe o padre de familia, desde el progenitor, sus hijos, las esposas de sus hijos, sus nietos y otros parientes. Estas familias vivían en grandes rucas, las cuales muchas veces se encontraban reunidas alrededor de la del cacique, aunque cada grupo familiar estaba separado y mantenía una autonomía territorial.

Lo mismo ocurría con la estructura económica, que estaba reducida a las necesidades de cada familia. En el interior de ésta se organizaba la división del trabajo, que se hacía sobre la base del sexo y la edad y tomando en cuenta las características de cada labor.

Como no había diferencias sociales de importancia, el pueblo mapuche no requería una organización política permanente. Sólo conocían los procedimientos para regular los conflictos internos, procedimiento que estaba entregado a los viejos y que impartía justicia y hacía las paces entre los grupos contendientes. También existía el sistema de alianzas, que podían ser permanentes, las basadas en el parentesco, o circunstanciales, las destinadas a elegir un toqui cuando el advenimiento de la guerra así lo exigía.

Después de la batalla de Andalién, Pedro de Valdivia fundó la ciudad de Concepción el 5 de octubre de 1550; continuó luego al sur del país donde estableció cuatro nuevas ciudades: La Imperial y Valdivia en 1551, Villarrica en 1552 y Los Confines de Angol en 1553. Se ha interpretado esta ansia de fundaciones, que acarreaba una funesta dispersión de fuerzas, como un deseo de tomar posesión de territorios cuyos títulos reales eran vagos e imprecisos y, por tanto, como una manera de extender las fronteras fijando el marco a una gobernación y a un proceso colonizador. Sin embargo, estas fundaciones deben ser vistas a la luz del proyecto colonizador de Valdivia, quien pensaba que la zona donde habitaba el pueblo mapuche, precisamente por tener un gran número de habitantes y a la vez muchas riquezas, incluido el oro, debía dedicarse sólo a la explotación de éstas. Los cultivos agropecuarios extensivos deberían hacerse en la zona central, en especial en el corregimiento de Santiago, el cual tendría como misión proporcionar los alimentos que precisaba la región sur como una especie de gran almacén. Este es el proyecto que trató de ser impuesto por la fuerza durante la segunda mitad del siglo XVI y es el mismo que terminó de fracasar en 1598.

Los mapuches iniciaron su primera gran rebelión a fines del año 1553 dando como señal la destrucción del fuerte de Tucapel, en la vertiente occidental de la cordillera de Nahuelbuta. Allí esperó una abundante fuerza militar rebelde y hasta allí concurrió Valdivia con apenas cincuenta hombres de a caballo y encontró sólo las ruinas de aquel fuerte. Esto ocurría el 25 de diciembre de 1553 y ese día, que hoy es de alegría universal, el conquistador debió enfrentar su destino final a manos de las fuerzas que dirigía su antiguo caballerizo Lautaro. La inferioridad de condiciones era manifiesta, ya que los castellanos debieron hacer frente no solamente a fuerzas superiores sino a un ejército enemigo que se renovaba permanentemente con soldados de refuerzo descansados, mientras que los conquistadores sólo contaban con sus cincuenta escasos hombres. Al cabo de muchas horas de heroico combate todos los castellanos murieron y los sobrevivientes, incluido el propio conquistador Pedro de Valdivia, fueron masacrados.

***

Como si fuera una macabra coincidencia, dos días antes de la Navidad de 1598 murió en combate a manos de los indios el gobernador Martín García Oñez de Loyola, caballero de Calatrava, sobrino de San Ignacio y marido de la noble coya Beatriz Clara de la familia imperial del Perú.

Este desastre para los castellanos ocurrió en la madrugada del 23 de diciembre, mientras la hueste española dormía luego de haber viajado el día anterior desde La Imperial con 35 soldados. En esos momentos, alrededor de trescientos indios montados cayeron profiriendo sus típicos alaridos y despertaron a un campamento que dormía sin mayores precauciones. Sólo se habían levantado dos sacerdotes para buscar los caballos que pastaban en un campo cercano. Al darse la alarma, el gobernador Loyola, cubierto nada más que con un jubón y zaragüelles de tafetán, apenas alcanzó a ponerse una cota para salir al combate, pero fue muerto de una lanzada al lado de su tienda junto con cuatro de sus hombres que pudieron llegar hasta él. El resto de los soldados sólo atinó a huir hacia una barranca donde se despeñaron, ahogándose la mayoría o siendo muertos los demás por los indios atacantes. Al huir, todos dejaron sus arcabuces en los toldos y el único que estaba armado, fray Melchor de Arteaga, provincial de la orden de San Francisco, logró disparar un tiro de arcabuz pero fue también muerto de inmediato en ese sitio.

Este increíble desastre, producido sólo por el descuido de los castellanos, es uno de los hechos más importantes de la temprana historia de Chile. Cuando Valdivia murió en 1553 todo el territorio conquistado hasta entonces pudo restablecerse gracias a la formidable expedición de García Hurtado de Mendoza enviada desde el Perú en 1557. En cambio, una vez producido el desastre de Curalaba, no hubo poder humano en el Pacífico sur capaz de modificar esta situación y todo el territorio situado al sur del río Biobío, con las ciudades de Angol, La Imperial, Villarrica, Valdivia, Osorno y Santa Cruz de Loyola, terminó cayendo en manos de los indígenas durante 1599 y 1600.

Desde entonces, la frontera sur de Chile, que finalmente quedó constituida por el río Biobío, permaneció en estado de guerra.

Para estudiar ese proceso, los historiadores han dividido este largo conflicto en dos etapas fundamentales. La primera se inició en 1553 y se extendió por más de un siglo hasta la última gran rebelión de 1655. Su peculiaridad fue la de una guerra permanente y dura. La segunda etapa se extendió por otros dos siglos, desde 1656 hasta 1881. Su característica principal fueron los contactos políticos a través de los sucesivos "parlamentos" donde los jefes indígenas y españoles pactaban las bases de una relación pacífica. Pero la cualidad principal fue el afianzamiento de relaciones comerciales entre los miembros de ambas naciones a través de la frontera del Biobío. Como recuerdo de la antigua guerra se mantuvieron las frecuentes incursiones mapuches a tierra de españoles, llamadas "malones" y, también, las de españoles a tierras mapuches, conocidas con el nombre de "malocas".

En líneas generales, en esto consistió la llamada guerra de Arauco. Por ello, pese al repliegue castellano, el conflicto no se detuvo. En 1601 se creó un ejército permanente financiado desde las cajas reales de Lima.

A la vez fue fortificada la frontera del Biobío como una línea defensiva, idea llevada a cabo por el gobernador Alonso de Ribera entre 1601 y 1605. Por su parte, el rey aprobó la idea de la guerra defensiva, planteada por la Compañía de Jesús, y la supresión del servicio personal de los indios, proyectos promocionados por el padre Luis de Valdivia. Una tercera medida, en oposición a lo recién expuesto, consistió en declarar esclavos a los indios de guerra que fueren aprehendidos en abierta rebelión a las autoridades españolas, lo que se autorizó por cédula de 1608. Derivada de la anterior, surgió una cuarta medida que consistió en celebrar reuniones con los jefes mapuches para acordar la paz; se las denominó "parlamentos" y el primero de ellos, el de Paicaví en 1612, fue convocado para poner en práctica el sistema de la guerra defensiva. Este fue seguido por los parlamentos de Quilín I en 1642 y Quilín II en 1647, que obtuvo el permiso de los indígenas para la repoblación de la ciudad y el fuerte de Valdivia.

Finalmente, me interesa destacar que de este proceso militar evolutivo derivaron diversas consecuencias para el desarrollo social y económico del territorio chileno.

La primera es la progresiva y permanente llegada de refuerzos militares a Chile. Mientras se mantuvo la ilusión de derrotar a los mapuches y reconstituir la estructura que había ideado Valdivia, cada nuevo gobernador llegaba al país acompañado de tropas reclutadas en España y en el Perú. Según informes emanados de Tomás de Olaverría, hasta 1598 habían sido enviados a Chile 3.670 soldados a los que hay que agregar otros 1.515 enviados desde 1599 a 1602, con lo cual se alcanzó la suma de 5.185 hombres. A éstos habría que agregar las mujeres y los comerciantes y religiosos que llegaron en un número no precisado, pero que completaron la población española totalizando un número cercano a los diez mil.

Este es el número de habitantes españoles que inició el proceso de población de la zona al norte del Biobío, "zona de paz" como fue llamada, donde se situaron las haciendas y estancias, donde permanecieron las ciudades encabezadas por Santiago, que afirmó su rol de capital, seguida por Concepción y Chillán cercanas a la frontera y por La Serena en el entonces extremo norte de Chile.

Con la formación de un ejército permanente financiado por el real fisco, la mayoría de las tropas dejó de venir desde España: se crearon dos grandes "presidios": el propio Ejército de la Frontera situado en Concepción y en los fuertes que la protegían y, desde 1645, el "presidio" de Valdivia, lugares adonde se enviaba a los condenados por la justicia peruana y chilena a cumplir sus sentencias, que consistían en servir en el ejército. Hubo pues un constante flujo migratorio de población blanca o semiblanca en dirección a la frontera de Arauco.

Una segunda consecuencia, que se deriva de la anterior, fue el aumento del proceso de mestizaje, muy activo en los campos cercanos a los

fuertes fronterizos, pero también en las ciudades y en las estancias de campo que se crearon en la zona central de Chile durante el siglo XVII. El proceso migratorio chileno, a diferencia del de otros lugares de América, se mantuvo sobre la base de soldados y, por tanto, de varones jóvenes y solteros, lo cual incentivaba sin duda el cruce racial.

Con estas bases se inició la historia de Chile y con ellas se mantuvo por más de doscientos años. Fue una larga gestación que acumulaba sus fuerzas lentamente. Por eso se puede dejar de lado la pregunta, tantas veces formulada, de cómo la última y más pobre colonia que tuvo España en América pudo, luego de la independencia, ejercer roles de importancia dentro de las demás ex colonias americanas mucho más ricas, más pobladas, mejor situadas y desarrolladas.

Santiago de Chile según Alonso de Ovalle (1646)

I. LA HISPANIZACIÓN EN LA ZONA CENTRAL DE CHILE (siglos XVII y XVIII)

La disminución del antiguo Reino de la Nueva Extremadura, nombre creado por Valdivia, que tampoco perduró, tuvo la virtud de hacer posible una colonización con profundidad. Paradójicamente esta colonización debió hacerse sobre la parte menos apetecida del territorio del Chile actual como lo eran las regiones centrales, país de los promaucaes o gatos monteses, donde no se habían dado culturas como las de la cuenca de Santiago o la de los diaguitas más al norte.

Sin embargo, a los pocos años de producida la repartición de la tierra en Colchagua y Maule ya se notaban los efectos civilizadores del nuevo establecimiento no sólo en las casas, bodegas, establos y corrales sino en las extensas manadas de ganado vacuno y caprino que fueron reproduciéndose con extraordinaria fecundidad a través de montes y valles. A estas regiones recién incorporadas se unieron otras, las más centrales, que estaban ya en plena producción hacia 1575, como lo eran las de los valles de La Ligua, Longotoma, Quillota, Aconcagua y los campos de Santiago, Maipo, Talagante y Melipilla, cultivados intensamente por los mitimaes del Inca antes de la llegada de los castellanos y que se constituyeron en el centro, donde se dieron las primeras fortunas agropecuarias chilenas de importancia.

Este desarrollo no habría sido posible sin la existencia de la peculiar situación geográfica de Chile, puerta de entrada al Pacífico sur, "antemural del Pacífico", como decían con más solemnidad otros, y, por lo tanto, región estratégicamente muy comprometida con la conservación del Perú Alto y Bajo y con la seguridad de los envíos de plata desde Potosí hasta Panamá. De esta necesidad provino la construcción de las fortalezas de Valdivia, Penco y Valparaíso, enormes inversiones que se hacían con los dineros del fisco peruano.

A ello se unió otro factor, tan importante como el anterior, conocido desde algunos años antes y que consistía en la riqueza agropecuaria del centro de Chile. Ella convirtió a este país en insustituible abastecedor de esos productos, creando una especie de dependencia que, por vez primera, permitió a los comerciantes chilenos hacer pingües ganancias con el tráfico marítimo entre Concepción-Valparaíso y el puerto de El Callao, dando impulso al surgimiento de algunas fortunas a las que nos referiremos más adelante.

Una sociedad agraria como la expuesta sostuvo una evolución muy singular, produciendo una serie de consecuencias que han pesado y hasta hoy gravitan con gran fuerza en el desarrollo histórico de Chile. En particular, como se irá viendo en las páginas que siguen, de estas circunstancias surgió el segmento social que se ha autorreproducido desde el siglo XVII manteniendo o salvando las características que le han permitido manejar el resto de la sociedad chilena y a la cual le ha impuesto un sello muy característico.

La sociedad señorial

En su primera fase, este patriciado rural formado en el siglo XVI por los conquistadores y sus descendientes tomó fácilmente el control de la naciente economía chilena. Por ello la mayoría de los autores modernos parece estar de acuerdo en caracterizar los primeros tiempos de la colonización de Chile como de implantación del régimen señorial castellano. Su origen estaría en la "hueste indiana", forma bélica movida por intereses privados de los conquistadores y constituida en el elemento dinámico que permitió la rápida ocupación del territorio de América Central y del Sur.

Las primeras capitulaciones celebradas entre la Corona y el conquistador-empresario establecieron una verdadera relación contractual privada. Ésta permitió a un grupo de hombres y a su jefe realizar la ocupación de un territorio que pasaba a ser parte del Imperio español. El conquistador recibía como premio el gobierno de ese territorio y el disfrute de sus riquezas, las que debían repartirse también entre sus compañeros en proporción de los méritos y del rango de cada cual.

El premio de cada conquista solía consistir en tierras y encomiendas, es decir, en una merced territorial que llevaría pronto a la constitución del latifundio, y un repartimiento o encomienda que estaba formada por una porción de indígenas con sus caciques. Mucho se ha discutido sobre la verdadera situación jurídica de las encomiendas, pero es claro que en toda la América española la encomienda fue derivada por sus beneficiarios hacia unas reglas que les permitían servirse del trabajo de los indígenas en todo tipo de labores, especialmente la minería y la agricultura.

Este premio no era, sin embargo, totalmente gratuito. El encomendero debía prestar servicios militares dentro del territorio donde se encontraba su encomienda, tanto en caso de sublevación interna como de ataque externo. También tenía obligaciones de tipo paternalista, como evangelizar a sus indios y entregarles ropa y alimento por lo menos una vez al año. Sin embargo, consta que el cumplimiento de esta obligación en el Reino de Chile se había convertido en una pesada carga para los vecinos encomenderos durante el siglo XVI y que cada vez se resistían con mayor fuerza a respetar estas obligaciones, en especial las militares.

Esto es lo que se caracteriza como régimen señorial. La Corona, por su parte, realizó todos los esfuerzos posibles por evitar que en América se estableciera una nobleza que derivara hacia el régimen feudal. Esta pugna con la Corona pudo ser, en parte, causante de la ambigüedad con la que el término 'feudo' o 'feudal' se ha manejado hasta ahora. Sin embargo, en su época no hubo tantas dudas ya que era corriente hablar de "vecino feudatario" o de "feudo", y los críticos del sistema hicieron la comparación entre feudatarios y vasallos, entre señoríos y siervos, asimilándolos a lo que en aquella época se entendía por tal en España y en las Indias.

Este régimen, establecido para las relaciones sociales y económicas de la naciente colonia, funcionó privilegiando a los vecinos encomenderos que conformaban un núcleo reducido. Esta realidad comenzó por observarse en las elecciones anuales para los miembros del Cabildo de Santiago, cuyas actas del siglo XVI son testimonio muy valioso de los avatares de esta institución.

El propio Pedro de Valdivia tuvo que ver con todo esto. En 13 de noviembre de 1552 (como consta en actas), el Cabildo de Santiago le pidió, entre otras cosas, que puesto que en los reinos de España y en los de las Indias todos los vecinos gozaban la posibilidad de ocupar cargos en el municipio "Vuesa Señoría mande que todos los vecinos [que] son personas honradas y en quien caben los dichos cargos, gocen de las dichas libertades y vayan por ruedas; porque hay muchos vecinos [a los] que nunca se les ha dado cargo ninguno". Valdivia no accedió a esta petición y basó su negativa en que era "en perjuicio del servicio de S.M. y de la república andar en rueda los oficios", ya que éstos debían darse "a quien los mereciere, porque ansí conviene al bien de la república".

En la práctica, en los cincuenta y cuatro años que corren entre 1541 y 1595, 131 vecinos fueron alcaldes o regidores del Cabildo de Santiago de Chile. Según una tesis inédita de Teresa Eyzaguirre, un grupo formado por encomenderos y algunos comerciantes acaudalados controló esta institución. Las relaciones de parentesco contribuyeron para aumentar la cohesión interna e influyeron en las elecciones anuales, dado que los regidores salientes designaban a sus sucesores. La autora destaca la presencia muy fuerte de los compañeros de Valdivia y sus descendientes y verifica que el grupo dominante dentro de la institución estaba formado en un setenta por ciento por encomenderos ligados a la extracción del oro, que empleaban como mano de obra a los indios de sus repartimientos.

Hasta 1577, salvo raras excepciones, no se admitía como regidores sino a vecinos encomenderos que, en el caso de Santiago, eran sólo veintiséis, y se ha llegado a extremos como el que tuvo lugar en la elección de 1575, cuando se denunció la conformación de un cuerpo de regidores "todos mancebos de poca edad", lo que se había hecho para que estos cargos "no salgan de seis o siete vecinos encomenderos, de lo cual la república era mal regida e redundaba gran daño e inconveniente a los pobres de ellas, porque los vecinos encomenderos en quien estaba el dicho cabildo eran los que vendían las cosas de mantenimientos, subiendo los precios como a ellos les parecía y las medidas achicándolas y echando derramas al común y en la justicia los pobres eran agraviados".

Por este motivo, en 1575 Jerónimo de Molina, acaudalado empresario y comerciante, recurrió a la Audiencia, residente entonces en Concepción, pidiendo que se aplicara la Real Cédula dictada en Valladolid el 29 de abril de 1554, que disponía que para los cargos del Cabildo de las ciudades chilenas podía ser elegido cualquier vecino de ellas que tuviera casa poblada, aunque no fuese encomendero. La Audiencia aprobó esta petición el 14 de febrero de aquel año ordenando que se eligiese la mitad de los regidores entre los encomenderos y la otra entre los que poseyeran casa poblada y hubiesen adquirido vecindad.

No obstante, este conjunto de personas que se repartieron los cargos municipales durante el siglo XVI no constituía un grupo monolítico. En un estudio sobre grupos conformados en Santiago de Chile en aquella época, se detectaron al menos dos que conformaban la elite; el primero estaba compuesto por parientes y amigos del conquistador Pedro de Valdivia que conformaban una estructura muy compacta. El segundo grupo, también elitista, estaba compuesto en su casi totalidad por personas llegadas junto con el gobernador García de Mendoza (1557-1561) y en conflicto con las del primero, lo que quedó en evidencia a través de sus luchas por acercarse e influir en el poder político. Los miembros de uno y otro grupo recurrían a todo tipo de artimañas para conservar su posición. Los compadrazgos y las alianzas matrimoniales, pese a estar prohibidas por la ley, se hacían con cierta frecuencia, como fue el caso del matrimonio del gobernador Alonso de Sotomayor con doña Isabel de Zárate, hija de Francisco de Irarrázabal, miembro del segundo grupo.

El primer grupo llegó a ser muy poderoso, pues tenía valiosas encomiendas que comprendían varios pueblos, con un total aproximado de quince mil indios encomendados. Además, eran dueños de estancias, chacras en la misma región central del país, también de los obrajes de Guenchullami y Peteroa, así como del astillero del Maule. Finalmente, seis integrantes de este grupo habían sido corregidores de Santiago de

Chile: uno de ellos, Rodrigo de Quiroga, fue gobernador y capitán general de Chile, y otro fue maestre de campo general del reino, es decir, jefe de las fuerzas castellanas que combatieron a los mapuches rebelados. Sin embargo, ya a finales del siglo XVI este grupo había decaído y era notoria la mayor importancia adquirida por el segundo.

Este segundo conjunto de patricios se consolidó durante el último cuarto del siglo XVI y luego de su victoria total sobre el primero fue el que aglutinó en su entorno a las elites chilenas formando un conjunto aristocrático de gran poder durante todo el siglo XVII. Contó con dos gobernadores del reino; el primero, Melchor Bravo de Saravia, también fue presidente de la primera Real Audiencia de Chile con sede en Concepción y su hijo Ramiriáñez de Saravia es tronco poderoso de la alta sociedad chilena antigua y moderna; y el segundo, Alonso de Sotomayor, cuyo matrimonio fue indicado líneas atrás y cuya descendencia fue ennoblecida en España. En general puede decirse que todos los miembros de este grupo fueron en su tiempo hombres muy ricos y, como ejemplo, puede citarse a uno de ellos, quien declaró haber gastado de su peculio, en la guerra de Arauco, la enorme suma de 73.000 pesos de oro, antecedente que haría valer ante las autoridades metropolitanas en su oportunidad.

Sus miembros contaron con un haber consistente en bodegas en Valparaíso, con vastas extensiones de tierras en las cercanías de Santiago y en el valle de Aconcagua, y con las haciendas de Pullally e Illapel que fueron las primeras en iniciar el comercio de exportación de frutos del país al Perú. Hicieron negocios de cabotaje y, gracias a las influencias políticas, sus miembros disfrutaron de la merced de los "acarretos", es decir, el derecho a acarrear, y por supuesto a cobrar, el flete de la ropa y demás productos que se importaban desde el Perú y se trasladaban de Valparaíso hasta Santiago.

En el caso de Chile puede agregarse que el régimen de encomiendas fue destinado, desde los primeros tiempos, al trabajo de las minas y lavaderos de oro, de los cuales desde fines de la década de 1540 surgieron lucrativas ganancias. Los documentos especifican muchos casos de grandes beneficios. Así, Rodrigo de Quiroga habría obtenido en treinta y dos años hasta 1580 "más" de cuatrocientos mil pesos (o 12.500 anuales), como relata Pedro Mariño de Lovera en su crónica. El cronista mayor Juan López de Velasco calcula que entre 1542 y 1560 la producción de oro de Chile superó los siete millones de pesos, lo cual daría unos 390.000 pesos por año, cifra posible si nos atenemos a otros cálculos. Por ejemplo, un autor moderno como Alberto Herrmann en 1894 estimó que entre 1545 y 1600, cincuenta y cinco años, se produjeron en todo Chile 72.000 kilos de oro, cantidad que, a 217,39 castellanos por kilo, hace la bonita suma de 15.652.080 castellanos o pesos de oro.

Tales ganancias fueron muy altas en la década de 1550, decayendo en los años siguientes debido tanto a las rebeliones indígenas que privaban de mano de obra para el laboreo de las minas como a la extinción de los naturales en la zona central. La gran sublevación de 1598 puso término definitivo al laboreo de las minas ubicadas en el centro sur del país, y sólo durante la segunda mitad del siglo XVIII reapareció esta actividad en la zona del Norte Chico de Chile.

Si aceptamos las cantidades de oro antes señaladas y si tomamos en cuenta la escasa población española que conformaba la elite chilena de la época, podemos sugerir que correspondía a cada jefe de familia una suma de dinero muy cuantiosa, fruto del trabajo del primer medio siglo de colonización.

Sin embargo, estas fortunas muy a menudo se invirtieron en obras de piedad y en la construcción de templos, como lo cuenta el padre Alonso de Ovalle diciendo que "los españoles conquistadores de las Indias, cuidando tan poco de sus casas y viviendas, comenzaron luego, desde el principio, las fábricas de las iglesias". Otra buena parte se distrajo en lujos personales y el resto, sin duda, fue invertido en la instalación de haciendas y hatos de ganado.

Creo que desde 1575, aproximadamente, se había extendido en Chile la idea de que la colonización de la zona sur ya no era posible. Por lo tanto, la salida parecía ser prestar toda la atención a lo que podía hacerse en la región central de Chile, es decir, la agricultura y la ganadería para la exportación al Perú. Ya en 1594 el procurador general de Santiago confirmaba "la mucha necesidad que en dicho Reino [de Chile] se padece a causa de la continua guerra y no poder labrar minas y ser su principal contratación y sustento traer a vender [a Lima] las cosas de su cosecha".

Por tanto, la rebelión indígena del sur de Chile, paradójicamente, vino a convertirse en un incentivo para el desarrollo agrícola del valle central. La destrucción de las ciudades del sur y la llegada del gobernador Alonso de Ribera a partir de 1600 abrieron la posibilidad de dedicar toda esta zona a la producción agropecuaria. La creación de un ejército permanente y la destinación de un sitio para ello abrieron también un mercado para la producción de esa región central, ya que el abastecimiento de las tropas fue dejado en manos de los cosecheros chilenos. No obstante, los principales mercados continuaron siendo Lima y Potosí.

El padre Ovalle pondera la producción de Chile y sus mercados externos diciendo: "porque la tierra es tan fecunda y pródiga de sus frutos, que no tiene otra falta que no tener suficientemente quien se los gaste, porque aunque el Perú es tan grande y no le vienen de otra parte los géneros que he dicho, sino de Chile, habría menester éste otra Lima y otro Potosí al otro lado, para desbastarle y dar salida a tanta abundancia como la que tiene de sus frutos".

Los mercaderes y la elite

Juntamente con el desarrollo de estas condiciones y como consecuencia de ellas, había surgido un conjunto de mercaderes paralelo que constituía un grupo social distinto de la elite antes nombrada, pero que muchas veces estuvo en condiciones de competir en riqueza con ellas. Según las cuentas del impuesto llamado del "quinto real" estudiadas por Mario Góngora, aparecen entre 1567 y 1577 varios importantes encomenderos como Rodrigo de Quiroga, Diego García de Cáceres, Juan Bautista de Pastene, Juan Jufré y otros pagando al fisco este gravamen, pero lo hacen junto con varios ricos mercaderes, algunos extranjeros como Jorge de Rodas y Guillermo de Niza y otros castellanos como Andrés Hernández, este último quintando 53.858 pesos en los cuatro años que corren entre 1573 y 1576. Todos estos mercaderes ya recorrían por mar el espacio entre Chile y Perú, pero atravesaban también por la "otra banda" de la cordillera, llegando con frecuencia a Tucumán, Córdoba y alcanzando a veces hasta el Brasil.

No obstante, nos parece que estos mercaderes tributaban estas cantidades en nombre de otros, más poderosos y residentes en Lima. Como se sabe, las importaciones que realizaba Chile desde la capital del virreinato debían pagarse con retornos de metales preciosos: por lo tanto los barcos que salían desde Valparaíso rumbo a El Callao solían completar su carga con tan preciada mercancía. Se cita como ejemplo la nave de la que se apoderó el corsario Francis Drake en 1580 en aquel puerto, la cual llevaba una partida de 8.000 pesos de oro en polvo desde Valdivia hacia el Perú.

Pero al lado de estos mercaderes que parecían actuar por cuenta ajena, sin ser ellos mismos muy ricos, hubo otros en Chile desde el siglo XVI que sí habían acumulado ingentes cantidades para su propio peculio y mantenían dentro del país un peso que los hacía equivalentes o superiores a los viejos encomenderos.

Un primer caso es el de Jerónimo de Molina, quien residía en Chile desde 1557. Dueño de las chacras de El Salto y de Vitacura, mantenía en la primera un obraje de paños y otro de lozas y tinajas donde trabajaban conocidos artesanos extranjeros como los pañeros Antón Galán, genovés, y Alonso Bueso, y el locero Antón Guillonda. Los honores le llegaron tardíamente, después de su embestida política de 1575, ya relatada, y fue alcalde de Santiago en 1588 y corregidor de la misma ciudad en 1602, poco antes de su muerte.

Otro caso es el de Alonso del Campo Lantadilla, nacido en Burgos en 1552 y llegado a Chile a los veintinueve años. Se enriqueció en este último país con el tráfico de Lima, y pudo amasar una fortuna de doscientos mil pesos. Pese a esta riqueza, no consiguió honores sociales relevantes y sólo tuvo como magro trofeo el cargo de alguacil mayor de Santiago, comprado también en la modesta suma de tres mil pesos. Derivó entonces su interés hacia cosas de la otra vida y es así como construyó, en la iglesia de San Francisco, una capilla consagrada a la devoción de Santa Ana, la hizo adornar con ricos retablos, colgaduras y lámparas muy valiosas, y la dedicó a su enterramiento y el de sus parientes. Allí se depositó su cadáver el 11 de julio de 1632.

Pero, no contento con esto, este mercader decidió realizar con tan voluminoso caudal de dinero una fundación de bien público, tal como se entendía en su tiempo, para construir un monasterio de monjas de la "señora Santa Clara", lo cual ejecutarían sus albaceas para que en él fuesen recibidas "veinte monjas y diez sargentas sin dote". Éstas habrían de ser escogidas entre "doncellas virtuosas hijas de padres y madres nobles", debiéndose preferir a las parientas del testador y a las de la hija de éste y de su yerno. Con estas disposiciones testamentarias, Alonso del Campo estaba reiterando una de las características de esta sociedad señorial, cual era la de depositar en manos de la Iglesia Católica gran parte de las fortunas adquiridas en vida de los testadores, señalando con ello no sólo una alianza entre la clase alta y la Iglesia sino también la afirmación del rol de esta última como guardadora y conservadora de las estructuras establecidas.

Un tercer ejemplo de estos ricos hombres fue el tesorero Pedro de Torres, nacido en La Serena en la primera mitad del siglo XVII y fallecido en 1722. En este personaje, capaz de reunir la fortuna más grande hasta entonces conocida en Chile, pues era estimada en una suma superior a los trescientos mil pesos, se dieron por primera vez en Chile las circunstancias que posibilitarían el acceso de un comerciante de origen modesto a una situación social y económica mucho más elevada, evolución que fue aceptada por los miembros de la elite chilena.

Parte de esta fortuna fue reclamada por el Estado por ser herencia de extranjeros y, frente a la posibilidad de una ejecución, el hábil comerciante impidió que el fisco pudiera hacerla subir en sus cálculos a una suma superior a los 133.884 patacones, ni uno más ni uno menos, y con mucha maña consiguió reducir la sentencia a un pago de poco más de cincuenta mil pesos. Mientras tanto había comprado en la suma de veinte mil el cargo de tesorero de la Santa Cruzada del país, cargo de prestigio y valimiento que ejerció hasta su fallecimiento. Sólo tuvo un tropiezo con el cargo de alcalde de la ciudad de Santiago en 1684, pues el presidente del Reino de Chile, José Garro, no dio lugar a esta elección. Pero a este revés el tesorero Torres opuso una gestión judicial ese mismo año ante la propia Audiencia exigiendo que, según los títulos que acompañaba, este tribunal declarase que, en cuanto tesorero general de la Santa Cruzada, le correspondía preeminencia de asiento respecto del que tocaba al fiscal de la misma Audiencia.

En cambio, la elite chilena dio muestras claras de haberlo reconocido como uno de los suyos cuando declararon y firmaron a su favor –en uno de los famosos juicios que le fueron entablados– siete de los principales caballeros de Santiago, entre los cuales estaban Juan Rodulfo Lisperguer y Solórzano, Gaspar de Ahumada Maldonado, Francisco Bravo de Saravia, marqués de la Pica, Jerónimo Hurtado de Mendoza y Quiroga, Pedro de Espejo y Juan de Lecaros. Por esos mismos años, logró casar a María de Torres, su única hija legítima, con Cristóbal Messía de Valenzuela, caballero de Santiago, hijo del entonces presidente de la Audiencia de la Plata, Cristóbal Messía, y León Garabito. Uno de los padrinos de este matrimonio fue el maestre de campo Francisco de Baraona, alguacil mayor del Santo Oficio, el cual así lo destaca en una comparecencia judicial cuando concurrió a declarar en favor de Torres en uno de los tantos juicios que se le habían iniciado. Con este padrinazgo se desvirtuaban también los rumores acerca de un posible origen judío de nuestro biografiado. Todavía hay que agregar que, a causa de este matrimonio, fundó el primer mayorazgo que se impuso en Chile y dotó a su hija con cien mil pesos y que, con dinero del mismo Torres, se compró en España el título de conde de Sierra Bella, que debía ser para este mercader, pero luego de una serie de traspasos recayó en el oidor consuegro del mismo Torres. Aunque éste no alcanzó a vivir para verlo, solamente cuando el título pasó al tercer conde, su nieto, Diego Messía de Torres, cupo a este linaje un título que había sido comprado con su dinero pero que había hecho un noviciado en manos de otro.

Por tanto, cuando el tesorero Torres murió en Santiago el 24 agosto 1722, el balance de sus empeños no le era tan desfavorable como a otros antes que él. Había establecido el primer mayorazgo que se impuso en Chile; era dueño de todo el frente sur de la Plaza Mayor de Santiago, con un espléndido edificio de altos y con portales; también había adquirido la hacienda de San José de la Sierra con todas las cordilleras frente a la misma ciudad de Santiago (Las Condes y Apoquindo) y la hacienda de San Miguel en San Francisco del Monte, que antes había sido de Lisperguer, y su crédito estaba muy sólidamente establecido tanto en esta ciudad como en Lima e incluso en la Feria de Portobelo. Esta evolución corresponde a un típico modelo de ascenso social en una sociedad permisiva donde, sin importar demasiado el origen social, priman los logros económicos y, sin duda, también el especial carácter y habilidad del personaje en ascenso.

Al morir, había dejado establecido en Chile el modelo de lo que debería ser en lo sucesivo un hombre de la clase alta urbana chilena, la forma de llegar a ella y cuáles eran las características de esa misma clase. No se ven diferencias con las carreras ascendentes de los ricos extranjeros del siglo XIX, Edwards, Ross, Mac Clure, Cousiño, Urmeneta y tantos otros. En momentos en los que la sociedad señorial había entrado en decadencia, los requisitos que adoptaban los grupos elitistas, una especie de burguesía mercantil, eran, antes que todo y principalmente, los de la fortuna, mientras los honores venían tras ella subordinados y derivados de los requerimientos de los negocios.

Los grupos elitistas rurales

Durante el siglo XVII se fue produciendo la decadencia de la sociedad señorial, al menos en la forma como existía desde el siglo anterior. La aparición de los mercaderes, que hemos señalado, y el aumento de su número permitieron preparar los cambios que registró la sociedad chilena y la transformación de los grupos elitarios hacia el predominio de una burguesía conformada por hombres ricos que reunían en sus personas los oficios de mercaderes y dueños de los medios de producción y que darían el tono a una clase alta que perduraría con estas características todo el siglo XVIII para llegar hasta el XIX.

Dijimos que a finales del siglo XVI y principios del XVII se produjo una avalancha de peticiones de mercedes de tierra, que pronto llenaron de "estancias" los campos de la región central de Chile hasta el Maule. Por esto, pronto los funcionarios reales, como fue el caso de Ginés de Lillo, recorrieron los campos mensurando y aclarando los títulos originales que habían sido escritos colmados de errores por la ignorancia sobre la geografía de cada región donde se donaban terrenos y también por las picardías de los peticionarios que presentaban datos falsos a las autoridades para conseguir las mejores mercedes. Lillo realizó un esfuerzo organizador sin precedentes hasta entonces en el país y, al menos, "blanqueó" los títulos de los valles más apetecidos tales como La Ligua, Quillota, Aconcagua, Casablanca, Curacaví, cuenca de Santiago y valle del Maipo.

Por supuesto, las haciendas más ricas seguían siendo aquellas del litoral central que estaban en producción ya en el último cuarto del siglo XVI. También fueron muy apreciadas en el interior las del valle de Aconcagua y la cuenca de Santiago, especialmente las del valle de Tango y las que estaban en la ribera del Mapocho hasta San Francisco del Monte. En cuanto a Colchagua y Melipilla, su importancia radicó en la producción de sebo y cuero que eran los rubros de mayor importancia en la exportación a Lima. En todo caso, en los corregimientos de Colchagua y Maule, las estancias tenían un menor valor y habría que esperar al siglo XVIII para que se valorizaran.

Sin embargo, para fundar estas estancias fue preciso dotarlas de ganado y hacer otras inversiones, y como la mayoría de los nuevos propietarios no tenían bienes para hacerlas, debieron recurrir al crédito. En esto desempeñaron un rol muy importante los monasterios y conventos de la ciudad de Santiago de Chile. Éstos disponían de sobrantes de capital debido a lo reunido por las dotes que pagaban las jóvenes que ingresaban como religiosas. Estudiando los archivos de sólo dos monasterios, como los de las agustinas y las claras, se concluye que hasta 1710, y tomando en cuenta las rebajas permitidas por causa del terremoto de 1647, ellos habían prestado a censo la suma de 486.268 pesos. Si a esto se agregan los capitales de los censos de indios, los capitales de particulares más cuantiosos de lo que suele creerse y de los demás monasterios, la suma prestada debió superar largamente el millón y medio de pesos, cantidad que, creemos, habría correspondido al total de lo necesitado para poner en operación las haciendas de la zona central de Chile en la primera mitad del siglo XVII.

Del total de los créditos procedentes de los dos monasterios nombrados, el 70,38 por ciento favoreció a las propiedades que rodeaban la ciudad de Santiago por su contorno oriental, norte y occidental, siendo las más beneficiadas las del sector oriente: Apoquindo, Ñuñoa y Macul. En cuanto a los sectores completamente rurales, fueron privilegiados los de Quillota y La Ligua, sin duda por estar allí las haciendas productoras de jarcia e hilo, tan apreciadas por los navíos que hacían la carrera del Pacífico sur.

Ésta fue la forma cómo organizaron el primitivo Chile los descendientes de los conquistadores y primeros pobladores cuando a fines del siglo XVI hubo que modificar la actividad económica del país, desde la minería del oro a las exportaciones de productos agropecuarios. Ellos fueron los que realizaron esta enorme empresa y soportaron todos sus inconvenientes. Sobre ellos recayeron las crisis de precios que afectaron el país desde 1635 y que se mantuvieron hasta finales del siglo XVII. A ellos perjudicaron los violentos temblores de tierra que azotaron el centro de país, viéndose en la terrible situación de que todas sus inversiones se encontraban en ruinas mientras la decadencia de la agricultura les impedía obtener ganancias que les permitieran comenzar una vez más. Ni siquiera les quedó el consuelo que tuvieron sus padres y abuelos de participar en épicos combates y no pudieron realizar aquellas hazañas guerreras increíbles que hicieron famosos a tantos de los primeros conquistadores.

Les correspondió, en cambio, combatir con la guerra sorda de la economía, con la mezquindad y la codicia de los usureros y los tratantes y traficantes, con las dificultades de todo género puestas delante de sus actividades por la naturaleza, en tan gran número, que es digno de alabanza el hecho de que persistieran en sus actividades agropecuarias. Encerrados en sus chacras y estancias vieron cómo crecían los cultivos o cómo se multiplicaban los ganados y fueron actores en la creación de toda una modesta infraestructura que permitía el procesamiento de sus productos y su comercialización. Encerrados en sus feraces campos vieron también, sin acobardarse, cómo se abatían sobre ellos todo tipo de calamidades, unas en pos de otras.

Primero fue el aumento desorbitado de la producción. Sin conocimientos ni técnicas y, sobre todo, sin manejar una situación que requería controlar los transportes, vieron hacia 1635 caer los precios de los productos de exportación debido a la saturación del mercado consumidor de Lima y, muy posiblemente, también a la crisis económica llegada a los reinos de América desde una España arruinada por la Guerra de los Treinta Años. Luego vino el terremoto del 13 de mayo de 1647 que dio por tierra con templos, casas, establos, bodegas y lagares, dando muerte a esclavos y otros bienes y acarreando pestes y epidemias que afectaron tanto a la población como los ganados, haciendo que el hambre y la carestía se adueñasen de la región central del país por una década.

En 1652, como si lo anterior fuera poco, cayó sobre Chile el peso de la crisis de la moneda resellada producida por los conocidos fraudes ocurridos en la Casa de Moneda de Potosí. Ello aumentó aún más la escasez y la carestía de los productos esenciales dentro del país, aunque paradójicamente proporcionó un respiro a los cosecheros chilenos al hacer subir los precios de los productos de exportación, deprimidos desde hacía dieciocho años. Finalmente, y para dar el golpe de gracia, en 1655 se inició en la zona centro-sur la sublevación de los mapuches que asoló todas las estancias instaladas al sur del río Maule y cuyos efectos repercutieron negativamente sobre el resto del país que debió tomar sobre sí la carga de la reconstrucción de las dos mitades del mismo destruidas en 1647 y 1655 respectivamente.

Estos acontecimientos marcan el fin del predominio de este grupo social, la mayoría de cuyos miembros descendían de los compañeros de Pedro de Valdivia o de los capitanes que vinieron inmediatamente después. El modelo del mercader, cuyo mejor exponente fue Pedro de Torres, como vimos poco antes, terminó por imponerse y dar el sello a lo que sería la elite chilena del siglo XVIII.

El comercio exterior: los sebos, los trigos y los minerales

Todas estas haciendas que jalonaban el territorio del que hoy es el Chile central iniciaron un comercio de exportación que era muy floreciente ya hacia 1610. La producción agropecuaria chilena abarcaba muchos productos de los cuales los principales eran el sebo, la cecina, los cordobanes, el hilo, la jarcia y las tablas de alerce, y representaban aproximadamente el 97 por ciento de aquellos que repletaban los barcos que hacían la carrera entre Valparaíso y El Callao.

Estos viajes marítimos se realizaban entre septiembre de cada año y mayo del siguiente, ya que entre junio y agosto la partida de los navíos estaba prohibida debido al riesgo de los temporales de invierno y sus temidos "nortes" que hacían peligrosa la navegación. A su vez, los productos de la ganadería que hemos mencionado se recolectaban entre diciembre y marzo de cada año, el verano de Chile, por lo que la producción de una temporada no podía ser enviada sino por lo menos seis meses después de su cosecha. Por lo tanto, era durante el invierno del hemisferio austral cuando se producía la llegada de estos productos a los puertos, donde debían esperar en bodega la partida de los primeros navíos de la temporada siguiente.

Con todo, este comercio de exportación e importación se reducía al intercambio masivo de dos o tres productos esenciales derivados de la ganadería y la agricultura por otros artículos, ropa, hierro, vidrios, libros y esclavos, venidos desde Europa o desde las regiones vecinas de América. Ocurrió, por lo tanto, que el Chile central se constituyó en una región productora que no podía comerciar con latitudes lejanas y debió caer bajo la dependencia de un único mercado, que era pequeño e incapaz de recibir todo lo que podía enviársele. Estas desventajas se agravaban si los productores de la zona central no conseguían estar en condiciones de manejar los estímulos externos o de prever los problemas que el comercio interregional podría producir. En tal caso, inevitablemente ocurriría una situación incierta en la cual los productores estaban inermes e impotentes para enfrentar condiciones fuera de su control.

El virrey del Perú, García de Mendoza, ideó un arbitrio para beneficiar a los comerciantes y productores chilenos, que fue suprimir el impuesto del almojarifazgo, medida proteccionista que terminó por beneficiar al Perú, pues se le proporcionó a bajo precio una serie de productos que eran muy necesarios tanto en Lima como en Potosí.

Debido a esto, el comercio terminó seleccionando aquellos artículos que se obtenían de las matanzas que anualmente se verificaban en las estancias de la zona central del país, en especial el sebo y los cordobanes. También privilegió otro producto muy estimado y que se producía en los valles del Aconcagua, La Ligua y Melipilla. Nos referimos a la jarcia y en menor grado al hilo de acarreto y de tralla, los que se comerciaron sin el beneficio de exención de impuestos y derechos aduaneros que favorecían al sebo y a los cordobanes.

Este resultado llevaba inevitablemente hacia la monoexportación con todos sus inconvenientes. La mayoría de las estancias chilenas se encontraban dedicadas a producir sebo, cueros y cordobanes, lo que favoreció la rápida e intensa propagación de los ganados y motivó la multiplicación de las cantidades exportadas gracias a los buenos precios que se observaron hasta 1633.

Ocurrieron en el Perú por aquellos años una serie de quiebras que modificaron los términos del comercio que hasta entonces se realizaba con tanto éxito. Así, por acuerdo de hacienda dado en Lima el 16 de mayo de 1635, fue declarada la quiebra del banco de Juan de la Cueva, uno de los grandes mercaderes que operaban en el Pacífico sur, por una suma superior al millón de pesos, arrastrando consigo a unos seiscientos armadores, mineros y comerciantes. Otros procesos similares contra mercaderes acusados de practicar secretamente el judaísmo se sumaron a los efectos de la anterior quiebra y esto llevó a que en 1636 se dijera que Lima se encontraba arruinada.

Un año antes, el gobernador de Chile, alarmado por este fenómeno, dispuso que se hiciera una prorrata entre los cosecheros para que éstos no produjeran más sebo que el necesario para el Real Ejército de la Frontera y el abasto de las ciudades dejando una cantidad no superior a los nueve mil quintales para ser embarcada rumbo al Perú. Pero aunque pareció haber una mejoría en los precios, en 1636 la bancarrota era general, por lo que sucesivos cabildos abiertos celebrados en Santiago de Chile terminaron por implantar lo que se llamó una "alternativa", que consistía en que un año se haría matanza de vacas y ovejas y al año siguiente sólo de cabras y ovejas. Para afirmar estas medidas se dispuso que saldría desde Valparaíso solamente un navío cada tres meses, medida que comenzaría a regir desde 1637.

Los precios cambiaron a mediados del siglo, subiendo la cotización de los productos chilenos en el mercado de Lima. Pensamos que esta circunstancia permitió a los cosecheros de la zona central de Chile sobrevivir al cúmulo de desgracias ocurridas en el país. Durante el resto del siglo, los precios fluctuaron a la baja y a la alza, aunque los cosecheros fueron favorecidos por una baja del precio de los fletes a partir de 1668.

No obstante, un sorpresivo acontecimiento hizo variar completamente el comercio exterior chileno: la repentina alza del precio del trigo en la costa de Lima ocasionada, según se creyó entonces, por el terremoto que asoló esta ciudad en 1687. No obstante, parece ser que la mejor calidad del trigo producido en Chile terminó por imponerlo en el mercado peruano y, desde 1690, los cosecheros de la región central de Chile comenzaron a disfrutar de una sorpresiva bonanza que se afirmó durante gran parte del siglo XVIII.

El ciclo de las exportaciones de trigo al Perú reconoce tres etapas bien marcadas. La primera donde las políticas económicas, si así pueden llamarse, son similares a las que se habían implementado durante el siglo XVII a propósito del comercio del sebo y surgían de la desinteligencia entre las medidas de la autoridad y la ambición de los cosecheros, es decir, entre las necesidades del abasto interno del país y los intereses de los cosecheros y los navieros. En la segunda, que se extiende durante toda la primera mitad del siglo XVIII, el estilo predominante dependió de las contiendas entre las autoridades chilenas y peruanas a propósito de medidas y políticas contradictorias, siendo los más frecuentes aquellos problemas derivados del diferente peso de la fanega en Valparaíso y en Lima, a favor por supuesto de los molineros de esta última, y también a las fijaciones de precio por las autoridades peruanas. La tercera, por último, que se extendió durante la segunda mitad del mismo siglo, estuvo caracterizada por un aumento constante de la producción y las exportaciones hacia El Callao. En efecto, las exportaciones habían aumentado desde 19.142 fanegas en 1694 hasta 111.830 en 1750 y 248.524 en 1799. Estas exportaciones se vieron protegidas por algunas medidas administrativas dictadas en Chile, como fue el establecimiento de una diputación o intendencia de los trigos, verdadero órgano controlador de los vicios que se cometían contra los cosecheros chilenos.

Por supuesto que hubo años de escasez de exportaciones, pero este fenómeno fue resultado de problemas climáticos o militares. Las periódicas sequías que se producen en Chile así como el terremoto que destruyó parte de Santiago en 1730 eran factores que desestabilizaban el orden de las exportaciones. Pero el problema mayor para los cosecheros fue la permanente mala fe de los navieros, que buscaban mil arbitrios fraudulentos para rebajar los precios de la fanega de trigo. Como dice el historiador Barros Arana en su *Historia general de Chile*, habría sido preciso "que el comercio de Chile hubiese sido mucho más rico, que poseyese naves en abundancia y que pudiese soportar las demoras y aplazamientos ordinarios y frecuentes en la venta de sus productos".

Chile, a pesar de este progreso, continuaba en la mayor indefensión frente al hecho de que solamente tenía un producto de importancia que vender fuera de su tierra. Esto se reflejaba en los precios, puesto que el cosechero chileno vendía la fanega de trigo en un peso y el naviero en Lima a tres pesos y medio. Sólo la intervención de un intendente para el trigo, como hemos mencionado, permitió un relativo ordenamiento de este tráfico marítimo y una intervención moderada en la política de los precios.

Puede afirmarse que el desarrollo de todo este comercio de exportación de los trigos permitió un modesto bienestar que se tradujo en mayores comodidades para la vida de los grupos urbanos chilenos. Indirectamente, como resultado de este comercio, el impuesto llamado de la "balanza", que se imponía al peso de la carga embarcada, permitió también la realización de algunas obras públicas que embellecieron las ciudades, permitieron la defensa de los puertos, la construcción de casetas de protección en la ruta a Mendoza por los Andes y consiguieron la construcción del primer camino carretero entre la capital del reino y su puerto.

Sin embargo, como respuesta al problema de la monoexportación, durante el siglo XVIII pudo apreciarse un resurgimiento de la minería, especialmente el oro, la plata y el cobre; este último comenzó a ser producido en importantes cantidades en los corregimientos del norte: La Serena y Atacama, hoy Cuarta y Tercera regiones.

Los datos han sido tomados de Alberto Herrmann, quien estima que el oro aumentó desde un promedio de 800 kilos anuales en el período 1741-1760, a mil kilos en el periodo siguiente, 1761-1780, y a dos mil, también anuales, entre 1781 y 1800, es decir, cantidades muy similares a las del siglo XVI. Pero, sin duda, estas cantidades fueron muy superiores ya que muchos contemporáneos estimaron que se hacía un fuerte contrabando de oro por la cordillera hacia la región del Plata. Las *Noticias secretas de América* hablan de 400.000 pesos extraviados, y Herrmann agrega: "No nos fijamos en las cifras de pesos, pero resultaría que se contrabandeaba las dos quintas partes del oro". El presidente Manuel de Amat añadía, por su parte, que había gran contrabando "por lo alto", es decir por la cordillera. Por todo ello, se hizo preciso instalar en Santiago de Chile una Real Casa de Moneda.

En cuanto a la plata, incluida la de Uspallata que era parte de la jurisdicción chilena hasta 1776, se produjeron 30.000 kilos entre 1741 y 1760, otros 50.000 kilos entre 1760 y 1780 y 100.000 kilos entre 1781 y 1800. No obstante, no era todavía la época de la gran producción de plata, que se iniciaría durante el siglo XIX con el descubrimiento de Arqueros y luego Chañarcillo en la década de 1830.

Finalmente, también el cobre aumentó desde 15.000 toneladas al año entre 1741 y 1760 hasta un millón de toneladas anuales en los últimos cuarenta años del siglo XVIII. Este auge de la minería ocurrió en el Norte Chico, donde la región de La Serena abastecía las necesidades de Chile, Lima y Buenos Aires. Una de las regiones que producía mayor cantidad de cobre, según Marcelo Carmagnani, era el distrito de Huasco, desde donde también se exportaba al Perú, al Río de la Plata y a España.

Las especiales condiciones de la producción minera hicieron que en esta zona se formara una clase alta que se diferenciaba de la existente en la región central y la sur del país. Sin embargo, en la medida en que estas fortunas provinciales se hicieron muy cuantiosas y su auge coincidió con el cambio de las circunstancias políticas y económicas producidas a principios del siglo XIX, estos linajes mineros se incorporaron con plena autoridad en los grupos burgueses que dominaban en Santiago de Chile.

El aumento de la producción triguera y el incremento de las labores de la minería significaron para la clase alta del país un bienestar que nunca antes había conocido. No cabe duda de que el comercio no sólo aumentó sino que fue la principal actividad de la elite chilena y la que le permitió dejar atrás los penosos años del siglo XVII.

Asimismo, los contactos con el exterior fueron ahora más numerosos, como lo prueba el movimiento naviero del puerto de Valparaíso. En efecto, en trece años escogidos entre 1672 y 1694 recalaron en él 115 navíos, mientras que también en otros trece años escogidos entre 1787 y 1807 lo hicieron 463 barcos, cuadruplicando el número del siglo anterior. A esto debe añadirse el tráfico existente entre el Río de la Plata y Chile, que a fines del siglo XVIII se había hecho más intenso e importante, todo lo cual obligó a establecer en Santiago de Chile una Real Casa de Aduana para controlar este movimiento comercial.

Los intentos ordenadores del territorio: la modernización

Debido a que la producción y la exportación chilenas tropezaban con falta total de caminos y obras de infraestructura, era importante que las haciendas y la población estuvieran establecidas en las cercanías de los puertos de mar. Naturalmente que no todas las estancias podían estarlo, pero sí lo hizo la población chilena que durante el siglo XVII había alcanzado un grado de ruralización muy elevado.

El camino llamado de los "costinos" que, como su nombre lo indica, discurría por los campos situados cerca de la costa central, era también un factor de importancia para acentuar esta preferencia, pues era transitable en todo tiempo. No sufría interrupciones porque los ríos se vadeaban con facilidad en su desembocadura pagando sólo un peaje por el uso de balsas. En cambio, el camino por el valle central era difícil y complicado, tanto en la temporada de lluvias como en la de los deshielos en la cordillera, puesto que las crecidas de los ríos hacían desaparecer los vados y las caravanas quedaban detenidas durante mucho tiempo. El comienzo de la explotación del trigo, a fines del siglo XVII, contribuyó a acentuar esta tendencia, ya que en un principio este cereal comenzó a ser cultivado en los lomajes y valles interiores cercanos a la costa.

Pero el asentamiento de la población en la región de la costa favoreció, como se ha dicho, la ruralización de la sociedad colonial. Tanto la Iglesia Católica como las autoridades civiles se manifestaron en contra de una situación como ésta, que hacía muy difícil el control de la sociedad y el ejercicio de la evangelización no sólo de los indígenas sino de los propios españoles que, alejados del brazo de las autoridades y de la influencia de la Iglesia, abandonaban paulatinamente las costumbres españolas y también el ejercicio y la práctica de su religión.

Por estas razones el traslado de la población al valle central y la fundación de ciudades como método para ello fueron una aspiración de las autoridades coloniales desde por lo menos los finales del siglo XVII. Las tempranas y frustradas fundaciones de Talca en 1692, Buena Esperanza de Rere en 1693, Itata (hoy General Cruz) en 1694 y Chimbarongo en 1695, son un ejemplo de un prematuro y malogrado empeño por asentar a la población rural en villas y ciudades en el valle central. Las intenciones de los gobernadores de la época no lograron prosperar y este fracaso fue atribuido entonces a la falta de elementos y a la pobreza de los habitantes. A nuestro parecer el error consistió en tratar de asentar a las poblaciones pobres sin obligar a hacer lo mismo a los propietarios y terratenientes que eran los únicos que podían asegurar el éxito de esta empresa.

Tomando en cuenta estos antecedentes, la autoridad metropolitana planteó un nuevo proyecto de poblaciones dentro del cual incluía a los hacendados y demás propietarios agrícolas, a los cuales se obligaba a establecerse en los nuevos centros urbanos y a construir allí sus moradas so pena de multas y otros castigos.

Esta política ordenadora del territorio fue mandada ejecutar por el rey mediante las cédulas del 26 de abril de 1703, 11 de mayo de 1713 y 28 de mayo de 1714. De la lectura de su texto se desprende que esta política no sólo se refería a la urbanización del territorio sino que propendía especialmente a la concentración demográfica, de toda la población y de todas las clases sociales de la hoy región central de Chile, en ciudades y villas que debían ser cabeza controladora de cada porción del territorio.

Salvo el caso de la fundación de la ciudad de Quillota en 1717, esta política sólo fue implementada en Chile a partir de 1740. Desde ese año se establecieron hacia el sur de Santiago nueve ciudades, mientras que hacia el norte de la capital se fundaron otras ocho en un proceso que se demoró hasta finales del siglo XVIII pero que cumplió su objetivo en todo el territorio hasta entonces colonizado. Debe añadirse la repoblación de la ciudad de Osorno en 1796, destruida por los indios a fines del siglo XVI, con lo que la población chilena, con estas medidas y por primera vez desde su conquista, pudo sentir la influencia de un Estado que obligaba a la sociedad y a su territorio a ordenarse según políticas claramente establecidas.

Finalmente, cabe decir que se trataba de un ordenamiento geográfico que permitía recomponer tanto el perfil físico del país como el social y el económico y que afectaba la composición demográfica, la estructura social y la economía de la región en la que se aplicó. Condujo a facilitar la utilización de un espacio y a conseguir un aprovechamiento más completo y racional de todos los elementos que lo componían. El éxito de un programa o proyecto de desarrollo de la vida económica y política del mismo dependerá, como parece obvio, de los elementos que se pongan en movimiento y de la forma en que esto se haga. Pienso que en este caso particular las relaciones de los habitantes del territorio fueron reformuladas de una manera estimuladora buscando llevarlos a la realización de acciones concretas en pro de los objetivos del proyecto.

La nueva sociedad chilena

Como se ha visto, durante toda la segunda mitad del siglo XVII se estuvieron incubando cambios profundos en la sociedad chilena al calor de las condiciones generales en que se desenvolvía el Imperio español, ya decadente durante el reinado de los últimos Austrias.

La continua llegada de inmigrantes españoles, que tomaban la iniciativa y se apoderaban del control de la vida económica colonial, permitió la formación de un nuevo concepto de clase alta, más ligado a las consideraciones mercantilistas y a las promesas aparejadas por la acumulación del capital. Algunos antiguos linajes consiguieron mantener su posición haciendo alianza con los recién llegados y adoptando sus métodos y valores. Pero la mayor parte de las antiguas estirpes, batiéndose en retirada, se refugiaron en los corregimientos rurales donde, aunque en un escenario más reducido, pudieron conservar los restos de su estatus social gracias a sus vastas posesiones rurales, a la fundación de ciudades a través de todo el reino a partir de 1740 y a la relativa autonomía económica de la que gozaban las regiones por su aislamiento. A la elite provinciana este paso le significó resignarse a reproducir en pequeño el papel, cada vez más totalitario y avasallador, que se había asignado a sí misma la nueva y poderosa elite que a principios del siglo XVIII se estaba constituyendo en la capital, Santiago de Chile.

Todo esto implicó cambios profundos que en un principio sólo se apreciaron en los centros urbanos, sobre todo en Santiago, que era la única ciudad que merecía entonces el título de tal en todo el país. Es por eso que durante el siglo XVIII las características de esta "modernización" se concentraron en esa ciudad y, en parte, en la de Concepción. Esta situación debe ser resaltada, puesto que la modernización y sus consecuencias, la aparición de pautas de conducta similares a las de regiones más adelantadas, van a regir una parte pequeña de la sociedad total, de aquella que acaparaba el poder y la riqueza; el resto quedará en una situación de atraso arrastrando un incurable desequilibrio que será un freno a la "modernización" deseada.

El surgimiento de esta nueva clase "burguesa" que, pese a esta condición, estuvo adornada con mayorazgos y títulos de Castilla implicó el establecimiento de una clase baja que no se había visto hasta ese momento porque estaba compuesta por las llamadas "castas", es decir, por los grupos raciales y sus mezclas que conformaban un conjunto abigarrado y heterogéneo que no emergía como un todo sino como grupos sin unión ni estructura.

En parte esto se debió al crecimiento vegetativo y a la inmigración hacia los centros urbanos, fenómeno que ya era notorio en la segunda mitad del siglo XVIII. Tomando como ejemplo la ciudad de Santiago, ésta tenía unos doce mil habitantes a principios de aquel siglo, mientras que a finales del mismo esta suma había aumentado casi cuatro veces. El desplazamiento de los bordes urbanos había creado extensos arrabales cuyo total de ranchos, según cálculos de la época, comprendía el 25 por ciento de todos los edificios de la ciudad. En el mismo sentido, los habitantes pobres en algunos sectores alcanzaban el 41 por ciento de los habitantes de la ciudad, por lo cual, si unimos a estos cálculos la servidumbre doméstica, los esclavos y el resto de la población dependiente de una familia, alcanzamos sin duda una cantidad que duplica los porcentajes señalados.

Es un hecho incontrastable que ya durante la segunda mitad del siglo XVIII era posible observar en los alrededores de los centros urbanos, pero en especial en Santiago, varios focos de enorme miseria que con el nombre de *guangualíes* (en su origen significa "pueblo o población de indios") o rancheríos albergaban a una numerosa población "sin costumbres ni ocupación", gente miserable, sin ocupación fija, que se acogía a la ciudad por el aumento demográfico que se apreciaba en su tierra de origen desde principios del siglo XVIII y que se instalaba a título precario en terrenos baldíos o en zonas pantanosas, cascajales del río y otros lugares cercanos o inmediatos a las ciudades.

Es por esto que la población de Santiago de Chile había aumentado, aunque este incremento se refería fundamentalmente a las clases populares o bajas, todas ellas en situación de desempleo o subempleo, por lo que sus miembros se mantenían sin tener nada que hacer. "Ociosos, vagos y mal entretenidos" como decían las autoridades de su tiempo, las que, sin embargo, ayudaban a fomentar esta ociosidad puesto que para las obras públicas no ocupaban a tales desempleados sino que preferían echar mano de los reos de la cárcel o bien llevar a cabo redadas en las calles y lugares donde el pueblo solía reunirse, tomando presos a numerosos hombres quienes recibían, sin juicio alguno, una sentencia que los condenaba a trabajos forzados y, por supuesto, gratuitos. Los llamados de la autoridad a "sujetar la plebe insolente" se basaban en la idea de que "en la inquietud de la canalla se radicaban [los] mayores males", mientras se especulaba que la mayoría de la población del reino no era otra cosa que "mestizos, cholos y gente vil" que componía una "copia de mestizos, mulatos, negros, zambos y otras castas que hacen de las cinco partes, las cuatro y media". Toda esta muchedumbre de epítetos encubría una política de perpetua represión y abuso que, por desgracia, no ha estado ausente en etapas más recientes de la historia chilena.

Relaciones internacionales: comercio y emancipación

A principios del siglo XIX se produjo en toda la América española un movimiento político y militar que entre 1809 y 1824 condujo a la independencia política de las antiguas posesiones americanas con respecto de la madre patria España.

Es frecuente todavía que se estudie este ciclo guerrero y político desde la exclusiva óptica de la historia militar de cada país participante del proceso. En cambio, como lo hemos sostenido otras veces, este proceso debe ser ubicado globalmente: es necesario analizar todas las variables participantes, con especial referencia a la situación internacional, que es un elemento capital para comprenderlo.

Esto es lo que ocurre con el desarrollo del movimiento de la independencia en el espacio que abarca el llamado Cono Sur de América, donde todas las entonces provincias, repartidas en su época en dos grandes virreinatos (Perú y Río de la Plata), se vieron complicadas en una larga y sangrienta guerra que dio por resultado la independencia política de la América española.

Como es sabido, durante el siglo XVIII se produjo un enorme progreso en el arte de la navegación en consonancia con la revolución industrial iniciada en la segunda mitad de aquel siglo, progresos que influyeron con fuerza en los grandes ejes políticos del Atlántico americano: las trece colonias, con dos millones y medio de habitantes en 1776 y en trance de independencia por esos mismos años; el Caribe también con un fuerte aumento de población ya que en este último siglo, solamente desde África, habían sido llevados más de 6.000.000 de negros; el Brasil portugués que había experimentado la riqueza del oro y las piedras preciosas y contaba igualmente con otros 2.500.000 habitantes; finalmente el Río de la Plata, flamante virreinato que, aunque con un interior mucho más despoblado, tenía una capital que concentraba un importante movimiento comercial y que pronto caería bajo la mira de los intereses británicos.

A fines del siglo XVIII estaba claro que el interés de Gran Bretaña por el Cono Sur había aumentado considerablemente. Las razones para ello eran de tipo estratégico y derivaban de los cambios que aquel país estaba experimentando en su política colonial luego de la pérdida de las trece colonias de América del Norte. Gracias a la revolución industrial, Gran Bretaña se estaba preocupando cada vez menos de mantener fuentes de suministros coloniales y cada vez más de ampliar los mercados compradores. Ello explica el aumento de los viajes científicos de exploración que estudiaban con gran interés los accidentes geográficos, los productos de los países tropicales, los puertos, el relieve de las costas y otros aspectos útiles para la navegación. Además, la misma expansión de los establecimientos europeos en Asia y en Oceanía no sólo requería un conocimiento de la navegación, sino también exigía mantener diversas estaciones de vigilancia en los océanos para proporcionar auxilio y abasto a los navíos que recorrían esos lugares. Por último, los progresos de las técnicas de navegación marina y la invención de navíos cada vez más rápidos hicieron posible la expansión a que aspiraba la potencia inglesa, en aquella época en plena expansión.

En 1765, los ingleses habían ocupado la Gran Malvina en el hemisferio sur frente a las costas de la Patagonia, donde fundaron Puerto Egmont. La reacción española, aunque tardía, permitió al gobernador de Buenos Aires expulsar a los ingleses cinco años más tarde. Sin embargo, poco después las autoridades españolas permitieron una especie de partición de las islas, dado que autorizaron a los ingleses a mantenerse en Puerto Egmont, mientras España permaneció en la isla Soledad en el puerto del mismo nombre. En 1774, empero, España consiguió que los ingleses se retiraran de las zonas que ocupaban en estas islas.

Sin embargo, los británicos, a través de su alianza con Portugal, iniciaron en esa misma época una importante penetración en el mismo virreinato, usando ahora la vía del comercio de mercaderías con Buenos Aires, Paraguay, Chile y Perú, tráfico que dio muchas ganancias a Buenos Aires. El inicio de la guerra entre España y Gran Bretaña en 1779 causó, por este motivo, un fuerte impacto en todo el Cono Sur al punto que el virrey informó a la metrópoli acerca de "la ruina del comercio en estas partes por la guerra con la Gran Bretaña", motivo por el cual se encontraba "detenido el giro de los necesarios efectos de Europa de que se proveen y sin circulación el dinero que debía remitirse".

Estaba claro, sin embargo, que las colonias españolas no eran tan ricas ni tenían un desarrollo que les permitiera ampliar este mercado. Lo que era aún peor, no había esperanzas de que estas colonias, bajo el dominio de España, iniciaran un camino hacia un mayor desarrollo debido a numerosas causas, entre las cuales no eran las menores el bajo nivel de productividad, la autosuficiencia de la economía local, así como las características de la sociedad. "Esta presentaba una estructura estática, jerárquica y muy conservadora, defectos estimulados por la dominación colonial, por la inclinación de las clases altas al ocio y por el espíritu de resignación que patrocinaba la Iglesia Católica de Hispanoamérica".

Estas consideraciones conducían a estimular los deseos de Gran Bretaña de intervenir en estas partes de América y sugerían diversas estrategias para ello, desde el patrocinio de una rebelión contra la metrópoli y la independencia hasta el apoderamiento de algunos puntos del continente que le permitieran ampliar su comercio. Así ocurrió en 1795 con la entrega que hizo España a Gran Bretaña de la isla Trinidad. La continuación de la estrategia, ya no por la vía de tratados sino por vía directa, llevaba al apoderamiento de territorios por parte de esta última potencia. Tal fue lo que se ensayó en 1806 y 1807 durante las célebres invasiones de Buenos Aires.

Al parecer, la primera invasión de Buenos Aires se debió a la iniciativa de los comandantes de las tropas embarcadas en una flota que viajaba desde el cabo de Buena Esperanza y fue exclusiva responsabilidad de ellos. Esta flota, compuesta por barcos de guerra y transportes y 1.600 hombres, surgió en el Río de la Plata el 8 de junio de 1806 y procedió a desembarcar el 26, encontrando sólo una débil resistencia que permitió la rápida ocupación de la ciudad. El virrey huyó hacia Córdoba y todo parecía señalar que esta ocupación sería definitiva, por lo que el gobierno inglés, enterado del asunto, manifestó su acuerdo con la iniciativa. Como decía el comodoro Home Popham, Buenos Aires era el mejor punto comercial de América del Sur y tenía "una situación [geográfica] tan central que se halla a sesenta o setenta días de navegación de todos los países comerciales de alguna importancia con los que mantenemos intercambio".

Esta noticia causó mucha impresión en Chile y el 1 de septiembre de 1806 el presidente del reino, Luis Muñoz de Guzmán, citó a una reunión de notables para saber los medios de defensa con que se contaba, ya que la Corona española en 1804 había avisado a todos los gobiernos americanos de su dependencia que atendiesen a la defensa de sus respectivos reinos con los recursos que en él se encontrasen, sin esperar auxilios de la Corona y, para el caso de Chile, sin buscarlos en el Perú. Oyendo los pareceres, el presidente encargó al secretario de guerra Judas Tadeo Reyes que hiciera un proyecto de defensa.

Estos proyectos se suspendieron cuando se tuvieron noticias de la heroica reconquista de Buenos Aires por los propios vecinos de esta ciudad. Sin embargo, los temores renacieron cuando se supo que a principios de 1807 los ingleses habían regresado con más fuerzas y se habían apoderado de Montevideo. Buenos Aires fue atacada nuevamente en junio de ese año, pero otra vez la defensa de sus habitantes logró impedir un triunfo británico. Los ingleses finalmente se retiraron del Río de la Plata y abandonaron también Montevideo.

Estos acontecimientos habían producido numerosos efectos. Uno de ellos era la eficaz defensa de Buenos Aires que demostraba algo que ocurría en toda la América española: todos preferían ser súbditos de España antes que serlo de Gran Bretaña; pero también había prendido la idea de que era posible llegar a ser independientes con sus propios recursos, idea que fácilmente tomó cuerpo en las esferas políticas chilenas y en una parte de los patricios chilenos que iniciaron el proceso de la independencia en 1810.

Por eso no parece rara la coincidencia de los acontecimientos ocurridos en Chile y en el Río de la Plata en relación con este proceso. El 25 de mayo de 1810 se constituyó la Primera Junta de Gobierno en Buenos Aires, que pretendía jurisdicción sobre todo el territorio del ex virreinato. El 18 de septiembre del mismo año se instaló en Santiago de Chile, a su vez, la primera Junta de Gobierno para todo el Reino de Chile.

Según algunos historiadores, los patriotas argentinos habían reparado en que frente a un Perú Alto y Bajo inclinado a favor del rey, a los cuales podrían inclinarse también Tucumán y Chile, podría perderse el movimiento de mayo de 1810. Se cita para probar este aserto la carta de Juan José Castelli dirigida a Juan Martínez de Rozas en Concepción apremiándolo para que propiciara en Chile una Junta de Gobierno. Residían en Chile numerosos patriotas rioplatenses como Alvarez Jonte, Freites, Maza, Bauzá, Echagüe, Bernardo Vera y Pintado, entre otros.

Los realistas, en Chile llamados "godos", con mucha clarividencia se alarmaron, a su vez, puesto que una colaboración entre Chile y Buenos Aires podía asegurar una futura independencia. Así lo participan algunos de ellos, como es el caso de fray Melchor Martínez en su *Memoria histórica de la revolución de Chile*: "La unión, que más bien puede llamarse identidad de ideas y conducta de las dos Juntas de Chile y Buenos Aires conformes en todo a los principios revolucionarios practicados en Francia y en cuasi toda Europa, empezaron a desplegar todos los terribles efectos de crueldad, anarquía y libertad, acordes enteramente con los maestros del sistema". Por su parte, Manuel Antonio Talavera en su diario se refiere a "Buenos Aires, de donde viene todo el áspid y veneno en los papeles públicos, [y] tiene al vecindario [de Santiago) lleno de sobresalto".

Sin desmentir esta influencia, conviene calar un poco más hondo en esta relación Chile-Río de la Plata, que había sido labrada en otros cauces y desde tiempo más antiguo.

Este acuerdo derivó de una enemistad comercial, política y económica que comenzó a cristalizarse en el Cono Sur entre Buenos Aires y Lima desde, por lo menos, finales del siglo XVII. Como sugiere una inteligente tesis doctoral inédita, escrita por Cristián Guerrero Lira, "una disputa política moderna [la independencia] se superponía a una antigua controversia económica planteándose así la gran línea en que se debatía el proceso revolucionario en la parte meridional de Sud América". Esta disputa política, por tanto, tendrá relación con el régimen político liberal propiciado por las juntas de gobierno del Cono Sur y esta ideología se enfrentará con el fidelismo conservador y monárquico favorecido por el virrey del Perú, José Fernando de Abascal (1806-1816).

Cuando en 1713 se firmó el tratado, o paz de Utrecht, que permitió a los ingleses comerciar esclavos negros por Buenos Aires, esta ciudad comenzó a desplegar su futura grandeza. Desde ella los esclavos eran enviados directamente a través de Chile, para su venta en el Perú. Esta situación no sólo les permitió a los británicos realizar su comercio sino que les abrió la puerta para un intenso contrabando que, aunque era ejercido antes desde la colonia portuguesa de Sacramento, ahora se trasladó a la propia Buenos Aires, donde alcanzó ribetes muy elevados.

Otra de las medidas que consagró a Buenos Aires como capital y puerto principal fue la creación del Virreinato del Río de la Plata en 1776 y la sanción del reglamento de libre comercio en 1778, medidas que permitieron a ese puerto convertirse, como dice Luis Alberto Romero, "en la cabeza de un vasto *hinterland* comercial –reforzado por los lazos políticos– que se extendía, al norte, hasta chocar con el Virreinato del Perú". Agrega el mismo autor que la progresiva crisis de España, que se hizo evidente desde la década de 1790, inició una suave aunque rápida pérdida de los lazos coloniales que permitió a los comerciantes de Buenos Aires llegar con sus intercambios hasta Europa y África.

Frente a esta realidad, la competencia entre Buenos Aires y Lima, cuya intensidad había aumentado, crecía aún más gracias a las posibilidades que cada día se abrían al puerto del Plata. La creación del Virreinato del Río de la Plata había significado para el Perú la pérdida de todo el territorio de Charcas, con Potosí incluido, provincias que habían pasado a la nueva jurisdicción. Junto con estas consecuencias de tipo político, los mercaderes porteños fueron ampliando sus actividades hacia el Alto Perú, ahora dependiente de Buenos Aires, que era en esos instantes el principal mercado consumidor del continente.

Junto con este fenómeno, y como lo destaca el historiador John Rector, se había conformado en el Cono Sur un triángulo comercial con tres extremos –Buenos Aires, Santiago de Chile y Lima– que permitía una manera más económica de obtener mercadería europea. En realidad, Chile era productor de minerales y desde el siglo XVIII se había convertido en reexportador de productos europeos y de esclavos negros. Estos últimos eran pagados en Buenos Aires con lo obtenido con la venta de los minerales producidos en Chile –oro, plata y cobre–, por lo cual había una constante sangría de esos metales que se enviaban al Río de la Plata. Buena parte de estas mercaderías y esclavos era conducida al Perú.

Sin duda que en esta relación el rol de Chile era muy importante, aunque tenía un carácter subordinado con respecto a los polos en conflicto. Su importancia radicaba, para el Perú, en que Chile, como se ha visto, era un proveedor insustituible de grano y cereales, y las cada vez mayores remesas de trigo desde los puertos chilenos habían vuelto a la costa peruana absolutamente dependiente de esta importación. Para el Virreinato del Río de la Plata, la importancia de Chile residía en que dos tercios del dinero amonedado allí eran llevados cada año a Buenos Aires para el pago de los artículos de consumo adquiridos. Pero las regiones interiores de aquel virreinato también adquirían desde Chile harina y miniestras, así como vinos, aguardientes, frutas secas y otros, para lo cual a fines del siglo XVIII se ocupaban unas veinte mil mulas que hacían el viaje por la cordillera.

Estos papeles económicos en los que participaban las autoridades chilenas se volvieron conflictivos recién cuando intervino la variable política.

Esta entró en funciones cuando se inició en el continente el movimiento emancipador, precipitado por los acontecimientos de España de 1808: la prisión del rey y la familia real, la abdicación de Carlos IV y Fernando VII a favor de Napoleón y la entronización de José Bonaparte como rey de España. Luego, la sublevación del pueblo español y la constitución de la Junta Suprema Central Gubernativa del reino instalada en Aranjuez el 25 de septiembre de 1808, la que se trasladó a Sevilla el 27 de diciembre del mismo año. Por último, el avance francés, arrollador en un principio, y el traslado de la Junta a Cádiz.

Estos sucesos, como es sabido, produjeron una gran conmoción en el Imperio español y fueron el punto de partida para la instalación de algunas juntas gubernativas en provincias americanas. Con este pretexto el 26 de julio de 1809 surgió en La Paz, para todo el Alto Perú o Charcas, la Junta Tuitiva de los Derechos del Pueblo y el 9 de agosto del mismo año se formó otra Junta Gubernativa en Quito, que fueron las primeras en tomar la iniciativa, a imitación de lo que se había hecho en España.

Debido a esta realidad, era posible suponer que los acontecimientos referidos que ocurrieron en 1810, tanto en Buenos Aires primero, como en Santiago de Chile después, terminarían por separar política y económicamente a Chile del Perú. Sin embargo, y con respecto al primero, el virrey mantuvo una actitud cautelosa y prudente que se debió, a mi parecer, a dos circunstancias: la primera fue que quiso aplastar antes los movimientos independentistas de Quito y Charcas, y la segunda, que deseaba mantener el flujo normal de los contactos comerciales entre Chile y el Perú y de los envíos de trigo que, desde fines del siglo XVII, le estaba proporcionando. Pese a su ya estrecha alianza con Buenos Aires, los intereses mercantiles chilenos hacían aconsejable al gobierno de Santiago mantener estos lazos que producían tantos beneficios económicos al país. La tesis de Cristián Guerrero reproduce una comunicación del agente rioplatense en Santiago donde dice que los miembros de la Junta de Gobierno de Chile "sólo se inclinan ante la causa americana cuando ella exclusivamente les proporciona la mejor venta de sus trigos, harinas y carnes".

El mismo autor indica que la política intervencionista del virrey Abascal se vinculaba con los intereses del comercio. Estaba en ello apoyado por el Consulado de Lima que, aunque fidelista y conservador, sin embargo ansiaba el término de estos conflictos que impedían el normal ejercicio de las actividades comerciales, y deseaba también que concluyera el sistema de la libertad de comercio que los había privado de muchos de sus antiguos beneficios.

Sin embargo, el virrey Abascal tenía otra meta política: la restauración de los límites del antiguo virreinato y la recuperación de sus fuentes productoras más importantes: primero Charcas, que significaba el control de la plata de Potosí, y segundo, la recuperación de Chile, que le permitía asegurar sólidamente las fuentes de abasto del trigo.

La recuperación de Charcas por las fuerzas virreinales se había producido cuando tuvieron lugar los primeros movimientos independentistas de 1809, que ya hemos indicado. Sin embargo, el mismo año la Junta de Buenos Aires envió tropas a reconquistar el territorio altoperuano, las cuales atravesaron por Tucumán, Salta y Jujuy sin obstáculos. Al entrar en Charcas las tropas rioplatenses tuvieron la inesperada ayuda de la sublevación de las ciudades de Cochabamba y La Paz que cortaron las comunicaciones de los generales realistas con Lima. En Suipacha los invasores lograron una completa victoria el 7 de noviembre, y poco más tarde fue ocupada Potosí. Pero a mediados de 1811, el ejército realista reingresó en Charcas e infligió una grave derrota a los rioplatenses en Huaqui, lo que significó para éstos la pérdida del Alto Perú. Las fuerzas realistas siguieron adelante e invadieron Tucumán en 1812, pero fueron derrotadas en Las Piedras y luego en Salta, lo cual detuvo su avance. Todavía hubo otra nueva embestida de las fuerzas de Buenos Aires hacia Charcas, logrando recuperar Potosí, pero fueron derrotadas en Vilcapugio en octubre de 1813 y debieron salir de aquel territorio.

Habiendo consolidado la conquista de Charcas, el virrey quedó con las manos libres para intervenir en Chile. Esta intervención se materializó a principios de 1813 cuando el almirante Antonio Pareja desembarcó sus tropas en San Vicente y, dos días más tarde, se apoderó de la importante ciudad de Concepción. Encabezando a unos tres mil soldados, Pareja rápidamente consiguió que las ciudades de la zona llamada de La Frontera, Los Angeles, Chillán y otras, se pronunciaran por el rey mientras se incorporaban a sus fuerzas otros dos mil voluntarios, todos chilenos, con lo cual el ejército realista quedó compuesto exclusivamente por naturales del país, salvo el propio Pareja y cinco oficiales españoles que tenían una larga residencia en Chile. Finalmente el virrey Abascal envió una última expedición de seiscientos hombres a cargo del comandante general de artillería Mariano Osorio, quien logró reconquistar el centro de Chile obligando a los patriotas chilenos a huir hacia Cuyo y Mendoza luego de la derrota de Rancagua el 1 y 2 de octubre de 1814, que ha sido celebrada por la heroica y porfiada defensa hecha por las tropas que comandaba Bernardo O'Higgins.

La independencia de América del Sur fue finalmente proclamada en todo el ámbito de su territorio. Las célebres batallas de Chacabuco (1817) y Maipú (1818) en Chile, Junín y Ayacucho en el Perú (1824), Pichincha en el actual Ecuador (1822), Boyacá en Colombia (1819) y Carabobo (1821) en Venezuela, consagraron la independencia política de América del Sur, llenaron de gloria a sus pueblos y a sus conductores –O'Higgins, José de San Martín, Simón Bolívar y Antonio José de Sucre– y pueden ser comparadas con el ciclo militar llevado a cabo por Napoleón I en Europa en la década anterior. Sus detalles, por supuesto, han sido estudiados con gran minuciosidad por numerosos historiadores de cada uno de aquellos países.

Sin embargo, no han sido analizadas completamente las consecuencias de esta gloriosa etapa, que tuvo alcances inesperados, entre los cuales sobresale el no haber logrado restaurar el antiguo sistema comercial.

Cada ex colonia no solamente se emancipó con respecto a España sino también en su relación con sus vecinas. Las luchas internas por la organización política, por una parte, pero sobre todo la aparición de los comerciantes y las casas comerciales británicas en los principales puertos, Montevideo, Buenos Aires, Valparaíso, El Callao y Guayaquil, hicieron que cada nuevo país comenzara a funcionar casi exclusivamente en dirección de la nueva metrópoli, Gran Bretaña, y completamente de espaldas a sus vecinas.

El comercio interamericano, tan próspero a fines del siglo XVIII, no desapareció del todo e incluso conoció nuevos períodos de florecimiento, como fue el caso del interior argentino y el Norte Chico chileno cuando se descubrió el mineral de plata de Chañarcillo en la década de 1830. Pero se trata de casos puntuales. Por eso ya no reaparecieron las rivalidades como la que mantenía Buenos Aires con Lima. La nueva metrópoli tomó el control de las regiones que habían obtenido su independencia política y las transformó en mercados destinados a absorber su gran producción industrial.

Familia Bravo; Talca, 1853
(Archivo del autor)

II. PROYECTO HISTÓRICO DE LA OLIGARQUÍA CHILENA

El proceso emancipador en Chile, tal como ocurrió en toda la América española, fue sucedido por una etapa de búsqueda de una organización política que permitiera constituir el Estado.

Para Hispanoamérica no se trataba de un problema nuevo. El Imperio español, luego de realizar la conquista de América, debió hacerse cargo del mismo proceso buscando fundar un Estado que le permitiera controlar el enorme territorio conquistado. Debido a la existencia de comunidades anteriores muy bien organizadas junto a otras más primitivas, este imperio debió imponer una estructura que organizara los tres elementos fundamentales del Estado: el territorio, la población que lo habitaba y el gobierno que se encargaría de los dos primeros.

Esta tarea resultó muy difícil, ya que la realidad americana entró en contraposición con las estructuras constitutivas del Estado indiano que impuso la metrópoli. Éstas no eran el resultado de la evolución de las regiones geográficas, ni menos aún consecuencia de su naturaleza. Se trató de salvar esta contradicción mediante la ficción de las "dos repúblicas", la de los españoles y la de los indios, la que suponía que parte de las antiguas normas de las comunidades indígenas continuaban vigentes, tal como lo decidió el virrey Francisco de Toledo en el Perú cuando dictó importantes capítulos de la normativa jurídica basados en las pautas que antes había impuesto el incanato. Pero todo este ordenamiento no pasó más allá del campo teórico.

Mientras tanto las diferencias entre la sociedad española y la indígena terminaron resolviéndose, tal como se estila todavía, a través de métodos represivos. Cuando éstos no lograban detener las protestas indígenas y ellas se transformaban en sublevaciones, eran reprimidas con una crueldad inaudita, como se hizo en el Cuzco con Túpac Amaru II en 1780.

En cuanto a las diferencias del nuevo Estado con la sociedad criolla, se solucionaron mediante una transacción que implicó un verdadero pacto colonial, tal como se hizo en el Perú en 1548 donde la Corona retuvo el poder político y la administración del imperio, mientras las elites de los conquistadores y sus descendientes consiguieron mantener la propiedad de los medios de producción, especialmente la minería y la agricultura, obligándose a pagar a la Corona el 20 por ciento de las riquezas obtenidas, o quinto real. La Corona conservó, además, el control de esta producción a través del expediente de retener el derecho a repartir cada año la mano de obra indígena entre los propietarios de minas y tierras. Así se hizo en el Perú con la mita y en México con la institución del cuatéquil.

Con esta transacción, se constituyó en Hispanoamérica un poder informal o fáctico, no reconocido por las leyes, pero muy fuerte. Me refiero a la oligarquía que nació en las Indias controlada por el poder real, pero que a medida que la monarquía española cayó en decadencia fue adquiriendo un poder tan efectivo que los propios virreyes no se atrevían a tomar decisiones de importancia sin consultar a los "grandes" del reino. Estos se encontraban agrupados durante la colonia en instituciones que los amparaban como fue el caso del Consulado, especie de tribunal y oficina contralora de los comerciantes, que pasó a ser un gremio que velaba por sus intereses y concedía representatividad a la naciente oligarquía en varios de los países hispanoamericanos.

Cuando se produjo la independencia, la tarea que recayó sobre los próceres que la habían hecho (la mayoría miembros de la oligarquía colonial) no consistía sólo en la manera cómo organizar las instituciones que regirían el futuro Estado sino en cómo mantener el control de éste y cómo reacomodar las estructuras sociales y económicas que se habían heredado.

Tomando en cuenta estos conceptos, en su reciente *Historia contemporánea de Chile* los historiadores Gabriel Salazar y Julio Pinto denuncian las bases constitutivas de la formación de los Estados latinoamericanos, diciendo que dentro de ellos "la participación protagónica de la sociedad civil en la tarea de construir socialmente al Estado ha sido periférica o nula". Y agregan que "la historia política de Chile perfila nítidamente un arquetipo de construcción estatal, a saber: la transformación de la diversidad civil en unidad política se ha logrado sustituyendo el diálogo ciudadano por un *consenso operacional*" donde se impone unilateralmente una determinada forma de Estado haciendo uso de la fuerza.

Por tanto, la oligarquía chilena, en la medida que adquirió poder y fuerza durante el curso del siglo XIX, fue planteando una especie de programa que, en lo básico, significó conservar el poder total, para lo cual se fijaron tareas tales como la ocupación de todos los territorios que el antiguo Estado español asignó a Chile, poner en explotación las riquezas del suelo, colocando a la minería como una de las principales fuentes de ingreso tanto de particulares como del Estado, para lo cual recurrió a sus socios extranjeros, en especial a los británicos.

Como es sabido, por *oligarquía* se entiende un régimen político y social que implica el control riguroso del poder político por parte de una minoría que posee también el poder económico. Esta oligarquía no necesariamente se afirma en linajes como ocurre en el régimen aristocrático, aunque una misma familia puede ser parte de una oligarquía por más de una generación, antes de desaparecer.

Con estos postulados, Waldo Ansaldi construye un concepto de oligarquía que designa una forma o un modo de ejercicio de la dominación política por un grupo minoritario perteneciente a clases sociales que detentan poder económico y social. Este modo de ejercicio de la dominación –según ese autor– tiene características muy acusadas de las cuales escogemos las que, a nuestro juicio, son más relevantes: base social angosta; reclutamiento cerrado de los que se nombran para desempeñar las funciones de gobierno; exclusión de los disidentes o de la oposición; mecanismos de lealtades familiares o grupales; autoritarismo, paternalismo, verticalismo; autopercepción positiva de la condición de naturalmente elegidos para ejercer el poder; limitación efectiva del derecho de sufragio, de elegir y ser elegido; predominio de la "violencia simbólica" que se ejerce constantemente y que se prefiere a la coerción o violencia física. A manera de síntesis, Ansaldi describe aquel Estado como un "Estado capturado", es decir, un Estado más bien central que nacional y basado en un pacto oligárquico –valga la redundancia– que expresa un delicado equilibrio en los diversos tipos de relaciones interregionales.

En el caso chileno, como hemos dicho en la primera parte, la fase originaria de la oligarquía estuvo basada en personajes concretos que amasaron fortunas luego de una vida larga y sacrificada. En Lima, centro del imperio en América del Sur, el foco de la oligarquía estuvo en el Tribunal del Consulado, donde se controlaba todo el comercio del Pacífico sur. Pero en Santiago de Chile, que no tuvo Consulado sino hasta fines del siglo XVIII, la oligarquía, si puede llamarse con este nombre a uno o dos mercaderes, se identificaba con éstos y con su pequeño círculo. Sólo en la tercera década del siglo XIX, con la llegada del gran comercio británico y con el desarrollo del puerto de Valparaíso como primer puerto en el Pacífico sur, puede hablarse de una oligarquía que, aunque estuvo relacionada con las familias aristocráticas[1] de Santiago en negocios de importancia, puede decirse que constituye una verdadera oligarquía por su relación con las casas comerciales británicas.

---

1. *Aristocracia*, en el sentido de Max Weber, como un estamento donde la nupcialidad, la comensalidad y otras consideraciones de tipo nobiliario son las que predominan. En cambio, las elites de Valparaíso, siempre usando las categorías de Weber, poseerían valores modernos y se acercarían al concepto de clase social.

La primera vez que se hizo en Chile un catastro de los potenciales miembros de la oligarquía fue precisamente en Valparaíso. En *El Mercurio* de aquel puerto, el 26 de abril de 1882, Benjamín Vicuña Mackenna publicó una lista de familias adineradas donde se reconocen las mayores fortunas provenientes de la minería, la industria y el comercio. La mayoría de los titulares de las mayores fortunas correspondían a familias no santiaguinas ni menos tradicionales como era el caso de doña Juana Ross de Edwards y sus hijos Agustín y Arturo, Isidora Goyenechea de Cousiño, Juan Brown y familia, las familias Matte, Urmeneta-Errázuriz y Carlos Lambert, Manuel José Irarrázaval, Federico Varela, Luis Pereira, Francisco Puelma, José Díaz Gana, Magdalena Vicuña de Subercaseaux y José Tomás Ramos. Este abigarrado grupo, ya en estrecha alianza con las elites santiaguinas, era el que marcaba el ritmo de la historia chilena por su influencia y su poder, constituyendo, pues, una oligarquía en el pleno sentido de su definición antes transcripta.

Un estudio inédito de Ricardo Nazer analiza a los miembros de la oligarquía en etapas posteriores hasta llegar a finales del siglo xx. Basado en un trabajo de Gonzalo Rojas, reconstituye lo que eran los grupos chilenos de mayor fortuna en 1920. Para esa época habían desaparecido ya las familias propiamente aristocráticas, surgiendo en cambio Pascual Baburizza, José Montes, los grupos Braun Menéndez, Buchanan Jones y Cía. y el Banco de Chile. Se mantenía la familia Edwards a través del grupo Anglo Edwards, así como las casas mercantiles inglesas Gibbs y Cía. y W.R. Grace y Cía.

Para mediados del siglo xx y según refiere en *La concentración del poder económico* Ricardo Lagos Escobar, presidente de Chile, los grupos más adinerados eran familias o personas que operaban a través de los bancos. Señala primero al grupo del Banco Sud Americano que estaba compuesto por varios subgrupos, siendo el primero el Alessandri-Matte, seguido por el grupo Salinas y Fabres y por el de la Cooperativa Vitalicia, todos los cuales son detallados en esa obra. Los demás grupos están ordenados de la siguiente manera: Banco de Chile, que concentraba el 42,8 por ciento de los capitales invertidos en las actividades bancarias; Banco Edwards, que demostraba la supervivencia de la familia de este apellido como una de las más ricas de Chile y que reunía sociedades importantes como *El Mercurio,* Cervecerías Unidas y la Compañía de Refinería de Azúcar de Viña del Mar, entre otras; Punta Arenas, entre los cuales estaban varias sociedades ganaderas como la de Sara Braun y la sociedad Menéndez Behety; Banco Nacional del Trabajo; grupo Grace-Copec; Banco Español; Banco Continental; grupo Cosatán; Banco de Crédito e Inversiones, ligado a la familia Yarur, y el grupo Banco Panamericano, a la familia Hirmas. Lo interesante de este análisis consiste en que puede concluirse que todos estos grupos estaban conectados de una manera u otra hasta formar una especie de "super grupo" que controlaba el 70,6 por ciento de los capitales nacionales organizados en sociedades anónimas. Esto produjo efectos en todas las actividades del país, en especial en los medios de comunicación que ejercen su influencia sobre la opinión pública, la que lee, ve y escucha sólo lo que esos grupos desean o toleran.

Finalmente, según el mismo trabajo citado, en 1995 campeaban en Chile los grupos Luksic, Angelini, Said, Piñera, Enersis, Claro, Cruzat, Sigdo Coppers. Se trata de grupos nuevos, recién surgidos a la vida económica, que si bien tienen sus raíces en las familias y grupos antes señalados no puede decirse que sean sus continuadores.

Me parece que estos ejemplos indican que la oligarquía chilena, al contrario de lo que muchos creen, no se basa en familias que se perpetúan a través de los tiempos. Se trata de entidades dinámicas que habrían perdido toda su influencia si estuvieran atadas a relaciones de tipo dinástico.

Con todo, muchos miembros de las familias tradicionales y aristocráticas pueden estar ligados y trabajar para estos grupos. El prestigio social que proporcionan sus apellidos muchas veces sirve de elemento decorativo a las instituciones o sociedades que conforman. De aquí el milagro de la perpetuación de muchos apellidos desde el siglo XVII o XVIII encaramados en el primer plano de la reputación social, constituidos en una especie de "Gotha" chileno que arrastra su prestigio por salones, penetra en las universidades, ingresa en las ostentosas oficinas de los edificios "inteligentes", adopta el estilo de la "cultura" a la moda de Miami y se asoma por las ventanas de los condominios exclusivos de ciertas comunas, también exclusivas, del viejo Santiago de Chile. Pero no constituyen la esencia de la oligarquía y podrían ser eliminados en cualquier momento sin que sufriera la estructura principal.

Este dinamismo y estas perpetuas modificaciones ayudan a la circulación del poder económico y permiten, a través de todos los tiempos de la historia, que esta oligarquía sea capaz de sobrevivir como una verdadera Ave Fénix y con ella la derecha chilena, su inseparable compañera, ayudándose y apoyándose para sortear con éxito todos los accidentes del transcurrir de la historia durante el siglo XX.

Estructuración del Estado oligárquico

La tarea de construir la nueva estructura del Estado chileno fue un proceso que tardó quince años, entre 1818, fecha de la primera Constitución dictada por Bernardo O'Higgins, y 1833, año en que se juró la llamada Constitución portaliana. Pero una cosa es escribir y jurar una Constitución y otra la tarea de regirse por las normas que ésta había constituido. De manera que la historia del Estado oligárquico en Chile es la de una empresa porfiada que durante noventa y un años trató de imponer un orden que era contradicho por una vida política agitada y dura que hizo crisis política en dos revoluciones de importancia en 1851 y 1852, y una tercera de mucha gravitación y muy sangrienta en 1891.

Entre 1818 y 1833 se dictaron tres cartas fundamentales que no tuvieron larga vida. La primera, de 1822, también obra de O'Higgins e inspirada por José Antonio Rodríguez Aldea, ministro de Hacienda y Guerra, fue discutida y aprobada por una asamblea legislativa elegida al efecto; la segunda, obra del jurista Juan Egaña, también analizada y despachada por un congreso constituyente en 1823; y finalmente, la de 1828, obra del español José Joaquín de Mora, también discutida en el Congreso elegido al efecto y cuya redacción se encargó a una comisión emanada de él.

Paradójicamente, todas estas cartas o constituciones, salvo la primera de 1818 que era provisoria, fueron estudiadas, discutidas y aprobadas por congresos constituyentes, mientras que aquellas que han tenido más larga duración en Chile, como la de 1833, fue inspirada en gran parte por Mariano Egaña, y se discutió, aprobó y promulgó por una convención compuesta por dieciséis diputados en ejercicio y veinte ciudadanos "de reconocida probidad e ilustración", pero no elegidos por el pueblo.

Dando la razón a los que siglo y medio más tarde criticarían esta forma de constituir el Estado, el presidente de la república, José Joaquín Prieto, el 20 de octubre de 1831 y en el acto de instalación de esta asamblea constituyente, les dijo a los convencionales que "Reformar la gran carta es la obra destinada a vuestro saber; vais a registrar los derechos y deberes no del millón y medio de hombres que pueblan hoy a Chile, sino a las generaciones que deben formar algún día una gran nación". En Chile hubo quienes criticaron este procedimiento diciendo que el Estado debía ser construido mediante la participación protagónica y soberana de la sociedad que va a ser regida por éste para que tal construcción tenga legitimidad. Pero los que participaban de esta opinión estaban acallados o exiliados.

Cuando terminó el trabajo de la comisión redactora y una vez aprobadas las reformas, el presidente Prieto pronunció un segundo discurso donde se permitió algunas observaciones: "Despreciando teorías tan alucinadoras como impracticables, sólo han fijado su atención [los constituyentes] en los medios de asegurar para siempre el orden y la tranquilidad pública contra los riesgos de los vaivenes de partidos a que han estado expuestos. *La reforma no es más que el modo de poner fin a las revoluciones y disturbios a que daba origen el desarrollo del sistema político en que nos colocó el triunfo de la independencia*".

La Constitución promulgada el 25 de mayo de 1833 proclamaba que el gobierno de Chile era popular representativo, que la república de Chile era una e indivisible y que la soberanía residía esencialmente en la nación, la cual delegaba su ejercicio en las autoridades establecidas en esa carta, sentencia esta última repetida rigurosamente por las cartas de 1925 y 1980. Consagraba los tres poderes clásicos: el Ejecutivo, ejercido por un presidente elegido por cinco años y reelegible por otro período; el Legislativo bicameral, y el Poder Judicial, el menos estructurado de todos, quedó encargado en el futuro a una ley especial que miraría por "la organización y atribuciones de todos los tribunales y juzgados que fueren necesarios para la pronta y cumplida administración de justicia en todo el territorio de la República". Vale la pena consignar que esta ley que organizó el Poder Judicial fue dictada recién en 1875, es decir cuarenta y dos años más tarde, plazo durante el cual rigieron las leyes españolas, muchas vigentes desde principios de la conquista. Declaró, además, a la Iglesia Católica, apostólica, romana como la religión de la república con exclusión del ejercicio público de cualquier otra. También estableció el sufragio censitario, es decir, sólo votaban los mayores de veinticinco años si eran solteros o de veintiuno si estaban casados y debían ser dueños de un bien inmueble, de un capital o de un empleo equivalente.

El Poder Ejecutivo fue dotado de amplias atribuciones que se aumentaban mediante la concesión de facultades extraordinarias, aunque también se entregó al Congreso Nacional un poderoso mecanismo de poder, a través de las leyes periódicas, tales como la de presupuesto, facultad que al ser usada fue la gota que faltaba para derramar el vaso de la revolución de 1891.

Esta Constitución fue reformada en varias ocasiones por leyes que suprimieron muchas de sus características más retrógradas. Entre otras, en 1865, la que permitió el culto privado de otras creencias religiosas en recintos o edificios de propiedad particular, y en 1871 la que prohibió la reelección inmediata del presidente en ejercicio. En 1874 se estableció que no podían ser electos diputados los eclesiásticos regulares y los párrocos o vicepárrocos. Estableció también el voto acumulativo, que otorgaba representación a las minorías, y dispuso la introducción del voto secreto. También en 1874 se restringió a un año la duración de leyes de excepción que impedían el ejercicio de las libertades públicas. Finalmente, en 1888 se estableció el llamado sufragio universal fijando como únicos requisitos para votar tener veintiún años y saber leer y escribir.

Este cuerpo legal fue adicionado con varias leyes orgánicas que completaron la estructura del Estado. Así, el tan celebrado Código Civil en 1855, obra de Andrés Bello, el de Comercio promulgado en 1867, y en 1875 los códigos Penal y de Minería y la Ley Orgánica de Tribunales, ya recordada, también del mismo año, y que es la misma que ha dado forma definitiva durante más de cien años al Poder Judicial chileno que, ahogado por su arcaísmo, ha recibido una corriente vitalizadora recién con motivo de la gran reforma judicial de 1999.

Los autores están de acuerdo en que el Estado de Chile sufrió un proceso de decadencia que lo tuvo al borde de la extinción. Según Francisco Antonio Encina, en 1890 del edificio levantado por Diego Portales y sus hombres sólo quedaban los cimientos removidos y los muros desplomados. Sin embargo, la modernización que quiso hacer el presidente José Manuel Balmaceda (1886-1891) durante su periodo tropezó con la oposición terca y ciega de la oligarquía chilena que en aquel tiempo como ahora siente antipatía y aversión por los cambios y las reformas.

La ideología conservadora y los hombres de Portales

Diego Portales y Palazuelos fue un comerciante chileno que, según propia declaración, frente al desorden existente en Chile durante la década de 1820, decidió intervenir en política a fin de obtener un orden que permitiera gobernar y hacer progresar su querida patria.

De esta preocupación ha derivado la llamada "ideología portaliana" que ha sido un tema recurrente en la historiografía chilena y ha inspirado largos y, a veces, tediosos estudios. Aunque a mediados del siglo XX fue puesta en duda por Julio César Jobet y otros historiadores, esta tesis se mantuvo en pie llegando a prestar su nombre y su fachada incluso para una construcción política tan *sui generis* como lo fue el régimen de las Fuerzas Armadas y Augusto Pinochet a partir de 1973.

Sin embargo, a finales del siglo XX y luego de los trabajos de Alfredo Jocelyn-Holt y Gabriel Salazar, entre otros, la ideología de Portales ha sido reducida a sus justas proporciones. Por mi parte, deseo exponer mi criterio sobre este tema derivándolo de un trabajo editado con otros por la Universidad de La Plata en 1997, buscando desarrollarlo desde un punto de vista conceptual y relacionándolo con la ideología conservadora chilena y latinoamericana que estuvo vigente durante la segunda mitad del siglo XIX.

La ideología (si es que así puede llamarse) del ministro Portales se encuentra expresada en su epistolario, y especialmente en una carta que escribió desde Lima a uno de sus socios en marzo de 1822. Aunque muy conocida, me permito reproducir aquí el párrafo que manifiesta esas ideas:

> A mí las cosas políticas no me interesan, pero como buen ciudadano puedo opinar con toda libertad y aun censurar los actos del gobierno. *La democracia que tanto pregonan los ilusos es un absurdo* en países como los americanos llenos de vicios y *donde los ciudadanos carecen de toda virtud* como es necesario para

establecer una verdadera república. [...] La república es el sistema que hay que adoptar, pero ¿sabe cómo yo la entiendo para estos países? *Un gobierno fuerte, centralizador,* cuyos hombres sean verdaderos modelos de virtud y patriotismo, y así enderezar a los ciudadanos por el camino del orden y de las virtudes. Cuando se hayan moralizado, venga el gobierno completamente libre y lleno de ideales, donde tengan parte todos los ciudadanos. Esto es lo que yo pienso y todo hombre de mediano criterio pensará igual.

Como puede apreciarse, no se trata propiamente de una ideología sino de ideas generales, casi reflexiones de sobremesa. Hay que añadir que se trata de la más larga y completa mención por escrito de lo que algunos insisten en llamar "sus ideas". Por esta causa, habrá que aceptar el hecho de que sobre esta pequeña piedra los historiadores conservadores chilenos –Alberto Edwards, Francisco Antonio Encina y Jaime Eyzaguirre, por citar a los principales– construyeron toda la estructura ideológica que sirve de argamasa para la interpretación de sesenta años de historia de Chile (1830-1890), período bautizado por ellos como "época portaliana".

Por mi parte, propongo más bien concebir al régimen portaliano como el fruto de dos acciones operativas: la primera, la formación de un equipo de hombres muy capaces que actuaron en la política chilena hasta mucho después de muerto el ministro y que disfrutaron y ejercieron una gran influencia personal completando su obra; la segunda, el hacer funcionar lo que él mismo llamó "el resorte principal de la máquina", es decir, la autoridad tradicional, "el gobierno obedecido, fuerte, respetable y respetado, eterno, inmutable, superior a los partidos y a los prestigios personales".

Sin embargo, la primera acción operativa es, a mi juicio, la clave para entender una acción tan prolongada y exitosa porque, aunque algunos de los personajes que componían aquel grupo o equipo discreparon en varios aspectos con el ministro, las circunstancias de su muerte terminaron por acercar a estos hombres a la obra que Portales había empezado a construir. Entre otros, nos estamos refiriendo a personajes de la talla del venezolano Andrés Bello y del argentino Domingo Faustino Sarmiento, así como de los chilenos Manuel Renjifo, Mariano Egaña y Joaquín Tocornal, a los que se añadieron Manuel Montt y Antonio Varas, de una generación posterior.

De este selecto grupo salió la Constitución de 1833, la reforma tributaria y aduanera y la reordenación de las finanzas, la reforma y la puesta al día del sistema judicial, así como los códigos Civil, de Comercio y Penal, la Universidad de Chile, la reforma educacional y la creación de la educación primaria. Uno de los nombrados, Manuel Montt, fue presidente de la República, todos fueron ministros de Estado, senadores y diputados del Congreso Nacional, miembros de la judicatura y algunos fallecieron mientras cumplían esas funciones. Ellos siguieron ejerciendo gran influencia, lo que permitió que el nuevo régimen político, sostenido por estas personas, pudiera ser mantenido en la forma y con el ritmo que originalmente se le dio, contribuyendo así a su perdurabilidad. Su sola presencia bastaba para afirmar debilidades o desequilibrios; la desaparición de los dos últimos, Manuel Montt en 1880 y Antonio Varas en 1886, coincidió con el surgimiento de la crisis que daría fin a este largo período.

Finalmente, puede agregarse que, aunque de una generación posterior, Diego Barros Arana (1830-1907) fue discípulo de muchos de los anteriores, en especial de Andrés Bello, y que, pese a tener hondas discrepancias con muchos de los mencionados, cumplió con el último mandato de todo régimen político. A través de los dieciséis volúmenes que comprende su *Historia general de Chile*, que termina justamente en la promulgación y puesta en marcha de la Constitución de 1833, el autor concluye legitimando, a través del relato histórico, un proyecto nacional que la clase alta chilena creó, en gran parte, para su propio beneficio.

La segunda acción operativa no fue otra cosa que el recurso de la "restauración absolutista" en lo político, fenómeno histórico sin duda anticipado en Chile, pero desde luego inserto en el marco de las tendencias políticas que predominaron en Iberoamérica durante la segunda mitad del siglo XIX. Este absolutismo dio paso a las llamadas "repúblicas oligárquicas" y dotó a los países más grandes de nuestro continente (Argentina, Brasil y México) de aquella estabilidad política (*pax* oligárquica) que las potencias imperiales del viejo continente requerirían para expandir sus inversiones y el comercio internacional.

Si tomamos en cuenta el tiempo en que Diego Portales estuvo a cargo de las tareas del gobierno, primero como vicepresidente y luego como ministro, veremos que fue apenas de tres o cuatro años en total. Puede concederse que también le fue posible influir por presencia o por ausencia y que, pese a su alejamiento de las tareas del gobierno y a sus anhelos expresados de no tener esa carga sobre sus hombros, el ministro estuvo presente en el gobierno de Chile desde 1829, año en el que triunfó la revolución conservadora, hasta 1837, cuando murió. En total ocho años, tiempo tampoco suficiente para consolidar una obra de esta magnitud, cualquiera fuese el talento, la energía y la influencia ejercida por su mentor.

Las instituciones de Portales y sus socios comenzaron a transformarse aún en vida de éstos, acercándose cada vez más al modelo de una república oligárquica y alejándose también del modelo virtuoso al que aspiraba el fallecido ministro. Al contrario, tomando las herramientas heredadas de la época de Portales, la república continuó gobernada férreamente y el ejercicio del poder siguió practicándose dentro de los moldes de una "ficción democrática" eficiente para mantener el poder, pero rutinaria y sin dinamismo a medida que el poder salía de manos de aquellos hombres, "modelos de virtud y patriotismo", e iba siendo traspasado a grupos económicos interesados en sus negocios o a un grupo de familias orgullosas y pagadas de sí mismas.

Este fenómeno fue observado hacia las décadas de 1870 y 1880 por numerosos viajeros, hombres de negocio y diplomáticos que visitaron el país y su capital. Uno de ellos, sir Horace Rumbold, diplomático británico, describía "a Santiago como la residencia de una corte soñolienta, exuberante y ultramontana, antes que como la metrópoli de un Estado democrático, progresista y trabajador. Para los que saben que esta ciudad es la creación de una clase gobernante exclusiva, implantada en una de las principales plazas fuertes del catolicismo sudamericano, el fenómeno se hace más inteligible". Otro cronista, Charles Wiener, propenso a encontrarlo todo muy bueno, decía en 1888 que "Chile había sido gobernado por una oligarquía aristocrática suave y conciliadora, pero que excluía rigurosamente a la mayoría de toda participación en los negocios públicos". Theodore Child, escribiendo desde Londres algunos años más tarde, afirmó que estaba en condiciones de decir, sin temor a ser refutado, que el gobierno de Chile "durante las pasadas seis administraciones [es decir entre 1850 y 1890, fecha de su viaje a Chile] ha sido un gobierno oligárquico, compuesto por las mejores familias de Santiago, las que han controlado todo" convirtiendo en una farsa el llamado "sufragio universal" consagrado por la reforma constitucional de 1888.

La ideología alberdiana y su proyección

Nos interesa ahora situar este mismo régimen portaliano como un fenómeno histórico más amplio, que pudo anticiparse en Iberoamérica, pero que a partir de mediados del siglo XIX quedó inserto en el marco de las tendencias políticas que triunfaron en el continente.

Juan Bautista Alberdi en su conocida obra *Bases y puntos de partida para la organización política de la República Argentina*, editada en Valparaíso en 1852 y la cual fue escrita, al decir de su autor, en procura de "llevar la mirada de los estadistas de Sud América hacia ciertos fines y horizontes", se plantea la manera de organizar estas repúblicas del siguiente modo.

La única solución política racional "en repúblicas que poco antes fueron monarquías" es el establecimiento de un gobierno regular encabezado por "un presidente constitucional que pueda asumir las facultades de un rey en el instante en que la anarquía le desobedece como presidente republicano". Lo que Alberdi propiciaba como el único sistema político viable en Iberoamérica era el establecimiento de una democracia protegida. "El problema del gobierno posible en la América antes española no tiene más que una solución sensata: ella consiste en elevar nuestros pueblos a la altura de la forma de gobierno que nos ha impuesto la necesidad; en darles la aptitud que les falta para ser republicanos." Para ello, opinaba que la única manera era una república que supiera acomodarse "a nuestra edad" siguiendo el precedente feliz que ofrecía Chile en esa época, cuyo pueblo "ha encontrado en la energía del poder del presidente las garantías públicas que la monarquía ofrece al orden y a la paz, sin faltar a la naturaleza del gobierno republicano".

El mismo Alberdi reconoció que los principios señalados por Portales y su grupo eran esenciales para organizar las instituciones hispanoamericanas. En sus *Bases* sostuvo que "el tiempo ha demostrado que la solución de Chile es la única racional en repúblicas que poco antes fueron monarquías", y así celebra que esta experiencia haya hecho ver "que entre la falta absoluta de gobierno y el gobierno dictatorial hay un gobierno regular posible; y es el de un presidente constitucional investido de facultades extraordinarias que le permitan mantener el orden". Así también lo aplaudía el presidente Prieto en su discurso cuando felicitaba a los convencionales de que "despreciando teorías tan alucinadoras como impracticables sólo han fijado su atención en los medios de asegurar para siempre el orden y la tranquilidad pública contra los riesgos de los vaivenes de partidos a que han estado expuestos".

Esta restauración del absolutismo borbónico en lo político iba aparejada de la implantación de las doctrinas liberales en lo económico, siendo el primero una especie de condición *sine qua non* para que pudieran funcionar las segundas. Así pensaba el jurista Mariano Egaña, uno de los hombres de Portales, que podía haber libertad sin democracia. En síntesis, se hablará entonces de una institucionalidad protegida o, si se quiere, de "una ficción democrática", como Portales lo dejara ver claramente en 1822 en la cita antes reproducida.

Una de las consecuencias de la implantación de esta "ficción democrática" y su mantenimiento por largo tiempo consistió en que la evolución de las instituciones políticas derivara hacia un sistema de gobierno controlado e inmovilizado por los grupos civiles oligárquicos que asumieron las tareas de la administración. Como ya hemos dicho, puede sostenerse que el pensamiento conservador –portaliano o alberdiano– condujo en Iberoamérica más bien a la consolidación de un régimen oligárquico que a una verdadera democracia. Como sucediera en México durante el periodo llamado "porfiriato" (1884-1911), en Brasil durante la Primera República (1891-1930) y en la Argentina y Chile desde 1880-1890 hasta la década de 1920.

Como dice Natalio Botana en *El orden conservador. La república posible*, la solución alberdiana "culmina consagrando la contradicción entre desigualdad social e igualdad política". En las repúblicas "votarán los de arriba; los educados y los ricos; no podrán ni deberán elegir los ignorantes y los pobres. El acto de representación, al exigir prudencia y sabiduría para su ejercicio, plantea un serio dilema: o se universaliza la ciencia y el arte del gobierno, o bien, mientras tanto, la responsabilidad de manejar la suerte de todos, de asumir lo público desde la particular perspectiva de lo privado, debe quedar en manos de un pequeño núcleo de privilegiados".

El autor citado, a quien seguimos en esta parte, reproduce una fórmula que prescribe un programa futuro. Dentro de él, la Constitución tiene que referirse a un plan que programe el desarrollo de la población, debe dedicarse a realizar una colonización de los espacios territoriales antiguos y nuevos, y darse como objetivo dotar al país de ferrocarriles, la navegación de los ríos, el progreso urbano y rural y la industrialización. Todo ello dentro del marco de un dogma político: libertad política para pocos y libertad civil para todos, lo cual supone la coexistencia de dos tipos de república: la república abierta y la república restringida.

La primera está abierta a todos, ámbito ideal para desarrollar la plenitud de las capacidades empresariales, para la innovación y el cambio económico, para el desarrollo de las comunicaciones, la industria y todas las potencialidades del país. No obstante, este tipo de república contiene una contradicción en sí en tanto no puede controlar los actos de gobierno puesto que la mayoría de sus miembros no participan en política y por tanto no eligen a sus gobernantes ni ellos pueden ser elegidos. Repetimos que existe un grupo que sí está capacitado "para hacer gobierno y ejercer control", puesto que ellos son los que están preparados "para tomar sobre sí el manejo de la suerte de todos".

Por supuesto que estas consideraciones, que corresponden a la realidad política latinoamericana de la segunda mitad del siglo XIX, no siempre fueron hechas explícitas en la forma en que lo hacen los comentaristas y los historiadores. Pero de hecho así actuaron y obraron los miembros de la oligarquía que gobernó estos países en aquella época.

En el caso argentino y especialmente a partir de 1880, el gran progreso económico estuvo presidido por autoridades que funcionaron bajo estas premisas y el presidente Julio A. Roca (1880-1886) fue quizá el mejor exponente de esta fórmula. Incluso los opositores más duros respondieron con la abstención como protesta a ese orden tan injusto, como lo hizo el Partido Radical durante la última década del siglo XIX y la primera del XX.

El caso chileno fue diferente, aunque también estuvo regido por las características señaladas. El régimen oligárquico ya era visible durante el último cuarto del siglo XIX bajo la presidencia de Federico Errázuriz y se hizo cada vez más fuerte luego de la revolución de 1891 que entregó, junto con el sistema parlamentario de gobierno, el control total del país a este grupo social.

Hasta entonces en Chile se habían dado algunos rasgos ideales que podían explicar el tipo de gobierno oligárquico con todas las características expuestas. Sin duda su estrecha base social, que excluía a la mayoría de la sociedad de los mecanismos de decisión política, llevaba al régimen político a ser, por esencia, no democrático. Pero ello se debía básicamente a que hacia 1830 o 1840 la gran mayoría de la población no tenía una capacidad mínima para intervenir en estos negocios. En cambio hacia 1890 o 1910 esta situación se había revertido a causa de la acelerada urbanización, el aumento de la educación pública, el comienzo de la industrialización, la inmigración, la aparición de una clase media profesional y otros factores que eran consecuencia de la misma labor política y administrativa de los grupos gobernantes.

Era, por tanto, otra la situación social y económica que tenía que influir con su peso en la situación política. Las grandes huelgas en Chile comenzaron durante la década de 1880 y alcanzaron su clímax en la primera década del siglo XX. La respuesta de las autoridades fue una feroz represión en manos del Ejército. Terminó en sangrientos resultados a causa de la huelga de 1905 en Santiago y la de 1907 en Iquique, cuando fue masacrado en esta ciudad un número no precisado, pero muy alto, de obreros por el delito de pedir modificaciones laborales.

Crisis del Estado portaliano en Chile

Los autores están de acuerdo en que el llamado "Estado portaliano" en Chile a finales del siglo XIX había sufrido un proceso de decadencia que lo tenía al borde de la extinción; como ya hemos citado, en palabras de Francisco Antonio Encina, del edificio levantado por Diego Portales y sus hombres, en 1890 sólo quedaban los cimientos removidos y los muros desplomados.

Casi todos los historiadores, al llegar a este trágico capítulo de la historia nacional, intentan alguna explicación sobre la guerra civil de 1891 y aventuran sus propias conclusiones. Así, el mismo Encina expresa que el presidente José Manuel Balmaceda "no luchó por salvar una creación política moribunda, sino por realizar el milagro que la historia aún no ha conocido, de resucitar un régimen que espiritualmente era ya cadáver insepulto".

Alberto Edwards tiene un concepto más complejo del proceso que llevó a la muerte del Estado portaliano. Indica que "ese poder oligárquico, que sacaba sus fuerzas de la organización misma de la sociedad chilena, era el único capaz de luchar contra la tradición monárquica heredera de la Colonia y que Portales restauró". La política de Chile desde 1849 hasta 1891 se sintetiza principalmente en el conflicto entre dos elementos espirituales orgánicos, ambos pertenecientes al pasado: la aristocracia y la monarquía. Por eso nuestras revoluciones, incluso la de 1891, fueron siempre frondas. Cuando en las angustias del combate final Balmaceda, al igual que los reyes de la antigua Europa en lucha con el feudalismo, quiso apelar al pueblo, al sentimiento democrático, los acontecimientos probaron que el infortunado presidente había pedido amparo a algo que no existía.

En otro extremo del espectro político, Hernán Ramírez Necochea asegura que aquella guerra civil tuvo por promotores a ciertos elementos "empeñados en impedir el progreso de la verdadera revolución pacífica que era impulsada por Balmaceda. Se ha probado de una manera categórica en otras páginas, que los intereses económico-sociales de la oligarquía eran incompatibles, en mayor o menor grado, con transformaciones de tanta trascendencia y magnitud. Por eso levantaron su brazo armado contra un gobierno que actuaba en sentido genuinamente revolucionario y contra un presidente –Balmaceda– que era el alma de ese gobierno".

Alfredo Jocelyn-Holt, coincidiendo en parte con esta interpretación, sostiene que "la solución planteada por Balmaceda se encuadraba plenamente en la lógica o estrategia ya tradicionales de enfrentar la modernidad, es decir, aceptar el cambio sin que ello implicara cuestionar la hegemonía de la elite. Proponía un cambio desde arriba, programático y controlado, no espontáneo o fruto de demandas o presiones, un cambio que significara, a lo más, beneficios indirectos, amplios, nacionales, es decir, beneficios sociales (más educación, más empleo, más crecimiento, mejor transporte, mayor infraestructura), pero sin que ello derivara o exigiera una mayor participación o democracia". De todas las explicaciones oídas o leídas hasta ahora sobre esta crisis política, esta última es la que más me convence, ya que la experiencia histórica demuestra que la derecha chilena teme a la modernización, entendida ésta como cambio de estructuras, y esto permite comprender ciertas reacciones políticas, muchas veces irracionales en apariencia, pero que son originadas en esta suerte de temor político a algo no siempre bien evaluado y estimado.

Indudablemente esta guerra civil debe entenderse como una crisis terminal del Estado portaliano. En cambio, en el resto de América, esta crisis desatada desde 1889 no fue el término sino el inicio de una restauración del Estado autoritario y aristocrático. Así ocurrió en la República Argentina en 1890 luego de la caída del presidente Miguel Juárez Celman, quien fue reemplazado por un auténtico Estado conservador que perduró en su forma original hasta 1916. Lo mismo en Brasil: la caída de la monarquía fue sólo el preludio del inicio de una república aristocrática desarrollada a partir de 1894 con la elección, ese año, de Prudente de Moraes Barros como presidente de la república, hecho que permitió inaugurar un ciclo que perduró hasta 1930.

En Chile se instaló un régimen que fue llamado impropiamente "parlamentario", el cual, para muchos, incluido el autor de esta obra, ha sido uno de los períodos más tristes de la historia de este país. Durante él se dieron los efectos más negativos de un gobierno oligárquico, algunos de los cuales serán tratados en las páginas que siguen.

Antes de 1891 se habían producido los aspectos más relevantes de la labor administrativa. Estos hechos positivos, me parece, fueron la reordenación del territorio, las expediciones y la colonización de territorios, guerras y conflictos limítrofes, obras públicas y otros. Este análisis nos permitirá observar lo que los ideólogos conservadores llamaron en su tiempo "progreso" y es lo que, en sucesivos capítulos, describiremos a continuación.

La obra de la oligarquía chilena en el siglo XIX

La articulación del territorio en el valle central

El primer objetivo de los gobiernos que sucedieron a la era de Portales, y quizá su mayor mérito, fue el de extender las fronteras del país, lo cual significaba, en parte, tomar posesión de los territorios a los que tenía derecho según sus títulos coloniales aunque, por otra parte, también podía implicar guerras y conflictos con los países vecinos.

En la primera parte nos referimos al proceso de ordenación del territorio a propósito de la fundación de ciudades en el valle central durante el siglo XVIII y al intento de privilegiar esta zona con un aumento de población derivado de aquellas acciones fundadoras. Porque un intento ordenador, si lo referimos a lo social y a lo económico, no pasa de ser otra cosa que un proyecto (explícito o no) que tiene por objeto organizar o reorganizar un espacio territorial conforme a un plan con metodología y fines determinados. La manera de llevar a cabo ese intento cae dentro de la esfera privativa del Estado, el que actúa a través de sus organismos competentes.

Este ordenamiento afectará la composición demográfica, la estructura social y la economía de la región en que se aplica. Conduce, o tiende a facilitar, a una mejor utilización y a conseguir un aprovechamiento más completo y racional de todos los elementos que se encuentran en aquel territorio. Todo esto deberá hacerse dentro del espacio que se procura transformar y recomponer procurando estimular en sus habitantes la realización de acciones concretas que conduzcan a los objetivos propios del mencionado plan o proyecto.

El plan reordenador que analizaremos en esta ocasión se refiere al valle central, que ya había sido objeto de varios programas desde mediados del siglo XVIII. Esto había permitido concentrar a la población en una zona donde el cultivo del trigo se había transformado, desde la década de 1860, en la más importante actividad agrícola de Chile y que, en palabras de José Bengoa, "impulsó la apertura de nuevas tierras, condujo a la construcción de obras de regadío, construyó el paisaje del valle central que conoceremos en el siglo XX: valles regados y apotrerados, lomajes suaves pelados y lavados por las lluvias". Agrega que, a través de las exportaciones el trigo conectó Chile con Europa, con los adelantos de los países desarrollados y, a pesar de que la minería proporcionó más dinero, "el trigo tiene un significado económico, social, cultural y político de mayor importancia", puesto que terminó modelando una especial cultura del mundo rural que ha influido durante gran parte del siglo XX.

Sergio Sepúlveda entrega datos de esta gran exportación referidos a la segunda mitad del siglo XIX e indica que ya en 1865 salieron del país más de un millón doscientos mil quintales métricos de trigo, llegándose casi al millón y medio dos años después. En 1874 se exportaron más de dos millones de quintales métricos del producto que fueron enviados de preferencia a Inglaterra y a Europa. Con esto, se habían dejado atrás los récords de exportación de California que no pasaron del medio millón de quintales métricos hacia 1855. Más lejos, todavía, habían quedado los años en los que el único mercado era el Perú hacia el cual, por ejemplo, se habían enviado en 1799, año culminante, 250 mil quintales de trigo.

Aunque la producción chilena de este cereal se había iniciado en los sectores costeros, ya a fines del siglo XVIII, aunque la zona costera continuaba produciéndolo, era el valle central al sur de Santiago y hasta el Biobío el principal productor de grano. De especial importancia era la industria molinera que se había instalado en las márgenes del río Loncomilla en la zona del Maule, produciendo una inusitada actividad industrial en la región y dando origen a las villas de San Javier de Loncomilla fundada en 1852 y a Villa Alegre, aldea que se organizó por su cuenta también en la década de 1850.

Por tal motivo, en este territorio se haría una reordenación espacial a los efectos de responder mejor a los requerimientos de la exportación triguera. Y esta respuesta fue la construcción de vías férreas y la habilitación de puertos para dar salida a este producto.

Con todo, la política de transporte pudo desarrollarse a través de otras vías y por otros medios, como lo insinúa la tramitación del proyecto de canalización del río Maule. Sin duda que la construcción de una infraestructura que facilitara tanto el viaje de los productos hasta el puerto de Constitución como el mejoramiento portuario y la solución definitiva del problema de la barra de ese río en su desembocadura en el mar eran un requisito necesario para impulsar un progreso sostenido y permanente de toda la región. El proyecto aludido sufrió diversas modificaciones pero nunca llegó a materializarse y ni siquiera se iniciaron las obras en todo el largo periodo (1837-1853) en que la idea estuvo vigente.

Nos parece que ello fue resultado de una política general de desarrollo implícitamente planteada para la zona centro-sur de Chile al colocar al eje Santiago-Valparaíso como terminal norte y principal cabeza y directo beneficiario del proceso de desarrollo global del país. Otra zona directamente favorecida fue el eje Concepción-Talcahuano, que vendría a ser el terminal sur de este complejo ferroviario que cruzaba todo el valle central.

En cuanto al trazado, es decir, la fijación del espacio que recorrería este medio de transporte, se siguieron, en líneas generales, los hitos que marcaban las capitales provinciales o ciudades intermedias fundadas durante el siglo XVIII y primeros años del XIX. Hubo algunos cambios entre Santiago y Rancagua, el más importante fue la rectificación del camino entre Talca y Concepción que pasaba entonces por Cauquenes.

Es interesante observar estos cambios puesto que la nueva ruta del ferrocarril cruzaba las haciendas más importantes de la actual Región Metropolitana entre San Bernardo y Rancagua y cuya construcción significó grandes obras de ingeniería como lo fueron el largo puente del río Maipo, los rellenos y terraplenes necesarios para sortear los extensos y peligrosos lodazales de invierno formados en Hospital, Mostazal y la Compañía, y los puentes para cruzar otras corrientes fluviales menores.

Desde Chillán la línea no continuó en dirección sur sino sudoeste debido a que se había comenzado a construir desde Concepción otra para empalmarla con la que venía desde Santiago. Esto significó cruzar por la vía de los antiguos fuertes españoles donde estaban los fundos productores de trigo de Laja, Rere y Hualqui, cruzando por Yumbel y San Rosendo. Ésta es la razón por la cual la línea férrea no pasó por la ciudad de Los Angeles, antigua fundación de la época española, sino por Santa Fe, situada en la línea de la ciudad de San Rosendo. En este último punto terminó en 1875 la primera etapa de construcción de esta vía, la que continuaría también desde allí una vez que se decidió avanzar la construcción del ferrocarril hacia el sur.

Esta vía demoró en construirse los años que corrieron entre 1857 y 1875, lo que significa que los 526 kilómetros de largo que existen entre Santiago y Concepción se cubrieron en dieciocho años, lo que hace un promedio de casi treinta kilómetros por año. La segunda parte, que llegaría hasta Puerto Montt, se inició en 1888 y significó la ordenación de un territorio que no había sido colonizado por los españoles y en el cual gran parte había sido adquirida por el Estado recién en 1881.

La crisis económica de 1873 y la guerra del Pacífico iniciada en 1879 fueron sin duda razones de importancia para la detención de los trabajos. Con todo, repetimos, se logró antes de esas fechas la terminación de la vía entre las dos ciudades más importantes del país, articulando una zona de antigua colonización, donde la producción triguera estaba alcanzando altos índices, y facilitando el transporte hasta los puertos de embarque, Valparaíso y Talcahuano.

Reordenación del territorio: la ocupación del estrecho de Magallanes

Como se recordará, la colonización española en Chile abarcó sólo una tercera parte del actual territorio entre Copiapó y Concepción, más la ciudad de Valdivia y sus alrededores y, al sur, la Isla Grande de Chiloé. Todo el resto del territorio de lo que hoy es Chile estuvo abandonado o entregado a grupos indígenas no dominados como fue el caso del pueblo mapuche, o bien fueron provincias que estuvieron en disputa o en manos de países vecinos.

En los territorios que se extienden por el extremo sur de Chile habitaron pueblos nómadas que subsistían gracias a la recolección de mariscos, la pesca y la caza, y que se desplazaban en canoas por los canales. No desarrollaron la agricultura ni la alfarería, y no se establecieron en aldeas permanentes; el perro fue el único animal doméstico que conocieron. Por tanto, toda esta región se encontraba marginada de contactos con las corrientes culturales andinas que tanto beneficiaron a los pueblos indígenas situados al norte de la Isla Grande de Chiloé. Pero a la inversa, las culturas existentes en este extremo sur del continente americano aparecen hasta nuestros días como las más perfectamente adaptadas a uno de los climas más hostiles de este continente.

La ordenación del territorio pasaba por la ocupación de aquellos que según las reales cédulas pertenecían a la antigua Capitanía General de Chile. En la década de 1580, un frustrado intento de colonización del estrecho realizado por Pedro Sarmiento de Gamboa significó la fundación de dos ciudades: Nombre de Jesús y Rey don Felipe, cuyos habitantes murieron de hambre y frío al no poder ser auxiliados desde España ni desde Chile o Perú. Después de estos intentos, sólo algunos corsarios y piratas lograron atravesar este paso, pero no hubo acción alguna de colonización.

Desde fines del siglo XVIII y comienzos del XIX empezó a aumentar el interés por las tierras australes de América. Las expediciones científicas como la de Fitz Roy, que integró Darwin, pero también las balleneras, las que pescaban lobos y realizaban toda suerte de actividades, recorrían estas zonas sin mayores dificultades puesto que, de hecho, se trataba de verdaderas tierras *res nullius* que no estaban bajo la jurisdicción de ningún país, aunque de derecho, de acuerdo con las Constituciones chilenas de 1822, 1823, 1828 y 1833, la República de Chile se extendía por el sur hasta el Cabo de Hornos.

La expedición de Fitz Roy y la "Beagle", que estuvo en acuerdo y bajo la protección del gobierno de Chile, incitó el interés del país en la toma efectiva de posesión de los territorios australes, puesto que hizo temer a sus autoridades que este abandono secular estimulara a algunas potencias extranjeras a instalarse en ellos tal como ya Gran Bretaña acababa de hacerlo en 1833 con las islas Malvinas. A esto hay que agregar la construcción de los primeros *clipper* de dos mástiles, muy rápidos, que se iniciaron a principios del siglo XIX y que hicieron más fácil la navegación. La fabricación de los barcos continuó progresando y pronto se iniciaría la de vapor que haría posible la azarosa travesía del estrecho. Todo esto, como es obvio, estimulaba a los países europeos a tentar la aventura de colonizar estas tierras.

En 1842, el gobierno de Chile ya estaba decidido a iniciar la ocupación del estrecho. Por este motivo, cuando en abril de ese año Domingo Espiñeira fue nombrado intendente de Chiloé se le encargó que tomara datos sobre los posibles lugares del estrecho donde pudiera iniciarse una colonización. Una vez averiguado esto debía organizar una expedición para llevar a cabo el proyecto.

Espiñeira trabajó durante un año ocupado en hacer construir una goleta para el viaje, en reunir gente, información y materiales para instalar la colonia. Este barco, bautizado "Ancud", zarpó hacia el sur con su tripulación el 23 de mayo de 1843 arriesgando la travesía por mares tempestuosos que casi lo hicieron naufragar. Reparadas las averías, continuó viaje y entró en el estrecho el 16 de septiembre de aquel año. Dos días más tarde, día nacional de Chile, se izó la bandera y se la saludó con una salva de veintiún cañonazos. El día 21, la "Ancud" fondeó en la rada de la antigua ciudad Rey don Felipe, llamada ahora Puerto del Hambre, donde se hizo la solemne toma de posesión del estrecho por la República de Chile y se levantó un mástil para colocar la bandera nacional. El 30 de octubre se inauguró, en ese mismo sitio, un fuerte bautizado con el nombre de Fuerte Bulnes en honor al presidente de Chile. En diciembre la expedición regresó a Chiloé dejando en el fuerte una guarnición permanente.

En su mensaje al Congreso, en 1844, el presidente Manuel Bulnes pudo decir: "Persuadido de las ventajas que acarrearía la expedita navegación del estrecho de Magallanes, animando y multiplicando las comunicaciones de esta república con la parte más considerable del globo, ha querido el gobierno tentar si sería posible colonizar las costas de aquel mar interior, tan temido de los navegantes, como un paso previo que facilitaría la empresa de vapores de remolque. Pocos meses más darán a conocer los resultados de este primer ensayo, que si es feliz, como lo anuncian los antecedentes de que estamos en posesión hasta ahora, serán un germen de población y civilización en países que parecían rechazarla para siempre".

La verdadera "colonización" tanto de la Patagonia occidental como de Tierra del Fuego se inició en 1881 a través de la explotación de los placeres auríferos de Boquerón y de la colonización ganadera hecha a gran escala desde 1885. Ésta causó un terrible impacto en la población selk'nam que estaba establecida en las cercanías del estrecho de Magallanes y de la Isla Grande de Tierra del Fuego. Los ganaderos que habían comenzado la explotación ovina consideraron a la población indígena como un estorbo y, por esta razón, se efectuaron matanzas indiscriminadas que se confiaron a cazadores y a elementos reclutados entre los delincuentes. Éste es el único caso de "genocidio" que puede ser achacado a la responsabilidad de los chilenos, y por ello la población indígena debió refugiarse en los bosques meridionales o huir a las misiones que establecieron los salesianos en aquellas regiones. En no más de dos decenios, la colonización moderna permitió que el territorio central y norte de la isla de Tierra del Fuego quedara totalmente despoblado de sus antiguos moradores.

La colonización de los territorios de Valdivia, Osorno y Llanquihue, al sur de Arauco

Ésta fue una de las empresas más exitosas, entre muchas de las experiencias colonizadoras dirigidas, que se habían intentado por el Estado; por ello, ha merecido importantes trabajos y numerosos historiadores se han ocupado de investigar sus detalles.

La colonización fue dirigida a los territorios de Valdivia, Osorno y Llanquihue, los que, luego del célebre alzamiento indígena de 1598, habían sido abandonados por los conquistadores. Años más tarde, como se recordará, se refundó Valdivia por orden del virrey del Perú, atemorizado por las expediciones holandesas, en especial la de Enrique Brower que había sido enviada desde el Brasil, país ocupado a la sazón por Holanda, para instalarse en esa ciudad. La escuadra que arribó a ella iba comandada por Elías Herckmans; sus barcos entraron en la boca del río Valdivia el 24 de agosto de 1643 y se establecieron en las ruinas de la ciudad donde edificaron una fortaleza. Sin embargo, la creciente hostilidad de los indígenas obligó a los expedicionarios a regresar a Brasil abandonando esta empresa.

Esta fracasada expedición tuvo el efecto de alarmar a las autoridades del Perú, y el virrey marqués de Mancera dispuso la partida de una expedición poderosa para reconquistar Valdivia y establecer allí fortalezas que impidieran la repetición de estos hechos. Organizó la más grande armada que se había visto en el Pacífico, pues constaba de doce galeones muy bien artillados y dotados de tripulación y soldados, la cual llegó a Valdivia el 6 de febrero de 1645 y procedió a ocupar las ruinas de la ciudad y parte de su territorio. Más tarde regresó al Perú dejando en Valdivia, para su defensa, novecientos soldados y las provisiones y los materiales necesarios para iniciar un plan de fortalezas que fue cumpliéndose a través de los años hasta convertir Valdivia en una formidable barrera defensiva contra los piratas que ingresaran al Pacífico por la ruta del sur. Estas fortalezas sólo pudieron ser conquistadas en 1820 por el empuje de Lord Cochrane, quien, por encargo del gobierno de Chile, logró incorporarlas al territorio de la nueva república, junto con todo el territorio de las ciudades de Valdivia y Osorno.

A mediados del siglo XIX se puso en marcha un proyecto de colonización de esos territorios sobre la base de traer a Chile familias alemanas. Cuando el gobierno quiso iniciar la empresa de la colonización, se encontró con que la actual provincia de Valdivia y los demás territorios que existían hacia el sur hasta la isla de Chiloé habían sufrido, entre 1820 y 1850, un proceso de profundo deterioro que había afectado todos los aspectos de la vida de aquellas regiones. Su población era muy pequeña, pues según el censo de 1854 en toda la provincia de Valdivia, desde el río Toltén hasta el canal de Chacao frente a Chiloé, sólo había 29.293 habitantes de los cuales el mayor número (11.228) residía en el departamento de Osorno, mientras que en el de La Unión había 9.192 y en el de Valdivia sólo 8.873 personas.

Todo esto era reflejo de una decadencia que tenía paralizado el desarrollo de aquella zona, muy alejada de los impulsos de progreso que ya se estaban dando en la zona central del país. Su principal riqueza era la selva que cubría enormes extensiones de aquella provincia y de la cual se hacía una pequeña explotación cuyos productos eran enviados al centro. Vicente Pérez Rosales resume esta situación: "La provincia de Valdivia, más conocida en tiempo de los españoles que en el de la República, pasados la grita y el natural entusiasmo que causó en los pueblos del Norte la acción gloriosa de Cochrane cuando se apoderó de las formidables fortalezas del Corral, quedó por más de un cuarto de siglo si no como olvidada del todo, por lo menos como simple y poco importante territorio, confiado a la acción natural del tiempo para que, tarde o temprano, mereciese el mismo solícito afán que merecían al gobierno las provincias centrales".

¿Por qué se escogió a alemanes? Jean-Pierre Blancpain no cree ver en el origen de esta orientación a los geógrafos alemanes que en aquella época habían escrito sobre el país. Estima que "por su carácter, por sus costumbres, por su propensión a la vida comunitaria, la raza alemana es la más apta para mezclarse con la chilena para inculcarle los ejemplos más saludables". Frente al desconocimiento que primaba en Europa acerca de las verdaderas condiciones del país, considera que una parte importante de este esfuerzo inmigratorio se concentró en la acción de precursores y pioneros. Respecto de ello sugiere que sin Bernhard Eunom Philippi, "es muy probable que jamás hubiere habido colonización alemana en Chile" ya que, según las propias palabras de Philippi dichas en 1852, "hice de la colonización alemana el objetivo supremo de mi vida". Junto a él, estuvo su hermano Rodulfo Amando Philippi, geógrafo y naturalista, "chileno de corazón y de adopción", y fueron los primeros en la labor de convencimiento a los geógrafos y autoridades de Alemania, tarea que fue paralela a la de las autoridades chilenas.

El primer proyecto colonizador fue una empresa privada que se basó en la compra de mil cuadras cercanas al Río Bueno. Se vio favorecido por los trastornos causados por las revoluciones de 1848 en Alemania y otros países de Europa, y logró traer a Chile un pequeño número de inmigrantes que se encontraban en Valdivia en 1850.

Mientras tanto, el gobierno de Chile había dictado en 1845 una ley de colonización que regulaba la instalación de los colonos nacionales o extranjeros, la que concedía facilidades a quienes emigraran (exención de impuestos, nacionalidad chilena y otras). Luego en 1850, el gobierno designó agente de colonización en Valdivia a Vicente Pérez Rosales que, junto con los antes nombrados, fue la persona que colaboró con mayor eficacia en el éxito de esta empresa.

Según los historiadores, el nombramiento de Vicente Pérez Rosales fue uno de los más acertados que se hicieron, ya que parecía ser el único capaz de enfrentar un problema tan grave como el del acaparamiento de tierras hecho por especuladores que impedía, casi del todo, disponer de terrenos para los colonos que venían llegando. Pero la capacidad de trabajo del comisionado era muy grande y así, para satisfacer a los colonos que esperaban, consiguió que el coronel Benjamín Viel le cediera sus derechos a la isla Teja en el río Valdivia, donde comenzó a instalar a los recién llegados. Luego se dirigió hasta las orillas del lago Llanquihue e hizo quemar allí unas cincuenta y cinco mil cuadras de terrenos de bosques que se encontraban muy cercanos al golfo de Reloncaví y que no habían sido apropiadas por los acaparadores de terrenos. Allí se fundaron las nuevas ciudades de Puerto Montt en 1853 y Puerto Varas al año siguiente, mientras se iniciaba la colonización en estas tierras y en otras que la diligencia de Pérez Rosales pudo obtener.

La primera oleada inmigratoria tuvo lugar entre 1848 y 1875, y para esa última fecha había 8.600 personas de esa nación repartidas por todo Chile. Hacia 1875 se encontraban residiendo entre Valdivia y Puerto Montt 4.256 personas de origen alemán. La mayoría, como destaca Pérez Rosales en sus *Recuerdos del pasado*, se trataba de hombres "que disponían de regular fortuna y algunos de entre ellos venían comisionados por casas acaudaladas para proponer al gobierno proyectos de inmigración costeada por ellas en cambio de cesiones más o menos extensas de terrenos baldíos que ellas se comprometían a poblar en tiempo convencional". Ellos mismos costeaban sus pasajes y a su llegada a Valdivia, especialmente los que se instalaron en la isla Teja, iniciaron de inmediato la colonización de aquel terreno produciendo los mejores efectos morales y materiales a la 'apática y melancólica población" con el ejemplo de su actividad, trabajo e industria. El resultado de este ejemplo y de la actividad en toda la región fue un progreso ininterrumpido que en 1900 hizo exclamar a José Alfonso: "Es una ciudad de progreso. Deja estupefacto al viajero. En Valdivia, éste no se encuentra ya en Chile, tan distinto es aquí el espectáculo de lo que está acostumbrado a ver en las otras ciudades de la República".

La "pacificación" de la Araucanía

Si la colonización de los territorios de Llanquihue, Osorno y Valdivia a través de las migraciones alemanas desde 1850 tuvo contornos muy positivos, como hemos visto, no ocurrió lo mismo con la incorporación de las vastas provincias de Malleco, Arauco y Cautín en poder de las tribus mapuches desde su victoria sobre los españoles en Curalaba en 1598.

Este complejo problema, que había sido atendido con cierta parsimonia por el gobierno de Chile desde que se obtuvo la independencia de España, tuvo un primer período donde la penetración tanto de los particulares como del Estado fue muy lenta y que podemos incluirlo entre las décadas de 1840 y mediados de la de 1860. Varios hechos ocurridos a mediados de la década de 1860 y a fines de la de 1870 contribuyeron a apurar la ocupación que estaba haciendo el Ejército.

El primero, la guerra con España declarada en 1865 y a la cual nos referiremos más adelante, que obligó a ocupar los territorios mapuches de la costa de Arauco por temor a un desembarco de la escuadra española, peligro bastante real ya que esa escuadra merodeó por el sur durante varios meses hasta que fue derrotada por las escuadras de Chile y Perú en Abtao (cercanías de Puerto Montt) el 7 de febrero de 1866.

El segundo, la necesidad de coordinarse con el Ejército argentino que desde 1879 procedía con toda su fuerza a aplastar la resistencia mapuche al sur del territorio de esa república, convergiendo sus tropas hasta llegar al río Negro. Esto explica la importancia que Chile dio a la finalización de la autonomía mapuche enviando en febrero de 1881 al propio ministro del Interior a encabezar las fuerzas que ocuparían el resto del territorio aún no anexado a Chile.

El tercero, el comienzo de la segunda Guerra del Pacífico entre Chile por una parte y Perú y Bolivia por otra, hecho que urgía al gobierno chileno a dejar a sus espaldas un problema solucionado y una frontera establecida. Tal fue el origen del tratado de 1881, del que hablaremos más adelante, donde el propio ministro de Relaciones Exteriores de Chile explicó al Congreso la imposibilidad en la que se encontraba Chile para hacer exigencias territoriales en momentos cuando todavía no se sabía exactamente en qué condiciones se iba a negociar la paz con Perú y Bolivia.

Dentro de este marco de circunstancias convergentes, la ocupación de las tierras del Estado de Arauco fue un proceso lento hasta 1865 y luego progresivamente más rápido a medida que la situación internacional se hacía más complicada.

Comenzando por los términos con que esta invasión fue denominada: la llamada "pacificación de la Araucanía por los chilenos, mientras los argentinos hablaron de "conquista del desierto". Términos eufemísticos que fueron utilizados para disfrazar una guerra de ocupación, la incorporación de aquellos territorios fue una invasión realizada por el Ejército chileno sobre el territorio araucano o Estado de Arauco como lo llamaron los españoles, situado en el lado occidental de la cordillera de los Andes y por el Ejército argentino sobre el territorio ubicado al oriente de esa cordillera. Pero mirado desde el punto de vista de la política interna de ambos países, era evidente que ellos no podían permitir que dentro de sus fronteras o junto a ellas existieran tierras independientes y por eso, precisamente, llevaron a cabo esta ocupación.

Hubo varias diferencias en cuanto a las motivaciones y la manera de invadir. La primera consistió en un problema geográfico; la posesión de la pampa más fértil ubicada al sur del río Negro y los terrenos de la Patagonia no cortaban el territorio de la República Argentina, mientras que en el caso chileno se había producido una discontinuidad geográfica, puesto que el espacio ocupado por el pueblo mapuche, entre los ríos Biobío y Toltén, se interponía como una cuña entre la zona central del Chile tradicional y la zona sur recientemente colonizada por familias alemanas.

Una segunda diferencia, relacionada ahora con el método de ocupación de estas tierras, consistió en que el Ejército chileno, por falta de recursos, demoró dos décadas (1860-1881) en realizar la ocupación y la operación se hizo en forma gradual, apurada solamente al final del período por las razones expuestas. En cambio, las acciones militares de la Argentina, encomendadas al general Julio A. Roca, más tarde presidente de su país, se hicieron en forma rápida y violenta entre 1878 y 1879 y fueron apoyadas en un ejército de siete mil efectivos que "barrió" con la población mapuche, aunque muchos de sus miembros lograron huir a Chile. Esto explica la supervivencia del pueblo mapuche en territorio chileno y su desaparición en el sur de la Argentina.

La comparación que estamos realizando entre lo ocurrido en los territorios argentino y chileno debe ser resaltada ya que el pueblo mapuche no vivía solamente en el lado occidental sino que habitaba ambas vertientes de la cordillera de los Andes y pasaba alternativamente de una banda a otra, tanto para ejercer el comercio de ganado como para colaborar en las guerras o invasiones que los indígenas hicieron hacia el norte de la Argentina. Famosas fueron en el lado oriental las incursiones realizadas por los mapuches hacia el norte, donde había tierras colonizadas desde antiguo y donde invadieron territorios próximos a las ciudades de Córdoba, Santa Fe y Buenos Aires. En el lado chileno, si bien los indígenas respetaron en general la línea del Biobío, sus famosos malones los llevaron a tierra de los españoles donde saqueaban haciendas y robaban personas que llevaban luego cautivas a sus tierras a veces para pedir rescate por ellas. A principios de la década de 1820, algunas tribus indígenas se aliaron con grupos de bandidos, como ocurrió con la banda de los Pincheira, y declararon la guerra a la nueva República de Chile, asolando los límites de la ciudad de Concepción y llegando al extremo de atacar a la población de la ciudad de Los Ángeles que huía hacia el norte. Este penoso acontecimiento ocurrió cuando la columna de civiles que escapaba fue atacada por la banda realista al mando de Vicente Benavides, el cual, acompañado de 2.500 indígenas, mató y ultrajó a muchos y saqueó los bienes que llevaban consigo.

Este conflicto, aunque fue un episodio de corta duración, ha dejado marcado en la tradición del país el hecho de que una parte mayoritaria de los mapuches combatiera por el rey. Pero también produjo en su tiempo contradicciones notables. Muchos de los próceres de la independencia de Chile tomaron como ejemplo de lucha contra los españoles las gestas de los mapuches de los siglos XVI y XVII y en los emblemas patrios se ostentaron símbolos del antiguo Arauco, mientras en la frontera la realidad parecía desdecir todo aquel pintoresco simbolismo.

Quizá por eso, y también por el hecho de que la república tuvo diversos problemas para organizarse, hasta la década de 1840 no hubo una política clara acerca de los planes que debía seguir el poder político de la nueva república respecto de esta etnia.

Eso no significa que no hubiera contactos, como los comerciales que eran frecuentes desde la época colonial. Del lado chileno se había producido una especie de colonización privada que realizaron familias o individuos que adquirieron de los indígenas tierras y concesiones de terrenos. Sin embargo, un levantamiento de los aborígenes ocurrido en 1859 dio por tierra toda esta colonización y dejó en la miseria a los agricultores chilenos que habían realizado estas compras.

Esta primera ruptura se unió a la presión de los interesados por extender hacia el sur las siembras de trigo que se hacían cada día más lucrativas. Hicieron que se iniciara una campaña destinada a poner fin a estos problemas fronterizos y conseguir que Chile se unificara, que sus autoridades gobernaran a través de todo el territorio y que la ley chilena fuera una sola y respetada por toda la población. Estas presiones venían desde algunos años antes, como lo demuestra un artículo citado por Fernando Casanueva y publicado en *El Mercurio* de Valparaíso el 30 de enero de 1856 bajo la firma de *un chileno*:

> Mas, dejaría yo de ser chileno si no uniera mis débiles esfuerzos a los de aquellos que procuran con tanta sensatez y patriotismo que el gobierno de Chile se constituya en verdadero poseedor de esa parte, la más bella y fértil de nuestro territorio, habitada por hordas de salvajes que no tienen reparo alguno en cometer actos de barbarie y brutal violencia que por su impunidad hacen ilusoria y nula la autoridad que el gobierno puede tener sobre ellos.

El hecho cierto es que cada día se abrían más apetitos de los particulares que presionaban al gobierno de Chile para que diera término a esta situación y aplicara la guerra a los indígenas a fin de obtener aquellos valiosos territorios que aún poseían.

Por eso, cuando se encontró a la persona que propusiera las medidas y elaborara un plan para conseguirlo, se iniciaron también los preparativos para la invasión. Esta persona fue el coronel Cornelio Saavedra, desde 1861 con funciones unificadas de jefe del Ejército de operaciones, intendente de Arauco y comandante general de Armas. Saavedra se ocupó en formalizar su plan y exponerlo al Congreso de Chile reduciéndolo a dos puntos importantes: avanzar con la línea de la frontera hasta el río Malleco y subdividir y enajenar los terrenos del Estado de Chile comprendidos entre los ríos Biobío y Malleco. Esto suponía la construcción de una cadena de fuertes artillados que estuvieran lo suficientemente cercanos como para comunicarse fácilmente, y que protegerían a los propietarios que se harían cargo de las tierras que repartiría el fisco. Mientras se discutía su proyecto, el coronel Saavedra realizó varias incursiones en tierras mapuches y fundó Mulchén (1862), Angol (fundada en 1553 por Pedro de Valdivia, refundada en 1863), Negrete (fundada por Alonso de Ribera en 1613 y refundada en 1862) y Lebu en la costa (1862).

Mientras tanto, algunos caciques habían tomado conciencia de que su "independencia" tocaba a su fin y de que la única manera no ya de evitar pero al menos de prolongar esta situación era buscando alianzas. Pensaron que las guerras civiles de 1851 y 1859 debilitaban al gobierno central, por lo que prestaron su colaboración a los elementos que podían serles favorables. Algún cacique tomó contacto por escrito con el presidente de la Confederación Argentina, general Justo José de Urquiza, a quien pidió ayuda contra el gobierno de Chile. Finalmente, la aparición de un francés llamado Orelie Antoine de Tounens en 1861, con pretensiones de coronarse rey de la Araucanía, pareció ser una salida. Este viajero dictó un decreto proclamándose rey de la Araucanía y algunos caciques lo tomaron en serio pensando que estos hechos traerían apoyo desde el extranjero para detener la invasión chilena. Sin embargo, esta aventura terminó con el presunto rey encarcelado por la justicia chilena.

Como se ha dicho, un acontecimiento de política exterior se volvería en contra de los mapuches. Tal fue la guerra con España en la que Chile se vio envuelto desde que una flota española se apoderó de las islas Chinchas en Perú por cobro de deudas pendientes. En 1866 esa flota bombardeó el puerto de Valparaíso en venganza por dos victorias navales obtenidas por Chile en Abtao y en Papudo.

El coronel Saavedra, que había renunciado, fue nuevamente nombrado intendente y comandante del Ejército de la Frontera y obtuvo fondos y recibió la orden de avanzar la línea de la frontera desde el norte hasta el río Malleco y desde el sur hasta el río Toltén, misión que cumplió realizando incursiones militares y también llevando a cabo parlamentos con los indígenas.

A diferencia de lo que ocurría en Chile, donde los mapuches estaban replegados al sur de la frontera del Biobío, en la República Argentina, hacia la década de 1860, y debido a que se habían retirado tropas de las guarniciones fronterizas, los indios avanzaron hacia el norte a tal punto que en ese año la línea fronteriza estaba más cercana a Buenos Aires que cuarenta años antes. Por esos mismos tiempos, en 1867, el Congreso nacional argentino aprobó la ocupación de la línea hasta el río Negro, lo que provocó una entrada de los mapuches en dirección a la ciudad de Córdoba, de donde obtuvieron un gran botín. Los mapuches de Chile y los de la Argentina se habían unido y su estrategia consistió en dar golpes rápidos en uno y otro lado demostrando una asombrosa capacidad para moverse en un territorio que prácticamente iba desde el Pacífico hasta el Atlántico. La última de las grandes incursiones indígenas en las pampas argentinas ocurrió en 1876 cuando una de esas entradas llegó a menos de sesenta leguas de Buenos Aires, de la cual regresaron con un botín de 300.000 cabezas de ganado y quinientos cautivos.

En Chile, por su parte, la acción del coronel Saavedra estaba consolidando la ocupación de la zona costera del territorio araucano, acción que se había realizado para prevenir un desembarco de la escuadra española en esa región. Allí fundó el fuerte de Queule, el puerto de Quidico y la plaza de Toltén (1867), lo cual aseguraba la ocupación de toda la costa desde Arauco hasta el río Toltén.

Con estas medidas, en marzo de 1868 quedó trasladada la frontera a la línea del Malleco, la que se dejó al mando del coronel José Manuel Pinto, mientras al coronel Saavedra se le encargó que se ocupara del afianzamiento de la línea del río Toltén y de toda la costa de Arauco. Para su defensa y para separar a los indios de la costa de los del interior, construyó el fuerte de Purén en 1869 y dejó otros tres fortines en la cordillera de Nahuelbuta.

Aunque al coronel Pinto no le correspondió en aquel momento realizar avances en la línea de la frontera, tuvo sin embargo mucha actividad ya que desató una fuerte represión contra los mapuches, donde se vio involucrada también la población que no actuaba en los hechos militares. A tal punto llegó el exterminio que en Santiago se inició una fuerte polémica entre el diario *El Ferrocarril* que pedía moderación y *El Mercurio* de Valparaíso que clamaba porque continuara la represión.

A causa de estos hechos y habiendo cesado el peligro español cuando esa escuadra se retiró del Pacífico, el gobierno decidió paralizar las operaciones, lo que acarreó la renuncia del coronel Saavedra.

Quedó a cargo de las fuerzas chilenas el general Basilio Urrutia como jefe del Ejército de la Frontera. Durante la década de 1870 la actividad fue escasa, aunque de todas maneras en 1874 fundó el fuerte de Los Sauces junto al río Rehue. Cuatro años más tarde, habiendo sido nombrado ministro de Guerra, el coronel Saavedra dispuso reanudar la "pacificación" de la Araucanía y optó por crear una plaza militar sobre el río Traiguén, lo que significaba un nuevo y sustancial avance de la frontera, confiando esta misión al coronel Gregorio Urrutia. Este notable militar, gracias a su conocimiento de los indígenas y a su sagacidad, logró fundar ese fuerte en 1878 y lo denominó Torre del Mirador. Este fuerte quedó unido con el resto del país a través del telégrafo.

De ahí en adelante, y sin duda activada por la invasión argentina hacia la Patagonia, la actividad fundadora en el lado chileno no se detuvo. El mismo año 1878 fundó otro fuerte en Lebuelman mientras reforzaba los de Purén, Lumaco y Los Sauces. Desde allí siguió al oriente y fundó la ciudad de Traiguén, también unida por el telégrafo con el resto de Chile. Finalmente, el 2 de febrero de 1879 fundó el fuerte de Adencul, con lo cual podía controlar una extensión muy vasta que correspondía a la mitad del territorio mapuche.

Pero en febrero de 1879 había estallado la Guerra del Pacífico. Este suceso obligó al relevo del coronel Urrutia, que fue llevado al campo de operaciones en el norte, mientras el gobierno debió retirar de la frontera el batallón Biobío, a los carabineros de la frontera y parte del batallón Angol con el objetivo de formar un tercer ejército. Estas circunstancias, más las noticias de la guerra que llegaban hasta algunos caciques, hicieron que éstos creyeran que era el momento adecuado para un gran levantamiento que les devolviera sus tierras nuevamente hasta el Biobío.

La rebelión estalló en enero de 1881, cuando guerreros mapuches atacaron la ciudad de Traiguén, de donde fueron rechazados. Luego se dirigieron al fuerte Lebuelman y en seguida al de Los Sauces, todos los cuales estaban preparados, por lo cual las fuerzas mapuches variaron su dirección hacia la línea del Malleco por creerla desguarnecida. Pero su jefe, que también estaba preparado, les ocasionó una grave derrota cuando atravesaban el río.

En enero de 1881, las victorias de Chorrillos y Miraflores, ocurridas en Perú, unidas a la toma de la ciudad de Lima, dejaron al Ejército chileno en capacidad de devolver al sur la mitad de las tropas del ejército de operaciones. El gobierno chileno, en posesión de estos elementos, organizó una división de dos mil hombres, y la envió al sur a terminar la ocupación de la Araucanía. A cargo de estas tropas iba el propio ministro del Interior Manuel Recabarren y Aguirre acompañado del comandante Manuel Ruminot con el cargo de jefe de Estado Mayor.

El ministro salió de Angol a principios de febrero de 1881 seguido de técnicos e ingenieros y de un convoy de trescientas carretas. El paso del ministro y sus fuerzas quedó jalonado con un conjunto de nuevos fuertes hasta que llegó al río Cautín. Allí inició el levantamiento de otro que se llamó Temuco y cuya fecha de creación, 24 de febrero, se estima como la fundación de la nueva ciudad que lleva ese nombre. A cargo de la "pacificación" quedó nuevamente el coronel Urrutia, quien debió hacer frente a la última rebelión mapuche que se inició en marzo de ese mismo 1881.

A mediados de aquel mes se reunió una junta donde asistieron sesenta y tres caciques. Su resultado fue una protesta unánime contra la fundación de nuevos fuertes y ciudades en territorio mapuche y una declaración de guerra contra las fuerzas del gobierno chileno. Los mapuches decían contar con treinta mil indios de combate armados con lanzas, cuchillos y boleadoras y otros trescientos excelentes tiradores, armados con otros tantos rifles.

En todo caso, las bajas en las fuerzas chilenas comenzaron a ser muchas, calculándose en cien soldados muertos, mientras las tropas mapuches procedían a atacar los fuertes y poblados. Frente a esto, el ejército de ocupación volvió a la táctica de castigar a la población mapuche para hacer escarmiento. Así ocurrió con una incursión al Ñielol donde una división de dos mil hombres se dedicó, durante quince días, en maniobra envolvente a destruir rucas, matar a los principales caciques, tomar prisioneros y llevarse caballares y vacunos. Otras batidas, como la que se hizo en Lumaco en noviembre del mismo año, fueron particularmente sangrientas, como lo relata José Bengoa en su *Historia del pueblo mapuche*. Por su parte, en el mismo mes, los mapuches atacaron Nueva Imperial, que fue destruida, y se dieron otros encuentros en Tirúa.

Pese a tan enconada resistencia, aquel 1881, último año de su independencia, los indígenas fueron derrotados en todos los lugares donde se sublevaron. Puede decirse que quedaron abrumados con la ocupación ordenada por el gobierno de Chile, que fue completada dos años más tarde cuando tropas del ejército descubrieron el asentamiento de lo que había sido la ciudad de Villarrica, fundada por los españoles y destruida luego del gran levantamiento de 1598. Con este hecho, puede decirse que la ocupación de la Araucanía chilena llegó a su fin, abriéndose para el heroico pueblo mapuche una nueva etapa de su accidentada historia.

Luego sobrevino un período en el que se buscaron fórmulas de integración siguiendo la idea de que lo conveniente era que el mapuche se asimilara a la sociedad chilena, trabajando dentro de ella y según sus pautas. Según Bengoa "este paso fue drásticamente dirigido por el Ejército chileno. Fueron años de temor, de peste, de hambre, de pérdida de una identidad y reformulación de una nueva cultura como minoría étnica enclavada en la sociedad rural chilena". Los indígenas fueron colocados en comunidades reduccionales donde se reconocía al "lonco", o principal de cada localidad, y se lo radicaba con todas las personas y familias que dependían de él.

Por esos mismos años, en el lado argentino, el Ejército de ese país, bajo el mando del general Julio A. Roca había dado término a una labor similar. Los historiadores argentinos la llamaron "conquista del desierto" aunque algunos como Carlos Floria y César García Belsunce se preguntan el porqué del "desierto" ya que se trataba de una zona riquísima que contenía mucho pasto y muchas aguadas. Creen, con el historiador norteamericano Roderick Nash, que, tal como se dijo en Estados Unidos, el desierto "era lo que estaba afuera, más allá del jardín cerrado de la civilización, el lugar donde el hombre se sentía solo y perdido, el dominio del salvaje".

Fue al general Roca, varias veces nombrado en este trabajo, a quien correspondió la tarea de terminar con la existencia de los pueblos que merodeaban desde la Patagonia y hasta el río Salado, amenazando no sólo la existencia de las estancias que existían en aquellas regiones sino también las mismísimas ciudades como Buenos Aires, Santa Fe y Córdoba, hasta cuyas inmediaciones llegaron muchas veces, como también ya se ha señalado. El general desplegó cinco columnas del Ejército que salieron en 1879 desde Buenos Aires, Córdoba, San Luis y Mendoza y convergieron todas en el río Negro al cual llegaron luego de haber sometido, expulsado o exterminado a las familias tehuelches y mapuches, abriendo el camino hacia la Patagonia. Neuquén fue ocupado luego de la rendición del cacique Namuncurá en 1883.

Sin duda que el general Roca no sólo tenía como fin terminar definitivamente con la amenaza indígena sino también ocupar territorios donde la frontera con Chile no estaba en absoluto determinada y donde parecía haber pretensiones de ambos países por su dominio. Por tal razón, los pasos hacia Chile que aparecieron en estas zonas fueron protegidos con fuertes y guarniciones mientras los indios sobrevivientes fueron ubicados en reservaciones. El resto del territorio, según David Rock, fue vendido para financiar la expedición, de lo cual resultó que ocho millones y medio de hectáreas pasaron a las manos de 381 personas.

Volviendo a las acciones realizadas en la parte chilena, debe agregarse que se procedió a una expropiación gigantesca de tierras que quedaron en poder del fisco. Muchos particulares, por su parte, cayeron sobre las antiguas propiedades de los indígenas apoderándose de grandes extensiones sin importar los métodos. Tampoco las propiedades del fisco quedaron a salvo de esta voracidad; todas las medidas adoptadas por el Estado fueron anuladas por la enorme corrupción y por las graves inmoralidades que en aquellas tierras se cometían. Más adelante, buena parte de las tierras fueron rematadas y se entregaron a los colonos tanto chilenos como extranjeros; así se formó rápidamente una sociedad blanca en la región que estuvo basada, fundamentalmente, en una gran emigración.

Para entonces, como ya se vio, el principal factor integrador y ordenador fue la continuación de la construcción del ferrocarril al sur que había quedado paralizado en Santa Fe en 1875.

El 4 de enero de 1884 fue dictada la Ley General de Ferrocarriles. Antes se había dictado otra, el 20 de enero de 1883, que dispuso la construcción del ferrocarril de Renaico al fuerte Victoria, el que uniría Angol con Traiguén, una extensión de 72 kilómetros. El fundamento que se expresó en esta oportunidad fue que "estos ferrocarriles tienen una notable importancia pues, más que la fuerza militar, contribuirán a asegurar la pacificación de la Araucanía y a entregar a la actividad del trabajo el espacioso y rico territorio que allí se encuentra".

El trabajo de la línea de Renaico al fuerte Victoria fue muy lento. El territorio que debía cruzar era áspero y difícil, lleno de profundas gargantas donde al fondo corrían los ríos. Pero el trazado, que pudo haberse hecho más al poniente, con menor gasto, tenía por objeto comunicar la línea troncal del ferrocarril con todos los aserraderos que comenzaban a cortar los inmensos bosques que existían hacia la cordillera en aquella región. También los errores en la elaboración del presupuesto y sobre todo la magna empresa que significaba la construcción del viaducto del Malleco determinaron que el ferrocarril, que había llegado a Collipulli el 1 de febrero de 1888, cruzara el Malleco recién en 1890, obra inaugurada por el presidente José Manuel Balmaceda el 26 de octubre de ese año. Recién el 1 de enero de 1893 la línea llegó a Temuco, capital de la Araucanía, su punto principal de llegada.[2]

---

2. El resto del trazado de la línea del tren se dirigió por Freire y Pitrufquén, donde llegó en 1898, y luego por Loncoche que quedó conectado en 1905. Debe resaltarse que desde el sur se habían trazado otras líneas tal como la de Valdivia a Osorno, terminada en 1895, la que quedó unida a Loncoche en 1907. Finalmente, la red troncal llegó a Puerto Varas en 1912 y a Puerto Montt, punto final de destino, en 1913.

La Segunda Guerra del Pacífico o "Guerra del Salitre" (1879-1883)

Nos parece que, para la clase gobernante chilena, el ordenamiento del territorio y su extensión hacia el norte y sur fue la principal aspiración y, sin duda, puede ser considerado uno de sus mayores logros. Por eso le hemos dado tanta extensión.

Falta destacar la conquista realizada hacia el norte del país, desde esa línea imprecisa que era el despoblado de Atacama y en cuyas costas ya se estaba agotando la explotación del guano, pero en cuyo interior había aparecido la nueva riqueza, el salitre.

La llamamos Segunda Guerra del Pacífico[3] para contraponerla a la primera, que fue aquella declarada por iniciativa de Diego Portales que se realizó entre 1837 y 1839 y tuvo por objeto destruir la Confederación Peruano-boliviana. Por esa razón Chile apareció aliado no sólo con los exiliados peruanos que se oponían a aquella unión sino que también contó con el apoyo, en esos momentos muy teórico, del gobernador de Buenos Aires, Juan Manuel de Rosas.

Esta segunda guerra entre Chile, por una parte, y Perú y Bolivia, por otra, fue mucho más importante que la primera puesto que modificó el mapa político de América del Sur. El triunfo de Chile significó para Bolivia la pérdida del territorio marítimo de Antofagasta y para el Perú la privación de la rica provincia salitrera de Tarapacá, así como la entrega temporal a Chile de las de Tacna y Arica, botín de guerra que proporcionó a Chile una riqueza que le permitiría iniciar un desarrollo acelerado, si es que aparecían ese mandatario creador y esos ciudadanos dispuestos a asumir la modernidad y el progreso.

Los autores peruanos y bolivianos estiman que Chile era el país mejor preparado para enfrentar una situación de guerra. Entre ellos, Heraclio Bonilla piensa que en este país "una clase dirigente desde el momento mismo de la independencia había efectivamente constituido un Estado nacional; su crecimiento económico, pese a la recesión de 1857-1861 y a los efectos de la gran depresión de 1870, no había tenido el carácter errático presentado por el crecimiento de Bolivia y del Perú". En iguales términos opina el historiador peruano Jorge Basadre así como el boliviano Alcides Arguedas, quien añade a estos juicios otros todavía más duros sobre la situación de su país. Con todo, las dificultades con que

---

3. Varios conflictos han tomado también el nombre de Guerra del Pacífico. Los historiadores españoles llaman así a la guerra declarada por Chile y Bolivia a la escuadra española que se apoderó de las islas Chinchas (1865-1871). Los norteamericanos llaman Guerra del Pacífico a las operaciones realizadas por Estados Unidos contra Japón entre 1942 y 1945.

Chile se topó durante los primeros meses de este conflicto al realizarse las operaciones marítimas hacen dudar de sus afirmaciones.

El estudio de las causas de esta guerra, e incluso el análisis del conflicto mismo, es difícil debido a que los historiadores de los diversos países involucrados han solido tomar partido por las causas de sus respectivos países, oscureciendo un hecho histórico tan importante. Por lo tanto, para presentar este capítulo hemos decidido extractar lo dicho por los historiadores citados en el párrafo anterior, a los que agregamos ahora al chileno Alfonso Bulnes Pinto y al boliviano Roberto Querejazu.

El desarrollo de los acontecimientos, que terminaron desembocando en una guerra, se inició en 1842 cuando el gobierno de Chile decidió precisar los límites situados al norte de su territorio, que eran muy vagos, y ejercer actos de soberanía dentro de ellos. Con motivo del comienzo de la explotación del guano el gobierno chileno envió un proyecto de ley al Congreso declarando que eran propiedad del Estado todas las covaderas situadas al sur del paralelo 23, con lo cual fijó el límite norte del país en la bahía de Mejillones. La ley del 31 de octubre de 1842 ratificó lo anterior. El gobierno de Bolivia, que pretendía derechos hasta el paralelo 26 latitud sur, protestó por la ley chilena a través de su agente diplomático en Santiago, pidiendo la derogación de estas disposiciones, con lo que se inició un capítulo de reclamaciones, acuerdos y desacuerdos que han sido señalados como antecedente de la guerra.

Esta situación se prolongó por largos años sin solución, mientras las cancillerías chilena y boliviana mantenían sus puntos de vista y sus pretensiones. En todo caso, las autoridades chilenas permitían la explotación del guano existente desde el paralelo 23 al sur y por tal motivo, entre 1842 y 1857, habían otorgado licencias a 116 navíos para que cargasen fertilizantes en esa zona.

Estos actos de soberanía no se hicieron sin dificultades ni roces, y Bolivia estuvo a punto de declarar la guerra a Chile a principios de la década de 1860. Sin embargo, este impulso belicista se modificó con motivo de la ocurrencia de dos hechos: el primero fue un golpe de Estado en Bolivia que reemplazó al gobierno de José María de Achá (1861-1864) por el de Mariano Melgarejo (1864-1871); el segundo, un hecho ya referido: la aparición de la escuadra española en el Pacífico exigiendo al Perú ciertas indemnizaciones y ocupando en 1864 las islas Chinchas, hecho de fuerza que llevó a una guerra entre España por un lado y por el otro a Perú, Chile, Bolivia y Ecuador, países que habían firmado una alianza ofensiva y defensiva.

Un nuevo tratado, que se firmó el 10 de agosto de 1866, fijó la frontera entre Chile y Bolivia en el paralelo 24, aunque se agregó que ambos países se repartirían por igual "los productos provenientes de la explotación de los depósitos de guano" existentes "entre los grados 23 y 25 de latitud meridional, como también los derechos de exportación que se percibieran sobre los minerales extraídos del mismo espacio de territorio que acaba de designarse".

La ejecución práctica de este tratado tropezó con muchos inconvenientes. Según el historiador boliviano Roberto Querejazu, "el manejo de la aduana de Mejillones era desordenado y Chile no recibía su parte en los impuestos a los minerales exportados", lo que provocaba permanentes diferencias que se agravaron cuando en 1870 un grupo de chilenos descubrió el mineral de plata de Caracoles situado en 23° 02', casi justo en el límite pactado. Cuando Chile reclamó la mitad de los derechos fiscales que le correspondían, Bolivia alegó que esas minas se encontraban al norte del paralelo 23, introduciendo así un nuevo elemento de disputa.

El 5 de diciembre de 1872 había sido firmado un nuevo tratado (Lindsay Corral), el cual mantenía la frontera en el paralelo 24 y establecía diversos procedimientos para evitar diferencias derivadas del régimen de medianía existente.

El Congreso de Bolivia no aprobó el anterior tratado. En cambio sí aprobó, el 6 de febrero de 1873, un "tratado secreto" entre Perú y Bolivia que disponía que ambos países se aliaban "para garantizar mutuamente su independencia y la integridad de sus territorios respectivos". Lo medular del convenio eran las disposiciones que establecían que esta alianza se haría efectiva en los siguientes casos: a) si algún país tratara de privar a alguno de los contratantes "de una porción de su territorio" o de someter a los mismos "a protectorado, venta o cesión de territorio", b) a establecer sobre las altas partes contratantes "cualquiera superioridad, derecho o preeminencia que menoscabe u ofenda el ejercicio amplio y completo de su soberanía e independencia", c) realizar actos "dirigidos a anular o variar la forma de gobierno, la constitución política o las leyes que las altas partes contratantes se han dado o se dieren en ejercicio de su soberanía". Según Basadre esta alianza "al crear el eje Lima-Chuquisaca, con ánimo de convertirlo en un eje Lima-Chuquisaca-Buenos Aires, pretendió forjar un instrumento que garantizara la paz y la estabilidad en las fronteras americanas".

Un nuevo tratado suscripto por Chile y Bolivia el 6 de agosto de 1874 y ratificado por ambos Congresos confirmó la frontera existente y terminó con la distribución de los ingresos aduaneros en la zona comprendida entre los paralelos 23 y 25. Con todo, se resguardaban los intereses chilenos en esa zona y el artículo 4° garantizaba que, durante veinticinco años, no se aumentarían los derechos de exportación sobre los minerales extraídos de esa zona ni se impondrían más contribuciones a las personas, industrias y capitales chilenos fuera de las existentes a la fecha.

El suceso que condujo directamente el inicio de las hostilidades entre los tres países lo constituyó la imposición de un impuesto de diez centavos por quintal de salitre exportado que la Asamblea Nacional de Bolivia estableció en febrero de 1878, en contravención al tratado vigente.

La Compañía de Salitre y Ferrocarril de Antofagasta, que era la empresa chilena afectada por el nuevo tributo, recurrió al gobierno de Santiago, el cual intervino ante el de Bolivia para que este gravamen quedara sin efecto. Sin embargo, a fines del mismo año el gobierno boliviano dispuso que la compañía de Antofagasta debía pagar noventa mil pesos por los derechos devengados desde el mes de febrero anterior, revocando las concesiones salitreras y disponiendo que el 14 de febrero de 1879 tendría lugar en Antofagasta el remate de las propiedades y de las especies que allí mantenía aquella empresa si no se hacía el pago.

La insistencia boliviana se debía en parte a la actitud del gobierno del Perú, interesado en anular la competencia que podía presentar el salitre de Antofagasta para el monopolio estatal que trataba de establecer en Tarapacá. Debido a lo anterior, muchos autores opinan que la causa fundamental de esta guerra se debió a la controversia por el control de las riquezas salitreras y que, por lo mismo, este conflicto debía ser llamado "guerra del salitre".

Los historiadores peruanos y bolivianos postulan que la posesión de las provincias de Tarapacá y Antofagasta era deseada no sólo por los grupos mineros chilenos sino también por el sector agropecuario de este país, provincias que podrían proporcionar un nuevo e importante mercado para sus productos. Se arguye, todavía, que los sectores comerciales y mercantiles de Valparaíso estaban interesados en anular las medidas respecto del salitre dispuestas por los gobiernos peruanos en los últimos años, que privilegiaban al puerto de Iquique, en desmedro de Valparaíso, sobre las operaciones de compra y venta de aquel producto.

Por su parte, los historiadores chilenos destacan que el tratado secreto de 1873 constituía un verdadero "cuadrillazo" contra Chile y que no logró su pleno objetivo al no conseguirse la adhesión de la Argentina. Ello se confirmaría por la intervención del Perú en favor de Bolivia en un asunto de carácter bilateral. A su vez, insisten en que la causa de la guerra fue la vulneración del tratado de 1874 por parte de Bolivia a causa del establecimiento del impuesto a la exportación de salitre desde Antofagasta.

El hecho es que la guerra se desató el mismo día 14 de febrero de 1879, dispuesto para la venta o remate de los bienes de aquella compañía. Este no pudo hacerse porque el Ejército chileno ocupó la ciudad de Antofagasta, acción que se señala como la primera de la llamada Guerra del Pacífico.

El desarrollo de este conflicto puede ser resumido en cinco grandes capítulos que han sido tratados en detalle por los autores citados: el primero corresponde a la campaña marítima que estuvo plena de gestas heroicas, como la del chileno Arturo Prat el 21 de mayo de 1879, etapa que terminó cuando Chile alcanzó la supremacía naval luego de la victoria de Angamos el 8 de octubre del mismo año, donde se cubrió de gloria Miguel

Grau que comandaba el monitor Huáscar. El segundo atañe a la campaña de Tarapacá hasta la ocupación chilena de la ciudad de Iquique y todo su territorio. El tercero es la campaña de Tacna y Arica, mientras que el cuarto corresponde a la campaña de Lima, desde la invasión chilena de la costa central del Perú, hasta la ocupación de la capital de este país luego de las batallas de Chorrillos y Miraflores en enero de 1881. Por último, el quinto se refiere a la campaña de la Sierra que se resolvió a favor de Chile luego de la batalla de Huamachuco el 19 de julio de 1883 y que causó la firma del tratado de paz de Ancón entre Chile y Perú.

El establecimiento del gobierno del general Miguel Iglesias permitió la firma de la paz mediante el Tratado de Ancón el 20 de octubre de 1883. En virtud de sus estipulaciones, Perú cedía a Chile el territorio de Tarapacá desde la quebrada de Camarones al sur, mientras que Tacna y Arica quedaban en poder del vencedor por un plazo de diez años, al término del cual habría de celebrarse un plebiscito para decidir una solución definitiva.

La situación creada por esta última cláusula ensombreció las relaciones entre ambos países durante el siguiente medio siglo. El plebiscito nunca fue realizado y esta disputa se sometió al arbitraje del presidente de Estados Unidos en julio de 1922. El fallo emitido en 1925 contemplaba la realización del plebiscito, el cual tampoco esta vez pudo ser realizado pese al envío al terreno de una misión norteamericana. Con todo, el restablecimiento de las negociaciones permitió llegar al Tratado de Lima de 1929, por el cual Tacna fue devuelto al Perú y Arica quedó para Chile. Un último acuerdo, esta vez para la administración peruana de una parte del puerto de Arica, fue firmado en Lima en noviembre de 1999 con lo cual, a 120 años de la declaración de la guerra, puede decirse que se dio fin al último asunto pendiente de aquella conflagración.

En cuanto a Bolivia, esta república suscribió con Chile una tregua el 4 de abril de 1884. El tratado que se llamó "de paz y amistad", aprobado por ambos Congresos, recién fue firmado el 20 de octubre de 1904 y significó la entrega definitiva a Chile de la provincia de Antofagasta, mientras este país compensaba a Bolivia con la construcción de un ferrocarril desde Arica a La Paz, con una asignación de 300.000 libras esterlinas de libre disponibilidad y con el pago de los créditos bolivianos hasta un máximo de 6.500.000 pesos oro de dieciocho peniques. Chile concedía a Bolivia, también, un amplio y libre tránsito comercial a través de los puertos de Antofagasta y Arica.

Con esta conquista, la República de Chile terminó de ordenar y organizar su trazado y sus fronteras fundamentales. Desde 1842, cuando incorporó oficialmente al territorio el estrecho de Magallanes, hasta 1883, año del Tratado de Ancón que incorporó Tarapacá y Arica, transcurrieron cuarenta y un años durante los cuales el crecimiento del territorio y la apropiación efectiva de éste quedaron completados. Las riquezas agrícolas de la zona central y sur alcanzaron un importante auge al convertirse las nuevas provincias en mercado de aquellas producciones. Finalmente, Chile alcanzó el monopolio mundial de la explotación del salitre adquirido como trofeo de guerra.

Los problemas limítrofes con la Argentina

La ocupación de la Patagonia por el Ejército argentino comandado por el general Roca, referida en páginas anteriores, fue la antesala del primer conflicto diplomático entre Chile y la Argentina.

Sin embargo, esta disputa quedó zanjada, aunque no en forma definitiva, por el tratado de límites entre ambas repúblicas firmado en Buenos Aires el 23 de julio de 1881. En virtud de sus principales cláusulas, este documento dispuso que el límite entre Chile y la República Argentina sería, de norte a sur hasta el paralelo 52 latitud sur, la cordillera de los Andes, corriendo por la línea de las "cumbres más elevadas de dicha cordillera que dividen las aguas y pasará por entre las vertientes que se desprenden a un lado y otro". Más al sur, la frontera habría de correr de este a oeste siguiendo una línea ascendente que partiría desde la punta Dungeness (ribera norte de la boca oriental del estrecho de Magallanes) hasta alcanzar el paralelo 52 y desde ahí se seguiría hasta su intersección con el meridiano 70, punto desde donde la frontera continuaría hacia el norte por la cordillera de los Andes. La isla de Tierra del Fuego e islas adyacentes fueron repartidas conforme a los mismos criterios.

Este tratado, firmado mientras Chile combatía con Perú y Bolivia, fue una transacción y como tal lo expresó en el Congreso Nacional de Chile cuando se discutía su aprobación el entonces canciller José Manuel Balmaceda: aunque su convicción personal era adversa al pacto, en el puesto que ocupaba se veía obligado a recomendar su aprobación pues, a su juicio, "la sanción del tratado vendría a concluir con las expectativas que aún abrigaban Perú y Bolivia de que la República Argentina tomase una participación activa en su favor y nos daríamos mayores facilidades para arribar con los del Pacífico a un arreglo satisfactorio".

Por lo tanto, la Patagonia quedaba para la República Argentina mientras que el estrecho de Magallanes permanecía en manos de Chile, país que, como se ha visto, lo había ocupado efectivamente desde 1842 y que, por ese tratado, se comprometía a asegurar la libre navegación de sus aguas. Se agregaba que las dificultades que se presentaran en la fijación en terreno de estos límites serían resueltas por peritos designados por las partes y, para las dificultades no resueltas por ellos, el artículo sexto creaba la posibilidad de un arbitraje.

Pero antes de que los peritos resolvieran en qué lugares irían los hitos fronterizos, surgió el problema de la puna de Atacama, alto territorio encerrado entre las cadenas de los Andes oriental y occidental con un área de 80.000 kilómetros cuadrados que, como meseta cerrada, sin desagües directos o fácilmente determinables, está situada al este del desierto del mismo nombre.

El gobierno de Chile entendió que este extenso territorio quedaba incluido en los que, según el tratado de tregua ya mencionado con Bolivia de 1884, se le habían entregado a Chile. Por tal razón, cuando en 1888 el gobierno del presidente Balmaceda creó la provincia de Antofagasta incluyó los territorios de la puna en la nueva provincia. Pero Bolivia, entendiéndose directamente con la Argentina, celebró un canje con ésta por el cual la Argentina cedió a la primera los derechos que creía tener sobre Tarija y sobre la cual había litigado largos años con Bolivia, mientras ésta le cedía los 80.000 kilómetros cuadrados de la puna.

Aunque puede calificarse como una ofensa esta tramitación que, además, había sido hecha secretamente, la opinión pública chilena se inclinaba por el arbitraje y lo mismo pensaban los principales políticos chilenos, para los cuales pelear por la puna "era un dispendio de energías". Finalmente el 17 de abril de 1896 se firmó un protocolo por el cual se cedía a la Argentina la puna de Atacama y se entregaba a Gran Bretaña el arbitraje de las diferencias existentes así como la fijación del límite divisorio en la misma puna. Los árbitros se reunieron en Buenos Aires en marzo de 1899 y se fijó el límite entre ambos países: para la Argentina quedó un territorio de 60.000 kilómetros cuadrados mientras que para Chile los restantes 20.000 kilómetros.

En cuanto al tratado firmado con la Argentina en 1881, pese a que las comisiones de límites habían sido nombradas, sus trabajos caminaban con gran lentitud, por lo que entre 1894 y 1897 sólo se había logrado colocar treinta hitos. La Argentina cambió tres veces a sus peritos y el tercero nombrado, Francisco P. Moreno, hombre de carácter difícil que estaba convencido de que la teoría del divorcio de las aguas no podía funcionar, entró en serias dificultades con Diego Barros Arana, el perito chileno, las que se agravaron cuando se produjeron algunos incidentes muy serios en los territorios en litigio, como la fundación de pueblos en esos terrenos y el apresamiento de uno de los ingenieros chilenos miembros de la comisión de límites, que fue retenido una semana por las fuerzas argentinas. Para la cancillería chilena esta situación no era fácil de resolver debido a que, paralelamente, se estaban desarrollando las conversaciones y el arbitraje sobre la puna.

Esta disputa y desacuerdo provocaron una fuerte tensión y, por primera vez, se contempló la posibilidad de una guerra entre ambas naciones. La Argentina inició una carrera armamentista que comprendía la compra de dos acorazados y la adquisición de armamento por valor de cien mil libras esterlinas. Frente a esto, el gobierno chileno aprobó un crédito por tres millones de libras esterlinas depositado en Europa para actuar en caso de guerra. Además, dispuso adquirir un nuevo acorazado, reforzó la artillería de montaña y ordenó instruir un contingente de reserva de 150.000 hombres, los que podrían duplicarse en el plazo de un mes.

Con todo, la cancillería chilena no paralizó las gestiones pacificadoras que realizaba en Buenos Aires hasta que, el 20 de junio de 1898, el presidente argentino José Evaristo Uriburu se reunió con los diplomáticos chilenos para fijar un plazo a los peritos y estudiar la forma de acelerar el proceso demarcatorio.

Pero la disputa entre los peritos Moreno y Barros Arana continuaba sin solución. El propio ministro argentino en Chile representó al perito recordándole que hasta entonces ellos habían trabajado en sus escritorios con gran despliegue de mapas y de dibujos pero que no eran capaces de reunirse para estudiar sus acuerdos y desacuerdos. Barros Arana no mostraba sus trabajos a Moreno y viceversa. Poniendo en riesgo la paz entre ambos países, Barros Arana presentó su renuncia y al mismo tiempo el canciller chileno y el ministro argentino, que se habían reunido para encontrar una salida, no lograron llegar a ningún acuerdo.

En estas peligrosas circunstancias, la Argentina cedió y aceptó el arbitraje irrestricto en los términos planteados por Chile, es decir, desde el paralelo 26 hacia el sur. El 21 de septiembre de 1898 se firmaron cuatro actas por las cuales Chile y la Argentina acordaban aceptar las líneas de los peritos en aquellos lugares donde no hubiese diferencias de opinión. Se dejaba fuera de este problema la puna de Atacama, que tendría solución aparte, como ocurrió al año siguiente. Finalmente se enviaban al árbitro inglés las actas de demarcación para que resolviera en forma definitiva. Esta solución quedó ratificada durante una entrevista realizada entre el presidente de la Argentina, el ya mencionado Julio A. Roca (1880-1886 y 1898-1904), y Federico Errázuriz Echaurren (1896-1901), que tuvo lugar en Punta Arenas, en el estrecho de Magallanes, en febrero de 1899. En esta oportunidad la cordialidad del encuentro quedó sellada por un abrazo de ambos mandatarios, y se disiparon las nubes de una guerra.

El 28 de mayo de 1902 se firmaron los llamados "Pactos de Mayo", que dieron inicio solemne a los trabajos de arbitraje. Se estableció que las altas partes contratantes se obligaban "a someter a juicio arbitral todas las controversias de cualquier naturaleza que, por cualquier causa, surgieren entre ellas" siempre que no afectaran los preceptos constitucionales de sus países y siempre que no pudieran ser solucionadas por negociaciones directas. Se confirmó como árbitro a la reina de Inglaterra y, en su defecto, a la Confederación Suiza. Se firmó también un protocolo adicional por el cual la Argentina y Chile se comprometían a limitar su poder naval y militar, igualando sus fuerzas. Igualmente acordaron detener los movimientos y adiestramientos extraordinarios de fuerzas de tierra y cancelar compras de combustibles que excedieran el uso ordinario. Como dice el historiador Mario Barros, "fue el primer pacto de este tipo que se firmó en la historia diplomática del mundo y, también, el primero que se cumplió".

El fallo arbitral del rey Eduardo VII fue entregado el 20 de noviembre del mismo año, fijando la frontera en la región del paso de San Francisco, la hoya del río Lacar, la región que va desde las inmediaciones del lago Nahuel Huapi hasta las del lago Viedma y la región adyacente al estuario Última Esperanza. Aunque quedaban otros puntos por dilucidar, esta sentencia dio término a la disputa por la mayoría de los puntos litigiosos.

Todavía quedaron diferencias de mucha importancia. En la última parte se verá con detalle la solución que se dio, tanto por el arbitraje del Vaticano en 1984, como por el tratado aprobado por los Congresos de ambos países en 1999.

La educación y la salud

La verdad es que la oligarquía chilena nunca tuvo una política social estructurada como para dar una solución a los graves problemas que sufría la población pobre del país.

Por otra parte, el Estado adolecía de incapacidad instrumental para abordarla directamente, lo que llevó a que la Iglesia Católica administrara, total o parcialmente, el rudimentario sistema de salud, de asistencia, de educación e, incluso, realizara funciones que más tarde serían privativas del Registro Civil. Entidades gremiales como la Sociedad Nacional de Agricultura, la Sociedad Nacional de Minería o la Sociedad de Fomento Fabril, además de velar por sus intereses gremiales, se ocupaban de la educación técnica, del fomento, de las obras públicas y de otras actividades del mismo tipo.

Todo ello pese a que la Constitución de 1833 reconoció la libertad de enseñanza, le asignó al Estado la vigilancia de la educación y le dio una responsabilidad en su desarrollo. Pero el debate sobre la educación surgió de algunos ilustrados extranjeros que plantearon las diversas necesidades de ella. Por ejemplo, Andrés Bello pensaba que la educación tendría que estructurarse en Chile sobre la base de una universidad desde la cual emanara no sólo el control de la educación sino que también surgieran desde ella las directrices respecto de la manera de enseñar en todas las instancias educativas. Domingo Faustino Sarmiento, a quien el gobierno había enviado a Europa y Estados Unidos a observar los sistemas educativos, se dedicó por su parte a promover la educación básica, para lo cual propuso diversas medidas.

No obstante estos primeros esfuerzos, la situación educacional de Chile era muy deficiente. En 1853, el número de niños en estado de recibir educación básica se calculaba en 215.000, pero la recibían, efectivamente, sólo 23.000, apenas poco más del diez por ciento. En la educación secundaria, pese a la fundación del Instituto Nacional y de los liceos de La Serena, Concepción, Talca, San Fernando, Rancagua, San Felipe, Cauquenes y Valdivia, el número de alumnos había subido desde unos dos mil en 1842 hasta sólo cuatro mil en 1852. Finalmente, la fundación de la Universidad de Chile en 1842, basada en las ideas de Andrés Bello, si bien no aumentó el número de educandos, representó un avance pues permitió la ordenación de los estudios superiores en Chile.

En 1849, sin embargo, se había verificado que los liceos laicos, tanto en Santiago como en provincias, eran costeados con fondos propios donados por sus fundadores o por subvenciones de las municipalidades. El Estado había concedido una subvención a seis de los liceos de provincia, sin la cual éstos no habrían podido subsistir, y también continuó preocupado de los problemas generales de la educación, promoviendo reformas a medida que avanzaba el tiempo y la experiencia.

Medio siglo más tarde, en 1902, Washington Bannen presentó una estadística bastante desoladora: había en Chile 675.000 niños en estado de recibir educación escolar y sólo asistían a las escuelas públicas y privadas 121.000; por lo tanto, quedaba sin educación el 83 por ciento de la población en estado de recibirla. Esto explicaba el hecho de que en 1895 existiera en Chile un 72 por ciento de analfabetos. Respecto de la instrucción secundaria, otros datos informan que entre 1915 y 1925 los liceos fiscales para hombres y mujeres subieron desde 86 a 95 establecimientos, con una matrícula de 41.494 alumnos en 1925.

El esfuerzo educacional del Estado tomó un nuevo aliento gracias a los proyectos del presidente Balmaceda y fue reforzado, a partir de 1880, por la Iglesia Católica a través del Partido Conservador y por la influencia de la pedagogía alemana traída al país por los maestros que fundaron el Instituto Pedagógico a fines de esa década.

En cuanto a la salud, tampoco fue muy alta la incidencia de las acciones del Estado en su desarrollo. Existían hospitales desde los tiempos coloniales, pero su insuficiencia e incapacidad eran notorias. María Elena Langdon, en un conocido trabajo sobre higiene y salud públicas, dice que la capital de Chile contaba con varios recintos hospitalarios a finales del siglo XIX, como los hospitales San Juan de Dios, San Francisco de Borja, San Vicente de Paul y El Salvador, más algunos lazaretos instalados a propósito de la aparición de algunas epidemias. No obstante, hasta finales del siglo XIX, los sistemas de salud se constituyeron y se mantenían en total independencia respecto del Estado, el cual sólo les asignaba un apoyo financiero anual.

Con este sistema, los problemas de salud del país y de las ciudades chilenas se concentraban en el área de la higiene pública. Los métodos coloniales continuaban vigentes y los hospitales y la incipiente ciencia médica no estaban en condiciones de solucionarlos. Por ejemplo, y siempre para Santiago, puede decirse que la relación habitante por cama de hospital siempre estuvo deteriorada a causa de que la construcción de estos establecimientos no se correspondía con el aumento de la población. Así, en 1900 había una cama por cada 143 habitantes mientras que treinta años más tarde esta relación era de una cama por cada 175.

Los vertederos de basura en Santiago se encontraban, como durante la colonia, en las orillas del río Mapocho, entre las calles Manuel Rodríguez y Cueto. No obstante, por su insuficiencia, habían surgido muchos botaderos clandestinos, especialmente en sitios eriazos a través de la ciudad, lo cual llevaba la contaminación del aire a límites intolerables.

Las acequias que recorrían el interior de las casas eran otra causa de infecciones en el aire. Acarreaban todo tipo de desperdicios que, muchas veces, se atascaban y provocaban inundaciones en el interior de las viviendas con las consecuencias que pueden imaginarse. Sin embargo, este problema tuvo solución a partir de 1905 cuando comenzó a construirse el alcantarillado de la ciudad.

Finalmente, la escasez de agua potable y su calidad era un tercer problema que contribuía a agravar esta situación. Las denuncias de la *Revista Médica* a las cuales se sumaron muchas veces *El Mercurio*, *El Chileno* y otros periódicos de Santiago, eran constantes y así uno de estos denunciantes llegó a expresar que si bien el agua podía ser potable "no lo es la muchedumbre de sanguijuelas y culebras que desde hace algún tiempo vienen colonizando el producto de la empresa".

La subsistencia de estos problemas hizo decir a *El Mercurio de Santiago* en su edición del 28 de julio de 1910 que "no creemos que exista hoy en el mundo una aglomeración humana que se halle en condiciones más horribles que las que hoy atraviesa la capital de Chile".

La banca, la oligarquía y el Congreso Nacional

El 24 de septiembre de 1865, en sesión de la Cámara de Diputados para discutir el empréstito del Banco Nacional de Chile al gobierno, con el objeto de financiar la guerra con España, el congresista Manuel Recabarren y Aguirre indicó que se estaba discutiendo un negocio entre un banco particular y el fisco, y expresó luego las siguientes consideraciones:

> Voy sin embargo a hacer una observación, sin contar con la mala acogida que pueda tener en la Cámara. Se trata del honor nacional, y no me detendré por ligeras consideraciones. No quisiera

que más adelante aparecieran como sospechosos muchos individuos que son accionistas del Banco. Por esto, desearía que los que fuesen accionistas se abstuvieran de votar, porque si votaran vendrían a hacerse una concesión a sí mismos. [...] Deseo que se abstengan de votar los accionistas del Banco Nacional de Chile: primero, para evitar toda sospecha de que ellos han querido dar crédito al Banco valiéndose de los derechos que tienen como Diputados; y segundo, porque sabiéndose que el proyecto ha sido aprobado, no por aquellos que pudieran considerarse interesados en su aprobación sino por los demás diputados, merecerá la confianza del público. Por esto pido a la Cámara que dé este alto ejemplo de circunspección.

A pesar de esta fuerte censura, la Cámara permitió decidir la aprobación de un proyecto de ley que les reportaría beneficios directos visibles a los parlamentarios con intereses en el banco.

Con estas palabras, el tesista de la Pontificia Universidad Católica Ignacio Muñoz inició un capítulo de su tesis que está dirigida a verificar la hipótesis de la relación entre el Congreso Nacional y los intereses bancarios.

El lugar para desarrollar estos discutibles métodos era el Congreso Nacional, debido al control que llegó a ejercer sobre los dos principales instrumentos de que se valen los Estados modernos para conducir las economías –políticas fiscales y monetarias–. Una serie de circunstancias hizo que el Ejecutivo desistiera de desempeñar un papel activo en la toma de decisiones en el área económica, resignando esa función en buena parte en el Legislativo, o en la gente misma, como ocurrió con la regulación de la oferta monetaria, lo que explica algún grado de corrupción en estas materias. Estas irregularidades terminaron sólo en 1925 cuando fue creado el Banco Central.

Por esta razón, todos los grandes capitalistas fueron, en algún momento de su vida, parlamentarios –si no ellos directamente, parientes, amigos o socios–. Los apellidos de los más insignes capitalistas del siglo pasado, Cousiño, Edwards, Urmeneta, Puelma, Délano, figuran en los listados de los congresales.

Muchos miembros del Congreso tuvieron intereses ligados a los bancos desde el mismo momento del nacimiento de éstos. La investigación de Muñoz comprueba que en el primer directorio del Banco Agrícola con estatutos aprobados en 1868 había tres congresistas de un total de nueve (33 por ciento); la Junta de Accionistas que tuvo a su cargo la fundación del Banco Mobiliario (1869) estuvo compuesta por cinco congresistas de un total de once miembros (45 por ciento); el Banco de Concepción (1871) contó con tres miembros del Congreso en un total de cinco directores (60 por ciento), uno de los cuales, Aníbal Pinto, sería luego presidente de Chile (1876-1881). Sin embargo, el caso del Banco Nacional de

Chile es aún más dramático ya que en 1865 su directorio estaba compuesto por dieciséis congresistas entre titulares y suplentes, incluidos en éstos el presidente y el vicepresidente del Senado, el secretario del Senado y el ministro de Hacienda. Todo esto ocurría el año en que se debatía el empréstito al fisco al que se hizo mención poco antes.

La misma relación se obtiene si se estudia la propiedad de los bancos, sobre la cual el estudio citado establece que los congresistas eran dueños del 22,8 por ciento de todo el capital de los bancos de los que hay información. Pero el mayor control que ejercían los congresistas en los bancos se hacía a través del número de accionistas y directores que eran a la vez diputados o senadores, el cual en 1878 llegaba a 52 (37,14 por ciento) y en 1888 a 89 (53,29 por ciento). Muñoz llega todavía más lejos y demuestra que los bancos más vinculados con la clase política fueron los que se vieron más favorecidos por el Estado: "La posición en que se sitúan en el cuadro empresas como el Banco Chileno Garantizador de Valores –la principal institución de crédito hipotecario–, y el Banco Nacional de Chile –el principal banco comercial– muy bien tratados en general por las autoridades, con leyes hechas en más de un caso a su propia medida, da para pensar algo de este estilo".

Lo anterior está en relación con la recepción de créditos por parte de los congresistas. El autor vuelve a la carga diciendo que en el período 1877-1878, en plena crisis económica, 31 congresistas recibieron 1.527.400 de pesos nominales de la Caja de Crédito Hipotecario, lo que corresponde al 28,5 por ciento del total de las cédulas hipotecarias emitidas en esos dos años por la institución. Da como ejemplos el caso de Rafael Correa y Toro que recibió 200.000 pesos con la hipoteca de su fundo La Leonera en Rancagua, mientras su hermano Carlos recibió otros 65.000 pesos con la hipoteca de su fundo El Mocho en la misma zona. Agrega el caso de Zenón Vicuña con otro crédito por 200.000 pesos con garantía de tres de sus fundos en el valle de Putaendo.

Oligarquía chilena: auge y decadencia. Los sectores populares

La mayoría de los autores están de acuerdo en que las virtudes de la vieja oligarquía chilena, si es que alguna vez las tuvo, habían terminado por eclipsarse ya a finales del siglo XIX.

Los visitantes del extranjero, los memorialistas y los autores contemporáneos abundan en detalles sobre esta decadencia. Baste leer entre los novelistas a Luis Orrego Luco en su obra *Casa Grande* aparecida en 1908 que fue muy mal recibida por los círculos de la clase alta de la capital de Chile. Por citar otro ejemplo, el discurso del político Enrique MacIver sobre la crisis moral de la república pronunciado en el Ateneo de Santiago el 1 de agosto de 1900. Finalmente la conocida obra de Alejandro Venegas *Sinceridad. Chile íntimo en 1910*, donde se hace un análisis de la sociedad del país en esa época.

Algunos autores modernos han buscado en el detalle de la vida aristocrática y en su minucia diaria las características de esta clase social al iniciarse el siglo XX. Entre ellos, Luis Barros y Ximena Vergara analizan a través de los temas de conversación corriente, en su afición por escuchar los "rumores, escándalos, noticias de sensación y de bulto, comadrerías, enredos y chismes" y otras naderías, destacando que siempre estaban ausentes las discusiones de ideas, los temas artísticos y literarios o las reflexiones del espíritu. Otros autores señalan la concurrencia de los miembros de las familias patricias a la ópera, a muchos de los cuales no les interesaba en absoluto ni el tema ni la música ni los ejecutantes, y pasaban el rato de la representación conversando entre ellos absolutamente distraídos. Se definía a la juventud masculina aristocrática como dedicada a matar el tiempo en los cafés, en el billar o en diversiones "fuertes" que, a menudo, tenían consecuencias que obligaban a la familia a estar "tapando" los resultados de una conducta inconveniente. Las propias autoridades del orden solían estar inhibidas de actuar porque la pertenencia a una clase social determinada de aquellos que delinquían los libraba fácilmente de las consecuencias de sus actos. En 1904 se produjo un serio problema entre el alcalde de Santiago y el intendente de la provincia debido a las infracciones impunes de los caballeros de la ciudad, porque la policía "aplica la prisión por ebriedad a la gente del pueblo, sin que jamás se atreva a hacerla extensiva a las personas de cierta posición social". Debido a estas inhibiciones, no había día en que en el centro de Santiago, en la Plaza de Armas, "en las puertas de los clubes y de los cafés" no se formaran graves escándalos donde "toman parte principal caballeros de la más alta sociedad de Santiago", todos ebrios, "sin que jamás la policía se atreva a tomar contra ellos medida alguna de represión".

Alberto Blest Gana relata en su novela *Los trasplantados* la vida llevada en París por un conjunto de emigrados que derrochaban en la "ciudad luz" el producto de sus haciendas chilenas, cada vez peor trabajadas y explotadas. El banquero Francisco Subercaseaux Vicuña viajó a Europa con toda su familia y algunos criados: pensaba permanecer allí seis meses y terminó quedándose dieciocho años. Para ello debió instalar casa en París con toda la suntuosidad que los tiempos requerían. Así lo relatan las memorias de su hijo Julio Subercaseaux Browne.

Semejante estilo de vida exigía un marco adecuado para realizarla a aquellos que permanecían en Santiago. De allí la construcción de grandes casonas, la apertura de clubes, la puesta en marcha de un teatro de la ópera, la habilitación de un hipódromo y la construcción de un parque (Cousiño) en imitación del Bois de Boulogne o el Hyde Park. Allí se llevaban a cabo los ritos inimitables de la clase alta cuando ataviada con sus mejores joyas y trajes y montada sobre lujosos carruajes daba inicio al paseo que los "mostraba" al resto de las clases sociales como el paradigma de la elegancia, el buen gusto y la más bella manera de vivir.

En un ambiente como el relatado, era muy fácil que prendiera la corrupción, indispensable medio para incrementar u obtener rápidamente, cuando no lo había, el dinero que una situación elevada requería.

En el otro extremo de la escala social se encontraba "la lepra inmensa de los barrios pobres" y "aquella indescriptible cloaca" de los sectores más postergados de la capital de Chile, según lo describe el viajero francés Albert Malsch. Ya el 2 de mayo de 1884, el diario *El Chileno* denunciaba que nada era más pobre, triste, desaseado e insalubre, que "el hogar del obrero chileno", opinión concordante con la de la mayoría de los testimonios existentes, especialmente con aquellos que describían los "conventillos", largas hileras de habitaciones construidas siguiendo un pasillo, cruzado por una acequia a tajo abierto que llevaba los desechos y las excretas de todo el barrio.

En otra situación se encontraba el enorme pueblo trabajador que había emigrado hacia el norte salitrero, encandilado por los buenos salarios y las mejores oportunidades que allí se ofrecían. La enorme pampa salitrera se fue llenando de oficinas, las que contenían barrios enormes, muy poco acogedores, para albergar a la población migrante y trabajadora.

Cuando comentamos en el diario *El Mercurio de Santiago* el libro de Julio Pinto *Trabajadores y rebeldías en la pampa salitrera. El ciclo del salitre y la configuración de las identidades populares*, nos detuvimos en dos aspectos que nos parecieron cruciales. El primero se refiere a que la presencia de una muchedumbre de trabajadores, tan considerable como la instalada en ambas regiones, contribuyó a la chilenización de un territorio que, hasta la Guerra del Pacífico, había sido parte de Bolivia y Perú. Pensamos que sin la llegada y la dispersión de esta masa por toda la pampa salitrera, la labor del Estado chileno no habría tenido los efectos que, hasta hoy, pueden apreciarse. Si estamos de acuerdo en que estos resultados fueron de gran provecho para el futuro histórico de Chile, deberíamos aceptar que los grupos de obreros y sus primitivas organizaciones realizaron una labor colonizadora de tanta o mayor importancia que la que le pudo caber al ejército victorioso en aquella contienda, puesto que permitieron consolidar definitivamente la ocupación de esos vastos territorios.

La segunda consideración se refiere a la influencia que tuvo el movimiento gremial desarrollado en las regiones de Tarapacá y Antofagasta sobre la fundación y ordenación del sindicalismo en el resto de Chile. Sin duda que el proceso organizativo de las masas laborales del salitre era parte de uno más vasto que ya se había iniciado en el resto del país. Está claro que desde el siglo XIX los grupos obreros fueron creciendo en la medida en que el desarrollo minero de Chile y el paulatino aumento de las obras públicas habían contribuido a crearlos. El crecimiento demográfico iniciado durante el siglo XVIII en la zona central chilena, unido a la explotación cuprífera en Atacama y Coquimbo, comenzada en el mismo siglo, y al auge de la minería de la plata durante la primera mitad de la centuria siguiente, habían hecho aparecer grupos obreros que sostenían una dura vida de esfuerzo, pero que no se sujetaban a ninguna disciplina ni en su vida laboral ni en su relación con la sociedad misma, como numerosos historiadores modernos lo han estudiado.

Por lo tanto, a mediados del siglo XIX eran las malas condiciones del trabajo de los obreros y la desorganización y la violencia de estos mismos las características que dominaban en aquellos grupos de trabajadores, ocupados en las faenas mineras y en las obras públicas de la época. Son dignos de recuerdo el saqueo y la destrucción de la villa de Molina a mediados de aquel siglo por los temibles "carrilanos", obreros encargados de la construcción de la vía férrea entre Curicó y Talca. A estos y otros hechos similares Julio Pinto los llama "violencia como forma de vida", métodos que fueron llevados a la pampa salitrera, desde antes del conflicto con Perú y Bolivia, por una población trasplantada, mayoritariamente chilena, y procedente del Norte Chico, también de la zona central, y compuesta por hombres jóvenes "sin inhibiciones culturales, institucionales o familiares". El contexto de violencia que se conformó en aquella región afectó a las autoridades locales y también a los propios trabajadores, quienes se trababan en fuertes pendencias motivadas por el alcohol, el juego, los celos y otras pasiones. El surgimiento de bandas de delincuentes nacidas al calor de las periódicas crisis de desempleo, como aquella encabezada por Silverio Lazo (a) "el Chichero", que relata el historiador Pinto en la obra citada, ejercían el terror no sólo entre los propietarios de las explotaciones mineras sino también entre los trabajadores.

Frente a esta evolución, ¿cómo pudo producirse el disciplinamiento de la mano de obra autora de tamaños atropellos?

Según María Angélica Illanes, en 1846 en el famoso mineral de Chañarcillo se inició una ofensiva patronal que pretendía cambiar las condiciones de trabajo. Desde ese año, las medidas fueron numerosas y se encaminaron, primero, a superar el desequilibrio producido por la escasez de mano de obra a través del fomento de la inmigración de peones desde la Argentina, conmovida entonces por las guerras civiles. Un segundo medio consistió en los cambios en la técnica de contratación del trabajo, en la innovación tecnológica, en una apertura del sistema político y en "un mayor reconocimiento público a la función social del trabajo asalariado". Como lo recuerda Gabriel Salazar en el prólogo a la obra de Julio Pinto, los cambios técnicos y políticos del sistema capitalista se adelantaron y anticiparon "a la maduración de los movimientos rebeldes del proletariado chileno", debido a lo cual este último ha tenido que adecuarse, sin otra posibilidad, a "la nueva identidad laboral" que se acercaba al modelo clásico del "ciudadano".

De acuerdo con este proceso, la intensidad de la violencia colectiva "disminuyó en la misma medida en que crecía la incidencia de las motivaciones laborales y comenzaba a despuntar, al menos en algunas personas, un incipiente discurso de clase". Es lo que los autores citados llaman "disciplinamiento de la mano de obra" y, en síntesis, significó la restauración del equilibrio en las relaciones entre patrones y obreros, donde el capital tomó sus privilegios.

En relación con los aspectos políticos del movimiento gremial, debemos añadir la pugna que pareció darse entre los diversos sectores que cayeron bajo la influencia de los sindicalistas revolucionarios, los anarquistas y otras tendencias influidas desde Europa. Para los anarquistas era importante una labor ideológica que abarcara todas las luchas gremiales, que incluyera organizaciones obreras de todo tipo y que fuera paulatinamente creando las "condiciones objetivas" con el fin último de llegar a una huelga general que destruyera al gobierno y a todas las instituciones del Estado. No estoy seguro de que estas estrategias fueran significativamente predicadas a los trabajadores del salitre, pero los movimientos de finales del siglo XIX parecen acercarse a algunas de ellas.

En todo caso, este movimiento organizativo, fenómeno que se daba también en la zona central de Chile, terminó derivando hacia una huelga general, la que estalló en Iquique en julio de 1890 y que ha sido tratada con detalle por el historiador Sergio Grez en su artículo "La huelga general de 1890". Para este autor esa huelga general no sólo fue la primera de su tipo desarrollada en Chile sino que también puede ser considerada una pieza esencial de "un proceso de expansión de la acción reivindicativa de los trabajadores de Chile".

Esta verdadera "explosión social" se inició entre los trabajadores portuarios de Iquique y los obreros salitreros de Tarapacá y se extendió más tarde a Pisagua, Antofagasta y luego a Valparaíso, Viña del Mar, Quillota, Talca y Concepción. Con esta estrategia, entraron en conflicto no sólo los obreros del salitre y los cargadores sino también los de las grandes industrias de la región central como Lever Murphy y Cía., los ferrocarriles, panificadores y los obreros de otras fábricas de alimentos. La represión terminó por ser muy dura y sangrienta, pese a lo cual la huelga sólo pudo ser contenida a principios de agosto al cabo de varias semanas de duración.

Los historiadores tradicionales han atribuido el inicio y la profundización de este movimiento a la división política existente en Chile a mediados de 1890. A mi parecer, lo más notable de este proceso reside en el hecho de que las organizaciones gremiales de Tarapacá, al iniciar y encabezar este proceso gremial y político y esta primera huelga general, estaban dando inicio a una fase más moderna del movimiento de los trabajadores en Chile, etapa que se expandió y profundizó durante el curso de las primeras décadas del siglo XX.

Al entrar al nuevo siglo, este movimiento fue tomando cada vez más cuerpo y a ello debemos atribuir los movimientos populares de su primera década. La famosa huelga de la carne de octubre de 1905, aunque reprimida con extraordinaria violencia, dejó, sin embargo, la sensación de que al menos la ciudad de Santiago de Chile estuvo al borde de un conflicto político-social capaz de hacer tambalear el gobierno y las instituciones. Luego, la matanza de obreros realizada en Iquique en 1907 por las tropas del Ejército, a la cual nos referimos en otra parte, hizo vacilar al movimiento sindical.

Todos estos hechos estaban anunciando los albores de una nueva era que estudiaremos en las páginas siguientes.

Arturo Alessandri hablando a las masas, 1920.
(Archivo fotográfico Museo Histórico Nacional, Chile)

III. EL PROYECTO DE LAS CLASES MEDIAS: DEMOCRATIZACIÓN Y MODERNIZACIÓN DE CHILE (1920-1973)

No se puede hablar de un Chile realmente democrático durante el transcurso del siglo XIX ni menos aún de una práctica secular de democracia representativa en este suelo, tradición que sólo parece válida para los años 1938 a 1973. Es cierto que el siglo XIX contaba con una Constitución que parecía haber obtenido el respeto de todos cuando ya llevaba setenta años de vigencia a finales de aquel siglo. También es verdad que en esa época se realizaban regularmente elecciones tanto presidenciales como para integrar el Congreso Nacional. Igualmente es cierto que el orden público, salvo contadas excepciones, se mantenía sin alteraciones tanto durante los períodos eleccionarios como en los intermedios.

Pero también es efectivo que hasta la década de 1874 sólo votaban los hombres mayores de 25 años dueños de cierta renta. Además, el control ejercido por el Poder Ejecutivo hasta 1891 hacía muy difícil que pudiera ser elegido alguien que no contara con el beneplácito de las autoridades. Esta situación fue corregida a causa del triunfo de la revolución de ese año, pero no en beneficio de toda la población ciudadana sino en el de los grupos oligárquicos, quienes levantaron en Santiago y en las provincias la barrera del cohecho controlado por "caciques" locales, barrera que hacía casi imposible que triunfara un candidato que no contara con el beneplácito de los poderes "fácticos" de la respectiva localidad, departamento o provincia.

La lucha por la democratización de Chile tuvo que pasar por muchos obstáculos antes de que pudiera decirse que este sistema se había asentado con firmeza. Tal es el gran mérito de los hombres de clase media que gobernaron Chile a partir de 1938, como, igualmente, la explicación de toda la resistencia y ataques que éstos y sus partidos debieron sufrir cada vez que ponían en práctica algún avance en esta materia.

En todo caso, los autores señalan algunos progresos que fueron dándose en los últimos años de aquel siglo. Por ejemplo, la ley electoral de 1874, que estableció el voto acumulativo para la elección de diputados y mantuvo el antiguo criterio de lista completa para la de presidente y senadores. Esta misma ley contenía una disposición por medio de la cual se presumía de derecho que toda persona que supiera leer y escribir tenía la renta necesaria que se exigía para inscribirse. Poco antes la reforma constitucional de 1873 había dispuesto las inhabilidades para ser elegido miembro del Congreso, las que afectaban a los eclesiásticos regulares, párrocos y vicepárrocos, jueces letrados de primera instancia y a los intendentes de provincias y gobernadores de departamentos. En cambio, se negó el derecho a voto a las mujeres por una ley especial dictada en 1884 frente a la exigencia de algunas señoras que querían inscribirse basadas en que la Constitución no negaba su derecho a hacerlo. Con estas disposiciones, y según los datos que proporciona Germán Urzúa en su *Historia política de Chile y evolución electoral*, el número de inscriptos en la década de 1880 sólo alcanzaba al 5,11 por ciento del total de la población, todos los cuales mostraban un gran desinterés por votar: la abstención alcanzaba al 57 por ciento de los calificados.

Con esta estructura y estas características se mantuvo el sistema electoral chileno hasta el siglo XX. Esto explica la expectativa y el interés que causara la prédica de Arturo Alessandri, quien aparecía como el campeón contra estos vicios puesto que, como dice Urzúa, los partidos políticos no supieron reaccionar a tiempo, e introducir las modificaciones que hicieran operante el régimen vigente. Si a ello agregamos un 70 por ciento de analfabetos hacia 1920, podremos calcular las trabas que el régimen democrático tenía que salvar antes de llegar plenamente a regir en esta tierra.

El retroceso que pareció significar la dictadura de Carlos Ibáñez (1927-1931) está muy bien representado por la elección presidencial del 22 de mayo de 1927; el mandatario electo obtuvo el 98 por ciento de los votos en una elección sin contendiente. Aunque con una apariencia de constitucionalidad, este comicio no era sino el resultado de una imposición autoritaria. Lo mismo puede decirse de la elección del Congreso en marzo de 1930, el cual quedó conformado sin que hubiese habido comicios. De acuerdo con la ley de elecciones de 1929 podían proclamarse electos todos los candidatos que se habían presentado, cuando el número de éstos fuese igual al de los que correspondía elegir como senadores o diputados en las respectivas circunscripciones o agrupaciones electorales.

En la otra cara de la moneda, el régimen de Ibáñez propició una modernización en todas las áreas públicas, lo que se tradujo en la creación de nuevos e importantes organismos que, como se dice más adelante, trataron de conformar lo que ese gobierno llamaba el "Chile nuevo".

La segunda administración de Arturo Alessandri (1932-1938) también tuvo avances y retrocesos, puesto que si bien mostró evidentes logros –como lo denotan los planes del ministro de Salud, Eduardo Cruz

Coke, que se ocuparon de mejorar la medicina social– tuvo también largos periodos en que se gobernó con facultades extraordinarias y estado de sitio.

Con todo, el periodo llamado de los presidentes radicales (1938-1952) se vio empañado por los abusos de Gabriel González (1946-1952). La represión legalizada por la Ley de Defensa Permanente de la Democracia entre 1948 y 1958 constituyó un olvido flagrante de los principios democráticos. Pero, por otro lado, el otorgamiento del voto político a la mujer mediante la Ley 9.292 del 14 de enero de 1949 significó una enorme ampliación del derecho al sufragio, al permitir que los miembros de la otra mitad de la población pasaran a ser ciudadanos de pleno derecho.

Con motivo de la elección presidencial de 1952 el voto femenino alcanzó el 32,3 por ciento del total. Vale la pena destacar que ya en 1970, también elección presidencial, la votación femenina se había empinado hasta el 48,8 por ciento del total, con lo que su participación en la elección de las autoridades estaba alcanzando la mitad que legítimamente le correspondía. Igualmente, la derogación en 1958 de la Ley de Defensa Permanente de la Democracia, al devolver su derecho a voto a los miembros del Partido Comunista, contribuyó a este notable avance en la participación. De igual importancia para el desarrollo democrático del país fue la creación de la cédula única, papeleta cuya impresión estaba a cargo del gobierno, reemplazando así al antiguo sistema que permitía a cada candidato mandar a hacer las papeletas con las que se votaría. Este sistema de la cédula única terminó definitivamente con el cohecho y significó un adelanto notable en el sistema de votación.

Por último, hay que recordar la reforma constitucional de 1970 que dio el voto a los mayores de 18 años y también a los analfabetos, con lo cual se cerraba el ciclo electoral iniciado en 1833, cuando votaba menos del 3 por ciento, para terminar ahora cuando un 39,83 por ciento de chilenos tenía derecho a votar para las presidenciales del 4 de septiembre de 1970.

Lo mismo ocurrió con la participación en el movimiento sindical, el cual desde 1953, cuando se creó de la Central Única de Trabajadores (CUT), alcanzó una evolución que lo puso al nivel de los más desarrollados de América.

Queremos resaltar en este capítulo que en el periodo 1938-1973 existió en el país una verdadera república donde las libertades, pero al mismo tiempo el respeto a los derechos de las personas, pasaron a ser una realidad sentida y ejercida por todos los sectores del país. Muchos pensamos que esta etapa constituye el periodo histórico que, aunque teniendo muchos defectos y carencias, estuvo más cerca de la definición clásica de "república", es decir, la forma de gobierno de los pueblos emanada de la plena participación popular, supremo ideal de todos los tiempos.

En esta parte nos ocuparemos primero de un lapso de transición entre el Chile oligárquico y el Chile mesocrático, período de casi veinte años

(1920-1938). Durante éste, y con mucha rapidez, se inició un proceso de rectificación de las condiciones políticas, sociales y económicas que precipitaron el cambio al que el país había aspirado desde finales del siglo XIX. Chile se encontraba frente a una ampliación de las bases sociales del Estado, la que estaba dando plena legitimidad a la participación de los grupos medios y comenzaba a permitir, tibiamente en un principio, la adquisición de la conciencia de sus derechos por parte de las clases bajas. Tanto la participación de las masas en el juego político como el reconocimiento de algunos de los derechos que éstas exigían permitió un proceso democratizador que, aunque controlado, parecía ampliarse cada vez más. Todo esto sucedió dentro del marco de una participación cada vez más activa del Estado en la vida económica, con lo que se estaba dando nacimiento a una economía mixta.

Pero todo este avance hacia la democratización de la vida social, política y económica no se dio en Chile en forma rectilínea, sino que, como ya lo hemos insinuado, lo hizo a través de alzas y bajas, de caídas y recuperaciones. Ello explica la larga duración del período transicional.

En un interesante artículo aparecido recientemente en la Argentina, los historiadores Joan del Alcázar y Gonzalo Cáceres hacen una comparación entre las dictaduras instaladas en España (1923) y Chile (1927) y postulan que ellas, como otras emergidas en Europa central y en América Latina, fueron "una respuesta autoritaria a la problemática incorporación a la vida política de nuevos sectores sociales, así como de las condiciones en que dicha incorporación había de materializarse". Los mismos autores añaden que el fracaso del primer gobierno de Arturo Alessandri y la debilidad crónica del de su sucesor Emiliano Figueroa –siendo una manifestación de esta crisis política– "alimentó una efectiva demanda autoritaria" que surgió de los más amplios sectores sociales y estuvo orientada a la búsqueda "de un liderazgo en el cual confiar".

Durante ese lapso se efectuó el tránsito desde el período parlamentario, "el régimen político-social de la oligarquía", al decir de los autores, a un segundo, llamado "período mesocrático", que se distinguió por su apertura democrática conseguida a través del desarrollo del sindicalismo y de la expansión de la cultura. Al mismo tiempo y en pocos años se modificó también, como se verá, la Constitución política del país, se dictó la legislación social, y se rectificaron muchas de las instituciones que administraban las finanzas fiscales. Todos estos cambios permitieron dar una nueva fisonomía al Estado chileno.

Dentro de este período se destacan sólo dos personalidades: Arturo Alessandri, dos veces presidente, y Carlos Ibáñez, entre los cuales completan quince años (83 por ciento) de los dieciocho que comprende esta etapa.

La segunda parte de este mismo capítulo entrará de lleno en el detalle de los logros obtenidos por la nueva fase que se inaugura con el gobierno de Pedro Aguirre Cerda y con el de las sucesivas administraciones que sucedieron a éste hasta llegar a 1973 completando treinta y cinco años de una labor que casi no tuvo interrupciones. En este lapso hubo presidentes que provenían de distintos sectores políticos, pero ninguno de ellos pareció desviarse de un trabajo común. Esto hizo que los logros de siete gobiernos sucesivos se parecieran mucho a un programa presidencial propuesto a los votantes ante una definición electoral. Pensando en este método, en aquella segunda parte se presentarán los hechos históricos agrupados en programas y en realizaciones.

La primera transición chilena del siglo XX. Anarquía y caudillos (1920-1938)

Sin duda que los hechos que se desataron a partir del triunfo de Alessandri en 1920 hicieron cambiar el tradicional ritmo de la república. Su programa político incluía, entre otras cosas, el fin del parlamentarismo y de la rotativa presidencial a través de una reforma constitucional. Comprendía también las reformas sociales en favor de la clase media y la clase trabajadora, mediante una modificación de la legislación vigente.

Pero la vieja oligarquía no estaba dispuesta a entregar con facilidad los resortes del poder político y movió todos sus recursos para impedirlo, causando varios hechos que permiten entender mejor la inestabilidad política que caracterizó a esos años.

Como dice el historiador Alberto Edwards: "En el complejo problema político de la época, la clase media rebelde no veía sino la dominación de una oligarquía que se le antojaba específicamente incapaz, desnacionalizada, sin moralidad ni patriotismo. La aristocracia política, por su parte, no pretendía disimular su desprecio por esos advenedizos, vencidos en las luchas de la vida económica y social, que intentaban suplantarla en la dirección del país. Esos hombres destituidos de experiencia y capacidad directiva, sin lastre histórico ni aptitudes hereditarias, en el concepto de sus émulos, sólo conseguirían derribar el majestuoso edificio de la República, levantado trabajosamente durante varias generaciones".

En realidad, ese edificio parecía majestuoso por fuera. Pero hacia 1920 no era más que un caserón de sólida fachada que conoció días de esplendor pero que ahora en su interior dejaba notar su ruina y decadencia. Pienso que el éxito del gobierno de Balmaceda habría permitido un nuevo ciclo de crecimiento cultural, social e incluso económico, pero el triunfo del Congreso en 1891 mantuvo la vida política reducida a las intrigas de salón o de club, mientras los beneficios se concentraban en una parte pequeña de la sociedad chilena, como lo denuncio Valdés Canje. El único signo de vigor entre 1891 y 1920 fueron los trastornos sociales que sacudían periódicamente las provincias y los barrios apartados, los que eran fuertemente reprimidos, como se ha visto en capítulos anteriores.

Con todo, la clase gobernante chilena estimaba que el edificio era majestuoso, que sólo necesitaba algunos retoques. Para explicar los sucesos que agitaban a los trabajadores de la pampa salitrera se decía, a modo de analgésico, que eran producto de agitadores pagados por el Perú a fin de impedir el plebiscito sobre Tacna y Arica, obligación moral y jurídica no cumplida.

Por su parte, "hombres sin lastre histórico ni aptitudes hereditarias" hacían triunfar en la Convención del Partido Radical de 1905 las tesis, defendidas por Valentín Letelier y Armando Quezada Acharán, de que ningún pueblo culto podía dejar de legislar sobre la organización del trabajo y sobre las condiciones de vida de la clase obrera a fin de levantar su nivel material y moral.

Estos mismos "hombres destituidos de experiencia y capacidad directiva" como Arturo Alessandri, por ejemplo, eran por eso acusados de incapacidad pese a su brillante trayectoria como abanderados de la Alianza Liberal que se había aglutinado en torno al Partido Liberal Doctrinario, como ex ministro de Estado, diputado y senador durante largos años, y político exitoso triunfante en las difíciles elecciones parlamentarias de 1915 y 1918. Se lo miraba a él y a sus partidarios como hombres recién llegados e incorporados a la política chilena, inspirados en ideologías extranjeras que les hacían creer que la humanidad atravesaba un periodo de profunda transformación social, por lo que llegaban a la conclusión de que era necesario satisfacer las aspiraciones del proletariado otorgándole una legislación que reglamentara las relaciones entre el capital y el trabajo. Estos hombres, tan destituidos según sus detractores de la Coalición que en 1920 llevaba el nombre de Unión Nacional, propiciaban la defensa de la raza, para lo cual algunas medidas adecuadas podrían ser la creación de un Ministerio del Trabajo y Previsión Social y el fomento de la primera enseñanza. Estos mismos estimaban que era justo establecer el impuesto directo a la renta, así como mejorar la situación en que se encontraba la mujer ante las leyes positivas. No está de más recordar que los que pensaban así eran los mismos que habían retrasado por largos años la aprobación de la enseñanza primaria obligatoria y otras reformas similares, todas importantes y urgentes, y que si bien en la primera década del siglo XX votaron algunas leyes favorables a los empleados y obreros, en 1920 eran furiosamente reaccionarios en su lenguaje y actuación.

Los enemigos políticos de Alessandri lo denostaban diciendo que "el político que se ha paseado por el país como el programa viviente de las envidias regionales, de los odios de clases y de las más avanzadas tendencias comunistas encarna hoy también las aspiraciones de la Alianza Liberal. Toca a los hombres de bien de todos los credos políticos agruparse en torno a los vitales intereses del país, gravemente amagados. Pueden contribuir a dominar la roja marea de la anarquía y del maximalismo, añadiendo su esfuerzo a la labor patriótica de la Unión Liberal que lucha por poner dique a sus avances destructores. Hombres de orden: se trata de los supremos intereses nacionales, de vuestra propia y personal seguridad. Corred a defenderla". El ex padrino político de Alessandri, Fernando Lazcano Echaurren, miembro de otra fracción del Partido Liberal, dijo a éste poco antes de la elección de 1920 las siguientes palabras: "Hace cuatro o cinco años que usted se apartó de mis consejos y ya no soy para usted eso que acaba de repetirme: porque es ahora un bolchevique y hará gobierno sovietista, del que yo abomino, y por eso lo combatiré con mis pocas energías".

Efectivamente Arturo Alessandri había declarado una "guerra" contra la vieja oligarquía y ésta contestaba con sus mejores armas para detener el progreso de aquella candidatura. Es muy conocido el discurso con que Alessandri agradeció en abril de 1920 su designación como candidato a la presidencia:

> Quiero ser una amenaza para los espíritus reaccionarios, para los que resisten toda reforma justa y necesaria: éstos son los propagandistas del desconcierto y del trastorno. Yo quiero ser una amenaza para los que se alzan contra los principios de justicia y derecho: quiero ser una amenaza para todos aquellos que permanecen ciegos, sordos y mudos ante las evoluciones del momento histórico presente, sin apreciar las exigencias actuales para la grandeza de este país, quiero ser una amenaza para los que no saben amarlo y no son capaces de hacer ningún sacrificio para servirlo.

El gobierno de Arturo Alessandri comprendió con toda claridad la necesidad de las leyes sociales, por supuesto no para iniciar una revolución al estilo bolchevique sino para detener el impulso revolucionario que subyacía en los acontecimientos que desde 1917 se estaban haciendo sentir en Chile y también en algunas naciones vecinas.

Eran políticamente difíciles y muy complicados los métodos que podían usarse para maniobrar sin naufragar en este complejo panorama. Desde un lado el temor, la tozudez y la incomprensión de los sectores oligárquicos y su amplia clientela. Desde el otro, las ansias de revancha que demostraban las antiguas clases bajas desplazadas del poder, y las aspiraciones que se desataban entre ellas al resultar elegido un gobierno progresista que abría las compuertas a los deseos largo tiempo postergados.

En la misma época en que era elegido en Chile Arturo Alessandri, con diferencia de pocos años, había estrenado también su gobierno en la

República Argentina la Unión Cívica Radical. Allí, como en Chile, en los inicios de la década de 1920, el término de la Primera Guerra Mundial y la crisis económica que la siguió complicaban la acción de estos políticos reformistas. Aunque el gobierno del presidente Hipólito Yrigoyen logró, en algunos casos, hacer el papel de mediador o intermediario, como ocurrió con los conflictos de los ferroviarios y los portuarios en 1917 y 1918, en otros, como en enero de 1919 durante la llamada Semana Trágica, una sucesión de incidentes violentos entre los huelguistas y la policía determinó la participación de grupos de civiles armados que, desde el Círculo Naval, ejercieron una despiadada represión. Por último, la intervención del ejército, acto que comprometía al gobierno, puso fin a los desórdenes a un precio de vidas muy elevado.

En Chile, las circunstancias tampoco fueron favorables a la imagen que se tenía del gobierno de Arturo Alessandri. Este no fue capaz de quebrar la oposición parlamentaria, y sus proyectos de ley a favor de los trabajadores no pudieron ser despachados bajo su gobierno. Sólo la llegada de un periodo de anormalidad constitucional en septiembre de 1924 permitió que se aprobaran las reformas.

Tampoco lo favorecieron las circunstancias de la crisis internacional que causó la caída de las exportaciones salitreras en 1920 y 1921. El cierre de oficinas y la cesantía de muchos obreros provocaron, en las provincias del norte del país, una tensión que terminó por ser reprimida con los mismos métodos que ya conocían los obreros de la pampa.

Los sectores populares, muy activos desde 1918, habían reiterado las exigencias por una mejoría de sus condiciones legales, de trabajo y de vida al iniciarse el gobierno de Alessandri, exigencias que se daban en un ambiente de crisis económica muy aguda. En enero de 1921 se realizó la segunda Convención de la International Workers of the World (IWW) que proclamó la necesidad de luchar por el comunismo libertario proponiendo diversas demandas como la jornada de ocho horas, celebrar combativamente el Primero de Mayo, la emancipación de la mujer y la eliminación del trabajo infantil.

Desde esta óptica parece muy fácil achacar al gobierno el grave incidente ocurrido en febrero de 1921 en la oficina San Gregorio (provincia de Antofagasta). Esta oficina había sido elegida por los cesantes de esa región para concentrarse y reclamar el pago de sus desahucios. Las autoridades respondieron enviando contra ellos un piquete militar. La llegada de este grupo de soldados y oficiales derivó en combates que dejaron un saldo de varios muertos y heridos, entre soldados y obreros; entre los primeros, el teniente que los comandaba y otro oficial.

Pese a esta represión, la actividad organizativa de los trabajadores no cesó. Entre 1921 y 1923 se reunieron diversas instituciones obreras, como la Federación Obrera de Chile (FOCH), creada originalmente en 1909 por el dirigente Luis Emilio Recabarren, y la mencionada IWW, las cuales se inclinaron ahora hacia algunos de los postulados del Partido Comunista y, por ende, se tornaron proclives a un acercamiento a éste iniciando un proceso de politización de los organismos sindicales obreros.

Mientras tanto, se mantenía la política represiva que produjo en 1925 los sucesos de la oficina La Coruña en la provincia de Tarapacá, en las postrimerías del gobierno de Alessandri. Allí se desataron graves desórdenes que causaron la muerte del jefe de la pulpería y produjeron numerosos heridos, quedando la oficina en manos de los trabajadores. Para contenerlos se enviaron dos regimientos completos, la batería artillera General Salvo y otras fuerzas. Éstas atacaron primero la oficina salitrera Pontevedra y en la tarde La Coruña, la cual fue bombardeada y la tropa ejerció sobre ella una brutal represión que ha permanecido en el recuerdo popular hasta nuestros días.

El gobierno de Alessandri fue interrumpido en septiembre de 1924 por un golpe militar a resultas del cual el presidente presentó su renuncia. Ésta no fue aceptada, pero se le otorgó un permiso constitucional para que se ausentara del país, lo cual se cumplió cuando salió con su familia en dirección a Europa.

El manifiesto que las Fuerzas Armadas dirigieron al país el 11 de septiembre de 1924 expresaba interesantes conceptos: "La miseria del pueblo, la especulación, la mala fe de los poderosos, la inestabilidad económica y la falta de esperanzas de una regeneración dentro del régimen existente habían producido un fermento que irritaba las entrañas de las clases cuya lucha por la vida es más difícil. Este movimiento ha sido el fruto espontáneo de las circunstancias. Su fin es abolir la política gangrenada y su procedimiento enérgico, pero pacífico, es obra de cirugía y no de venganza o castigo".

Como resultado de esta decisión y antes de ser clausurado por las mismas Fuerzas Armadas, el Congreso despachó, por unanimidad, las leyes pendientes sobre contrato de trabajo, sindicatos profesionales, tribunales de conciliación y arbitraje, indemnización por accidentes del trabajo, seguro obrero obligatorio, riesgo de enfermedades y accidentes, imposibilidad para el trabajo, cajas de previsión, derecho de huelga y otras similares.

Un nuevo movimiento militar el 23 de enero de 1925 llamó al presidente Alessandri a reasumir su cargo. Éste regresó el 20 de marzo del mismo año para iniciar la última fase de su gobierno, gestión aparentemente más fácil ya que ahora no tenía la oposición de un Congreso, clausurado desde el año anterior. Las reformas adoptadas fueron muchas, aunque la principal fue la de la Constitución que regía desde 1833, realizada por comisiones constituyentes y sometida a plebiscito el 30 de agosto. Según las cifras proporcionadas por Germán Urzúa, votaron a favor el 42,5 por ciento de los electores mientras que el saldo de 57,5 por ciento se abstuvo o votó en contra. La nueva Carta fue promulgada solemnemente el 18 de septiembre de 1925.

El nuevo texto legal dio término al sistema parlamentario pero no impuso un presidencialismo extremo. El mandato del presidente de la República duraría en lo sucesivo seis años, mientras que el Congreso se renovaría cada cuatro, la Cámara de Diputados en su totalidad y el Senado se elegiría cada vez parcialmente. Sólo se mantuvo una de las leyes periódicas (presupuesto), pero estableciendo que, de no ser aprobado el proyecto por el Congreso dentro de los plazos legales, regiría el texto enviado por el Ejecutivo. En cuanto a las demás leyes, se establecían mecanismos como la urgencia para obtener su rápida tramitación. Las leyes de reforma de la Constitución eran también ahora más simples y se sometían a la misma tramitación que un proyecto de ley, aunque para su aprobación final se requería que lo ratificara el Congreso pleno. Si había discrepancias entre el Legislativo y el presidente de la República y aquél insistiere en sus puntos de vista, el presidente podía consultar a la nación mediante plebiscito. Se creaba, también, un tribunal calificador de elecciones, quitando al Congreso esta facultad, y se procedió a la separación de la Iglesia Católica del Estado.

Durante los hechos políticos que rodearon los últimos años de la administración Alessandri surgió la figura del entonces coronel Carlos Ibáñez. Ya en 1925, siendo ministro de ese presidente, Ibáñez había alcanzado notoriedad por haberse negado a renunciar a su cargo, lo que obligó al presidente a hacer abandono del suyo. Elegido sucesor a fines de 1925, el nuevo presidente, Emiliano Figueroa Larraín, mantuvo como ministro a Ibáñez, con lo cual facilitó los proyectos de éste para alcanzar la presidencia de la república. Por las presiones del ministro, y luego de un breve gobierno, el 4 de mayo de 1927 renunció Figueroa y asumió la vicepresidencia el mismo Carlos Ibáñez, entonces ministro del Interior. Se llamó a elecciones para el 22 del mismo mes y su resultado, como era de esperar, fue un rotundo éxito del candidato único, Ibáñez, quien obtuvo el 98 por ciento de los votos emitidos que correspondían al 75,6 por ciento del total de inscriptos. Con este triunfo, asumió el poder iniciando una etapa autoritaria que completó, en muchos aspectos, la acción reformadora de Alessandri.

Así pues y parafraseando a Mario Góngora, el régimen presidencial se estrenó en Chile con dos personajes representativos de la antigua y la nueva época: por una parte Emiliano Figueroa Larraín, que indudablemente era un hombre entresacado de la *belle époque* como él mismo lo confesaba, al que acompañaba un Congreso que pretendía recuperar su antiguo rol parlamentarista; y, por la otra, Carlos Ibáñez, su extremo opuesto y que, pese a las apariencias de legalidad, tanto en su elección al cargo de presidente de la República como en sus relaciones con un Congreso que debió sometérsele, gobernó con poderes omnímodos y con métodos arbitrarios. Como diría más tarde *El Diario Ilustrado*: "Todos debían callar. Era gran delito sentir inquietud por el porvenir de su país y tratar de inquirir la verdad".

Se trató, pues, de una dictadura que usó el exilio, la relegación, la prisión, la tortura y hasta el asesinato, todo ello dentro de la mayor arbitrariedad en los métodos. Las purgas realizadas dentro del Poder Judicial fueron proseguidas al margen de la legalidad. Esta persecución afectó al presidente de la Corte de Apelaciones de Santiago, Felipe Santiago Urzúa Astaburuaga, quien debió salir del país, y obligó también a exiliarse al presidente de la Corte Suprema, Javier Ángel Figueroa, hermano del ex presidente. Lo mismo ocurrió dentro del Poder Legislativo, donde muchos de los congresistas y otros políticos fueron también exiliados, entre otros y los más conocidos, el ex presidente Alessandri, Agustín Edwards, Gustavo Ross y Ladislao Errázuriz. Como expusimos antes, cuando en marzo de 1930 hubo que renovar el Congreso, Ibáñez prefirió ponerse de acuerdo con los partidos políticos para integrar los cuerpos legislativos sin necesidad de elecciones, nombrándose lo que fue conocido como "Congreso Termal" por haberse confeccionado las listas de diputados y senadores en las termas de Chillán, donde descansaba el presidente.

Este gobierno reestructuró la administración del Estado creando nuevas instituciones. Entre las más exitosas se cuenta la creación de la Contraloría General de la República en 1927, el cuerpo de Carabineros de Chile en el mismo año, en el cual fundió las diversas policías existentes hasta entonces, la Caja de Crédito Minero en 1927 y el Instituto de Crédito Industrial en 1928, la Dirección General de Educación Secundaria, la Caja de Colonización Agrícola y otros que modificaron muy profundamente la administración pública.

El 16 de febrero de 1928 el gobierno de Ibáñez planteó un ambicioso plan de obras públicas que autorizaba la inversión de mil quinientos setenta millones de pesos en la ejecución de diversas obras durante un lapso de seis años. El dinero para efectuarlas, como ya había ocurrido antes, fue obtenido mediante empréstitos, que en ese momento se dejaron caer con generosidad sobre Chile.

Es digna de destacar la fundamentación de este programa. Se justificaban las obras de regadío porque agregaban riqueza y producción, añadiéndose a tierras cultivables correspondientes a un 20 por ciento de la superficie regada del país. Se exponía que esto "equivale a agregar varias provincias al territorio nacional". La cantidad destinada a ferrocarriles se hacía necesaria puesto que todos ellos eran "reproductivos de inmediato y equivalentes en sentido económico a la entrega de nuevos territorios nacionales a la producción". En cuanto a las obras camineras, ellas habrían de tener por objeto enlazar los centros de consumo –ciudades– con los centros de abastecimiento –es decir, la zona agrícola– y también unir los centros productivos con las estaciones del ferrocarril y los puertos facilitando el comercio interior y exterior.

En lo social, el plan agregaba consideraciones sobre obras sanitarias y educacionales. Respecto del agua potable y alcantarillado subrayaba "la conveniencia de estas obras [lo que] no puede tampoco discutirse ya que ellas corresponden a la necesidad suprema de reducir nuestro alto coeficiente de mortalidad". Y añadía: "Es absurdo, a este respecto, pensar en planes de inmigración para aumentar la población cuando al mismo resultado puede llegarse disminuyendo la mortalidad de los actuales habitantes". Sobre las obras de arquitectura para la educación el plan nos recuerda "que todo lo que se gaste en este sentido es compensado con creces por la mayor capacidad productiva del habitante educado respecto del analfabeto".

Existía, pues, no sólo una fundamentación sino una ideología que ponía el acento en virtudes como la capacidad y la eficacia para referirse a las obras que ese gobierno pensaba realizar. En uno de sus escasos discursos, y según cita Mario Góngora, Ibáñez afirmó que "los rumbos de un Estado moderno deben orientarse de preferencia y enérgicamente a la solución de los problemas económicos, hacia la organización de las fuerzas productivas, que constituyen la única base sólida del robustecimiento de la economía nacional". Se trataba de una especie de antiteoricismo que ponía el acento en una política pragmática que buscaba la eficiencia por sobre todas las cosas.

Así parecen creerlo algunos autores que, a propósito de la renovación urbana que se planteó durante aquel gobierno, avanzan opiniones muy interesantes. La "modernización autoritaria" significó la búsqueda de un modelo de desarrollo urbano que solucionara los diversos problemas que aquejaban en aquel entonces a las ciudades chilenas. Para ello se basaron en un cuidadoso estudio de la realidad de éstas "desde un punto de vista riguroso, pragmático y funcionalista", aunque también fueron tomados en cuenta los diversos estudios que, desde principios del siglo, se habían planteado para esta reforma. Esto significó llevar a cabo medidas concretas como levantamientos planimétricos usando, por vez primera en Chile, la fotografía aérea y llevando a cabo minuciosas visitas al terreno que los primeros urbanistas combinaron con la docencia universitaria. Tomando en cuenta la persistencia de hacer utópicos planes de transformación que se amontonaron sin ser tomados en cuenta, el gobierno contrató a un conocido urbanista vienés, Karl Brunner, para que se trasladara al país y aportara un programa de renovación urbana, aprovechando también sus dotes para reformar la Facultad de Arquitectura de la Universidad de Chile.

Brunner pareció entusiasmarse con las ciudades chilenas, en especial con Santiago y Valparaíso, las que, según él, daban "la impresión de un centro social y cultural de Occidente" y, aunque existían sectores urbanos modestos "y hasta pobres", tenían como contraparte "barrios céntricos y residenciales" donde vivían "las clases burguesas y colonias extranjeras", todo ello adornado con parques y establecimientos de deportes, que es "donde mejor puede aquilatarse el progreso y el esfuerzo realizado".

Efectivamente, es en la década de 1920 cuando surgieron los primeros edificios en altura, los cines que exhibían la cinematografía importada y enseñaban las nuevas pautas de conducta que eran rápidamente asimiladas por una población urbana que buscaba modelos para imitar. El teléfono se hacía automático y aumentaba el número de aparatos en una proporción de casi tres veces entre 1924 y 1930. Los aviones de las primeras líneas aéreas aparecían sobre los cielos, mientras el veraneo se disfrutaba en los nuevos balnearios de la costa y la cordillera. Aunque el país no tenía petróleo, los automóviles, camiones y buses se constituían en el nuevo medio de locomoción. Para ellos se pavimentaban caminos, como la carretera que unió Santiago con Valparaíso o el más pintoresco que desde 1926 bordeaba los acantilados del océano Pacífico comunicando Viña del Mar con los balnearios situados hacia el norte. También el juego entraba en estos planes y a fines de 1930 se inauguraba un casino en ese mismo balneario.

Esta penetración de la modernidad estaba unida a una sensación de prosperidad. Un artículo de *El Diario Ilustrado* de agosto de 1931, en plena crisis, resumía muy bien esta impresión recordando que "todo el mundo hablaba de opulencia. Los teatros y los paseos rebasaban de gente, las calles estaban atascadas de autos. Y la danza de los millones seguía su curso entre risas, jolgorio y castañuelas".

Hasta 1930 la gestión de Ibáñez parecía muy exitosa, lo que para muchos, cosa que suele ocurrir, justificaba plenamente la dictadura y sus relegaciones, exilios, torturas y desaparición de opositores.

Era exitosa en todos los campos y así, también, en las relaciones exteriores. En este aspecto, el punto más conflictivo continuaba siendo, desde fines del siglo XIX, el problema pendiente de Tacna y Arica derivado de las disposiciones del tratado de Ancón de 1883. Desde entonces, las relaciones con Perú habían sido "accidentadas", al decir del historiador Mario Barros, y los incidentes diplomáticos se sucedían con frecuencia. El mencionado tratado, como se recordará, había dispuesto que las provincias de Tacna y Arica quedarían en poder de Chile por diez años al cabo de los cuales un plebiscito determinaría definitivamente para cuál de los dos países ex contendientes quedarían ambas provincias. El país ganador debería pagar al otro la suma de diez millones de pesos, moneda chilena de plata o soles peruanos de la misma ley y peso que aquélla. Las modalidades sobre la organización del plebiscito las fijaría un protocolo que habría que dictarse pero que nunca fue escrito, por lo que aún en la década de 1920, casi cuarenta años más tarde, aquella consulta popular no había podido ser realizada.

El presidente Arturo Alessandri a poco de asumir el cargo realizó una gestión a través de su canciller, que consiguió que se reanudaran las conversaciones, esta vez con el objeto de llegar a un arbitraje que permitiera encontrar una solución a este problema. Perú aceptó esta vía y en 1922 ambos países acordaron enviar plenipotenciarios a Washington para celebrar una conferencia de armonía que concluyó el 20 de julio de ese año con un cambio de notas donde se sugirió que Estados Unidos ofreciese sus buenos oficios a fin de llegar a una solución satisfactoria. Fue nombrado árbitro el presidente de esa nación, quien dictó su fallo el 4 de marzo de 1925, desechando muchas de las acusaciones pero poniendo en marcha el proceso plebiscitario, para lo cual se estableció una comisión integrada por un representante del árbitro, otro de Chile y un tercero de Perú. Estados Unidos designó al general John J. Pershing, quien llegó a Chile acompañado de los generales Morrow y Lassiter, mientras el representante de Chile fue Agustín Edwards y el de Perú Manuel de Freyre y Santander.

La historia de este plebiscito, finalmente no realizado, ha sido motivo de debate entre los historiadores. Si resumimos se puede decir que el general Pershing se inclinó notoriamente a favor de los puntos de vista peruanos. Esta situación, unida a los graves inconvenientes que creía ver para la realización del plebiscito, lo impulsaron a abandonar su misión. "Hombre de buena fe", dice Mario Barros, "comprendió por fin que la tarea que el presidente [Calvin] Coolidge había puesto sobre sus hombros era muy superior a sus fuerzas". Abandonó el país y dejó al general Lassiter en su reemplazo. Se puso término a las gestiones plebiscitarias el 14 de junio de 1926.

Sin embargo, todo este esfuerzo había preparado el ánimo para encontrar una solución definitiva, esta vez en forma directa por las partes. Así lo expresó el Departamento de Estado norteamericano, abriendo nuevas negociaciones que permitieron iniciar los acercamientos. En 1928, una ley elevó al rango de embajada la representación chilena en el Perú y se designó primer embajador de Chile en este país al ex presidente Emiliano Figueroa Larraín, con amplia experiencia diplomática, quien presentó sus cartas credenciales en Lima el 3 de octubre de aquel año. El trabajo fue duro, pero finalmente el 3 de junio de 1929 el embajador de Chile y el canciller peruano, Pedro José Rada y Gamio, firmaron un tratado y un protocolo complementario que, en esencia, dejaba la provincia de Tacna bajo soberanía peruana y la de Arica en poder de Chile, fijando la llamada "línea de la concordia" que partía desde el Pacífico a diez kilómetros al norte del puente del río Lluta siguiendo hacia el oriente en línea paralela a la sección chilena de la vía del ferrocarril de Arica a La Paz, siempre a la misma distancia.

Éste debió ser uno de los últimos éxitos de la administración Ibáñez. La buena estrella comenzó a cambiar cuando se inició la gran crisis, hecho que se fija el 29 de octubre de 1929, cuando se produjo el colapso de la Bolsa de Valores de Nueva York originando una reacción en cadena, que empezó dentro del mundo financiero europeo. La primera consecuencia fue una notoria escasez de capitales, lo que llevó a una caída de las exportaciones y del consumo interno en los países industrializados. Esta desaparición o disminución de los mercados significó el cierre de fábricas, crisis en los transportes, especialmente marítimos, derivando todo esto en un desempleo masivo calculado en trece millones setecientos mil trabajadores en Estados Unidos, cinco millones y medio en Alemania y casi tres millones en Gran Bretaña.

La depresión llegó también a América Latina y comenzó a notarse en Chile a fines de 1930. Las exportaciones nacionales que en 1929 sumaban 2.293 millones de pesos (seis peniques cada uno) cayeron en 1932 a sólo 290 millones de pesos, lo que aumentó la cesantía en cifras que son discordantes, pero todas muy altas, y que fluctuaban entre 150 mil y 300 mil trabajadores.

Según un informe muy citado de la Liga de las Naciones, Chile fue el país más afectado por la depresión mundial. Sus exportaciones cayeron a la mitad de su valor entre 1929 y 1932, mientras que las importaciones también lo hicieron en un 88 por ciento en el mismo periodo. Esto se debía, en gran parte, a la dependencia de Chile de uno o dos productos de exportación como eran el salitre y, en menor medida, el cobre.

Es cierto que la crisis del salitre había tenido dos precedentes muy serios con antelación a estos hechos. Ya en 1921 y en 1925 ésta golpeó con dureza las oficinas salitreras y su origen había sido, para la primera, el término de la Primera Guerra Mundial, y para ambas, la puesta en marcha de la producción del salitre sintético. Los empresarios despidieron a numerosos contingentes de trabajadores, y en estos hechos debe verse el origen de las huelgas y matanzas ocurridas en San Gregorio y La Coruña en esos años, según se ha dicho. Sin embargo, la implementación de nuevas tecnologías en los sistemas de explotación y una mejoría en la demanda de salitre permitieron que ésta subiera desde 203 mil toneladas a 508 mil entre 1927 y 1929.

Para enfrentar la nueva crisis, además de programar reducciones de gastos y otras medidas de emergencia, el gobierno creó en julio de 1930 la Compañía de Salitres de Chile (Cosach), cuyo patrimonio estuvo repartido por mitades entre el fisco y los intereses de la producción y que adquirió el 95 por ciento de la capacidad productiva del país. El fisco no cobraría en lo sucesivo derechos por exportación del salitre, pero la Compañía se obligaba a pagarle en cuatro años la suma de 666 millones de pesos, dinero con el cual el fisco esperaba solucionar algunos de sus problemas financieros. Sin embargo, la Cosach tampoco logró sus objetivos y fue disuelta en 1933.

Estas circunstancias causaron la caída del gobierno de Ibáñez. El presidente debió renunciar el 26 de julio de 1931 a causa de los graves sucesos que se fueron desencadenando en las semanas previas y que se iniciaron el 9 del mismo mes cuando el ministerio en funciones renunció para dejar en libertad al presidente. Este designó a Pedro Blanquier para que organizara el nuevo ministerio, tarea que fue cumplida incluyendo entre los nuevos ministros, en la cartera del Interior, al abogado radical Juan Esteban Montero. Éste, a su turno, sólo aceptó el cargo una vez que el presidente le dio garantías de que restablecería en su totalidad el régimen constitucional. Prestado el juramento de rigor y a la salida de La Moneda, el jefe del gabinete reiteró este espíritu a los periodistas que lo abordaron en esos instantes. Tan alentadoras declaraciones, más la libertad efectiva que se dio de inmediato a los medios de comunicación, dejaron muy en claro que la situación política había cambiado radicalmente para todos.

A nuestro juicio, fue en este momento cuando se reafirmó el propósito de que ya no era posible regresar a las situaciones que hasta entonces se habían vivido. Sin embargo, este "gabinete de la libertad", como era llamado, no duró más de ocho días ya que todas las medidas liberadoras que se proyectaban topaban con grandes dificultades y con la oposición del propio presidente. Por lo tanto, el 21 de julio renunciaron los ministros y ese mismo día se iniciaron en Santiago algunos disturbios que fueron tomando un carácter cada vez más grave, especialmente cuando se produjeron las huelgas de estudiantes, profesionales y otros gremios que pusieron al país al borde de la paralización total. El asesinato de Jaime Pinto Riesco y del profesor Alberto Zañartu Campino agravó aún más la delicada situación. Pero sin duda fue la visita de los gerentes de los bancos chilenos y su opinión adversa al mantenimiento del régimen lo que convenció a Ibáñez de que el único camino que le quedaba era la renuncia y el exilio voluntario. Ibáñez huyó el 26 de julio, el mismo día de su dimisión, mientras las ciudades se embanderaban y el pueblo celebraba en las calles el fin de la dictadura.

Sucedió al renunciado mandatario Juan Esteban Montero (1931-1932), elegido presidente de Chile en comicios celebrados a fines de 1931. No obstante, sólo duró en el poder escasos meses y después de él, durante el segundo semestre de 1932, se turnaron en el mando autoridades no legalizadas, como lo fueron la República Socialista con cuatro juntas de gobierno (4 de junio al 8 de julio de 1932) y tres presidentes provisionales de la república (del 8 de julio al 24 de diciembre de 1932). El 30 de octubre tuvieron lugar comicios presidenciales en los cuales fue elegido por mayoría absoluta el ex presidente Arturo Alessandri.

Toda esta etapa fue un auténtico período anárquico al cual no sólo le dieron este carácter la rotación de juntas de gobierno y presidentes provisionales sino también la emergencia de algunos graves acontecimientos como la Navidad Trágica de 1931 y la revolución de la escuadra en Coquimbo el mismo año.

La primera consistió en un golpe fracasado contra el Regimiento Esmeralda de Copiapó ocurrido en la noche de Navidad de 1931. Este golpe había sido preparado por miembros de la FOCH y del Partido Comunista, los cuales estaban infiltrados por la policía; por este motivo, al realizarse el ataque fueron rechazados y tuvieron seis bajas. El resto de los asaltantes fueron llevados a una zona aislada donde se los fusiló sin juicio alguno.

Más grave fue la sublevación de la escuadra en Coquimbo. En efecto, el 1 de septiembre del mismo 1932 fueron tomados por sus tripulaciones los barcos de guerra surtos en el puerto de Coquimbo: acorazado *Almirante Latorre* y destructores *Lynch, Serrano* y *Orella,* algunos pequeños submarinos, el buque jefe de la escuadra *O'Higgins* y los destructores *Riquelme, Hyatt, Videla* y *Aldea.* Al mejor estilo del acorazado *Potemkin* apresaron a sus oficiales y enviaron un mensaje por radio al gobierno exigiendo que no se hicieran efectivas las rebajas de sueldo a los suboficiales y la tropa, que se pidiera la extradición de los políticos ausentes y que se tomaran medidas para impedir la formación de un ambiente hostil a la Marina.

Las autoridades optaron en primer lugar por buscar una solución que, salvando la autoridad del gobierno y volviendo a la disciplina, permitiera un acuerdo con las tripulaciones de la escuadra. Para este efecto envió a Coquimbo al almirante Edgardo von Schroeders y al capitán Luis Muñoz Artigas con poderes para hablar con el Estado Mayor de las Tripulaciones de la Armada que se encontraba a bordo del acorazado *Almirante Latorre*. El 3 de septiembre llegó un radiomensaje donde se daba cuenta de que los obreros del apostadero naval de Talcahuano adherían al movimiento huelguístico y también lo hacían los navíos de guerra *Blanco Encalada* y *El araucano,* además de los submarinos que estaban en Talcahuano. Éstos formularon peticiones más radicales como la división de la tierra, el pago de la deuda nacional por los más ricos, el cierre por cinco años de las escuelas Naval y Militar, el derecho de asociación de las Fuerzas Armadas y otras similares. Mientras tanto, el almirante tenía entrevistas con los sublevados, pero éstas finalmente fracasaron al no aceptar el gobierno el acta que acordaron el mediador y las tripulaciones, obligando a éste a regresar a Santiago el 5 de septiembre.

Al día siguiente se produjo el bombardeo de la escuadra surta en Coquimbo, para lo cual se emplearon todos los aviones disponibles que la sobrevolaron lanzando bombas que no dieron en los blancos.

Los rebeldes, una vez fracasada la mediación, transmitieron alarmantes noticias por las radios que controlaban, anunciando que se daba inicio a la revolución social, para lo cual estaban apoyados por la Federación Obrera de Chile y por el Partido Comunista. El ministro de Guerra, por su parte, había dado órdenes para reprimir el movimiento señalando tres escenarios principales: los puertos de Talcahuano. Valparaíso y Coquimbo. Las hostilidades se iniciaron el 5 de septiembre contra Talcahuano y se logró rendir el apostadero naval en la tarde de aquel día y derrotar a los marinos y obreros que resguardaban los arsenales. Con esta base, al día siguiente se pudo conseguir la rendición de los fuertes del Morro, Punta de Parra y Borgoño. Lo mismo se hizo en Valparaíso con el regimiento Maipo y la Escuela de Comunicaciones que fueron rendidos sin resistencia, y con la base aérea de Quintero y los fuertes Vergara, Valdivia, Yerbas Buenas y Reñaca. En cuanto a los rebeldes de Coquimbo, desmoralizados después del bombardeo, dieron libertad a los oficiales apresados y se rindieron el 7 de septiembre entregándose el *Latorre* en la bahía de Tongoy.

Alessandri e Ibáñez fueron dos caudillos dotados de gran carisma y que tuvieron capacidad de arrastrar a muchos partidarios detrás de ellos. Siendo enemigos acérrimos, Alessandri lo combatió desde el exilio en 1927 y siguió atacándolo con vigor para impedir que en 1932 pudiera regresar al país y actuar en política. Siguió en este empeño después de su segunda presidencia y por ello se jugó en las elecciones presidenciales de 1942 cuando apoyó al candidato Juan Antonio Ríos. Este paso dividió al Partido Liberal permitiendo con ello la derrota de Ibáñez, quien era apoyado por el resto de la derecha. Desde su cargo de presidente del Senado, en el cual lo encontró la muerte en 1950, continuó influyendo activamente en la política, patrocinando la candidatura de Gabriel González Videla en 1946 y ejerciendo una especie de tutela sobre su obra política de 1925. Esto se comprueba si se toma en cuenta que sólo cuando hubo fallecido Alessandri, Ibáñez, su viejo rival, pudo emprender su regreso a la vida pública y logró ser reelegido presidente en 1952. Pero ya el viejo dictador había perdido sus arrestos de tal y se empeñó durante su segunda administración en hacer un gobierno democrático.

Quiero hacer aquí un paréntesis de historia comparada tomando la expresión de Joaquín Fermandois acerca del "síndrome argentino" que resulta de mucho interés.

Hasta 1930 la Argentina pareció tener instituciones firmes donde, pese a algunos tropiezos, imperaba la normalidad. Pero desde el golpe militar de ese año que destituyó al presidente radical Hipólito Yrigoyen, y luego desde un segundo golpe militar en 1943 que dio abrupto fin al del presidente conservador Ramón Castillo, la evolución institucional argentina se fue separando cada vez más del curso que había tomado, en esos mismos años, la historia chilena.

Una primera observación acerca de esto permite decir que, de haber terminado exitosamente en Chile la primera administración de Ibáñez, es muy posible que el país hubiera evolucionado en forma semejante a como lo hizo la vecina república, ya que probablemente se hubiera legitimado un estilo de gobierno autoritario, voluntarioso y maleable.

Sin embargo, se trataba de una hipótesis. Tal vez podría sugerirse, como lo hace Fermandois, que "en buena medida" la estabilización a largo plazo de las instituciones de 1925 se debió a la acción conjunta de dos hombres (Alessandri y Ross) y a su liderazgo sobre un equipo competente, permitiendo la marcha de las instituciones y conformando un Estado de derecho que se mantuvo sin accidentes serios durante cuatro décadas.

Esta afirmación parece aceptable. Pero deberá ser especificada un poco más en el contexto de lo que ocurrió en la región durante las décadas de 1930 y 1940. Hay un factor de suma importancia en el hecho de que la acción de las Fuerzas Armadas chilenas en la década de 1920 fue reformadora, tal como ocurrió en otras partes de América Latina en la misma época (Brasil, Ecuador, por ejemplo), impulsando cambios en las instituciones y en las estructuras sociales y económicas. En la República Argentina, en cambio, la intervención militar de 1930 fue claramente una acción de apoyo a la oligarquía, restaurando entre 1930 y 1943 el gobierno, las normas y los procedimientos de la antigua república oligárquica anterior a 1916.

Un segundo aspecto que ayuda a interpretar la diferencia que existe entre la evolución política argentina y la chilena entre 1930 y 1970 es el descrédito que cayó sobre las Fuerzas Armadas chilenas, su alejamiento de la política e incluso su hostigamiento a través de la creación de organismos paralelos como lo fueron las "milicias republicanas".

Esta institución, nacida en 1932, expresó la respuesta de un grupo de civiles a los golpes de Estado que se dieron en aquella época, en especial al que generó la República Socialista. En una de sus declaraciones públicas llamó a combatir la desmoralización del pueblo chileno asumiendo, según algunos autores, que su fin más importante era la recuperación de lo que fueron los ideales del antiguo Chile, en ese momento olvidados y perdidos. Esto se conseguiría defendiendo la Constitución y la ley y oponiéndose a las asonadas y golpes de Estado. Creían que el Ejército estaba politizado y que se había asociado a todas las facetas del socialismo y del marxismo, por lo que intentaban poner fin a su presencia en política.

No dudo al pensar que estas milicias preludiaban lo que serían algunos organismos que la derecha chilena crearía más tarde para combatir los gobiernos de izquierda. Entre 1932 y 1972 aparecieron muchos de estos organismos, todos de corta vida pero con la obsesión del anticomunismo, que plantearon incluso una labor de terrorismo para conseguir su fin. En todo caso, las milicias fueron una excepción y desplegaron una labor muy intensa llegando a contar con cincuenta mil miembros activos que se preparaban todas las semanas en maniobras militares. El resultado de estas actividades fue hecho público cuando se llevó a cabo por las calles de Santiago el 7 de mayo de 1933 un desfile muy impresionante. Amparados por el presidente Alessandri, que acababa de asumir el cargo, y que estimaba que esta organización era un freno muy eficaz a los intentos golpistas de algunos militares, siguieron funcionando pese a las presiones y el disgusto de las Fuerzas Armadas. Esta milicia sólo fue disuelta en

1936 a instancias del Ejército y cuando el gobierno ya estaba persuadido de que el peligro de golpe militar se había alejado.

Una tercera observación debe hacer referencia al distinto origen de los partidos políticos chilenos y argentinos. Mientras los primeros habrían nacido y pudieron desarrollarse en función de la actividad del Congreso Nacional, los partidos argentinos nacieron fuera de éste y algunos, como el Radical, vivieron unos veinte años sin participar en elecciones e incluso interviniendo en conspiraciones políticas. Lo mismo pasó con el Partido Socialista, nacido como el Radical a fines del siglo XIX y que sólo llegó a tener un diputado en la Cámara en 1904. Por su origen parlamentario, los partidos políticos chilenos nunca han podido concebir la vida política sin que se encuentren funcionando las cámaras del Congreso Nacional y de hecho sólo han desarrollado actividades cuando éstas se encuentran en sesiones.

Pienso que estas diferencias, que se dieron entre ambas naciones cuando promediaba el siglo XX, produjeron un alejamiento entre ambas pese a los notorios esfuerzos del presidente argentino Juan Domingo Perón durante su visita a Chile en 1953 por alcanzar un acercamiento. Mucho mayor similitud hubo entre los procesos políticos de ambos países desde fines del siglo XVIII y durante todo el siglo XIX y primeras décadas del XX, así como la hay en el tiempo presente desde la última década del mismo siglo. Aunque siempre ha existido una tendencia a la complementación de ambos países, este acercamiento nunca ha sido más fuerte que en nuestros días, como lo demuestra la integración económica. Los desafortunados sucesos provocados por la dictadura del general Augusto Pinochet durante la guerra de las Malvinas, si se cree en las denuncias de la ex primera ministra británica Margaret Thatcher, afortunadamente nada han perjudicado los esfuerzos de complementación que han podido desarrollarse en la década de 1990.

Volviendo al tiempo que estábamos recorriendo, quiero recordar que Chile había cambiado mucho en doce años desde 1920, lo que estimamos que se debía a dos factores: el primero, la intervención del capitalismo norteamericano y a su cada vez más pujante presencia en el país; el segundo, a la oligarquía chilena, que en la década de 1930 inició una rearticulación de sus instituciones y de su estilo de hacer política. Esto último se hizo patente a través de la creación de importantes instituciones privadas como la Confederación de la Producción y del Comercio nacida en 1934, o en la reorganización o reorientación de instituciones más antiguas como la Sociedad Nacional de Agricultura, la Sociedad Nacional de Minería y la Sociedad de Fomento Fabril.

No obstante estos importantes cambios, el presidente Arturo Alessandri insistía ante sus electores que era el mismo del "año 20". Con ello sin duda quería dar a entender que su programa de 1932 era el mismo que lo había hecho triunfar en 1920. Sin embargo, como exponíamos recién, las circunstancias habían cambiado de tal manera que era posible pensar en un cambio, también de mucha magnitud, en el estilo del nuevo gobierno.

Alessandri había ganado la elección apoyado en los partidos de izquierda y en el Partido Radical. Sin embargo, al iniciar su gobierno pidió la cooperación de todos los sectores políticos y recibió el apoyo de los partidos Radical, Liberal y Conservador, más el Partido Demócrata, todos los cuales le aseguraban una cómoda mayoría en el Congreso. De esta manera, el presidente pudo iniciar la reorganización del país con el apoyo de los sectores de derecha, apoyo que muchos estimaron era una alianza clara y neta con estos grupos. Lo último no parece una afirmación antojadiza si se observan las filiaciones políticas de los ministros que lo acompañaron desde los primeros días de este gobierno. En efecto, notaremos que las secretarías claves estuvieron siempre en manos de hombres de la derecha chilena. Relaciones Exteriores, por ejemplo, estuvo por largos años a cargo de Miguel Cruchaga Tocornal (1932-1937) y luego en manos de José Ramón Gutiérrez Alliende. Hacienda fue confiada a Gustavo Ross Santa María (1932-1937) y más tarde a Francisco Garcés Gana. Finalmente Defensa (ex Guerra) estuvo en manos de Emilio Bello Codesido durante todo el periodo (1932-1938).

Sin duda Alessandri pudo estabilizar las nuevas instituciones no sólo por su apoyo a las milicias republicanas o por dar un brusco giro al aliarse con la derecha política. Para algunos la clave de la estabilización lograda fue la solución de la crisis económica. Para lograr este fin se apoyó en su ministro de Hacienda, Gustavo Ross, al cual le dio carta blanca, manteniéndose siempre atento para impedir cualquier maniobra política que pudiera perjudicar el difícil trabajo de éste.

La obra reactivadora de la economía realizada por Gustavo Ross puede sintetizarse en tres grandes temas: en primer lugar, la desaparición de la Cosach, que fue sustituida por un nuevo organismo, la Corporación de Ventas del Salitre y del Yodo (Covensa); en segundo lugar, el convenio Ross-Calder relativo a la Compañía Chilena de Electricidad y, por último, la negociación de la deuda externa y la reanudación de sus pagos.

Respecto de la disolución de la Cosach y la creación de la Covensa, el gobierno disolvió la primera en enero de 1933 y aprovechó la mayoría que había obtenido en el Congreso para presentar ese mismo año el proyecto de ley que establecía la segunda, naciendo de aquí la Ley 5.350. La reforma consistía en que mientras la Cosach permitía al Estado intervenir en la producción haciéndolo responsable del pago de los bonos, la Covensa procuraría que los productores, chilenos y extranjeros, se organizaran para llevar a cabo la venta de los stocks acumulados. Esta modificación habría de permitir que las salitreras pudieran funcionar aprovechando las nuevas técnicas que hacían a esta industria más competitiva, funcionamiento que significaba dar otra vez trabajo a muchas personas y reactivar la vida económica del Norte Grande chileno.

Según Joaquín Fermandois, los intereses norteamericanos reaccionaron con desconfianza, pues creyeron que se trataba de un desconocimiento de los compromisos adquiridos por Chile con anterioridad. No obstante, se llevaron a cabo diversas negociaciones que lograron que cuando, finalmente, se despachó la ley citada, los norteamericanos ya la consideraban una base sobre la que se podía trabajar y opinaban que el Departamento de Estado no debía seguir interviniendo.

En cambio el convenio Ross-Calder tuvo otras aristas más complicadas, pues se trataba de la nacionalización de la Compañía Chilena de Electricidad, de la cual era dueña la South American Power Co. La negociación terminó en un acuerdo entre el gobierno y Curtis Calder, gerente de esa compañía, mediante el cual el fisco adquiría los dos tercios del activo una vez pagado el pasivo de la misma.

Finalmente, el hueso más difícil de roer no podía ser otro que el de la deuda externa, respecto de la cual el gobierno de Ibáñez había decretado la cesación de pagos en julio de 1931.

Tal como había hecho en los dos casos anteriores, el gobierno presentó su oferta de pago mediante un proyecto que, con el número 5.580, fue aprobado como ley por el Congreso en enero de 1935. En ella se estipulaba que el fisco se comprometía a pagar esta deuda, que ascendía a 450 millones de dólares, destinando para ello la totalidad de los ingresos derivados del salitre y del cobre, sus ingresos más importantes, pero obligando al tenedor de bonos que aceptaba este plan a renunciar a sus derechos originales. Aprovechando la depreciación que se había producido con los bonos chilenos, el ministro Ross los adquirió a muy bajo precio, medida que redujo la deuda externa en una tercera parte.

El gobierno envió a Estados Unidos y Europa una misión que presidía Ernesto Barros Jarpa y contrató en aquel país como abogado a Allen Dules, quien fuera más tarde director de la Central de Inteligencia Norteamericana. Esta misión no encontró buen ambiente en Washington, aunque en Londres obtuvo un resultado algo mejor. En 1938 se logró finalmente armonizar los puntos de vista y los tenedores de bonos fueron autorizados para negociarlos. Simultáneamente a estas medidas, y desde 1935, el fisco chileno había reanudado los pagos de la deuda externa.

Ésta es la cara positiva de la segunda administración de Alessandri. No puede decirse lo mismo respecto de las reivindicaciones populares, pues en este período ocurrieron graves sucesos como los de Ranquil o la tragedia del Seguro Obrero, que mancharon con su huella de sangre los últimos años del gobierno.

Ranquil constituye un hito en la lucha del campesinado chileno por su tierra. En 1934, los campesinos enfrentaron a algunos grandes propietarios que pretendieron desplazar a terrenos más pobres a los colonos que se habían asentado en Ranquil y Lonquimay, en lo que hoy es la Novena Región. Parecía todavía más injusta la acción porque los colonos habían valorizado estas tierras, lo que hizo despertar la codicia de sus vecinos más poderosos. Amparados en sus títulos de propiedad, éstos trataron de expulsar a los colonos, quienes se opusieron violentamente a esta acción. Esta resistencia terminó asumiendo la forma de rebelión de los campesinos, por lo cual el gobierno decidió reprimirlos enérgicamente convirtiendo este castigo, como ya parecía habitual, en una matanza cuyo número de víctimas superó el centenar de hombres.

Tan grave como esto, aunque de mayor notoriedad para la población por haber ocurrido en pleno centro de Santiago, fue la matanza de estudiantes nazis realizada el 5 de septiembre de 1938 en el edificio de la Caja de Seguro Obrero, frente al Palacio de La Moneda. Ese día, un grupo de militantes ocupó el edificio de la Caja, se parapetó en el séptimo piso y tomó como rehenes a los empleados que allí se encontraban. Simultáneamente otro grupo de los complotados tomó el edificio de la Casa Central de la Universidad de Chile, apenas a dos cuadras de distancia de la casa de gobierno. En los primeros momentos se trabaron en combate fuerzas de carabineros con los amotinados, lo cual sembró la alarma en toda la ciudad de Santiago. Por su parte, el presidente Alessandri dio órdenes de apoderarse de aquellos dos edificios en el menor plazo posible. Pronto fue rendido el grupo que se encontraba en la Universidad de Chile, que había sufrido la muerte de seis de sus miembros. Fueron apresados y llevados hasta el edificio de la Caja de Seguro donde fueron encerrados en una habitación. Poco más tarde, se rindieron también los amotinados que estaban en el séptimo piso, lo que permitió que se desatara un verdadero drama ya que todos fueron fusilados, apenas se salvaron algunos a quienes se dio por muertos bajo los cadáveres de sus compañeros.

El presidente Arturo Alessandri hizo frecuente uso de las facultades extraordinarias que lo autorizaban para someter a las personas a la vigilancia de la autoridad, trasladarlas de un departamento a otro, arrestarlas en sus casas, suspender o restringir el derecho de reunión y la libertad de prensa, imponer la censura previa y practicar allanamientos. Así, el estado de sitio fue una herramienta muy utilizada durante su gobierno y ello obligó a ciertos partidos a vivir en una especie de clandestinidad mientras duraban estos episodios.

Pero el mandatario estaba seguro de que lo que hacía era afirmar las instituciones que él mismo había creado y que se habían legitimado en la medida en que las aceptaban tanto los partidos de derecha como los de izquierda. Por eso, en su discurso de incorporación a la Academia Chilena de la Lengua el 6 de diciembre de 1935 se permitió citar al notable político y orador español Antonio Cánovas del Castillo expresando:

Frente al momento histórico que vivimos y como expresión del pensamiento del Gobierno que tengo la honra de presidir, puedo también decir lo mismo [que Cánovas]: estamos aquí por la voluntad del pueblo, hemos venido para restaurar la historia de Chile interrumpida.

El Frente Popular y los partidos políticos

Ciertos fenómenos poblacionales (como la explosión demográfica, las migraciones del campo a la ciudad y las migraciones a otros países) ayudan a explicar los profundos cambios sociopolíticos ocurridos en América Latina y en Chile. La derrota del patriciado chileno en 1920, las intervenciones de militares progresistas para acelerar la modificación de las instituciones que eran un obstáculo al cambio, las modificaciones en el estilo de hacer política y la inestabilidad de las instituciones que parecía haberse hecho crónica entre 1920 y 1938 encuentran parte de sus raíces en la migración masiva que explica, también, fenómenos políticos y sociales posteriores. Junto a estos motivos internos se encuentran los externos, como el cambio en las potencias imperiales, las guerras mundiales de la primera mitad del siglo XX, la guerra ideológica de la segunda mitad de ese mismo siglo, las crisis económicas mundiales y sectoriales y otros muchos.

En todo caso, una primera manifestación de estos hechos fue el resultado en las elecciones del 24 de octubre de 1938 en las que ganó por escaso margen la coalición de partidos llamada Frente Popular. Este triunfo fue gestado durante los años del gobierno anterior y, en parte, ayudado por la política represiva de Arturo Alessandri.

El historiador estadounidense Paul Drake ha compuesto un significativo cuadro con la votación de los partidos chilenos entre 1912 y 1932, donde se manifiesta la progresiva declinación de los partidos de derecha frente a los nuevos grupos políticos emergentes. Otros historiadores, como Timothy Scully, abundan en esta misma evolución que requiere, para su mejor comprensión, el esbozo de un detalle de los partidos chilenos alineados en la izquierda, el centro y la derecha desde la década de 1920.

En la derecha se ubicaba el Partido Conservador, que se consideraba heredero de viejas tradiciones del siglo XIX y se atribuía los logros que durante aquel siglo ostentaba el régimen portaliano. Aliado de la Iglesia Católica y su brazo político, había perdido mucha de su influencia luego de que fuera nombrado arzobispo de Santiago monseñor Crescente Errázuriz (1919-1931), quien colaboró con el proceso de separación entre la Iglesia y el Estado y bregó por instituir la prohibición al clero de toda actividad política contingente. Junto a este partido, componía la derecha el Partido Liberal, que en el siglo anterior había sido su contrincante, pero que ahora, y a partir de 1931 cuando se unieron las diversas corrientes en las que estaba dividido, tenían muy pocos temas que pudieran separarlos, precisamente por haber cesado las controversias religiosas. Ambos partidos, Conservador y Liberal, arrancaban sus orígenes desde los tiempos de la emancipación de España cuando habían surgido los llamados "pelucones" y los "pipiolos", lejano origen de los conservadores y liberales, respectivamente.

En el centro se situaban otros dos partidos: el Radical y el Democrático. El primero, fundado en 1857 como movimiento ideológico, era uno de los más antiguos de Chile y se constituyó en el paladín de las reformas anticlericales, lo que le atrajo muchos militantes de la naciente clase media. A principios del siglo XX, gracias a la prédica de Valentín Letelier, había incluido en su ideario varios principios del socialismo. En cuanto al Partido Democrático, fundado en 1887, aunque inició su vida política como abanderado de las redenciones populares, durante el período parlamentario su doctrina se desdibujó y sus alianzas lo alejaron de sus principios originales. Fueron muy criticados por los nuevos partidos de izquierda del siglo XX, que lo censuraban por su estrategia de alianzas que lo llevó a estar, durante toda su existencia, "unido a los partidos de la clase capitalista y enemigos del progreso de los trabajadores", sin preocuparse de organizarlos para la defensa de sus intereses económicos ni de la instrucción "del pueblo por medio de la conferencia o del periódico".

A diferencia de los partidos históricos,[1] los de izquierda, como vimos en el capítulo anterior y como era de esperar, nacieron al margen de la actividad política de las elites parlamentarias y de los clubes y círculos intelectuales también elitistas y del propio Congreso. Todos fueron creados durante el siglo XX y, por su ideología y actividad, desplazaron al Partido Democrático que decayó al dividirse en dos corrientes, una de las cuales se llamó Democrático y la otra Partido Demócrata. No obstante, una vez nacidos los partidos de izquierda, éstos no tuvieron problemas para adoptar muchos de los usos y estilos de los viejos partidos históricos chilenos, lo cual les permitió insertarse en el Congreso Nacional y convivir con todos los grupos políticos en un ambiente de tolerancia elemental que, por supuesto, no impedía el duro debate ni la cruda lucha por las respectivas ideas.

El partido de izquierda más antiguo fue el Partido Obrero Socialista. Creado en 1912, en el congreso celebrado en Valparaíso en 1920, adoptó la decisión de transformarse en Partido Comunista, cosa que formalizó

---

1. Llámase así a los partidos políticos formados durante el siglo XIX. Al finalizar el siglo XX sólo quedaba en esta categoría el Partido Radical, pues los conservadores y liberales, luego de la derrota electoral de 1965, se fusionaron y formaron el Partido Nacional.

en el congreso de Rancagua del 1 de enero de 1922, cuando adhirió a la Internacional Comunista con sede en Moscú. El nuevo partido, como lo había hecho su antecesor, continuó muy estrechamente ligado con la antigua FOCH, unión que se hizo cada vez más fuerte y duró hasta que la dictadura de Ibáñez disolvió aquella federación obrera en 1931.

Lo mismo sucedió con el Partido Socialista, fundado el 19 de abril de 1933, que absorbió a antiguos grupos de la misma tendencia, tales como la Nueva Acción Pública de Eugenio Matte Hurtado, la Acción Revolucionaria Socialista y otros colectivos menores. Entre sus principios, este partido sostenía el socialismo de Estado y planteaba la necesidad de establecer evolutivamente un nuevo sistema social y económico en Chile a través de la socialización de la tierra y de los medios de producción. Con todo, no era partidario de la revolución "sino del progreso social evolutivo para alcanzar la liberación integral del ser humano".

El nacimiento de estos dos partidos, Comunista y Socialista, significó un completo reajuste del sistema partidario chileno y su presencia fue tan intensa que los resultados estadísticos trastornaron completamente el mapa de los partidos de Chile.

La conclusión que obtiene otro autor norteamericano, Timothy R. Scully, es que la derecha chilena cayó desde el 66 por ciento de los votantes en 1912 hasta llegar a constituir, en 1932, sólo un tercio de los mismos (35 por ciento), en beneficio de otro tercio para los radicales y demócratas (32,1 por ciento), considerados partidos de centro, y otro tercio (32,4 por ciento) para la izquierda, dentro de la cual engloba a los socialistas, independientes y otros. Esta circunstancia, según el mismo autor, significaba que se había inaugurado una nueva era política y electoral, lo cual quedó ratificado, según Arturo Valenzuela, en las elecciones generales para renovar el Congreso en 1937, donde la derecha (conservadores y liberales) alcanzó un 42 por ciento, el centro (radicales y otros) un 28,1 por ciento y la izquierda (socialistas y otros) un 15,4 por ciento. Es decir, que una alianza entre los radicales y la izquierda tenía muchas probabilidades de éxito y sin duda dentro de este contexto se movieron las acciones políticas de estos partidos.

Aunque pueda parecer una simplificación de la evolución histórica, queda en evidencia que desde la década de 1930 existió una fuerte ligazón entre los partidos de derecha y las organizaciones patronales, así como también la hubo entre los partidos de izquierda y las organizaciones obreras y, en menor medida, con las organizaciones de empleados. De acuerdo con esto, la política obrera y la política social de la segunda administración de Alessandri sería un elemento clave en la rearticulación de las fuerzas de esa época.

Como se recordará, la política laboral de ese gobierno funcionó basada en las represiones que, a su vez, se apoyaban en facultades extraordinarias, estados de sitio y una creciente hostilidad hacia las organizaciones de trabajadores. Esto era consecuencia del giro del presidente hacia la derecha y de la participación en sus gabinetes de hombres destacados de los partidos tradicionales, Conservador y Liberal. Quizá el más antiizquierdista era el ministro de Hacienda, Gustavo Ross Santa María, quien no ocultaba su desdén hacia los sectores populares, permitiéndose decir en una entrevista que era necesaria "una tupida inmigración blanca" con "trabajadores de costumbres recias y eficaces" para que se mezclaran "con este pueblo [chileno] que tan excelentes cualidades tiene por otra parte". El mismo Ross pensaba que "la democracia es el gobierno de la selección y no de la masa inculta", expresando en voz alta y con toda franqueza lo que el resto de los políticos jamás se atrevería a pronunciar aunque muchos, hay constancia, pensaban igual.

Por eso no es de extrañar que las relaciones de este gobierno con las organizaciones populares no fueran buenas. Especialmente si consideramos que una de las tareas primordiales de la dirigencia sindical de entonces era la restauración de las organizaciones y la puesta en marcha de la actividad sindical tan destruida durante la dictadura de Ibáñez.

En la medida en que estas organizaciones estaban en estrecha relación con la política contingente, debe considerarse 1935 como el año de la coyuntura de la reorganización sindical. La adopción por parte del comunismo internacional de la estrategia de los frentes populares en ese año encontró al Partido Comunista chileno muy bien dispuesto para hacerlo y fomentó, también, la posibilidad de una organización única de los trabajadores chilenos. Todo esto comenzó a ser realizado en 1936, año en que la represión política era muy fuerte debido a la implantación del estado de sitio, y arreciaba el control de la prensa y el encarcelamiento de los líderes sindicales a todo lo largo del país.

De esta manera, a mediados de 1936 quedó constituido el Frente Popular chileno, muy cercano a sus modelos europeos y conformado por los partidos de izquierda (socialistas y comunistas) y de centro (radicales). Simultáneamente se formó la Confederación de Trabajadores de Chile (CTCH), organización laboral de nivel nacional, sin rivales y capacitada para movilizar a las clases trabajadoras urbanas. En esta última se incorporaron los antiguos miembros de la FOCH ligados al Partido Comunista, la Confederación General de Trabajadores de tendencia anarquista, la Confederación Nacional Sindical de Chile, socialista, y la Asociación de Empleados de Chile, radical.

El Partido Radical era claramente representativo de la clase media chilena y en 1932, ante el llamado del presidente Alessandri a unir fuerzas para restaurar la democracia y la economía del país, integró el primer gabinete de este mandatario. Es sabido que muchos líderes importantes de este partido, por sus intereses económicos, se encontraban cercanos o pertenecían a la oligarquía y preferían un acercamiento político con la derecha. Algunos de sus líderes, entre los cuales estaba Pedro

Aguirre Cerda, futuro candidato, llegaron a oponerse a incorporar al partido en el Frente Popular. Pero otros, ligados al movimiento laico y masón, consideraban la oportunidad del avance constante de la izquierda como un elemento importante para consagrar esta alianza. Como en el caso de los comunistas y socialistas, el elemento fundamental para impulsarlos a ella fue, sin duda, la política represiva del gobierno de Alessandri contra los empleados y trabajadores, muchos de los cuales eran miembros del Partido Radical.

Algunos autores, con mucha razón a mi juicio, atribuyen a la presencia del Partido Radical en estas combinaciones políticas la causa de la gran moderación adoptada por el Frente Popular chileno, haciendo el rol de mediador y "amortiguando el impacto de las demandas de los partidos de clase obrera". Se piensa que una de las causas para que se diera en Chile un período de estabilidad política y social tan prolongado como el que se inauguró en 1938 fue la presencia y la actuación moderadora del Partido Radical. Se cree, asimismo, que la transacción que permitió y aseguró a la oligarquía el control de la votación campesina sirvió para hacer más fácil la transición que inauguraba el Frente Popular en el país. La votación de la izquierda estuvo en estrecha relación con la participación de la masa sindicalizada urbana, con lo cual la política centrada en las clases sociales no fue planteada en las áreas rurales, como dice Scully, y permitió a la derecha mantener un rol de importancia dentro del Congreso Nacional.

La convención del Frente Popular para elegir a su candidato presidencial se celebró en el salón de honor del Congreso Nacional el 17 de abril de 1938 y resultó elegido Pedro Aguirre Cerda. Seis días más tarde, el 23 de abril, la convención de derechas eligió como su abanderado al ex ministro de Hacienda de Alessandri, Gustavo Ross Santa María, el cual aceptó su nombramiento desde Francia. Quedaban así fijadas claramente las dos opciones presidenciales que deberían medirse en Chile el 25 de octubre del mismo año.

La derecha y su renovación

La derecha chilena, como el Ave Fénix, estaba realizando el proceso de su resurrección una vez ocurrido lo que Alberto Edwards llamara la "derrota del patriciado" a causa de los grandes cambios sucedidos a partir de 1920. Para ello, comenzó por reajustar sus posiciones.

Este reajuste tuvo mucho más que ver con la estructura de las organizaciones patronales, por lo que no tocó el fondo de sus valores y actitudes. No se trató de un cambio de viejos hábitos dado que los partidos tradicionales –Conservador y Liberal– mantuvieron su estilo y sus

El proyecto de las clases medias: democratización y modernización de Chile   145

viejos vínculos clientelísticos gracias a que pudieron conservar su votación en los sectores rurales, como ya se dijo. Esto podría ser otro de los elementos que nos ayudarían a entender la relativamente lenta manera de imponer en Chile los valores del sistema democrático, ya que ellos se afincaron en la población de las áreas urbanas, mientras que se mantuvo vigente durante el resto de la primera mitad del siglo XX el Chile viejo en los campos de la zona central. Ello sin duda proporcionó a la derecha terrateniente una tranquilidad política y económica que le permitió, sin demasiados renunciamientos, acomodarse e influir en el Chile nuevo que estaban fundando los elementos mesocráticos.

Parece que la clave para conocer los caminos adoptados por los grupos elitistas del país en pos de la recuperación de sus fuerzas y de su importancia política fue la manera de operar de las corporaciones y gremios representativos del poder económico privado, donde, precisamente, era posible efectuar tales cambios y modernizaciones. Entre ellas, la Sociedad Nacional de Agricultura y la Sociedad de Fomento Fabril (Sofofa), que eran las más antiguas del país (1839 y 1883 respectivamente). En, menor medida, pero también muy importantes, la Sociedad Nacional de Minería, la Cámara de Comercio y otras que representaban a diversas actividades, todas las cuales se unieron en 1934 en la Confederación de la Producción y del Comercio.

La Sociedad Nacional de Agricultura, hasta 1922, era una agrupación de sólo 716 socios. En ese año inició una política de expansión del número de miembros tratando de abarcar a los medianos y pequeños agricultores. Cuatro años más tarde, en 1926, esta política había permitido aumentar el número de sus asociados a 2.076. Al mismo tiempo, esta organización estableció contactos con las sociedades agrícolas de provincia, formalizando su alianza en 1929 al dar cabida en su consejo a los presidentes o los delegados de las sociedades regionales. Era una inteligente campaña que tenía por objeto vincular a esta institución con los miembros de la pequeña pero importante clase media rural, comprometiéndolos e influyendo en esos sectores sociales bajo el patrocinio y la guía de los directivos santiaguinos, en su mayoría miembros de la antigua oligarquía ahora "reformada". Una estación de radio en Santiago completó esta política, difundiendo hacia el gran público la visión que la Sociedad tenía de los problemas nacionales.

Se trataba, pues, de un grupo de interés o poder informal o poder fáctico, como ahora se lo conoce, que a veces debía ser equiparado con otros, como el de los empresarios industriales aglutinados en la Sofofa cuyos principales dirigentes propiciaban en 1938, en vísperas del inicio del gobierno del Frente Popular, una efectiva protección de la industria y la urgencia de una política donde el Estado tuviese directa intervención. Por esto, no es difícil relacionar la creación de un organismo público, la Corporación de Fomento de la Producción (Corfo), de la cual hablaremos más adelante, con la creciente influencia ejercida por los dirigentes de la Sofofa entre los productores industriales medianos y pequeños, que también formaban parte de la clase media. Estas agrupaciones de empresarios propiciaban una especie de corporativismo que sería un medio de presión y, al mismo tiempo, una instancia para acomodar los actos de gobierno a la defensa de sus intereses. Insistiendo en esta interpretación, podría decirse que la inserción de esta oligarquía "reformada" en las numerosas agencias que las leyes iban estableciendo para la dirección de la vida económica y social del país, le iba a devolver la cuota de poder de la que había disfrutado a través del control que ejerciera sobre el Congreso de Chile hasta 1924. Hay quien ha considerado que la participación de los grupos económicos en las diversas agencias del Estado terminó debilitando la influencia directa no sólo del Poder Legislativo sino también del Ejecutivo en aquellas áreas que interesaban a los dirigentes empresariales y traspasó este poder de decisión y manipulación a las distintas corporaciones que los grupos económicos se habían dado. Esta tesis se refuerza si se considera que la Constitución de 1925, al quitar atribuciones al Poder Legislativo y devolverlas al Ejecutivo, estaba dando a éste las herramientas de poder que iban a decidir la orientación de la economía nacional. Dicho en otras palabras, a través de esta intervención podía influirse en el futuro de las clases sociales chilenas y decidir el monto de las cuotas de poder que correspondían a los diversos grupos en operación, facilitando así la instauración de lo que se llamó el "Estado de compromiso".

Así, para la Sociedad Nacional de Agricultura será clave el control de organismos como la Junta de Exportación Agrícola y la Caja de Crédito Agrario; para la Sociedad Nacional de Minería lo será su influencia en la Caja de Crédito Minero, o para la Sofofa su relación con la Corporación de Fomento de la Producción y sus filiales.

Una historiadora italiana, María Rosaria Stabili, añade que, por lo menos hasta 1930, esta clase dominante estuvo "constituida por un núcleo central compuesto por la vieja oligarquía de la segunda mitad del siglo XIX, diversificada económicamente y adicionada por cooptación con los elementos más dinámicos de la sociedad, pero conservando inalterables las formas sociales exteriores. El estilo de vida, los comportamientos, las normas a que el grupo se refiere eran sustancialmente las mismas, heredadas de generación en generación con el objeto de garantizar la continuidad de la oligarquía sobre la base de la adhesión a un modelo cultural determinado por la tradición".

Sin duda que, después de 1930, este núcleo central como lo llama Stabili, instalado ahora en Santiago, fue compartiendo cada vez más su papel con nuevas familias, más o menos en la misma forma en la que los viejos grupos aristocráticos coloniales pasaron a compartir su hegemonía con los inmigrantes británicos o europeos a principios del siglo XIX.

Este método logró, en aquella época y también en el siglo XX, una síntesis que dio gran flexibilidad a esta oligarquía y le permitió mantenerse y prosperar hasta 1973, cuando llegó el momento de recuperar el poder total. En este sentido, según la autora citada, durante estos años el grupo oligárquico fue el portavoz de la modernización de la sociedad y del Estado, y su relación con la clase media estaría teñida de fuerte paternalismo, ya que entre ambos grupos no había paridad.

Esta situación es la que, a la postre, habría desembocado en el "Estado de compromiso" ya mencionado y que se ha definido como el resultado de un acuerdo entre la oligarquía, los grupos medios ya introducidos en el aparato estatal y los sectores populares urbanos agrupados en las organizaciones sindicales. Este acuerdo estaría referido, en lo fundamental, a la firme creencia de todos sus participantes de ejercer en común el poder político y a la afirmación de un modelo de desarrollo económico que privilegiaba el consumo interno a través de la industrialización sustitutiva de importaciones. Por lo tanto este elemento, junto con el mantenimiento del estatus rural y sumado a la actividad moderadora de algunos partidos políticos como el Radical, sería también muy importante en el mantenimiento y el desarrollo del proceso de democratización urbana y del paulatino crecimiento de la participación de todos los sectores involucrados.

Según Paul Drake, un elemento de gran importancia para el sostenimiento y la ampliación de la democracia fue la participación activa de la clase media en la política de aquellos años. Solicitada por la derecha y por la izquierda, esta oscilación templó el conflicto político y social. Expresa que el movimiento civilista que derrocó a Ibáñez en 1931, la campaña presidencial de Juan Esteban Montero ese mismo año, el brote de nuevos partidos y el mismo activismo militar de 1924 y 1925 fueron representaciones del ingreso de la clase media en el liderazgo político. Sin duda el Partido Radical era el más representativo de la clase media, pero también lo eran el partido Demócrata y el Socialista. En otros países de América Latina como Argentina y Brasil, la clase media fue el motor del populismo de 1940 y 1950, pero en el caso de Chile, la importancia de varios partidos políticos de diverso origen y estilos donde los grupos medios podían desarrollarse le dio unas características que lo alejaron del populismo.

Sin embargo, el mismo autor sostiene que los grupos medios no tenían conciencia de clase ni unidad programática y que dependían de sus redes de relaciones personales y clientelísticas. Por lo tanto, funcionaban no sólo en la actividad en los partidos sino a través de organizaciones religiosas como la Acción Católica, o filosóficas como la masonería u organizaciones estudiantiles e, incluso, a través de las Fuerzas Armadas. Mediante ellas se desarrollaba una red de relaciones sociales y gremiales muy compleja dentro de las cuales la clase media operaba a su gusto.

Política internacional, imperialismo y guerra fría

A los gobiernos de los presidentes radicales les correspondió enfrentar los problemas y las consecuencias de la Segunda Guerra Mundial en la cual participaba también Estados Unidos desde 1941 luego del ataque a Pearl Harbor.

A la administración del presidente Juan Antonio Ríos (1942-1946) le correspondió la etapa más dura y tuvo que soportar mayores presiones. Afortunadamente contó con la asesoría en la cancillería chilena de dos hombres de gran preparación: Ernesto Barros Jarpa y Joaquín Fernández y Fernández, ambos con amplia experiencia en relaciones internacionales. Durante aquel período, Chile debió asistir, entre conferencias y convenios internacionales, a quince reuniones y también afrontar y sortear las presiones que se le hacían desde Estados Unidos a fin de que se alineara con sus directivas.

Tanto la cancillería de Chile como la de la República Argentina actuaron en un principio en un mismo sentido. Ni una ni otra deseaban abandonar su neutralidad y así lo expresaron en la tercera Reunión de Consulta de Ministros de Relaciones Exteriores de América, que había sido convocada para los días 15 y 18 de enero de 1942 luego del devastador ataque que Japón hiciera a Pearl Harbor a fines del año anterior.

Durante el curso de esta reunión todos los países de América aceptaron ponerse de acuerdo sobre una acción común que concordara con los principios de asistencia recíproca: Estados Unidos opinaba que a causa de aquella agresión lo menos de podían hacer todos los países americanos era la ruptura solidaria de relaciones diplomáticas con las naciones del Eje. Ello ayudaría a evitar, entre otras cosas, que las embajadas y consulados de aquellos países se convirtieran en centros de propaganda, subversión, sabotaje y espionaje.

Sin embargo, tanto Chile como la Argentina se opusieron a cualquier procedimiento que violara su neutralidad. Las razones de Chile estaban influidas por la presencia de una numerosa población de ascendencia alemana, aunque también por la existencia en el país de intereses de todos los países beligerantes y por el temor de que Estados Unidos no fuera capaz de defender su extenso litoral en el caso de que esta ruptura acarreara una guerra u otras represalias. Argentina alegó las mismas causas, aunque su actitud estaba, además, influida por Gran Bretaña para quien lo fundamental era evitar que la ruptura fuese un pretexto para que los submarinos alemanes torpedearan los barcos argentinos que proveían de carne al Reino Unido. La Argentina, sintiéndose apoyada por el gobierno británico, planteó en esa reunión de consulta que se hiciera una declaración que dejara a las partes la decisión de romper o no sus relaciones diplomáticas con Alemania, Italia y Japón. Esta posición tuvo éxito y ello permitió la neutralidad de ambos países.

Un problema similar se había presentado durante el transcurso de la Primera Guerra Mundial cuando Chile y Argentina adoptaron también una política de neutralidad frente a los acontecimientos. Pero en aquella ocasión era más fácil para estos dos países mantener incólume su posición debido a que Estados Unidos ingresó al conflicto durante el último año de su transcurso y a que Gran Bretaña, al igual que en 1942, privilegiaba sus contactos comerciales con la Argentina y una modificación de su actitud podía acarrear funestas consecuencias para aquel comercio. En cambio, la Segunda Guerra Mundial sorprendió a Estados Unidos en pleno proceso de estructurar una relación de dependencia de las naciones de América Latina con respecto a su propia política internacional, por lo que una oposición de éstas contravenía sus planes e intereses.

La única que estaba decididamente en contra del rompimiento era la Argentina y también era contraria a una declaración de guerra contra las potencias del Eje. Esta oposición de la Argentina a las políticas norteamericanas no era de ninguna manera una actitud de último momento. No hay que olvidar la decidida oposición que esta nación sudamericana tuvo durante la primera Conferencia Interamericana celebrada en Washington en 1889 donde estuvo representada por Roque Sáenz Peña, futuro presidente de aquel país (1910-1914). Esta oposición se concretó en el rechazo a la unión aduanera patrocinada por Estados Unidos y en la proposición argentina de reemplazar el lema "América para los americanos" por "América para la humanidad". El gobierno argentino aprovechó otras oportunidades para manifestar públicamente su rechazo a las intervenciones norteamericanas en Latinoamérica, como fue el caso de la doctrina Drago, enunciada a causa de las intervenciones norteamericanas en los países del Caribe a principios del siglo XX. Esta doctrina establecía precisamente lo contrario y expresaba que la deuda pública de un Estado no justificaba la intervención armada ni la ocupación del territorio por parte de la nación acreedora, tesis que fue aceptada en 1907 por la Conferencia de Derecho Internacional de La Haya. Poco más tarde, en 1919, en ocasión del fallecimiento del gran poeta mexicano Amado Nervo, quien se desempeñaba como embajador en la Argentina, el barco de guerra de esta nación que conducía sus restos a México, al entrar en la bahía de Santo Domingo, se negó a saludar el emblema norteamericano que flameaba en el puerto de esa ciudad aduciendo que aquella potencia, contra todo derecho, había ocupado militarmente ese país.

No era, por tanto, una sorpresa que la Argentina en 1942 se negara a romper relaciones con Alemania, Japón e Italia. En cambio, las demás naciones iberoamericanas, en su mayoría, tomaron una actitud francamente de apoyo a Estados Unidos. Habían declarado la guerra al Eje en diciembre de 1941, aun antes de la Tercera Reunión de Río, Costa Rica, El Salvador, Guatemala, Haití, Honduras, Nicaragua, Cuba, Panamá y la República Dominicana, todos ellos situados en la inmediata zona estratégica de hegemonía norteamericana. Después de la reunión y durante 1942 rompieron relaciones con los países del Eje todos los de América del Sur menos Chile y la Argentina, mientras que ese mismo año les declararon la guerra México y Brasil, tomando este último una importante participación en la lucha en Europa.

Como puede observarse, la situación de Chile y la Argentina era sumamente delicada y se prestó a muchos ataques emanados de algunas autoridades norteamericanas. Por ejemplo Summer Welles, secretario de Estado interino, se permitió decir, no sin cierto cinismo, que no podía entender la posición de Chile y la Argentina que, con su actitud neutralista, seguían permitiendo "que sus hermanos y vecinos de las Américas, que se debaten ahora en una lucha de vida o muerte por mantener las libertades y la integridad del Nuevo Mundo, sean apuñalados por la espalda por los emisarios del Eje". Otras opiniones acusaban, sobre todo a la Argentina, de que sus cúpulas dirigentes eran amigas de las naciones del Eje y partidarias de su triunfo, y que el Ejército de ese país estaba infiltrado por las doctrinas fascistas.

El presidente de Chile había tratado de paliar estos efectos otorgando una nueva calidad jurídica a sus relaciones con los países de América. Así, en el mensaje del 21 de mayo de 1942 dirigido al Congreso Nacional, anunció que había otorgado el estatuto de no beligerante a los Estados americanos que se habían visto arrastrados al conflicto bélico, agregando que ni el territorio ni las aguas jurisdiccionales de la república podrían ser utilizados directa o indirectamente para acciones que perjudicaran el patrimonio moral o material de cualquier país americano. En otra declaración, del 24 de julio del mismo año, el presidente Ríos expresó que Chile, unido con el conglomerado americano, "no puede sentirse extraño al destino continental" y por lo mismo "no escatima sus simpatías a las naciones que, perteneciendo al continente, juegan su suerte en la contienda dolorosa que venimos presenciando". Finalmente, el 20 de enero de 1943, un año después de la reunión de Río, Chile notificó oficialmente a los representantes de Alemania, Japón e Italia el cese de las relaciones diplomáticas y consulares.

Desde ese momento, las políticas internacionales de la Argentina y Chile se diferenciaron durante todo el resto del período de guerra. Las conmociones internas de Argentina en 1943 y el inicio del período peronista dieron a su política un giro de mucha agresividad con Estados Unidos, que a su vez no dejó de lado ninguna medida que pudiera perjudicar al gobierno militar que la regía desde 1943.

Mientras tanto, en Chile el presidente Ríos continuaba su labor diplomática interamericana. En febrero de 1945, Chile concurrió a la Conferencia

Interamericana Extraordinaria sobre los problemas de la Guerra y la Paz, celebrada en la Ciudad de México, a la cual no concurrió la Argentina. Allí se aprobó la llamada Acta de Chapultepec, cuya resolución octava trató sobre los principios de seguridad continental, disponiendo que todo ataque extra o intracontinental contra un Estado americano debía considerarse como un ataque contra los demás Estados que suscribieran esta resolución, lo cual significaba una multilateralización de la antigua doctrina Monroe.

A principios de 1945, los países americanos aún no beligerantes decidieron declarar la guerra a uno o más países del Eje con el fin de poder formar parte de las Naciones Unidas, ya proyectadas entonces. El gobierno de Chile formalizó el estado de guerra con Japón el 13 de abril de 1945, fundado en que el embajador chileno en Tokio, Armando Labra Carvajal, había sido apresado en aquella ciudad.

En junio del mismo año, Chile concurrió a la Conferencia de San Francisco donde se redactó el Acta de las Naciones Unidas. Finalmente, en septiembre de 1945, el presidente Ríos inició una gira continental que lo llevó a quince países americanos, entre ellos Perú y Estados Unidos, constituyéndose en el primer presidente chileno en visitar la primera de esas naciones.

En 1946, ante el fallecimiento del presidente Ríos, fue sucedido por Gabriel González Videla (1946-1952), quien es uno de los personajes históricos del siglo XX que ha recibido mayor número de ataques por algunas iniciativas de su administración. Este gobierno se caracterizó por dos hechos políticos de importancia. El primero, referido a la política internacional, fue la articulación de estrechas relaciones o, si se prefiere, de fuerte dependencia con Estados Unidos, las que se concretaron en las diversas convenciones interamericanas que se realizaron en su época. El segundo, referido a la política interna pero directa consecuencia del anterior, fue la lucha que este presidente inició en 1947 contra el Partido Comunista, su aliado un año antes, viraje que le valió ser tachado de "traidor" por sus nuevos enemigos. Esto indudablemente constituía uno de los ecos de la llamada Guerra Fría y derivó en el acoso y la supresión del Partido Comunista chileno, quizá el mejor organizado y el más poderoso de América Latina, hacia 1947.

Como se recordará, la candidatura de Gabriel González Videla triunfó gracias al apoyo del Partido Comunista. El propio presidente declaró frente al éxito de su campaña las siguientes palabras: "Quiero hacer hoy una declaración clara, terminante, definitiva. No habrá fuerza humana ni divina que me aparte del pueblo. Sin el concurso del Partido Comunista, yo no sería presidente de la república".

Debido a esto, su primer gabinete a muchos les pareció un engendro pues, junto a ministros de derecha como eran los liberales, había otros tantos comunistas, amén de los radicales. Este "posicionamiento" le valió al Partido Comunista un aumento de su influencia tanto en el movimiento sindical como en las votaciones de los actos electorales. Por ejemplo, en las elecciones municipales de 1947, primeras después de la presidencial, sus votos aumentaron a un 16,5 por ciento del total de los que fueron emitidos, creciendo mucho más que los socialistas y que los liberales y constituyéndose en el tercer partido más votado después de los conservadores y los radicales.

Este triunfo alarmó tanto a la derecha como a algunos sectores de la izquierda, pues los primeros creyeron que la economía del país se encontraba en serio riesgo debido a que podía estar en proceso una alianza obrero-campesina patrocinada por un partido marxista.

En ese momento se produjo la "traición" de González Videla respecto de los comunistas. El presidente comenzó a ser presionado por la derecha y, sobre todo, por Estados Unidos para que se deshiciera de sus aliados. Los radicales se unieron a la derecha, pues participaban de sus temores, y dejaron de manifiesto que las relaciones que se habían producido entre estos grupos políticos habían creado, también, lazos de toda índole que facilitaban una convergencia.

Los comunistas fueron expulsados del gabinete el 16 de abril de 1947. Por supuesto que esto, en sí, no era una desgracia para este partido ya que tenía larga experiencia en el trabajo en la oposición e incluso en la clandestinidad. Pero a esta exclusión se unieron otras medidas y, en 1948, una nueva ley, llamada de Defensa Permanente de la Democracia, proscribió al Partido Comunista, hizo relegar y deportar a campos de concentración a muchos de sus miembros y obligó a borrar a sus militantes de los registros electorales, hecho que significó la anulación de las inscripciones de 26.000 personas. El partido permaneció en la ilegalidad por diez años y sus miembros y la directiva debieron pasar a la clandestinidad. El senador Pablo Neruda, más tarde Premio Nobel de Literatura, fue desaforado y expulsado de su cargo el 27 de abril; debió esconderse para luego huir secretamente a la Argentina por un paso cordillerano.

El Partido Comunista no quiso encerrarse en un aislamiento revolucionario. Iniciaron primero un proceso de huelgas que, pese a su fuerza, fueron aplastadas por tropas del ejército. En los años siguientes continuó ejerciendo su influencia en las elecciones tanto del Congreso como presidenciales y por su apoyo al ex presidente Ibáñez logró que éste, al término de su mandato en 1958, anulara la ley de Defensa Permanente de la Democracia y los restableciera en la plenitud de sus derechos políticos.

Chile firmó una serie de tratados. El primero de ellos fue el Tratado Interamericano de Asistencia Recíproca (TIAR) de Río de Janeiro, suscripto el 2 de septiembre de 1947, el cual dispuso que un órgano de consulta fuera la institución que tomara medidas colectivas a favor de cualquiera de los países firmantes que resultare agredido por ataque exterior. El tratado también se refería a que, en caso de conflicto interno del continente, este mismo órgano de consulta debía buscar la manera de conciliar los intereses de las partes en disputa.

Muy relacionada con lo anterior estuvo la creación de la Organización de Estados Americanos (OEA), producto de la Novena Conferencia Panamericana celebrada en Bogotá entre abril y mayo de 1948. De esta misma Conferencia emanó la carta de esa organización, que reemplazaba a la antigua Unión Panamericana. Esta carta encargó dos objetivos precisos a la organización: otorgar solución pacífica a los diferendos regionales, por una parte, y garantizar la seguridad colectiva, por otra. El organismo adquirió validez cuando la carta fue ratificada por las dos terceras partes de los Estados miembros, hecho que ocurrió en el momento en que Colombia entregó su conformidad en diciembre de 1951. Bajo sus normas tuvo lugar la Décima Conferencia que se celebró en Caracas en 1954. Dos años más tarde y habiendo sido presentada la última ratificación, esta carta entró en vigor para todos los países del continente, salvo Canadá.

Estos pactos fueron complementados por el Tratado Interamericano de Soluciones Pacíficas o Pacto de Bogotá, también aprobado en la referida conferencia de 1948, con el cual el sistema jurídico internacional que rige a América entró en funcionamiento y se ha mantenido, con pocas variantes, hasta fines del siglo XX. Tal es, pues, la estructura constitucional de la OEA, institución que, conforme al Pacto de Bogotá, se ha convertido en organismo regional de las Naciones Unidas.

Como se ha dicho, este sistema consagró una dependencia jurídica entre los países miembros, de los cuales Estados Unidos, como parece obvio, ejerce sobre el funcionamiento de las partes constituyentes una suerte de patronato o supervigilancia o policía internacional en su propio beneficio. No es necesario poner muchos ejemplos, pero bastará citar la invasión de Guatemala en 1954, la crisis de los misiles en 1962 con Cuba, las acciones contra el gobierno de Salvador Allende en Chile desde su elección en 1970, los ataques al sandinismo triunfante en Nicaragua y la más reciente invasión de Granada en 1981. En todas estas oportunidades y en otras muchas, Estados Unidos operó con el consentimiento de este organismo panamericano o sin él, aplicó las normas internacionales a su manera cuando le convenía y pudo disfrutar, por fin, de una soberanía muy especial sobre todo el continente.

El Estado empresario

El triunfo del Frente Popular no significó para esta alianza una larga vida. El retiro de los socialistas en 1941 fue el tiro de gracia al Frente Popular. Pese a este hecho, en las elecciones generales para elegir representantes en el Congreso Nacional, celebradas en marzo de 1941, algunos de los partidos de la coalición habían alcanzado un éxito resonante, puesto que la izquierda dobló su votación respecto de los comicios de 1937 (de un 15,4 por ciento a un 33,9 por ciento), mientras los radicales subían desde el 18,7 al 21,9 por ciento, dando al antiguo Frente Popular un total de 55,8 por ciento, lo cual no dejaba de producir una gran inquietud entre los partidos de derecha.

El gobierno de Aguirre Cerda, aunque apenas duró tres años por fallecimiento del presidente, tuvo en su haber una de las obras de mayor importancia realizadas en Chile en lo que iba del siglo y que consagró al "Estado empresario". Me refiero a la creación de la Corporación de Fomento de la Producción (Corfo) mediante una ley aprobatoria de 1939, la que también dio vida a la Corporación de Reconstrucción y Auxilio destinada a levantar una parte considerable del país destruida por el terremoto de ese año. Estas leyes, puede decirse, pasaron a ser el primer elemento que se debe estudiar para entender el brusco desarrollo del Estado empresario.

El mejor fundamento de esta ley, que difícilmente tendría contradictores, era que la situación de atraso que presentaba Chile en esos momentos sólo podía ser modificada por una acción modernizadora dirigida por el Estado y apoyada por los particulares, que produjera al más corto plazo la puesta al día del país en materia de industrialización, equipamiento e infraestructura. Había que despejar algunos inconvenientes muy graves como la falta de ahorro y la inoperante organización financiera. Como lo destaca un informe de la Corfo, hacia 1939 "la renta nacional en Chile era baja y el ahorro exiguo e insuficiente para impulsar un ritmo de progreso que permitiera esperar un mejoramiento efectivo y rápido de las condiciones de vida". Estos deseos, ya manifestados en el primer plan de desarrollo de la dictadura de Carlos Ibáñez, habían terminado por hacerse carne en la mentalidad chilena, a tal punto que, desde la creación de la Corfo, no dejó de estar presente en todos los proyectos de adelanto. No hubo gobierno en el país antes de 1973, fuere de derecha o de izquierda, que no tuviese esas metas, por lo que esta actividad creada, impulsada y dirigida por los grupos mesocráticos de la nación se extendió a lo largo de muchos años sin interrupción, proporcionando las condiciones para llegar a la situación por donde camina el país actualmente.

En todo caso, debe mencionarse que, por lo menos desde la década de 1920, venía preparándose la evolución político-económica que daría origen al intervencionismo del Estado en la economía. Se recordará que la primera administración de Ibáñez se caracterizó por sus medidas intervencionistas y por la instalación de algunas instituciones de fomento a la producción, incluido el antiguo Ministerio de Obras Públicas que, durante su gobierno, en 1928, pasó a llamarse, muy premonitoriamente,

Ministerio de Fomento. Fuera de estas medidas, en la misma década se habían creado el Banco Central (1925), el Servicio de Minas del Estado (1925), la Caja de Crédito Agrario (1926), la Caja de Crédito Minero (1927), la Caja de Crédito Carbonífero y el Instituto de Crédito Industrial, ambos en 1928, y otros que se detallan en el capítulo correspondiente.

Por lo tanto, hacia 1939, además de toda esta multiplicidad de organismos de desarrollo y fomento, ya se había asentado una mentalidad propicia a favorecer, como expresa Luis Ortega, "la transformación del Estado en agente activo del desarrollo económico-social".

Para Oscar Muñoz Gomá, 1939 es el año del inicio de "la etapa de la búsqueda consciente de la industrialización nacional como camino de un desarrollo dinámico para la transformación de la estructura de la economía y para la incorporación de las capas medias y populares a sus beneficios. Agente central de este proceso de cambio fue lo que se ha denominado el Estado desarrollista y empresario".

Este mismo autor, junto con otros, estima que el punto de partida fue el violento terremoto del 24 de enero de 1939, el cual no sólo segó miles de vidas sino que asoló una rica y poblada región situada a 400 kilómetros al sur de la capital de Chile, dejando en ruinas ciudades de la importancia de Concepción, Chillán, Los Ángeles, Cauquenes y otras.

El segundo elemento de importancia que explica la consolidación del Estado empresario a partir de 1939 fue el tantas veces mencionado triunfo del Frente Popular y de su abanderado el año anterior. Los hombres que accedieron al poder en aquella ocasión habían señalado que se procuraría superar con la acción del Estado tanto la débil estructura productora del país como la dependencia de economías extranjeras y la sujeción absoluta a la tecnología producida en el exterior. Estos tres factores, al actuar simultáneamente, impedían un mejoramiento de las condiciones de vida de la población.

Basados en estas consideraciones y en los hechos inmediatos, como la necesidad de reconstruir la zona devastada, se presentó el 1 de marzo de 1939 el proyecto de ley sobre la creación de una "Corporación de Auxilio y Reconstrucción y de Fomento a la Producción" que tuvo un corto pero muy accidentado debate en el Congreso. En especial en lo relativo a su financiamiento, se determinó que se eliminarían algunos impuestos, fijándosele duración a otros, mientras se establecía un gravamen adicional del 10 por ciento a las utilidades de las empresas del cobre. Igualmente se facultó al presidente de la república para buscar y obtener créditos bancarios y para solicitar empréstitos en el extranjero.

En el consejo de esta corporación quedaron incluidas las más importantes asociaciones privadas de empresarios, tales como la Sociedad de Fomento Fabril, la Sociedad Nacional de Agricultura, la Sociedad Nacional de Minería, diversas cajas de crédito, la Cámara de Comercio y también la organización central de los trabajadores.

Desde un principio, la Corfo funcionó sobre la base de cinco líneas principales de actividad.

La primera se refirió al desarrollo de la energía y los combustibles, para lo cual se planificó un amplio proyecto hidroeléctrico, disponiéndose a la vez la búsqueda de yacimientos petrolíferos, recursos carboníferos y la ampliación y modernización de los yacimientos que estaban en explotación. El plan de fomento de la producción de energía eléctrica estuvo referido a la gran empresa para estimular "el crecimiento de la producción", pues las compañías eléctricas existentes estaban imposibilitadas para abastecer una demanda creciente. Asimismo se pretendía mejorar el nivel de vida de la población.

La segunda área de acción tenía que ver con el establecimiento de determinadas industrias que permitieran sustituir importaciones. Tal ocurrió, por ejemplo, con la industria del acero cuya partida de nacimiento fue la usina de Huachipato establecida en 1948.

La tercera área se refirió al desarrollo de la minería y sus planes fueron dar impulso al mejoramiento técnico de la operación tanto en las labores extractivas como en el procesamiento de los minerales y la fabricación de algunos productos como el alambre.

El cuarto aspecto fue la agricultura y la pesca, para lo cual este organismo podía mecanizar las faenas, aportar recursos técnicos e implantar el uso de nuevos métodos en este rubro. Respecto de la actividad pesquera, y debido a lo atrasado de ella, pues lo que entonces conocían los pescadores se fundaba en métodos artesanales, se consideró necesario establecer industrias procesadoras de los productos del mar.

Finalmente, una quinta área estuvo relacionada con la comercialización, servicios y transporte tanto aéreo como marítimo y terrestre.

La puesta en marcha de todos los planes surgidos de estas áreas hace que la obra de Aguirre Cerda sea efectivamente muy grande si se la mira a través de la óptica de la Corfo y la conformación del Estado empresario. Más grande todavía si se la considera el punto de partida de una modernización del Estado y de la sociedad chilenos que, con altos y bajos, ha avanzado en un proceso constante, sin grandes pausas.

A mi juicio, la crítica que podría hacerse es que estos beneficios, que contribuyeron a afianzar a la clase media y al pueblo sindicalizado y que, desde luego, favorecieron a los grupos altos de la sociedad, dejaron como siempre fuera a los grupos sociales más modestos y mantuvieron una estructura social anacrónica y mal conformada. Además, en la medida en que se abandonó a los sectores sociales del agro y al iniciarse, al mismo tiempo, una política industrializadora, se acentuó el fenómeno de la migración campo-ciudad –mal endémico que se registraba desde principios del siglo XIX– que produjo efectos desestructuradores en las grandes ciudades cuyos cinturones de pobreza aumentaron en forma alarmante.

La agricultura y la reforma agraria

La agricultura chilena tuvo su época de grandeza durante la segunda mitad del siglo XIX cuando su trigo era exportado al extranjero y generaba una fuente de riqueza para los hacendados chilenos. Fue una época, también, durante la cual se introdujeron en el agro algunos de los adelantos producidos en Europa y Estados Unidos en materia de máquinas cosechadoras, trilladoras y de todo tipo, que facilitaban las labores agrícolas.

La explotación del trigo durante aquel siglo siguió en aumento, inserta en un proceso productivo que venía desde el siglo XVIII. En el XIX la exportación se dirigía, en parte, al Pacífico y correspondía al antiguo mercado del Perú, y también hacia Gran Bretaña y, aunque tuvo fuertes variaciones, constituyó la principal fuente que mantenía a la agricultura chilena. De ahí el interés que existió por la construcción del ferrocarril troncal hacia el sur, tarea hecha por el Estado, que hemos visto en otras páginas de este libro, y la ejecución de grandes obras de regadío por cuenta de los hacendados chilenos. Al estudiar los intereses que existían detrás del trigo se entiende también la expansión hacia la Araucanía y el apoderamiento de las tierras de los mapuches desde 1881. Igualmente gracias al trigo, sabemos el origen de las gigantescas grietas erosivas que presenta la cordillera de la Costa y encontraremos parte de la explicación sobre la pérdida de los inmensos bosques que hasta hace un siglo copaban las antiguas provincias de Malleco, Biobío y Cautín.

Pero quizá el proceso más interesante de todos los que se relacionan con la agricultura es el que deriva de su estancamiento, su falta de modernización y el mantenimiento del latifundio durante las primeras seis décadas del siglo XX. Según José Bengoa, los propietarios de la tierra chilena fueron la causa de la no modernización, pues para ellos lo más importante era el prestigio que proporcionaba la tenencia de la tierra, la que encerraba a los propietarios en una especie de aura que les daba una categoría especial, parte de un estatus autootorgado.

Según Drake, las clases altas lograron, durante toda la primera mitad del siglo XX, aislar al populismo dentro de los sectores urbanos manteniendo el agro chileno bajo su férreo control. Esto les significaba una cuota de poder en la medida en que la votación rural podía ser controlada por ellas, asegurando sillones en el Congreso para sus partidarios. Aceptaron una política de precios bajos para los productos agrícolas y no discutieron la política preferencial que el Estado consagró a la industrialización, como el costo que debía pagarse "para contener el descontento social". Por otra parte, estos propietarios de la tierra continuaron recibiendo préstamos de la Caja de Crédito Hipotecario que equivalían a un subsidio estatal puesto que entonces no se tomaba en cuenta la depreciación de la moneda. Además, los impuestos a la tierra también permanecieron bajos, con lo cual se aumentaban los beneficios que percibía este sector de la economía nacional.

Se trataba de un verdadero pacto político que dejaba las tierras intactas para sus antiguos poseedores y mantenía a sus trabajadores como potenciales votantes para ciertos partidos políticos (en particular el Conservador, aunque también algunos liberales y radicales). Debido a ello la agricultura "no logró integrarse en forma armónica al proceso de industrialización" que con tanto éxito lideraba la Corfo, quedando "como un sector atrasado, dependiente de la acumulación urbana", por lo que el negocio agrícola permaneció durante largos años "supeditado al desarrollo urbano industrial".

Según Bengoa, el modelo agrario terrateniente durante el siglo XIX presentó un gran dinamismo que luego perdió tras la crisis de 1930; el latifundio y los terratenientes se transformaron "en una clase conservadora, retrógrada culturalmente y reaccionaria políticamente". Según estadísticas presentadas por Carriere, en 1917 había en el centro de Chile 216 propiedades con una extensión superior a las cinco mil hectáreas, las que totalizaban una superficie de 2.898.212 hectáreas. En 1935, estas propiedades eran 246 y acaparaban una superficie de 3.502.698 hectáreas. Según un informe del Comité Interamericano de Desarrollo Agrícola (CIDA) de 1965 y citado por Cristián Gazmuri en una biografía de Eduardo Frei, la situación agraria chilena presentaba como principal defecto los extremos del latifundio y del minifundo. Ello se expresaba en el hecho de que de las 253 mil explotaciones agrícolas existentes en el país, 124.000 tenían una extensión inferior a las cinco hectáreas, 92 mil tenían entre cinco y diez hectáreas y el resto, unas 3.500, superaba a las mil hectáreas. El mismo informe agregaba que 10.300 grandes empresarios eran dueños del 65 por ciento de la tierra arable y el 78 por ciento de la tierra regada. Finalmente, indicaba que el minifundio correspondía al 74,6 por ciento del total de propiedad rurales, la mayoría tierras de mala calidad, pero comprendía un 5,2 por ciento de la superficie agrícola de Chile.

Otros autores recuerdan que desde la década de 1930 la agricultura volvió al refugio de sus prácticas tradicionales, tanto en cuanto a cultivos como en la organización de trabajo. Mientras la producción agrícola se estancaba, la propiedad de la tierra en la zona central y centro-sur de Chile no sufrió modificaciones y los propietarios agrícolas presionaron al Estado para evitar las transformaciones.

El caso de la agricultura chilena, considerada en esos años como una de las más ineficientes de la región, parece dramático. De acuerdo con las cifras entregadas por Markos Mamalakis, el porcentaje del Producto Bruto Interno representado por el sector agrícola bajó del 14,9 por ciento en 1940 al 8,6 por ciento en 1970. La tasa de crecimiento de la producción agropecuaria, cercana al 3 por ciento entre 1910 y 1932, cayó a 1,5 por ciento para la mayor parte del período hasta 1955, para experimentar un aumento de casi el 40 por ciento hasta 1963. Tras estas cifras se esconden grandes disparidades; hubo un aumento sustantivo de los productos agrícolas industriales –semillas oleaginosas y fibras– y de frutas y verduras, mientras las cosechas de cereales y tubérculos apenas satisfacían la demanda interna. También aparecen diferencias en la producción de sustancias animales, ya que el rubro avícola y de lácteos creció mientras disminuía el de carnes rojas para el consumo interno. Estas disparidades se explican en gran medida por la fijación de precios artificialmente bajos para diversos productos agropecuarios, lo que desalentaba su producción, situación agravada por la importación de excedentes agrícolas desde Estados Unidos a precios subvencionados. Estos castigos al sector agrícola se compensaban en parte con diversos subsidios estatales que profundizaban las distorsiones del libre mercado. La notoria incapacidad de la agricultura chilena para atender las necesidades nacionales, unida a la concentración de la propiedad rural, la disparidad entre los ingresos de los grandes propietarios y de los trabajadores agrícolas y el mal aprovechamiento de la mano de obra, eran factores que se hacían ver como un fenómeno que era necesario modificar de raíz.

Esto produjo, como se ha dicho, un aumento de la migración del campo a la ciudad, una caída de la producción agrícola, un aumento de las importaciones de alimentos que el campo era incapaz de proporcionar, todo ello en un proceso que culminó con el comienzo de la reforma agraria. También debe recordarse otro efecto de importancia y que consiste en que todo este proceso impidió el desarrollo de un sector de clase media campesina que habría sido un elemento moderador en el agro chileno, tanto en lo político como en lo social, y económicamente hubiera podido transformarse en un sector dinámico y moderno que habría impedido las funestas consecuencias ya mencionadas. Aunque hubo un pequeño sector de clase media, éste no pudo ampliarse ni desarrollarse y también permaneció estancado.

Mientras las ciudades crecían con el traslado de campesinos hacia ellas, los sectores rurales comenzaron a verse presionados por diversos sectores –partidos políticos, gremios, grupos religiosos– que querían llevarles los progresos de la modernidad para que los predios rurales estuvieran en situación de proveer alimentos y abastecer al país. Porque cada día era mayor la necesidad de importar alimentos básicos desde el exterior y así el antiguo país exportador de trigos debía ahora importarlos junto con muchos otros productos que el agro ya no estaba en condiciones de proporcionar.

Por tanto, parecía que el único camino posible era la reforma agraria. Así también lo creían las autoridades del exterior y el propio presidente norteamericano John F. Kennedy quien, al promover la Alianza para el

Progreso en 1962 en un intento por evitar que los países de la región evolucionaran en la forma como lo había hecho la Revolución Cubana, planteó algunas necesidades fundamentales. Uno de los requisitos que la Alianza exigía era que, para recibir la ayuda que ella prestaba, estos países debían obligarse a modificar su atrasada estructura agraria. Según se desprende del documento de la Alianza sobre la materia, la reforma agraria debía "reemplazar el latifundio para dar vida a un sistema de propiedad más equilibrado, en modo tal que la tierra sea para el hombre que la trabaja la base de su estabilidad económica, el elemento básico para un progresivo bienestar y la garantía de su libertad y dignidad". Por tanto las metas de la reforma agraria eran básicamente obtener una mejor y más equitativa distribución de la tierra y conseguir que ésta pudiera alimentar al país y eventualmente exportar los excedentes.

El gobierno de Jorge Alessandri (1958-1964), aunque de derecha, no pudo hacer oídos sordos a esta especie de mandato interamericano y así fue como presentó un proyecto de ley al Congreso sobre esta materia que obtuvo su aprobación y fue promulgado como ley bajo el número 15.020 del 27 de noviembre de 1962. Esta ley, muy criticada en su época, fundó dos instituciones que fueron fundamentales en el proceso de reforma: la Corporación de la Reforma Agraria (CORA) que reemplazó a la antigua Caja de Colonización Agrícola y el Instituto de Desarrollo Agropecuario (INDAP), organismo de fomento y capacitación que realizaría una larga y profunda labor en los once años que duró su gestión.

Por esos mismos años, la Iglesia Católica había iniciado un proyecto propio de reforma agraria. En 1962 el Episcopado chileno emitió una pastoral que llevó el nombre de "La Iglesia y el problema del campesinado chileno", y pretendía establecer los principios básicos que habría de contener una reforma de inspiración cristiana, que debía dirigirse a "transformar íntegramente al hombre, valorizar todas sus posibilidades individuales y colectivas, espirituales y temporales". La reforma fue iniciada por el obispo de Talca, Manuel Larraín, quien entregó a sus trabajadores el 28 de junio de 1962 el fundo Los Silos. A su vez, el arzobispado de Santiago anunció que en sus fundos El Alto de Melipilla y Las Patagas de Pichidegua, más la hacienda San Dionisio en Linares y El Alto de las Cruces en Talca, se haría el mismo proceso.

Los especialistas no han estudiado qué ocurría realmente a propósito de la reforma agraria. Parecía ser el proyecto más rechazado no sólo por los antiguos propietarios de la tierra sino por todos los elementos que adherían a la derecha chilena, a los cuales les producía un efecto perturbador muy profundo. Esto llegó a tal punto que en 1965 un agricultor enfurecido, durante una discusión, asesinó en Linares en su oficina al delegado local de la Corporación de Reforma Agraria, Hernán Mery.

Sin dudas que éste no era el proyecto más revolucionario que se agitó en la política chilena de los años 1960 y 1970. Sus objetivos no tenían tampoco nada que pudiera introducir profundas angustias en la población. Todo lo contrario. Aunque reformaba el concepto de propiedad privada, muy arraigado en las clases sociales chilenas, sólo estaba dirigido a modernizar su uso y a adecuarlo a las necesidades económicas y sociales crecientes del país. Como lo decía el artículo 10 de la Constitución de 1925, la propiedad privada era inviolable y su ejercicio no tenía otra limitación que las reglas "que exijan el mantenimiento y progreso del orden social". La reforma constitucional del 20 de enero de 1967 se refirió en detalle a la limitación antes señalada expresando que la "función social de la propiedad comprende cuanto exijan los intereses generales del Estado, la utilidad y la salubridad públicas, el mejor aprovechamiento de las fuentes y las energías productivas en el servicio de la colectividad y la elevación de las condiciones de vida del conjunto de los habitantes".

El solo planteamiento de esta reforma produjo graves inquietudes, se prestó a toda propaganda adversa, incluso a la mentirosa, y señaló la mayor discrepancia entre la obra del gobierno de Eduardo Frei Montalva y la derecha que marcó la distancia que se mantuvo entre la Democracia Cristiana y el Partido Nacional que componía entonces la derecha chilena. Al parecer, y como se ha visto, lo más cercano a una explicación es la pérdida de lo que, para un sector, era patrimonio exclusivo de la derecha tradicional y con el cual ésta contaba para mantener una cuota de poder dentro del Congreso.

No obstante, este baluarte, si así puede llamarse al sector campesino no reformado, no sólo podía ser atacado con la reforma agraria. Quizá de mayor peligro para el viejo equilibrio, basado en la no democratización de los campesinos, provenía de otro mecanismo sobre el cual también se legisló y que sin embargo no suscitó tanto odio. Me refiero a la sindicalización campesina, empresa que no fue conocida antes por el sector rural, pero cuyas primeras inquietudes habían comenzado a aparecer en los campos de la zona central ya a principios de la segunda década del siglo XX. La Federación Sindical Chilena, ligada a la Acción Sindical Chilena (ASICH), fundada con el amparo del obispado de Talca, tuvo una intensa actividad en los campos de la zona centro-sur. En 1954 se produjo en Molina la primera huelga campesina de cierta magnitud, a la cual siguieron otras. Sin embargo, este movimiento no fue seguido por otras huelgas y diez años después de aquélla los campesinos sindicalizados no pasaban de 1.658.[2]

El proyecto de ley sobre reforma agraria fue enviado al Congreso en noviembre de 1965, pero desde principios del gobierno de Eduardo Frei

---

2. Durante la segunda administración de Carlos Ibáñez se permitió la sindicalización campesina, aunque con grandes limitaciones.

Montalva, aprovechando la legislación existente, tanto las autoridades de la CORA como las del INDAP habían puesto en marcha el proceso de reforma, logrando en 1965 expropiar 540 mil hectáreas y en 1966 otras 525 mil. Finalmente se obtuvieron las leyes que la reforma precisaba, que fueron la de reforma constitucional del derecho de propiedad del 20 de enero de 1967, la de sindicalización campesina 16.625 de abril del mismo año y la de reforma agraria 16.640 también de 1967.

Al parecer, el convencimiento de las autoridades de gobierno de la necesidad de consolidar y concluir lo realizado aconsejó no continuar con las expropiaciones, en un proceso de desaceleramiento que provocó, como era de esperar cuando fue adoptado, una serie de consecuencias políticas por las luchas entre los partidarios de continuar sin reposo y los que opinaban que era mejor consolidar lo obrado y evaluar las nuevas etapas.

El proceso de traspaso de la tierra de los antiguos propietarios a los campesinos debía hacerse, según esta ley, en tres fases o etapas. La primera consistía en la expropiación de los predios afectados, es decir, los abandonados, los mal cultivados y aquellos que tenían una extensión excesiva. Para estos últimos, la ley reconocía a los antiguos propietarios la posibilidad de retener una reserva que abarcara no más de ochenta hectáreas "de riego básico" y se tomaba como pauta una hectárea de superficie del valle del Maipo. La segunda etapa consistía en formar un asentamiento por tres años prorrogables. Estos asentamientos se constituían como una sociedad entre la CORA y los asentados y debían encargarse de realizar la explotación del predio bajo la supervisión y los consejos técnicos de aquel organismo y el apoyo técnico y educacional del INDAP. Por último, la tercera etapa era la entrega de la tierra en propiedad a los asentados, entrega que podía hacerse en forma individual o colectiva, es decir, en cooperativas, propiedad familiar o copropiedad y otras formas. A finales del gobierno de Frei se habían entregado tierras en propiedad a 5.668 familias, se habían constituido 250 cooperativas y 910 fundos continuaban en régimen de asentamiento.

Esta detención del ritmo de la reforma agraria fue nuevamente acelerada con el inicio del gobierno de la Unidad Popular. Según Boeninger, "a la falta de ampliación de las facultades legales, la reforma agraria se profundizó a través de las ocupaciones ilegales de tierras (tomas) promovidas y organizadas por el brazo campesino del Movimiento de Izquierda Revolucionario (MIR) con la complicidad y tolerancia de los funcionarios de gobierno (ciertamente de socialistas, MAPU e izquierda cristiana)". Agrega que a comienzos de 1973 se habían expropiado cerca de diez millones de hectáreas, casi seis mil predios, que comprendían el 60 por ciento de la tierra agrícola del país.

Nacionalización del cobre

Como es sabido, la minería del cobre ha sido uno de los recursos trabajados en Chile desde tiempos precolombinos. Ya nos hemos referido al cobre en estas páginas a propósito del comercio colonial de Chile con el Río de la Plata en el siglo XVIII. Este continuó siendo explotado durante la primera mitad del siglo XIX y, según la historiadora María Angélica Apey, fue el derrumbe de la plata a mediados de este siglo lo que llevó al cobre a situarse como una de las principales explotaciones mineras en el llamado Norte Chico (Atacama, Copiapó, Vallenar); agrega que en 1856 la vida económica de Copiapó comenzó a gravitar en torno del metal. A esto contribuyó la guerra de Crimea que, al afectar la producción de Rusia, provocó un alza de precios que estimuló esta producción.

No obstante, esta bonanza duró poco y pronto el precio cayó a la mitad, provocando toda suerte de quiebras y descalabros económicos. En adelante, la situación oscilaría entre bonanzas y bajas, lo cual no impidió que en 1866 las primitivas 266 minas de cobre aumentaran a 475 con 7.587 operarios. Pero también estos auges y caídas provocaron un desinterés por trabajar en estos oficios por parte de los obreros, quienes emigraron principalmente hacia el norte, a las salitreras, y también a las diversas obras públicas que los gobiernos de Santa María y Balmaceda estimularon en el resto del país. Sin embargo, la minería del cobre continuó desarrollándose en Copiapó debido a que las necesidades mundiales de este metal aumentaron a causa de los progresos de la revolución industrial, cuando se descubrió el uso de la energía eléctrica que requería cables de cobre conductores de electricidad, cables para telégrafos y teléfonos, para motores y cañerías.

En 1902 la industria del cobre se encontraba en alza cuando William Braden compró el mineral de El Teniente en las cercanías de Rancagua, el que comenzó a producir primero bajo la conducción de su dueño, desde 1910 bajo la firma Guggenheim y más tarde, en 1915, dirigido por su nueva propietaria, la Kennecott Copper Co. En 1913, los Guggenheim habían adquirido Chuquicamata, otra de las grandes minas chilenas de cobre, la que en 1923 vendieron a la Anaconda Copper Co. Finalmente, la empresa Andes Copper Mining Co. inició en 1916 las labores de una tercera gran mina llamada Potrerillos que, agotada en 1959, fue reemplazada por El Salvador.

Desde entonces la minería del cobre recobró su importancia y así esta industria chilena aumentó hasta llegar a constituir el 22 por ciento de la producción mundial en 1945. Sin embargo, como es un mineral estratégico, Estados Unidos comenzó a fijar el precio de la libra de este metal, que fue establecido a un nivel artificial muy bajo (once centavos de dólar la libra). Esto ocurría durante la Segunda Guerra Mundial; y representó una situación de grave e injusto despojo puesto que el precio era mucho más bajo que el establecido para el cobre producido en el propio Estados Unidos. Esto significaba, en los hechos, que se había fijado a Chile una contribución a una guerra a la que este país no podía estar obligado ni por el derecho interno ni por el internacional, y llevó a un estancamiento de la producción de cobre en este país que en 1966 llegó a ser sólo del 13 por ciento de la producción mundial.

El tratado de Washington de 1951 elevó el precio de este metal a 27,5 centavos la libra, y el gobierno de Chile obtuvo la franquicia de colocar en el mercado el 20 por ciento de todo el cobre obtenido en el país al precio del mercado mundial (entonces unos 54,5 centavos). Según Collier y Sater, al año siguiente, aprovechando la guerra de Corea, el gobierno de Chile compró toda la producción de las minas de cobre nacionales al precio del mercado de Nueva York, que en ese momento era muy bajo, para luego venderlo directamente a los compradores a un precio mucho más alto.

Sin embargo, el gobierno de Chile decidió buscar una solución definitiva y para ello formalizó un acuerdo para hacer más racional la relación entre el Estado y la industria del cobre. Tal fue la llamada Ley del Nuevo Trato 11.828, que dio mayor injerencia al gobierno en el control de la producción y la venta del cobre. Esta ley creó el Departamento del Cobre, cuya misión no fue sólo de control sino también de formación de un equipo técnico de verdaderos expertos en todo lo relacionado con el cobre. Esto último permitió, según Cristián Gazmuri, "que chilenos entraran a participar en instituciones supranacionales preocupadas de la producción y venta del metal rojo".

Una de las metas del gobierno de Eduardo Frei fue lo que se llamaría la "chilenización" del cobre. Para lograrlo fundó la Comisión del Cobre integrada por Javier Lagarrigue, que había sido jefe del citado Departamento del Cobre (luego llamado Corporación del Cobre), el ingeniero Raúl Sáez y Radomiro Tomic, uno de los fundadores de la Falange Nacional. Ésta fue la comisión que preparó el proyecto de ley llamado de la Chilenización del Cobre, que se transformó en Ley 16.425 de enero de 1966. En virtud de esta ley, el Estado adquirió el 51 por ciento de las acciones de la mina de El Teniente, el 30 por ciento de la Andina perteneciente a la Cerro Pasco Corporation y el 25 por ciento de la Exótica perteneciente a la Anaconda. En 1969 la Corporación del Cobre (Codelco) adquirió el 51 por ciento de las acciones de la Chile Exploration Co. que manejaba el mineral de Chuquicamata y de la Andes Copper Co. que explotaba El Salvador, las que pasaron a llamarse respectivamente Compañía de Cobre Chuquicamata S.A. y Sociedad Minera El Salvador S.A. y entraron en funciones al año siguiente.

El gobierno de la Unidad Popular, que sucedió al de Eduardo Frei, planteó una nueva reforma a la explotación del cobre que se basaba en la nacionalización total de la gran minería. El presidente Allende presentó una reforma constitucional que introdujo en el artículo 10 de la Constitución el siguiente inciso: "El Estado tiene el dominio absoluto, exclusivo, inalienable e imprescriptible de todas las minas, las covaderas, las arenas metalíferas, los salares, los depósitos de carbón e hidrocarburos y demás sustancias fósiles, con excepción de las arcillas superficiales". A continuación se intercaló en el mismo artículo otro inciso que decía: "Cuando se trate de nacionalización de actividades o empresas mineras que la ley califique como de la Gran Minería, la nacionalización podrá comprender a ellas mismas, a derechos en ellas o a la totalidad o parte de sus bienes. La nacionalización podrá también extenderse a bienes de terceros, de cualquiera clase, directa y necesariamente destinados a la normal explotación de dichas actividades o empresas. El monto de la indemnización o indemnizaciones, según los casos, podrá determinarse sobre la base del costo original de dichos bienes, deducidas las amortizaciones, depreciaciones, castigos y desvalorización por obsolescencia. También podrá deducirse del monto de la indemnización el todo o parte de las rentabilidades excesivas que hubieren obtenido las empresas nacionalizadas".

Lo interesante es que, en el momento de ser votada, esta reforma constitucional obtuvo la aprobación por unanimidad, incluso votaron a favor los partidos de derecha. Esto último, en el caso del Partido Nacional, se habría debido, según algunos, por el resentimiento de la derecha hacia Estados Unidos a causa de la ayuda prestada por esta nación a la reforma agraria; según Edgardo Boeninger, este partido, "influido por sus propios sectores nacionalistas, no quiso o no se atrevió a hacer cuestión del derecho de propiedad para no aparecer defendiendo intereses norteamericanos contra el legítimo derecho nacional de controlar las riquezas básicas del país, principio que gozaba de abrumadora legitimidad en la época". En todo caso, según el mismo autor, esto fue resuelto al costo de tener malas relaciones con Estados Unidos y de perder buenas inversiones extranjeras.

Desarrollo cultural de Chile

Ya hemos aludido a que en el siglo XIX no existió un proyecto cultural integrado. Ello pudo deberse a que en esa época existía un concepto diferente de lo que era la cultura para cada país. Explicamos que se atendió a la creación de una infraestructura de escuelas y liceos formadores de una juventud necesitada de ilustración, que también se creó una universidad que abarcaba en teoría todo el país. Pero el desarrollo cultural, en el sentido del fomento oficial de las artes y las letras, demoró un poco más.

Durante el siglo XIX hay que destacar a ciertas figuras e instituciones. Ellos se implicaron con algunos acontecimientos que permitieron dar un rumbo definido al desarrollo de las artes en el país y prepararon el terreno para que durante el siglo XX se produjera la explosión cultural que hizo de Chile un país destacado en las letras y en las artes dentro del continente americano.

Entre las figuras clave se destacan los extranjeros Andrés Bello y Claudio Gay. Entre los chilenos José Victorino Lastarria, cuya persistente labor en pro del adelanto cultural lo hacen el intelectual más sobresaliente de aquel siglo. Baste recordar la fundación de la revista *El Crepúsculo* en 1843 y *La Revista de Santiago* en 1848, así como la creación en 1859 del Círculo de Amigos de las Letras y en 1873 de la Academia de Bellas Letras. También son pilares culturales los nombres de Benjamín Vicuña Mackenna, a quien nos referiremos enseguida, los hermanos Miguel Luis y Gregorio Víctor Amunátegui y Diego Barros Arana, el famoso historiador cuya *Historia general de Chile*, editada a fines del siglo XIX, todavía es consultada pues se ha convertido en una verdadera fuente de datos históricos ordenados a través de sus páginas.

Sin embargo, Chile no parecía estar preparado para disfrutar de una auténtica libertad donde la cultura nacional pudiera desarrollarse y prosperar. El mejor ejemplo fue la reacción contra un joven chileno de veintiún años llamado Francisco Bilbao cuyo artículo "La sociabilidad chilena", que apareció en *El Crepúsculo*, provocó en 1844 un enorme escándalo que le valió a su autor ser condenado por un jurado de imprenta por "blasfemo, inmoral y sedicioso". Este artículo había tocado las fibras más sensibles de una sociedad como la chilena que, entonces como ahora, no acepta que se haga un análisis claro y duro sobre ella, ni menos sobre sus defectos. Fue condenado al pago de 1.200 pesos, que sus partidarios reunieron y cancelaron en el acto, pero además su obra fue quemada en público y su autor expulsado del Instituto Nacional, debiendo exiliarse en Francia.

Desde la década anterior existía en Chile la censura para aquellos libros que se internaban en el país y que fueran pornográficos o antirreligiosos. Pero, debido a la ignorancia de algunos de los censores, la prohibición comenzó a hacerse extensiva a las obras señaladas en el Índice y a aquellos prohibidos por la Corona de España, entre los cuales había muchos que hacían el elogio de la independencia de América como la célebre *Historia de América* de Robertson. La censura existió en Chile hasta 1878, cuando fue suprimida, pero es justo reconocer que existía entonces sólo en el nombre porque hacía muchos años que la institución se encontraba en desuso. También es justo reconocer que la censura ha reaparecido en Chile en algunas ocasiones más recientes, constituyéndose en una lacra que ha avergonzado la tradición libertaria del país. También ha reaparecido, en forma disimulada, en la Ley de Seguridad Interior del Estado como lo acreditan varios procesos incoados en los tribunales de Chile en estos últimos años.

Pero la ocurrencia de otras circunstancias hacían volver la esperanza de que Chile podría algún día gozar de la libertad de expresión en su forma más amplia y civilizada. Así pasó con la explosión intelectual de 1842, la cual ha sido atribuida, a mi juicio con toda razón, a la influencia de los emigrados argentinos que huían del gobierno de Juan Manuel de Rosas y que habían encontrado en Chile un amplio espacio donde desarrollar sus grandes dotes y aptitudes. Destacaban entre ellos Miguel Piñero, Félix Frías, Demetrio Rodríguez Peña, Juan Bautista Alberdi, Juan María Gutiérrez, Domingo Faustino Sarmiento, Bartolomé Mitre, Vicente Fidel López, Domingo de Oro, Gabriel Ocampo y Carlos Tejedor. También se habían avecindado en Chile otros latinoamericanos ilustres tales como Vicente Ballivián, ex presidente de Bolivia, Casimiro Olañeta, también boliviano y notable orador, y Tomás Cipriano de Mosquera, escritor colombiano y presidente de su país entre 1845 y 1849 y 1861 y 1864.

Fuera de éstos había muchos otros emigrados menos notables pero también activos intelectuales, lo cual nos hace ver la magnitud del peso e influencia de esta migración y explica la rápida decadencia y el desprestigio de toda forma de censura. Por eso han sido vanos los esfuerzos del historiador chileno Francisco Antonio Encina por restar importancia a estos elementos, ya que está más allá de toda lógica su argumentación de que en esa época los emigrados argentinos eran sólo jóvenes inteligentes pero sin madurez y que quienes tenían verdadero valor era el grupo de alumnos de Andrés Bello. Alega que de todos los emigrados, sólo Mitre y Sarmiento eran de gran valor, aunque todavía en 1842 estaban en ciernes. Olvida muchas cosas, entre otras mencionar a Juan Bautista Alberdi, cuyas *Bases y puntos de partida para la organización política de la República Argentina*, escritas y editadas en Chile en 1851, como se dijo, entregaron la estructura de lo que habría de ser la República Argentina en sus momentos de mejor desarrollo.

Una segunda circunstancia importante para el desarrollo cultural de Chile la constituyó la vasta obra del historiador Benjamín Vicuña Mackenna. Me refiero no tanto a su obra escrita que en sí es muy importante. Hablo más bien de su obra remodeladora de la ciudad de Santiago entre 1872 y 1875, cuando fuera intendente de la provincia, a través de la cual pretendió remodelar la cultura santiaguina y chilena introduciendo en el urbanismo el concepto de lo bello. Para lograrlo, convirtió el cerro Santa Lucía, que era una roca estéril y fea en el centro de Santiago, en un gran parque lleno de jardines y lugares hermosos. Como dice Daniel Barros Grez, al ir el arte a auxiliar a la naturaleza, "ha convertido las rocas en estatuas; las ha hecho hablar con el murmullo de las aguas que aparecen por entre sus grietas corriendo, ondulando o despeñándose en espumosas y chispeantes cascadas". A todo ello agregó un teatro, todo conforme al gusto de su tiempo y cuya actividad causó un enorme impacto en la sociedad de su tiempo. También es de su responsabilidad el antiguo parque Cousiño, donde también la búsqueda de lo bello estuvo presente en toda su construcción. Finalmente, la celebración de varias exposiciones, una de las cuales, la del Coloniaje, sirvió para restaurar entre los chilenos de su tiempo la idea de la historia y del pasado como parte importante de su cultura y de su identidad.

Finalmente, una tercera circunstancia fue el Certamen Varela, celebrado en 1887 y convocado por el rico minero Federico Varela, el cual se asocia, con toda razón, a la presencia del porvenir a través de Rubén Darío, recién llegado a Chile, donde inició sus primeras armas literarias, y también a la presencia del pasado representado por José Victorino Lastarria, único sobreviviente de la generación de 1842, a quien se le daba la oportunidad de entregar su postrer legado cultural cuando transcurrían los últimos años de su fecunda vida.

Este certamen fue el más importante que registra la literatura chilena en esa época no sólo por la presencia de aquellos dos grandes intelectuales sino por la gran cantidad de composiciones que entonces se presentaron y por la afirmación de la tradición literaria española encabezada entonces por Gustavo Adolfo Bécquer, que se oponía a un afrancesamiento que hasta entonces había sido excesivo. Las tres circunstancias anotadas influirían muy fuertemente en los participantes de este concurso y fueron el anuncio de muchos cambios en el mundo cultural chileno en los momentos en que se abría el siglo XX.

Precisamente en las dos primeras décadas del nuevo siglo se dieron en el mundo literario y artístico varios movimientos que hicieron de la cultura chilena un mundo original e interesante.

El primero fue la Colonia Tolstoyana que convocara en 1904 Augusto D'Halmar. Junto con sus amigos, el pintor Julio Ortiz de Zárate y el novelista Fernando Santiván, pretendían llevar una vida campestre, que transcurriría en la mañana arando los potreros y sembrando las semillas, mientras en la tarde se dedicarían a leer las mejores páginas escritas por los hombres. Este ensayo no duró mucho tiempo y pronto abandonaron el campo para mudarse a San Bernardo, donde fueron recibidos por el poeta Manuel Magallanes Moure. Tampoco fue muy largo este nuevo experimento, pero lo que interesa recordar es que estos nombres reaparecen en el Grupo de los Diez que es el segundo movimiento cultural que trascendió al resto de la sociedad.

El Grupo de los Diez, aunque fue el de más larga vida y mayores realizaciones, tampoco fue una institución formalmente establecida dado que no contempló estatutos ni otros requisitos. Al parecer, la idea había nacido en la casa del escritor Pedro Prado, situada en los alrededores de

Santiago, una vivienda amplia con corredores, terrazas, bodegas y una torre; esta última se convirtió en el emblema de la agrupación.

En este grupo había escritores como Eduardo Barrios y Augusto D'Halmar, críticos literarios como Armando Donoso, arquitectos como el propio Pedro Prado y Julio Bertrand Vidal, poetas como Manuel Magallanes Moure y Ernesto A. Guzmán, músicos como Alfonso Leng y Acario Cotapos y pintores como Juan Francisco González y el propio Manuel Magallanes Moure. Tuvo como misión organizar conferencias, hacer exposiciones y publicar una revista y libros. Efectivamente, editó una revista de la cual aparecieron cuatro números y algunas obras de sus miembros. Entre ellas, *La hechizada*, de Fernando Santiván; *Días de campo*, de Federico Gana; *Venidos a menos*, de Rafael Maluenda, y una antología de poetas. Sin embargo, esta empresa desapareció hacia 1917, aunque ya entonces sus actividades podían verse compensadas por el ambiente intelectual de Santiago que, hacia la segunda década del siglo, era muy animado y rico gracias a las tertulias intelectuales, algo aristocratizantes pero que condescendían en recibir a los nuevos escritores de clase media.

Este ambiente se encontraba en pleno crecimiento cuando aparecieron los tres grandes poetas chilenos: Gabriela Mistral (1889-1957), Vicente Huidobro (1893-1948) y Pablo Neruda (1904-1973). Como dice Enrique Anderson Imbert, "la poesía tocó Chile y, desde Gabriela Mistral, no cesaron de surgir poetas".

El año 1914 dio el inicio a la nueva poesía chilena y al "vanguardismo" de los poetas. Los hitos más importantes fueron el premio otorgado a los *Sonetos de la muerte* de Gabriela Mistral en los Juegos Florales de Santiago y la aparición del primer manifiesto *Non serviam*, de Vicente Huidobro.

En su manifiesto Huidobro declara su autonomía frente a la naturaleza; rechaza el principio imitativo y postula que la independencia del mundo natural le permitirá crear un mundo propio. Estos principios fueron reiterados en una conferencia que Huidobro dio en el Ateneo de Buenos Aires en 1916 y en sus obras *Adán* y *El espejo del agua*, aparecidas el mismo año y que son consideradas como de transición hacia la vanguardia, y finalmente en otra conferencia pronunciada en el Ateneo de Madrid en 1921. En 1917 Huidobro viajó a París donde se incorporó a la renovación poética de esa ciudad y participó en las revistas *Sic, Nord-Sud, L'Élan* y *L'Esprit Nouveau* entre 1917 y 1919. En Chile, los antologadores de *Selva lírica*, publicada en 1917, decían que Huidobro, "contra toda marca, contra todo prejuicio, lanza sus libros robustos, de versos que huelen a pólvora y adelfos para los pelucones literarios de esta edad media que estamos renovando; y que son para nosotros apocalipsis de acentos nuevos, jornada de alma y sensaciones imprecisas en un arte propio y firme".

A Huidobro se lo reconoce como el fundador del creacionismo que, en sus palabras, es "una nueva realidad cósmica que el artista agrega a la naturaleza, y que ella debe tener, como los astros, una atmósfera propia y una fuerza centrípeta. Fuerzas que le dan un equilibrio perpetuo y la arrojan fuera del centro productor".

Con más fuerza aún en *Pasando y pasando* Huidobro reafirmaba

...odio la rutina, el cliché y lo retórico
odio las normas y los subterráneos de museo
odio los fósiles literarios
odio a los que todavía sueñan con lo antiguo y piensan que
nada puede ser
superior a lo pasado
amo lo original, lo extraño
amo lo que las turbas llaman locura
amo todos los ruidos de cadenas que se rompen.

Su objetivo era "agregar a lo dado por la naturaleza el producto de la propia creación, como hechos nuevos", lo cual quería decir que el artista debía sacar sus elementos del mundo objetivo y transformarlos y combinarlos devolviéndolos bajo la forma de hechos nuevos.

En 1925 apareció *Manifestes*, donde Huidobro incluye varios textos teóricos, entre otros "Manifiesto de manifiestos", planteándose frente al surrealismo y afirmando su concepción del estado creacionista cuando decía que "la poesía ha de ser creada por el poeta, con todas las fuerzas de sus sentidos más despiertos que nunca. El poeta tiene un papel activo y no pasivo en la composición y el engranaje de su poema". Ese mismo año, Huidobro publicó algunas obras en francés como *Automne régulier* y *Tout á coup*, aunque ya en la década de 1930 nuevamente aparecieron en castellano su novela *Mío Cid Campeador* (1929) y *Altazor* (1931), esta última considerada como la culminación de su etapa vanguardista. Sus obras postreras son de la década de 1940 y una póstuma, titulada *Últimos poemas*, se dio a conocer en 1948.

Huidobro pertenecía a una familia adinerada y aristocrática que en la época colonial ostentó el título de marqueses de Casa Real. Sus padres eran propietarios de la famosa viña Santa Rita en el valle del Maipo y de otros fundos y haciendas en el valle central y en la costa del litoral de Santiago, y estaban considerados entre los principales de la añeja aristocracia chilena. Sin embargo, Huidobro había roto con las tradiciones de su familia y se había constituido en un crítico muy acerbo de la sociedad de Chile.

En su famoso "Balance patriótico" dice cosas terribles sobre su país y al mismo tiempo expresa verdades muy hondas. Expresa Huidobro: "Decir la verdad significa amar a su pueblo y creer que aún puede levantársele y yo adoro a Chile, amo a mi patria desesperadamente, como se ama a una madre que agoniza". Y más adelante: "Un Congreso que era la feria sin pudicia de la imbecilidad. Un Congreso para hacer *onces* buenas y discursos malos. Nuestra Justicia es un absceso putrefacto que empesta el aire y hace la atmósfera irrespirable. Dura o inflexible para los de abajo, blanca y sonriente con los de arriba. Nuestra Justicia está podrida y hay que barrerla en masa".

Gabriela Mistral, en cambio, fue la poetisa del alma humilde, del amor a Dios y a las criaturas, de la pobreza y de la sencillez de espíritu, "con desapego interior" como la enseñanza de San Francisco a cuya orden tercera ingresó en Santa Margarita en Italia. Gran Maestra de la Lengua como la llama Esther de Cáceres, andaba "entre las cosas con su gris mirada penetrante, con su dulce alma penetrante". Gabriela Mistral "pequeña y frágil mujer, agobiada por todas las preocupaciones de la inteligencia y de la existencia" era sin embargo "la amada hija de estos yuyos, de estas piedras, de este viento gigante", según dice en sus memorias Pablo Neruda, quien estaba seguro de que todos la amaban y de que "nadie olvidará tus cantos a los espinos, a las nieves de Chile. Nadie olvidará tus estrofas a los pies descalzos de nuestros niños".

Volodia Teitelboim, en su celebrada biografía de la poetisa, tiene frases de grandeza a su memoria: "Gigantesca mujer en su osadía. Pequeñísima mujer en sus angustias. Chilena, latinoamericana y universal, matriz de una fuerza que se sigue pretendiendo acallar y domesticar. Mujer de pies movedizos como un Mercurio desgreñado y sin dinero". Cuando Gabriela declinó una invitación para venir a Chile expresó a un amigo: "No el paisaje, no los pastos cuyos nombres me faltan, no las cosechas, no la cordillera a la cual no puedo subir, no a los indios, no mi Patagonia querida, no las minas del carbón, no el desierto de sal". Hernán Díaz Arrieta (Alone) dirá por su parte que "Gabriela Mistral no amaba a Chile. Amaba su Monte Grande natal y, por extensión, el valle de Elqui, el campo y la montaña, la gente montañesa y campesina, sus días infantiles [...] Amaba singularmente la tierra de Sarmiento (sin Perón) y don Andrés Bello nunca le inspiró bastantes consideraciones".

Sus *Sonetos a la muerte* fueron seguidos por *Desolación* (1922), libro publicado por el Instituto de las Españas de Nueva York. Ese mismo año, invitada por el gobierno de México, partió a esa nación a colaborar en la reforma educacional que promovía José Vasconcelos; más tarde continuaría sus viajes en calidad de cónsul honorario de su país, publicó *Tala* (1938) y *Lagar* (1954). En 1945 recibió el Premio Nobel de Literatura y fue elegida por la Academia de Suecia, como dice el prólogo a sus *Poesías completas*, debido a que era la voz más caracterizada dentro de una literatura que, siendo tan rica como la hispanoamericana, hasta entonces no estaba representada en la ya nutrida lista de los galardonados con el famoso premio. La citación oficial habla del "lirismo inspirado por un vigoroso sentimiento", el cual "ha hecho del nombre de la poetisa un símbolo del idealismo del mundo latinoamericano". Gabriela también fue afecta a la crítica social y política, lo que hace que la opinión de Alone sobre el amor o el desamor hacia Chile pueda ser puesta en duda. Respecto de la clase media (su clase), Volodia Teitelboim reproduce la siguiente opinión: "Vi un fenómeno de relumbrón que no sé adónde va. Vi una clase media enloquecida de lujo y de ansia de goce que será la perdición de Chile, un mediopelo que quiere automóvil y té en los restaurantes de lujo, transformados en café cantantes, por la impudicia del vestido y de la manera que la mujer de esa clase, que es la mía, ha adoptado de un golpe". En otras ocasiones era más directa y dura: "Tus pobres mi Señor, mira tus pobres / ¿Los sientes tiritar? La nieve es dura ¡como una hembra lasciva. Y ellos/ los otros son más duros que las nieves". Y esta otra, aún más significativa: "Terratenientes, no hay incitadora tan activa de tuberculosos –¡de degenerados!– que las habitaciones de sus obreros. ¡Curiosa y triste industria de los dolores de los pueblos y su alivio! ¡Inconscientes como sonámbulos, en los edificios y en los alimentos, en la luz, busca aliviarlos en sus hospitales y en sus presidios!".

Pablo Neruda, también Premio Nobel de Literatura en 1971, apareció en 1924 en la vida literaria de su país con *Veinte poemas de amor y una canción desesperada* y continuó al año siguiente con *Tentativa del hombre infinito*. Ya en ellos se perfilaba su método que empleaba imágenes incesantes para nombrar objetos y sus relaciones, así como su empeño por ser considerado un poeta material o terrestre, heredero de Walt Whitman, del modernismo hispanoamericano y del movimiento vanguardista como lo señalan sus obras *El hondero entusiasta* y *Tentativa del hombre infinito*, ambas aparecidas en 1926. El mismo Neruda negaba por aquel entonces que hubiera sido influido por Huidobro. Aunque admirador de éste, "me era totalmente imposible seguirlo en ese terreno, debido a que toda mi condición, todo mi ser más profundo, mi tendencia y mi propia expresión, eran la antípoda de la destreza intelectual de Vicente Huidobro".

Neruda fue funcionario consular de Chile en Rangún (Birmania) y otras ciudades de Asia entre 1927 y 1931. Sus versos de esta época fueron recogidos en *Residencia en la tierra*, aparecido en 1935. Desde febrero de 1935 Neruda fue destinado a Madrid donde permaneció durante la Guerra Civil; de este periodo es su obra *España en el corazón*, dedicada a la Madre Patria que en esos momentos se desgarraba en una cruel guerra civil. En 1940 fue nombrado cónsul general en México. En 1945 fue elegido senador por las provincias de Tarapacá y Antofagasta en representación del Partido Comunista, lo cual, como se ha visto, lo obligó a salir al exilio cuando el gobierno de Gabriel González Videla proscribió y persiguió a esa agrupación. En 1950 publicó el *Canto general*, una de sus obras más importantes; cuatro años más tarde, *Odas elementales* y en 1964 el *Memorial de Isla Negra* de profundo lirismo. Su carrera fue coronada con el cargo de embajador de Chile en Francia (1970-1972) y allí se encontraba cuando recibió el Premio Nobel de Literatura en 1971.

De Neruda se ha dicho que aportó a la poesía castellana una gran riqueza de fondo y forma y que debe ser considerado uno de los valores más genuinos de la lírica universal. Cuando Federico García Lorca (1898-1936) presentó a Neruda en la Universidad de Madrid pudo decir las siguientes palabras: "La América Española nos envía constantemente poetas de diferente numen, de variadas capacidades y técnicas. Suaves poetas del trópico, de mesetas, de montaña; ritmos y tonos distintos que dan al idioma español una riqueza única. Idioma ya familiar para la serpiente borracha y el delicioso pingüino almidonado. Pero no todos estos poetas tienen el tono de América. Muchos parecen peninsulares y otros acentúan en su voz ráfagas extrañas sobre todo francesas. Pero en los grandes no. En los grandes cruje la luz ancha, romántica, cruel, desorbitada, misteriosa de América".

Es mi propósito incluir como colofón de este capítulo la obra de María Luisa Bombal, figura relevante en las letras de Chile e Hispanoamérica. Sus novelas *La última niebla* (1934) y *La amortajada* (1938) rompieron los parámetros hasta entonces conocidos y ofrecieron a la literatura una nueva manera de escribir. Lucía Guerra, de la Universidad de California, ha expresado que "la calidad creativa de María Luisa Bombal corre a la par de la producción literaria de Juan Rulfo", quien escribió dos décadas más tarde. "Bombal y Rulfo son, en nuestra literatura, destellos que se entrecruzan en un territorio aún por analizar." Y agrega: "Entrecruzamientos y resonancias que también se engendran en el silencio, ya que después de un período no mayor de una década, ambos dejaron de publicar". La producción de esta autora, aunque breve, está marcada por su enorme calidad y por haberse constituido en una vanguardia literaria que abrió nuevos rumbos a la novela del continente.

Chile se convirtió, desde la década de 1930, en un país que experimentaba una profunda revolución cultural. Su bullente clase media, especialmente su juventud, repletaba los salones de conferencias cuando se anunciaba a algunos de los escritores chilenos o latinoamericanos que vivían en el país o lo visitaban. Como dicen algunos memorialistas de esa época, Santiago de Chile, la severa ciudad de don Andrés Bello, se transformaba en otra alegre donde "Neruda y su séquito iban y venían como lazaderas en aquel coser de voluntades".

Chile era capaz de exportar talentos. Sin embargo, como veremos más adelante, esta enorme capacidad intelectual que se estaba desarrollando a mediados del siglo XX no era un sólido baluarte, puesto que pudo ser barrida por un verdadero ciclón que se descargó primero y preferentemente sobre los valores de la cultura chilena.

Elementos para el desarrollo. Balance de medio siglo

Haciendo una síntesis de todo lo dicho, debo reiterar que fueron muchos los pilares en que se basó la modernización del país durante el lapso que transcurrió entre el triunfo del Frente Popular y la caída del régimen de la Unidad Popular. Tanto las grandes reformas en el agro y en la minería, las reformas en la educación y la salud, como la industrialización sustitutiva de importaciones, que aceleró la ley de la Corfo, cambiaron la cara del Chile tradicional y tuvieron apoyo en la nueva infraestructura creada en caminos, puentes y puertos. Todo ello fue parte de una gigantesca operación que se echó sobre sus hombros el Estado de Chile.

Se ha caracterizado la labor de la Corfo como aquella que dio impulso en el país a la industrialización. Sin embargo, había un precedente importante en un primer proceso que surgió a fines del siglo XIX. Este fenómeno se inició no sólo en Santiago sino también en provincias, en especial en Valparaíso y en la región salitrera del norte. Motor de una primera industrialización en Chile fue la actividad minera del cobre y del salitre que estimuló el desarrollo. Lo mismo las actividades agrícolas de esa época, particularmente la industria vitivinícola y cervecera, así como la de procesamiento de alimentos. Todas ellas habían inaugurado en el país una actividad industrial que parecía muy prometedora.

En cambio, el proceso industrializador que se inició en 1939 se preocupó en primer lugar de una infraestructura que no existía y que era indispensable para que las industrias pudieran trabajar y operar. Especialmente todo lo relacionado con la energía eléctrica, para lo cual el directorio de la institución creó en 1943 la Empresa de Electricidad Sociedad Anónima (ENDESA), una filial de la Corfo. Su puesta en marcha permitió llevar a cabo el plan de electrificación del país mediante la construcción de centrales y otras obras complementarias. Entre 1939 y 1952 aumentó la disponibilidad de energía eléctrica para el servicio público en un 161 por ciento puesto que, en esa última fecha, el país contaba con 554.400 kilovatios frente a sólo 183.500 de que podía disponer en 1939. Esto fue el resultado de la construcción de ocho centrales generadoras de energía, del tendido de 1.325 kilómetros de líneas primarias de transmisión y de otros 2.563 kilómetros de líneas de distribución.

Gracias a lo anterior, en 1962 pudo inaugurarse el sistema eléctrico interconectado entre La Serena y Chiloé. Con ello, dos años más tarde la zona más poblada del país tuvo un sistema eléctrico integrado que comprendía centrales térmicas, centrales hidroeléctricas, subestaciones y líneas de transmisión a lo largo y ancho de 234 mil kilómetros cuadrados del país con siete millones de habitantes concentrados en esa área. Estos datos, y perdónese la digresión, nos indican que el 86 por ciento de la población vivía en el 31 por ciento del territorio nacional, reproduciendo, algo ampliada territorialmente, las proporciones de territorio y población que vimos para el tiempo colonial.

Junto a la instalación de la energía eléctrica, también la Corfo se dedicó a la prospección petrolera que dio por resultado en 1945 el descubrimiento de petróleo en el yacimiento de Manantiales, en la provincia de Magallanes. Este hecho dio paso a que se dictara el decreto 109, que reservó a la Corfo la extracción, refinación y explotación comercial del petróleo que se descubriera en esa zona. Más tarde se dictó la Ley 9.681 del 19 de junio de 1950 que creó la Empresa Nacional de Petróleo (ENAP), a la cual se le confió la prospección, extracción, refinación y comercialización del petróleo.

Sin embargo, el petróleo descubierto en Magallanes nunca ha podido abastecer el total de las necesidades del país. En 1965 proveía el 54 por ciento del consumo nacional, pero en los años siguientes esta proporción disminuyó al 39 por ciento en 1970 y al 24 por ciento en 1980.

Una tercera área de trabajo a la cual también se dio primacía fue la instalación de una industria básica como es la del acero. Para ello se construyó la usina de Huachipato en las cercanías de Concepción, que fue llamada Compañía de Acero del Pacífico (CAP), empresa mixta que compartía el dominio con capitales privados. Ella se constituyó en una eficaz palanca del proceso de industrialización, pues sobre la base de la producción de acero podrían surgir las industrias derivadas de ella. Su construcción se inició en 1947, y se encendieron los fuegos de los altos hornos el 3 de junio de 1950. Esta obra, hecha a un costo de 76 millones de dólares, permitió que en 1951 la producción de acero se multiplicara 8,5 veces respecto de lo que se producía en 1939. En 1954, esta empresa exportaba acero a Brasil, Argentina y Perú, envíos que correspondían al 25 por ciento de los despachos totales de la empresa.

Finalmente queremos destacar la creación de la Industria Azucarera Nacional S.A. (IANSA) por acuerdo de 1952 para "fomentar el desarrollo agrícola a través del cultivo de la betarraga sacarina e iniciar la producción de azúcar nacional". En 1963 la producción de esta industria permitía abastecer el 40 por ciento del consumo nacional de azúcar. Por otra parte la Corfo, a través de su plan pesquero, intervino en la creación y habilitación de caletas y puertos, formando el puerto pesquero de Iquique y la Empresa Pesquera Tarapacá S.A. también ubicada en la ciudad de Iquique, donde además se desarrolló la industria de la harina de pescado.

Algunos economistas indican, sin embargo, que estos progresos estaban limitados a causa de la gran importancia e impacto que aún tenía el comercio exterior, especialmente los ingresos derivados de la minería, sobre las entradas totales del país. En 1895, en el período de auge de la industria salitrera, las entradas obtenidas a través del comercio exterior llegaban al 95,1 por ciento, proporción que en 1929 había bajado al 67 por ciento y en el período 1950-1954 todavía representaba el 52 por ciento.

Al término del período que estudiamos la minería chilena se encontraba dividida en dos grandes ramas. La Gran Minería del Estado de Chile, según la reforma que hemos visto, estaba a cargo de la Corporación del Cobre (CODELCO), con sus cuatro grandes yacimientos: Chuquicamata, El Salvador, Andina y El Teniente. Junto a ella, la mediana y pequeña minería con un organismo rector, la Empresa Nacional de Minería (ENAMI), creada en 1960 y encargada de fomentar la minería a través de la adquisición, el procesamiento y la comercialización de los productos de la pequeña y mediana empresa minera. De ella dependían las fundiciones de Ventanas en la Quinta Región y Paipote en la Tercera.

Las grandes empresas dedicadas a la minería exportaban, a fines de la década de 1970, 2.300 millones de dólares como resultado de esa actividad, lo cual significaba que, dentro del total exportado por el país, el 58 por ciento de las divisas que se obtenían provenían de la minería. Esta industria era, pues, la principal actividad del país y siguió siéndolo durante todo el siglo XX.

Hasta aquí lo que se refiere a parte de la obra de reorganización económica efectuada en los cuarenta años y más que duró la experiencia política de la clase media chilena. Pero esta obra no se agotó en esta actividad, puesto que lo social fue la meta preferente de estos gobiernos. Sin duda que ciertas reformas en el área económica, como la agraria, traían aparejadas también grandes reformas sociales. La formación de los asentamientos, la preparación de los nuevos campesinos mediante INDAP y algunos organismos privados representaban para este sector un cambio fundamental cuyos efectos todavía pueden apreciarse en el último año del siglo XX, a veintiséis años del término del proceso de la reforma agraria. Especialmente en lo que se refiere a la producción agrícola, que satisface uno de los requerimientos básicos de la reforma como es el aumento de la producción para que el país no sólo pueda ser alimentado por sus campos sino que también pueda exportar los excedentes.

A estas alturas cabe preguntarse por qué, pese a estos evidentes logros y a todo este proceso modernizador, el desarrollo de Chile se mantenía estancado.

Una respuesta que estuvo en los labios de todos los economistas consistió en culpar de este estancamiento a una inflación crónica y a veces exagerada.

En *Chile, un caso de desarrollo frustrado*, escrito en 1957, Aníbal Pinto intentó una explicación partiendo de una metáfora: "Este país sobresale por un desarrollo casi deforme de su cabeza, entendiendo por tal su institucionalidad, su organización política, su armazón de relaciones sociales, que parece plantada sobre un cuerpo si no raquítico, por lo menos de una edad que no le corresponde". Por tanto, sería el desequilibrio producido por su estructura social y política el causante de la persistencia de este fenómeno.

Señaló algunos rasgos que, a su juicio, no se encontrarían en la mayoría de las naciones adolescentes, y describió las características de la clase obrera, la clase media y la clase alta según como él las apreciaba hacia 1957. Se detuvo en cada grupo social y explicó sus características principales, indicando que la clase alta se encontraba provista de gran flexibilidad. En cada coyuntura histórico-política crítica, la clase alta resistía tercamente aunque, cuando el peligro era muy grave, retrocedía hasta líneas más seguras haciendo concesiones y negociando los avenimientos. Cuando esto ocurría, este grupo social, para sostener sus posiciones, recurría a la inflación.

Tampoco la clase media ha podido transformarse en una nueva burguesía; es decir, pese a haber conquistado el poder político no ha podido usarlo "para fomentar y robustecer sus bases económicas". La clase media chilena se diferencia radicalmente de una verdadera burguesía porque "tiene su asiento fuera de los comandos del sistema de producción", ya que su ubicación se encuentra en el sector servicios a través de profesiones o del empleo público o particular y en el pequeño comerciante. Fue, por lo tanto, incapaz de encabezar un proceso de transferencia de la tutela económica en favor de su grupo. Ganó el poder político, pero no pudo capturar el poder económico "por la debilidad de sus raíces y posiciones económicas" que se mantuvieron en manos, como ya hemos visto, de un pequeño grupo constituyente de la oligarquía, que evolucionaba y modificaba sus componentes y sus miembros.

La Corfo ha elaborado un cuadro que comprende cien años de inflación desde 1880 a 1981 y está mostrado por décadas. Las primeras cuatro décadas hasta 1919 señalan un proceso que se mantiene entre un 5 y un 8 por ciento promedio anual hasta llegar a la de 1920-1929, que es la más moderada de todas con un 3 por ciento promedio, mientras que la década siguiente, 1930-1939, subió a un 5,6 por ciento, cifra que, para entonces, era la normal de inflación que se mantenía desde 1880.

Pero a partir de 1940 el cuadro varía en forma rotunda. La inflación en la década de 1940-1949 alcanzó un promedio del 17,6 por ciento, mientras la siguiente 1950-1959 subió al 38,2 por ciento, para seguir la de 1960-1969 que tuvo una leve baja con un 24,9 por ciento promedio, para luego, en la década 1970-1979, subir a un 175,3 por ciento donde el año clave es 1973, para el cual se estimó una inflación del 508 por ciento.

Aníbal Pinto confronta estas fechas, hasta 1957, con los sucesos históricos. Estima que hasta 1943 hubo una "creciente inflacionaria", la relaciona con los esfuerzos y las consecuencias de la política social del gobierno del Frente Popular, con el efecto expansivo de crecimiento de las exportaciones y con las repercusiones inflacionarias del encarecimiento y la restricción de las importaciones y de las adquisiciones de divisas por parte del gobierno. En cambio, entre 1944 y 1946 el autor registra una "menguante inflacionaria" que atribuye a la declinación de la política social de la izquierda, debido al desplazamiento hacia la derecha del gobierno del presidente Juan Antonio Ríos. A la vez crecieron las importaciones y disminuyó el volumen de exportaciones, aunque "la relación de precios comienza a mejorar". Después de 1947, que corresponde al primer año del gobierno de Gabriel González Videla, se dio una inestabilidad política que pronto cesó con el advenimiento de la derecha al gobierno con el gabinete de la Concentración Nacional, cuando se produjo una estabilización del proceso inflacionario que duró hasta 1950.

Después de esta fecha, se desarrolla una situación en la que combaten fuerzas contradictorias, aunque el alza inflacionaria no toma un cariz amenazante sino en 1954 gracias a la bonanza económica de la Guerra de Corea y a las ventajosas condiciones de la venta del cobre a finales del gobierno de González Videla. Pero un retroceso de la economía de Estados Unidos "destruye el dique de contención" cuyas aguas se dejan caer sobre un gobierno débil como era la segunda administración de Carlos Ibáñez (1952-1958). La inflación se disparó con un 72 por ciento en 1954 y un 85 por ciento en 1955, lo que obligó a este gobierno a contratar en Estados Unidos una misión económica que implantó algunas medidas rectificadoras. A la vez se produjo una coalición de hecho con los partidos de derecha y son ambas circunstancias las que permitieron algunas medidas financieras para contener el proceso inflacionario que bajó al 17,3 por ciento en 1957.

A partir de 1958, bajo el gobierno de Jorge Alessandri Rodríguez (1958-1964), se inició un proceso de "menguante inflacionaria" que arrojó cifras promedio de 5,4 por ciento en 1960 y 9,7 por ciento en 1961, las cuales se atribuyen a un programa de estabilización basado en la apertura de la economía al comercio exterior y en la liberalización de los mercados. Sin embargo, el gobierno no pudo mantener la disciplina fiscal y monetaria y hubo que devaluar la moneda en 1962. Estas circunstancias reavivaron el fenómeno y se produjo una "creciente inflacionaria" que en 1963 llegó a un 45,2 por ciento.

El gobierno de Eduardo Frei Montalva llevó un programa de estabilización que no se basaba en el sector externo sino en la programación monetaria y fiscal. Pero, según los datos de la Corfo, a los que seguimos en esta parte, el excesivo gasto fiscal y el despertar de las expectativas de los sectores antes marginados implicaron que el gobierno recibiera presiones muy fuertes sobre el gasto público y demandas sobre elevación de salarios que llevaron a un 35 por ciento la inflación en 1969.

En síntesis, al comenzar el gobierno de la Unidad Popular en 1970, la inflación constituía uno de los principales obstáculos que enfrentaba cualquier plan de desarrollo. Volviendo a las hipótesis de Aníbal Pinto, éste nos habla de una "propensión inflacionaria" causada por la especial estructura sociopolítica chilena, muy vulnerable y débil frente a los embates de las circunstancias socioeconómicas, que parecía ser inmune a cualquier receta económica elaborada para terminar con sus perniciosos efectos. Este autor indica algunos factores mediatos que estimulan el crecimiento de la inflación, entre los cuales señala la "incapacidad del sector agropecuario para incrementar la oferta de alimentos", situación que antes de la gran crisis pudo no tener tanta trascendencia, pero que luego de 1930, con la acentuación del fenómeno migratorio del campo a las ciudades y el correspondiente crecimiento de éstas, la elevación de los ingresos y el ascenso de los grupos sociales, la provisión de alimentos pasó a tener un carácter de urgencia insoslayable. Pinto reconoce otro factor principal en la dependencia del comercio exterior que se veía agravada por el predominio de un solo producto de exportación (el cobre) y por los altibajos que a largo plazo sufrían su demanda y precios.

De esta manera, los gobiernos progresistas que administraron el país después de 1938 se encontraron situados frente a un problema de una magnitud enorme y que tenía la cualidad de detener o de distorsionar cualquier plan de desarrollo. Por lo tanto, y si Aníbal Pinto tiene razón, debía llegar un momento en que la única solución no podía consistir en reformas sino en cambios revolucionarios para transformar la estructura social del país. Es lo que pretendió hacer con tan mala fortuna la Unidad Popular entre 1970 y 1973 y es lo que consiguió en algunos aspectos el régimen militar entre 1975 y 1990.

Pero en todo caso, para hacer cualquier revolución que tocara la estructura social era preciso haber llevado a cabo otros cambios fundamentales en el país.

Eso es lo que constituye la obra inmensa realizada durante más de cuarenta años y sin la cual las nuevas orientaciones económicas establecidas desde la década de 1970 no habrían podido tener éxito. La infraestructura, la electrificación, la industrialización, el fomento de diversas áreas de importancia económica, fueron las palancas que han permitido el salto cuantitativo y cualitativo de la economía y la sociedad chilenas desde 1990 en adelante. Sin duda resulta evidentemente falso y tendencioso olvidar un largo período como el que cubre la labor hecha durante la segunda mitad del siglo XX, especialmente entre 1939 y 1973. Parecería que hubiera una intencionalidad que desea fomentar el olvido de toda esta realidad para atribuir los éxitos de la modernización en Chile a los modelos económicos implantados con posterioridad al golpe militar de 1973, borrando así, de una plumada, toda una larga, paciente y difícil construcción anterior que permitió continuar con nuevos modelos, pero construyendo sobre una realidad existente y exitosa.

Ésta ha sido la verdad en un país como Chile, carente de memoria histórica, donde todo parece surgido en poco tiempo gracias a las habilidades en el manejo de una varita mágica. Por el contrario, si hay algo que debe estudiarse en la larga duración es el desarrollo global que se compone de muchas acciones que van confluyendo. Así sucedió desde 1939 y así se ha continuado hasta el presente.

Salvador Allende saludando desde un balcón de La Moneda.
(Archivo fotográfico del Museo Histórico Nacional, Chile)

IV. UNIDAD POPULAR, EL PROGRAMA DE UNA REVOLUCIÓN

Al comienzo de la primavera austral de 1970 se realizaron en Chile los comicios para elegir presidente de la República en reemplazo de Eduardo Frei Montalva.

Las candidaturas se habían organizado en torno de los tres tercios tradicionales. Encabezaba la de la derecha el ex presidente Jorge Alessandri Rodríguez, al cual apoyaban los partidos Nacional (formado en 1965 por los ex partidos Conservador y Liberal) y el Partido Radical Democrático, rama segregada en 1969 del antiguo Partido Radical más un grupo nacionalista.

La segunda candidatura era del Partido Demócrata Cristiano y estaba representada por Radomiro Tomic Romero, uno de los antiguos fundadores de la Falange Nacional en 1938. Además de su partido, lo apoyaba el Demócrata Nacional (Padena) que correspondía a los restos del antiguo Partido Democrático fundado a fines del siglo XIX y que desde 1920 había recorrido toda suerte de transformaciones, yendo desde el ibañismo hasta la democracia cristiana.

Diversos investigadores destacan el rechazo de la democracia cristiana a forjar alianzas con los partidos de derecha. Ya existía el precedente de Eduardo Frei Montalva en 1964 cuando los conservadores y liberales le ofrecieron su apoyo en ocasión de su candidatura al mismo cargo. Éste aceptó, pero dejando en claro que no existía compromiso alguno con la derecha y que mantenía íntegramente su programa. Tomic Romero, por su parte, se había manifestado contrario a aceptar una candidatura que no contara con el apoyo de las demás "fuerzas populares". No obstante, había existido antes la posibilidad de que la derecha apoyara a un candidato democratacristiano y se barajaron otros nombres como el de Edmundo Pérez Zujovic o Gabriel Valdés Subercaseaux, pero esta opción no prosperó. Ello explica, pues, la radicalización hacia la izquierda de Tomic, su lenguaje "revolucionario" y al mismo tiempo su imposibilidad de obtener apoyo de partidos de izquierda como el Radical u otros que estaban trabajando en favor de Allende.

La tercera candidatura fue la de Salvador Allende Gossens, a quien apoyaba una alianza política llamada Unidad Popular que congregaba a los partidos Comunista, Socialista y Radical, más los grupos pequeños salidos desde la democracia cristiana (MAPU e Izquierda Cristiana) y otros menores.

La elección tuvo lugar el 4 de septiembre de 1970 y su resultado otorgó la primera mayoría relativa a Allende con 1.075.616 votos (36,3 por ciento), seguido por Jorge Alessandri con 1.036.278 sufragios (34,8 por ciento) y por Tomic con 824.849 votos (27,8 por ciento). Este resultado puede ser comparado con el de las elecciones de 1958 cuando, a la inversa, triunfó Jorge Alessandri con el 31,6 por ciento contra 28,9 por ciento de Salvador Allende y 20,45 por ciento de Eduardo Frei. La diferencia de votos en favor de Alessandri en 1958 fue de 33.416 votos, mientras la que obró en favor de Allende en 1970 fue de 39.338 votos.

La tradición que rigió durante la vigencia de la Constitución de 1925 era que en la segunda vuelta electoral, que entonces correspondía dirimir al Congreso Pleno, siempre se respetaba la primera mayoría relativa. De acuerdo con esto, en 1946 se dio la victoria a Gabriel González Videla, primera mayoría relativa con una ventaja de 49.776 votos; en 1952 a Carlos Ibáñez con una ventaja de 181.082, la mayoría relativa más alta de todas. Pero en 1958, como se ha visto, Alessandri tuvo a su favor 33.416, la más baja primera mayoría relativa.

El procedimiento de la segunda vuelta electoral, según el artículo 64 y siguientes de la Constitución, correspondía al Congreso Pleno que realizaba su votación en sesión pública cincuenta días después de realizada la primera votación. De acuerdo con esto, era muy difícil que el Congreso votara por la segunda mayoría, pese a que legalmente era posible. Por tanto, de acuerdo con esta costumbre, parecía muy probable la proclamación de Allende por el Congreso el día 24 de octubre de 1970, cosa que tenía en ascuas a la derecha y a los grupos ultristas que se habían desarrollado en los últimos tiempos.

Estos cincuenta días fueron muy difíciles, y la tensión que se sufrió en el país durante ellos sólo puede compararse con la que tuvo lugar a partir del 11 de septiembre de 1973. La seguidilla de acontecimientos ocurridos en ese plazo se dio en forma vertiginosa, por lo que conviene que en las líneas siguientes se haga un resumen de ellos.

Para una comprensión más cabal de estos dramáticos días, y sin olvidar que el triunfo de Allende y su coalición era sólo el triunfo de una minoría, importa recordar dos antecedentes que venían desde antiguo, que ahora fueron usados para tratar de impedir la proclamación de esta candidatura.

El primero de ellos era el temor al comunismo y al marxismo en general, miedo ya casi secular y con el cual se había alimentado a la población de Chile desde por lo menos 1938. Usado ampliamente durante las campañas electorales por sectores de la derecha chilena, durante esta elección aterrorizó especialmente a los sectores de la Iglesia Católica, quienes se aseguraron elementos para la huida cuando se iniciara la persecución como había ocurrido en España.

Frente al triunfo de la Unidad Popular, la derecha, sus hombres, instituciones y partidos lo interpretaron, según Oppenheim, "como un llamado a las armas y a la lucha por la supervivencia [...] [por lo que] ellos actuaron desde el principio para defenderse. En esta batalla, la derecha se inclinó a usar cualquier medio que fuera necesario para proteger sus intereses, aun si ello significaba destruir el orden democrático. Allende, en comparación, fue de lejos mucho más demócrata que ellos". Detrás de éstos, muchos sectores de la clase media se habían dejado captar por estos "profundos miedos anticomunistas" que, repetimos, se encontraban ya enraizados en una cantidad importante de los miembros de la población chilena. El mismo autor considera que "pequeños comerciantes y dueños de tiendas, aunque pensaban que estaban económicamente bien bajo Allende, temían a la retórica revolucionaria del gobierno. Ellos se convirtieron en baluarte de la derecha, como lo demostraron en las huelgas de 1972 y 1973".

El segundo de estos elementos, muy activo en los cincuenta días transcurridos entre la elección y la confirmación por el Congreso Pleno, fue la actitud del gobierno de Estados Unidos y sus organismos de inteligencia. Hay consenso entre todos los analistas de aquel país en que desde un principio su gobierno fue completamente hostil al hecho de que Allende pudiera alcanzar el poder en Chile. Todo ello ha quedado claro desde que se conoció el informe titulado "Covert Action in Chile 1963-1973" que emanó del Comité para el Estudio de las Operaciones Gubernamentales que publicó el Senado de Estados Unidos. Allí se destacan los importantes esfuerzos hechos por el gobierno de aquel país para lograr que Allende no asumiera el poder. Estos esfuerzos fueron englobados en una estrategia que sobrepasaba los canales normales diplomáticos y que contemplaba distintos tipos de acciones, lo que obligó a dividirlos en dos partes: Track I y Track II.

El Track (Vía) I era un conjunto de actividades que procuraban encontrar un camino constitucional que impidiera que Allende asumiera su cargo. El principal consistía, desde luego, en que la mayoría requerida para elegir (51 por ciento de los asistentes según el artículo 65 de la Constitución) fuese obtenida por el candidato Jorge Alessandri, segunda mayoría relativa, quien renunciaría de inmediato. Esta situación obligaría a llamar nuevamente a elecciones y la derecha ofrecería votar por Eduardo Frei Montalva quien no tendría ningún impedimento legal, en este especial caso, para ser reelegido presidente de la República. Alessandri aceptó actuar dentro de este plan mientras comenzaban a realizarse otras acciones como enviar cartas y telegramas a la esposa del presidente Frei o formar grupos de señoras vestidas de luto que se paseaban tristes, cabizbajas y silenciosas frente al palacio de La Moneda. Este plan fracasó porque el presidente, pese a que al principio autorizó que se realizaran estos contactos, terminó por rechazar la operación. Según Gazmuri, quien relata este plan, Allende llamó por teléfono al presidente la noche siguiente a la elección y le pidió que reconociera su triunfo, paso que legalmente no le correspondía dar, por lo que Frei se negó a hacerlo. El mismo historiador, que disfruta de muy buenas fuentes, añade que el presidente tuvo conocimiento y aprobó el discurso que el ministro de Hacienda Andrés Zaldívar pronunció ante el país por televisión donde se refirió a la debacle económica que se estaba produciendo en Chile a causa del triunfo de Allende, pese a que "no se les podía escapar, ni a Frei ni a Zaldívar, que el discurso crearía aún más pánico, aumentando el clima de exasperación entre los grupos de derecha más exaltados".

Este discurso y una campaña de terror hecha por ciertos órganos de prensa relacionados con la derecha provocaron una grave corrida en los bancos y en las asociaciones de ahorro y préstamo, seguida de una caída importante en la Bolsa de Comercio, de una disminución de las inversiones, de paralización de la construcción y de una fuga de capitales y dólares. Todo ello profundizaba la contracción que sufría la economía e impulsaba la huida de personas hacia países extranjeros quienes, para hacerlo, vendían sus bienes a cualquier precio. Otro tipo de reacción fue comenzar una campaña de presiones para evitar que el Congreso eligiera a Allende en la segunda vuelta.

Fracasada esta vía, entró en operación el Track II, que contemplaba la posibilidad de un golpe de Estado. Para ello la CIA y algunos funcionarios de la embajada de Estados Unidos tomaron contacto con el general (R) Roberto Viaux, quien el año anterior había encabezado un movimiento militar dirigido desde el regimiento Tacna en Santiago. Este ex militar, junto con varios otros uniformados tanto en retiro como en servicio activo y sectores civiles, planearon raptar a los miembros del alto mando del Ejército, en especial al comandante en jefe general René Schneider quien, por su posición constitucionalista, era el principal obstáculo para un golpe o intervención militar contra Allende. Este rapto, se creía, serviría de aliciente para que el Ejército realizara un golpe de Estado, pero era también evidente que esta posibilidad no pasaba de ser una suposición que, en su época, parecía poco creíble que funcionara de esa manera.

Durante esos días, algunos de los complotados se dedicaron a colocar bombas en Santiago y en las provincias, pero el hecho principal fue la intentona realizada el 22 de octubre, vísperas de la reunión del Congreso Pleno, para raptar al comandante en jefe del Ejército. Este hecho de violencia fracasó en cuanto al rapto pero dejó herido de tal gravedad al general Schneider que falleció en el Hospital Militar el 25. Cristián Gazmuri, a quien hemos seguido en este relato, agrega que "tras la intentona de Viaux y los otros altos uniformados, estuvo pues el plan Track II ideado por la Central Intelligence Agency (CIA), tras la cual estaba la mano de Henry Kissinger y del propio presidente [Richard] Nixon, quien estaba consternado por la victoria de la Unidad Popular; aunque al parecer no la de [el embajador] Edward Korry que creía a los militares chilenos «soldaditos de juguete»". Según el *New York Times* del 12 de marzo de 1976, y en cita incluida por Sergio Bitar en su obra *Transición, socialismo y democracia. La experiencia chilena*, el presidente Nixon respondió al Congreso de su país expresando: "Yo estaba muy preocupado de que la presencia del gobierno del señor Allende afectara directa y negativamente la seguridad de Estados Unidos [...] Por lo tanto instruí al [director de la CIA] señor Helms para que ésta procediera clandestinamente. Instruí, además, al señor Helms y al doctor Kissinger para que fuese adoptada cualquier medida que tuviera impacto en la economía chilena –tal como cortar toda ayuda externa a Chile– como un paso adicional para prevenir que el señor Allende alcanzara la presidencia".

El Partido Demócrata Cristiano, constituido ahora en árbitro definitivo de los resultados de la elección en el Congreso Pleno, había participado desde hacía muchos días en conversaciones con la directiva de la Unidad Popular y con el propio candidato sobre la votación que se acercaba en el Congreso Pleno. Las tratativas concluyeron en la confección de un "Pacto de garantías constitucionales", condición que este partido exigió para dar el voto a Allende. Este acuerdo fue aprobado por la junta extraordinaria del partido los días 3 y 4 de octubre y estas garantías, cuyas cláusulas serían incluidas en la Constitución de 1925 como una modificación de ésta, consistían en reafirmar varias de las garantías constitucionales que aquella Carta consagraba en su artículo 8 y siguientes. Fundamentalmente profundizaban las libertades de prensa, de trabajo, de enseñanza, de circulación o movimiento, derecho de reunión, participación social y profesionalismo de las Fuerzas Armadas. Como dice Edgardo Boeninger, este acuerdo reflejó "la preocupación y desconfianza respecto del compromiso de la Unidad Popular con el sistema político democrático y su menor interés o temor por el programa económico de la Unidad Popular". Finalmente, estas modificaciones fueron aprobadas por el Congreso y publicadas en el Diario Oficial de 9 de enero de 1971.

El 24 de octubre de 1970, y en virtud de este acuerdo, fue elegido presidente de la república por el Congreso Pleno Salvador Allende con 135 votos a favor. Hubo 35 para Alessandri y 7 abstenciones.

Allende asumió el poder el 3 de noviembre de 1970. Comenzó también, aquel día, uno de los dramas políticos más agudos que registra la historia de Chile. Como dice Joan Garcés en *La pugna política por la presidencia en Chile*, el 4 de noviembre los escépticos de antes del 4 de septiembre comenzaron a sentir la pesadilla de la sedición, del complot y de la subversión.

El mismo autor, que era asesor del gobierno de la Unidad Popular, hizo en 1971 un profundo análisis de los factores negativos que rodeaban la gestión del doctor Allende concluyendo que: "Jamás el resultado de una elección política ha resuelto un programa revolucionario. A lo más, ha ofrecido la oportunidad para comenzar a aplicarlo. La historia de la experiencia de un gobierno pro socialista dirigido por un marxista, dentro de un sistema económico de fundamentos íntegramente capitalistas y directamente dependiente de la más grande potencia capitalista, en un contorno regional hostil o a lo sumo neutral, no hace sino comenzar el 4 de noviembre. Su debilidad es asombrosa para cualquiera que analice con realismo el equilibrio de fuerzas –económicas, militares, sociales y también políticas– de Chile a fines de 1970".

El programa de la Unidad Popular

La Unidad Popular fue el capítulo final de aquella etapa de la historia de Chile que hemos llamado "República mesocrática" y que para nosotros tuvo su desarrollo en los treinta y cinco años que corren entre el triunfo del Frente Popular en 1938 y el fracaso de la Unidad Popular en 1973.

Esto no significa que puedan asimilarse la estructura y el programa del Frente Popular al de la Unidad Popular. El Frente Popular se basó fundamentalmente en un partido de centro, como era el Radical, que desde allí proyectó los cambios sociales, económicos y políticos para el país, construyendo otro que, como dice Germán Urzúa Valenzuela, constituye una inmensa obra que pudo hacerse "no obstante la apasionada oposición de la derecha y los conflictos y rencillas de la izquierda".

La Unidad Popular, aunque tenía dentro de ella los mismos partidos y fuerzas políticas que el Frente en 1938, funcionaba en un contexto político completamente distinto del que se dio en esa fecha. Repetimos, ahora no era su centro el Partido Radical, antiguo centro político y hogar político indiscutido donde se nutrió la naciente clase media chilena desde la segunda mitad del siglo XIX. En la segunda mitad del XX había perdido mucha de su importancia y de sus fuerzas nutriendo a los partidos Socialista y Comunista y a otras fuerzas políticas nuevas, como el Partido Demócrata Cristiano. Este había nacido en 1957 de la fusión de la antigua Falange derivada de la Juventud Conservadora y del Partido Conservador Social Cristiano –parte del viejo tronco conservador– y había iniciado su crecimiento político en forma vigorosa, lo que le permitió acceder con uno de los suyos a la presidencia de la república en 1964.

El escenario político chileno era ahora de los partidos Socialista y Comunista en la izquierda, y el de la democracia cristiana en el centro, desempeñando de alguna manera el rol que antes correspondió al Partido Radical. Por tanto, el radicalismo en la Unidad Popular constituía en ese momento una presencia secundaria aunque importante, puesto que daba carácter plural a una combinación donde los dos principales partidos –Comunista y Socialista– se declaraban marxistas.

Por su parte, la propaganda de la Unidad Popular insistió varias veces en las diferencias que existían entre ella y el antiguo Frente Popular. El propio Allende, como lo recuerda su asesor Joan Garcés, solía decir: "Nosotros no queremos una repetición del Frente Popular. Éste buscó mejorar el régimen y mantener el sistema. Nosotros queremos cambiar el régimen y el sistema, para poder constituir una nueva sociedad sobre bases sociales y económicas totalmente distintas".

Por este motivo, el programa de la Unidad Popular contenía proposiciones que daban la razón al anterior juicio de Allende. Se partía de la necesidad de dictar una nueva Constitución Política del Estado en la cual quedaría institucionalizada la incorporación del pueblo al poder del Estado. El órgano superior del poder político estaría radicado en la Asamblea del Pueblo, en la cual residiría la soberanía popular. El derecho de sufragio sería extendido también a todos los miembros de las Fuerzas Armadas y se declaraba expresamente que la Unidad Popular no terminaba en la elección presidencial sino que había sido organizada para llevar a cabo los cambios de fondo que esta fuerza política exigía, es decir, la democratización. Por este motivo su acción conduciría al "traspaso del poder de los antiguos grupos dominantes a los trabajadores, al campesinado y sectores progresistas de las capas medias de la ciudad y del campo", lo cual se haría mediante las nacionalizaciones que significarían el fin de la gran burguesía y su desaparición como fuerza social predominante. Es decir, la revolución.

Allende deseaba cambiar el régimen y el sistema y terminó convenciendo a muchos de que éste era el único camino de salida para Chile. Esto lo decía un hombre que por su apariencia no coincidía con los estereotipos del revolucionario. Sin embargo, logró entusiasmar a sus partidarios. Mejorar el régimen y mantener el sistema, decían los reformistas. Cambiar el régimen y el sistema, dirá el revolucionario. Con todo esto, creo que sigue siendo muy difícil definir "revolución" y "revolucionario" por ser términos que están compenetrados y contaminados por estereotipos de larga duración y más difícil extirpación.

Para ello, en este trabajo usaremos el concepto de "cambio" o de "devenir" entendidos como "llegar a ser" o "ir siendo". En el caso de la historia política, podríamos usar un concepto parecido como es el de movimiento en el sentido de traslación o desplazamiento. Sin embargo, el concepto de "revolución" debe ser distinguido del término 'cambio' y usado para describir aquellas modificaciones políticas juzgadas lo suficientemente importantes como para merecer el nombre de "revolución". También puede hablarse de un "cambio súbito destinado a establecer un nuevo orden o a restablecer, por medios violentos, un orden anterior estimado más justo o más adecuado". Todavía puede decirse que "revolución" es un tipo de transformación lo suficientemente radical y lo bastante abrupta para que no se confunda con el mero cambio o con alguna forma de evolución.

En este sentido, existen revoluciones arquetípicas, como fueron la inglesa o "Glorious revolution" (1640-1688) o la francesa (1789-1795), o incluso la norteamericana (1776-1783) o la latinoamericana (1808-1825), todas ellas revoluciones políticas pero con repercusiones sociales y económicas evidentes. En el siglo XX se hicieron también paradigmáticas la Revolución Rusa (1917), la China (1948), la Cubana (1956-1959) y la islámica en Irán (1979), todas las cuales, a diferencia de las del siglo XVIII y principios del XIX, se consideran revoluciones políticas, pero con el énfasis puesto en lo económico y lo social.

Karl Marx, reflexionando en mayo de 1871 acerca de la Comuna de París, dijo que la clase trabajadora "sabía que para llevar a término su emancipación, y con ella la más elevada forma a que tiende irresistiblemente la presente sociedad por sus medios económicos, debería saltar por encima de numerosos obstáculos y de una serie de procedimientos históricos para transformar los hombres y las cosas. No tenía ideales que realizar, sino dar libertad a los elementos de la nueva sociedad de que está preñada la misma sociedad burguesa, caduca y arruinada".

Para el chileno Tomás Moulian (*Chile actual, anatomía de un mito*), el término 'revolución' es todavía más rotundo y se define como "la resultante de intervenciones de sujetos sobre las inercias de lo instituido, sobre la tendencia a la reproductibilidad de los sistemas, con el objetivo de transformarlos". Y agrega más adelante: "La revolución como acto se puede asimilar a liberación de calor y radiación de una explosión nuclear, ella destruye para crear una situación de tabla rasa sobre la cual reconstruir. Reconstruye sobre el apocalipsis".

Postulamos entonces que el programa de la Unidad Popular, en la medida en que efectuaba cambios profundos e inmediatos en lo político, en lo social y en lo económico, como quedaron enunciados en el resumen expresado antes, estaba proponiendo y tratando de llevar a cabo una verdadera revolución. Así lo expresó ante el Congreso el ministro del Interior José Tohá cuando fundamentó su defensa frente a la acusación que se le había formulado: "Chile está viviendo el desarrollo de un proceso revolucionario. Es en atención a este hecho fundamental que hay que contemplar todo el resto de los problemas sociales. No haciendo abstracción de él".

Con todo, hay que insistir en lo que Allende deseaba, que era la revolución dentro de las instituciones, es decir, una revolución que se fuera desarrollando con las herramientas y mecanismos proporcionados por una institucionalidad democrático-burguesa, sujeta a las tradiciones chilenas, revolución con empanadas y vino tinto como le gustaba decir, destacando con ello el carácter alegre y festivo que quería imprimir a su revolución. Mirada exclusivamente desde este punto de vista, sin duda que la revolución "democrática" de Allende no tenía nada que ver con la revolución apocalíptica de Moulian; sería casi su antónimo, su opuesto absoluto.

Volviendo al programa económico de la Unidad Popular, en éste se distinguían tres áreas.

Primero un área estatal dominante conformada por las empresas del Estado actuales y las que se expropiaran en lo sucesivo dentro de las cuales, en general, estarían todas aquellas que condicionaban el desarrollo económico y social del país, tales como la producción y distribución de energía eléctrica, el transporte ferroviario, aéreo y marítimo; las comunicaciones; la producción y distribución del petróleo y derivados, incluido el gas licuado; la siderurgia, el cemento, la petroquímica y la química pesada, la celulosa y el papel. Se trataba, pues, del motor del desarrollo de la economía donde estaban las empresas de más altas tecnologías, capaces de generar excedentes para poder realizar inversiones donde el desarrollo del país y los intereses de los trabajadores lo necesitaren.

En segundo lugar, el área de propiedad privada compuesta por las empresas medianas y pequeñas, que estaría regulada por una planificación general y a las cuales el Estado daría asistencia financiera y técnica. Acá, como el nombre lo dice, la propiedad sobre los medios de producción es privada y podía tratarse de propiedad individual como un empresario capitalista o un pequeño productor independiente. Esta área comprendía algunas estructuras económicas, como capitalismo de economía privada, pequeños productores independientes y el sector cooperativo.

Finalmente, había una tercera área mixta integrada por empresas que combinarían los capitales del Estado con los de los particulares.

El problema principal para llevar a cabo este programa dentro de las normas del sistema democrático vigente residía en la composición de las cámaras que habrían de aprobar las leyes respectivas. En la medida en que las fuerzas políticas chilenas se encontraban clasificadas en tres grandes grupos: derecha, democracia cristiana y Unidad Popular, era evidente la falta de fuerzas suficientes para llevar adelante su programa, fuerzas de las que adolecía el gobierno en el Congreso Nacional. Siendo minoritaria, la Unidad Popular debería esperar hasta marzo de 1973, cuando se realizaran elecciones generales de diputados y senadores. Pero se hacía evidente que un estancamiento en el desarrollo de sus programas durante casi dos años significaría una desilusión que acarrearía una nueva derrota electoral. Si la elección general del Congreso hubiese ocurrido en una fecha cercana a la presidencial, tal como le ocurrió a la administración de Eduardo Frei, no hay duda de que las fuerzas de la Unidad Popular en el Congreso habrían aumentado mucho sus posibilidades. Bastan para comprobarlo los resultados de la elección municipal de abril de 1971, donde los partidos de gobierno obtuvieron el 48,6 por ciento de los sufragios.

Frente a este gigantesco obstáculo surgió la iniciativa de un conocido abogado oficialista, Eduardo Novoa, quien procedió a estudiar y a investigar dentro de la legislación chilena vigente. Como dice Novoa, "increíblemente la propia exuberancia legislativa, su desorden y falta de organicidad, pasaron a convertirse en aliados de estos esfuerzos" hasta encontrar en disposiciones dictadas durante la brevísima vigencia de la República Socialista de 1932 y en otras épocas posteriores las herramientas que de otra manera no habrían conocido. Cabe recordar que antes, en 1938, el Frente Popular utilizó algunos de los decretos dictados por aquella república, como el Comisariato General de Subsistencia y Precios que permitió al gobierno de Aguirre Cerda controlar los precios de los artículos de primera necesidad. Este organismo subsistió hasta la década de 1970, aunque ahora con el nombre de Dirección de Industria y Comercio (DIRINCO) pero manteniendo su importante labor de controlar los precios. Novoa puso en acción otros decretos de aquella época que autorizaban a expropiar empresas industriales y comerciales y que concedían al Estado facultades discrecionales para proceder en caso de requisiciones, pudiendo ordenar la continuación de las faenas y nombrar un interventor.

Todo esto permitió intervenir industrias importantes y actividades comerciales, todas las cuales comenzaron a conformar esa área. En 1971 se intervinieron con estos procedimientos y pasaron a control del Estado 167 empresas. En 1972 lo hicieron otras 151, con lo que se alcanzó un total de 318 empresas hasta diciembre de ese año; eran las más grandes y las que dominaban sus respectivos mercados y de ellas dependían "otras numerosas empresas a las cuales abastecían de insumos intermedios".

Importantes fueron los mecanismos usados para estatizar la banca. Primeramente se negoció con los bancos extranjeros y se llegó a un acuerdo que permitió su compra por parte del Estado usando para ello créditos otorgados por las mismas casas matrices. En cuanto a los bancos privados nacionales, el mecanismo que se usó fue la compra de acciones por parte del Estado, y en los primeros meses se logró tomar el control de varios de ellos. No obstante, este sistema no alcanzó a controlar los principales bancos, lo cual redundó en una paralización del procedimiento. La falta de un acuerdo con otros partidos impidió la realización total de este control pero, en todo caso, de un total de veintitrés bancos nacionales, el Estado logró ser socio mayoritario en once, hecho que, al incluir el Banco del Estado, le dio un control directo sobre cerca del 90 por ciento del total de las colocaciones.

Ya a fines de 1971, gracias a la reforma constitucional de este año, se había podido nacionalizar la gran minería del cobre. Lo mismo pasó con las grandes empresas productoras de hierro, salitre y carbón que estaban bajo control extranjero, con lo cual las actividades mineras básicas quedaron en poder de la nación chilena. Igualmente con los mecanismos de la propiedad agraria, proceso que venía del gobierno anterior, a comienzos de 1973 se habían expropiado cerca de diez millones de hectáreas, casi seis mil predios, que comprendían el 60 por ciento de la tierra agrícola del país. Por tanto, la lucha por la propiedad de los medios de producción había sido exitosa y se habían cumplido las metas propuestas para seis años en sólo dos.

Las principales críticas que se han hecho al gobierno de la Unidad Popular están centradas en el manejo de la economía, en la escasez de bienes de consumo de primera necesidad, la turbulencia callejera y la intranquilidad pública a causa de los atentados, homicidios de hombres públicos, huelgas y otros incidentes políticos. Durante la campaña, tanto Allende como los principales responsables de la Unidad Popular hablaron de una revolución con empanadas y vino tinto, resaltando con esto la originalidad de la revolución que propiciaban y destacando que ellos también creían que una revolución de verdad podía ser hecha sin que nadie fuera tocado, en medio de sonrisas y buenos modales.

Una vez en el poder se vio que no era posible cumplir con estas expectativas, y las empanadas y el vino quedaron esperando su oportunidad. Los cambios en la estructura de la tierra, en la propiedad de las industrias o de los bancos y la regulación de los precios trajeron, contra todo lo que se deseaba, una declinación de la producción que contribuyó a producir una alta inflación, la mencionada escasez de bienes y, finalmente, la aparición del mercado negro.

Pienso que la crítica a la conducción de la economía no puede hacerse desde el punto de vista de la eficiencia, del orden, de la normalidad, del correcto uso de los mecanismos que tiene la autoridad como correspondería a un gobierno de continuismo. En este último caso, la teoría marginalista económica, como su nombre lo indica, se sustenta en cambios marginales dentro de un contexto que no se modifica. En cambio, el "deficiente" manejo monetario de los primeros meses del gobierno debe ser visto desde la perspectiva de cambios estructurales.

Por ende, la única crítica que corresponde hacer a un gobierno revolucionario es la relativa a la rapidez en alcanzar las metas de transformación propuestas. Mientras los autores olviden este hecho e insistan en exigir a un gobierno revolucionario las virtudes de una ordenada administración al mejor estilo capitalista no se entenderá el problema político de la abortada revolución chilena ni tampoco las causas de su fracaso. La frase ya citada de Moulian que compara una revolución con la visión terrorífica del apocalipsis nos indica que aquellos procesos deben ser relacionados con las hambrunas, la muerte, la guerra y las pestes.

Oppenheim reconoce que, pese a los resultados que se estaban dando en el país, la actitud política hacia el gobierno de importantes grupos partidarios de él, incluidos aquellos de las clases populares y medias, no cambió y mantuvieron su apoyo pese a los perjuicios económicos y a que la Unidad Popular había hecho muy poco para prepararlos para esto. Basta mirar los votos que sacó el gobierno en marzo de 1973 para encontrar evidencia de este hecho. Aun frente a la inflación masiva, a la severa escasez de bienes y a la turbulencia política, los candidatos de la Unidad Popular obtuvieron el 44 por ciento de los votos.

En cambio, el mismo autor expresa que el manejo de la economía y sus resultados adversos tuvo algún impacto en el apoyo político que podían brindar al gobierno "los segmentos de la clase media que estaban en el centro político. La deteriorada situación económica, especialmente la falta de bienes y la concomitante alza o aparición de un mercado negro junto con la hiperinflación, fueron los mayores factores para alejar a esos grupos de clase media de la Unidad Popular a principios de 1973. A lo menos, esto la hizo más receptiva a la propaganda anticomunista de la derecha".

Finalmente añade que "parte de la dificultad que el gobierno de la Unidad Popular confrontó en diseñar una estrategia económica fue que navegó en aguas desconocidas". No hubo un plano explicando cómo usar medidas económicas convencionales durante un periodo de transición desde un tipo de sistema económico a otro, especialmente si éste debía ser cumplido sin un violento control. Los marxistas habían llegado al poder en otros países a través de una insurrección armada. Como resultado, ellos tenían el poder de decretar cambios totales en las estructuras económicas, sociales y políticas de sus países, como Rusia después de 1917, China después de 1948 y Cuba después de 1959. La izquierda chilena no pudo hacer eso.

Durante 1972 y 1973 estos resultados adversos se agravaron por la participación de algunas variables que tuvieron mucha importancia en la destrucción de este proyecto político. En las próximas líneas veremos estos elementos hasta llegar a las Fuerzas Armadas, que fueron la última de estas variables y la que tuvo a su cargo dar el golpe de gracia.

La desaparición del centro político

Algunos autores, entre los cuales se encuentra Arturo Valenzuela, destacan que el factor principal en el quiebre de la democracia en Chile no fue la presión de las fuerzas políticas de uno u otro extremo, sino "la erosión de las fuerzas moderadas o centristas "prorrégimen" y la politización de las instituciones "neutrales" (como los tribunales de justicia y las fuerzas militares que deben estar sobre la contienda política)".

Concretamente, en el caso chileno, debido a que fracasaron las negociaciones y al hecho de que el rol de las instituciones y los procedimientos mediadores tradicionales se deterioraron, se abrió paso al juego político de los poderes "neutrales" señalados en el párrafo anterior. De esta manera, quedaron involucrados en el problema político global la Contraloría General de la República, los tribunales de justicia, el Tribunal Constitucional y, finalmente, las Fuerzas Armadas, pues entendían que ellos podrían resolver los conflictos de fondo. Esta participación en la vida política contingente ya era notoria a fines de 1972, cuando ingresaron al gobierno algunos miembros de las Fuerzas Armadas, respecto de algunos ministros de las cortes de apelaciones y de la Corte Suprema, como se encargaron de denunciar en su oportunidad los periódicos de gobierno.

También las organizaciones propias de la sociedad civil donde se situaban las asociaciones profesionales (Confederación de Asociaciones de Profesionales que las agrupaba a todas), hasta las organizaciones empresariales (como la Confederación de la Producción y del Comercio que también las englobaba a todas), organizaciones estudiantiles y juveniles, así como instituciones patrocinadas por la Iglesia. Estas últimas, en especial las profesionales, representaban muy bien a sectores de clase media y media alta, y rara vez intervenían en la política contingente aunque tenían una activa vida gremial. En el caso que nos ocupa, pasado ya 1972, también se hicieron presentes con fuerza en el debate político enfrentando al gobierno y sumándose a los grupos políticos de oposición.

Valenzuela estima que, debido a la especial política del sistema burocrático chileno, los cambios posibles sólo podían ser incrementales, es decir, que permitían el aumento, el crecimiento o el desarrollo lento y dentro de posibilidades reducidas. Como dice este autor: "En Chile existía una discrepancia entre la necesidad de transformaciones y cambios estructurales y la realidad de un sistema de negociación que sólo permitía un cambio incremental". Agrega que esta disonancia producía el "sentimiento generalizado de crisis permanente que caracterizaba a la política chilena".

Dadas estas condiciones, durante todo el período mesocrático, la política contingente chilena estuvo combinada con estas posibilidades, lo cual obligaba a una política de acomodación y de compromiso. Por lo tanto, la irrupción del proyecto de la Unidad Popular con la socialización de los medios de producción, con los proyectos de cambio en las estructuras políticas, sociales y económicas, sólo podía producir peligrosas desinteligencias y choques.

Para eliminar estas fricciones se necesitaba, precisamente, buscar acomodos y compromisos que permitieran hacer "lo posible". Pero el programa de la Unidad Popular no tenía tiempo para esperas y, como toda revolución, quiso hacerlo todo de una vez, atropellando con ello prácticas inveteradas y estilos de trabajo que no servían para esta realidad política.

Eso explica la imposibilidad en que se encontró para trabar un acuerdo con los grupos de centro, en especial la democracia cristiana que parecía ser un aliado o, al menos, un partido que estaba próximo en varios aspectos del programa de gobierno de la Unidad Popular. Otro partido de centro, el Partido Radical que no sólo estuvo próximo sino que fue parte de la Unidad Popular, también terminó por romper con ésta, primero dividiéndose en dos fracciones a fines de 1971, retirándose del gobierno una de ellas primero y la otra después con graves acusaciones contra la Unidad Popular. Estas se resumían en la imputación de que se había sobrepasado el programa que se pactó en 1970 y en que el presidente Allende "ejercía un mando cada vez más menoscabado". Agregaban los radicales de izquierda que la campaña que algunos partidos de la Unidad Popular dirigían contra la clase media olvidaba "que todo el desarrollo social de Chile, especialmente en el curso del presente siglo, es producto de su esfuerzo [del PR] tesonero por democratizar el país, incorporando más y más conquistas sociales para todo el pueblo sin exclusiones". Finalmente, el partido motejaba a la Unidad Popular de aventura política y anunciaba su retiro del gobierno.

La ruptura con el Partido Demócrata Cristiano fue algo más complicada. Los autores estiman que el punto de partida de las dificultades se produjo con motivo de la elección complementaria del 18 de julio de 1971 para llenar un cargo de diputado por Valparaíso en el Congreso Nacional. En esta oportunidad si la democracia cristiana se unía a la derecha, seguramente su opción sería la ganadora y derrotaría a la del gobierno. En ese momento la juventud de la democracia cristiana propuso al presidente Allende un acuerdo mediante el cual el gobierno reconocería que el escaño vacante le pertenecía por ser de ese partido el diputado fallecido, con lo cual la Unidad Popular no presentaba candidato. El Partido Demócrata Cristiano, a su vez, escogería un candidato que fuese aceptable para el gobierno. El mismo principio se aplicaría en otras próximas elecciones complementarias.

El Partido Socialista se opuso a esta solución, lo que obligó a la Unidad Popular a presentar un candidato propio que se enfrentó al de la coalición que la democracia cristiana formó con el Partido Nacional para hacer triunfar a su candidato, como ocurrió.

Quizá lo que hizo más daño al gobierno fue la seguidilla de movilizaciones y confrontaciones. Ya el 1 de diciembre de 1971 se había producido la primera de todas las concentraciones contra el gobierno, que fue la de mujeres que protestaban por el ya visible desabastecimiento de artículos de consumo y alimentos. Esta concentración fue llamada de "las cacerolas vacías" y concentró a un gran número de mujeres que desfilaron hacia el centro de la ciudad donde se trabaron en combates con mujeres que militaban en el Movimiento de Izquierda Revolucionaria. Posteriormente a esta fecha, y con frecuencia semanal, todas las noches durante una hora, pero ahora desde sus casas, los opositores hacían sonar ollas y cacerolas con un estrépito desagradable y persistente.

Dentro de este esquema es oportuno destacar las desavenencias en el interior de la Unidad Popular, factor estimado por algunos como el que más incidió en impedir el éxito a la coalición de gobierno. Las discusiones sobre lo que significaba y cómo debía hacerse la ruta hacia el socialismo fueron constantes durante los tres años de gobierno de esta coalición.

En los primeros meses de gobierno, moderados y radicales dentro de la Unidad Popular estaban de acuerdo en que era preciso fraguar una mayoría para el socialismo, para lo cual eran claves los sectores medios de la sociedad chilena. Pero más adelante, la falta de un mecanismo de cohesión en la Unidad Popular condujo a estériles luchas sobre de qué mayoría de socialismo se trataba, lo cual esterilizó los esfuerzos que algunos hacían para evitar la soledad política de la coalición.

El sector moderado estaba liderado por el Partido Comunista. Estos creían que una vez obtenida una mayoría para el socialismo ganada en las luchas electorales, la Unidad Popular, en la medida en que era una alianza amplia antioligárquica y que propiciaba los cambios estructurales, podía hacer avanzar la revolución y los cambios a los que la coalición aspiraba. Esta alianza reunía partidos marxistas y no marxistas (estos últimos el Partido Radical, la Alianza Popular Independiente [API] y los grupos escindidos de la democracia cristiana: Izquierda Cristiana y MAPU), por lo cual el pluralismo no estaba excluido de sus filas. Este sector moderado estaba convencido y comprometido con una estrategia de largo plazo debido a que comprendían que Chile aún "carecía de las condiciones políticas e incluso geográficas para una insurrección armada de los trabajadores".

Este sector moderado pensaba que crear una mayoría para el socialismo era un proceso lento. Mientras tanto debía trabajar con sectores de clase media no marxistas, tarea no sólo posible sino muy deseable. En consecuencia, proponían negociar con otros partidos, en particular con los democratacristianos y los socialdemócratas, los cuales no podían ser vistos como enemigos, pues este calificativo se debía reservar sólo para los terratenientes, industriales y financieros. Creían, finalmente, que la transición hacia el socialismo debía pasar por etapas fijas "determinadas por condiciones objetivas". En palabras de Oppenheim, "el ardor revolucionario no podía cambiar este proceso: nadie podía acelerar este proceso. Su interpretación de la estrategia revolucionaria requería proceder con cautela. Los moderados sostenían consolidar y llevar lentamente el cambio revolucionario y, si fuera necesario, preservar el proceso de transición y el sistema democrático".

En cambio, los radicales de la Unidad Popular, cuyo líder indiscutido era el secretario general del Partido Socialista, Carlos Altamirano Orrego, sostenían que una mayoría para el socialismo no significaba la mitad más uno de los votos de una elección. "Significaba un realineamiento de las fuerzas de clase, lo cual podía ocurrir más rápidamente si los campesinos se decidían por la revolución." Por tanto, había que movilizar a las masas y no restringirlas. Para ellos la fe en las masas era el punto crucial de la estrategia puesto que las clases trabajadoras eran la punta de lanza del cambio revolucionario. En cambio, tenían una profunda desconfianza en los sectores medios y de ahí su rechazo a las alianzas con grupos no marxistas. Esperaban crear un impulso para el cambio lo suficientemente fuerte para arrastrar a otros sectores del país con ellos: la clase media colaboraría con los cambios revolucionarios sólo si veía que ocurrían en el momento. Finalmente, pensaban que el proceso revolucionario debía ser fluido, por lo que no precisaba etapas como creían los moderados.

El autor citado cree que el sector radical había sido influido muy fuertemente por la Revolución Cubana e, incluso, había debatido largamente la posibilidad de un conflicto armado en Chile.

Fuera de estas diferencias de tipo ideológico, ambas fracciones de la Unidad Popular no eran hábiles para trabajar juntas debido a "la competencia electoral histórica entre los partidos Socialista y Comunista, la cual dominaba a las facciones radicales y moderadas respectivamente". Eran rivales pese a que habían trabajado juntos desde 1950, y así continuaron después de 1970. Se señala que el Partido Socialista entendió su aumento de bancas en la Cámara de Diputados de catorce a veintiocho como muestra de apoyo a su posición.

Esta situación, como podrá comprenderse, no sólo socavaba la posición particular de los partidos de la Unidad Popular sino que afectaba la marcha y la labor del gobierno, pues las declaraciones de un dirigente se contradecían con las de otro y así algunos acuerdos listos para ser firmados se venían abajo por las declaraciones de algún dirigente importante que manifestaba su desacuerdo. La propia palabra de Allende muchas veces quedó sin ratificación y, por lo tanto, sin valor frente a sus adversarios, en especial cuando esa voz disidente era la del secretario general del partido del propio presidente. Como se podrá imaginar, también la oposición sacaba provecho de esta pugna en el interior de la Unidad Popular que se manifestaba constantemente. Oppenheim expresa que "durante los tres años de su gobierno esta desunión permitió a la oposición presentar al gobierno como una coalición de partidos ineficiente, débil y pendenciera, incapaz de formular o llevar a cabo políticas consistentes".

Volviendo hacia el largo giro de la democracia cristiana hacia la derecha, hubo todavía algunos hechos políticos de importancia que lo acentuaron.

El primero y más importante fue la aprobación por el Congreso, el 20 de febrero de 1972, de una reforma constitucional presentada por aquel partido. En julio de 1971 éstos habían enviado al Congreso un proyecto de reforma constitucional donde proponían normas para la creación de las áreas de la economía (estatal, mixta y privada) que eran parte del programa de la Unidad Popular. Los puntos en conflicto consistían en el rechazo de la estatización de la banca que planteaba el proyecto de la democracia cristiana y en la exigencia de una ley específica para cada empresa que fuera a ser incorporada a las áreas social o mixta. Además le quitaba atribuciones a la Corfo para adquirir acciones de empresas y se eliminaban las disposiciones vigentes que autorizaban a requisar o intervenir empresas.

En junio de 1972 se iniciaron conversaciones entre el gobierno y la democracia cristiana respecto del proyecto de las tres áreas. Luego de varias semanas de discusiones se llegó a algunos acuerdos que, en síntesis, eran los siguientes: se incluyó una lista de ochenta empresas que pasarían de inmediato al área social, indicándose que, para el resto, se requeriría una ley especial. Respecto de los bancos, se aceptó la propiedad estatal con una administración integrada por cinco representantes del Estado, cinco de los trabajadores y un gerente designado por el Estado; se excluirían cuatro bancos donde habría siete representantes de los trabajadores y tres del Estado. Finalmente, respecto de las que se llamaban "empresas de trabajadores", se determinó que la propiedad sería social pero no dependerían de la Corfo sino de una nueva corporación donde los trabajadores de las empresas autogestionadas tuvieran una representación por lo menos paritaria con el Estado.

Como indica Sergio Bitar, el presidente firmó este proyecto y lo envió al Congreso. Sin embargo, la democracia cristiana desistió de los acuerdos alcanzados y procedió a votar con la derecha las proposiciones iniciales. De aquí en adelante se desarrolló una larga y paralizante discusión entre el Congreso y el Ejecutivo sobre la promulgación de las reformas. Los vetos del presidente fueron rechazados por simple mayoría, pero el Ejecutivo mantenía su interpretación: la oposición necesitaba los dos tercios para imponer su criterio. El gobierno optó por enviar el conflicto al Tribunal Constitucional, mientras que la oposición exigía un plebiscito para zanjar la disputa.

Desde entonces la democracia cristiana se alineó con la derecha. Apoyó todas las acusaciones contra los ministros del gobierno de la Unidad Popular y se encolumnó con ella en las demás acciones contra el Ejecutivo. Finalmente se unió oficialmente con la derecha en un organismo que se llamó Confederación Democrática (CODE) conformada a fines de 1972, con lo cual el país político quedó dividido en dos bloques antagónicos e irreconciliables que preludiaban la tragedia política que se venía encima.

Presagiando el drama político que estaba en camino, el ex candidato Radomiro Tomic, en carta del 25 de agosto de 1973, profusamente reproducida en los medios de comunicación de la época, se expresó en los siguientes términos: "Sería injusto negar que la responsabilidad de algunos es mayor que la de otros, pero, unos más y otros menos, entre todos estamos empujando a la democracia chilena al matadero. Como en las tragedias del teatro griego clásico, todo saben lo que va a ocurrir, todos dicen no querer que ocurra, pero cada cual hace precisamente lo necesario para que suceda la desgracia que pretende evitar".

La cara visible de la contrarrevolución.
Violencia, huelgas y atentados

Los tres años que duró el régimen de la Unidad Popular estuvieron jalonados por hechos de violencia que brotaron generalmente como una respuesta a las acciones políticas que proponía el gobierno. Atentados a instalaciones de servicios públicos, huelgas, obstrucción parlamentaria cerrada y permanente, oposición a cualquier cambio, salvo el de la nacionalización del cobre en 1971.

Esta oposición se había iniciado durante el gobierno de Eduardo Frei y, aunque se oponían en esa época tanto la derecha como la izquierda, era la primera la que se distinguía por su persistencia y constancia. La vieja derecha, representada por los partidos Conservador y Liberal, había reemplazado su brazo político por un nuevo partido, el Nacional, surgido de la fusión de aquéllos cuando fueron derrotados en las elecciones generales para renovar autoridades en el Congreso Nacional de 1965. Fue una derrota inusual como también lo fue la reacción, por lo que el Partido Nacional, aunque nació ese año en medio de las burlas de sus adversarios que hacían groseros juegos de palabras con las iniciales del nuevo grupo político, lo hizo en medio de una firme y honda convicción de que al nuevo partido le habrían de tocar tiempos muy duros, y por lo tanto, sus adherentes tendrían ahora tareas, como luchar con cualquier tipo de armas.

La derecha estaba contra cualquier cambio estructural. Entre ellos el más aborrecido fue la reforma agraria iniciada por Frei y llevada al clímax por la Unidad Popular y por los activistas del Movimiento de Izquierda Revolucionaria, grupo político extra Unidad Popular pero partidario de apresurar los cambios más allá de lo que la estrategia gubernamental esperaba.

La derecha, por lo tanto, frente al triunfo de Allende y sus fuerzas sólo podía tener como respuesta un fervoroso llamado a las armas para proteger sus intereses tanto económicos como políticos y defenderse como fuera, aun si esta defensa podía acarrear la destrucción del orden democrático. Por eso, no debe extrañar que detrás de un atentado o de otro acto de violencia cualquiera estuviese la derecha a través de algunos de los grupos de choque que organizó, como Proteco o Patria y Libertad; este último, dice Boeninger, nació "comprometido con el derrocamiento de Allende a cualquier precio". Debe incluirse en este grupo el movimiento gremialista de la Universidad Católica, encabezado por Jaime Guzmán. El autor citado termina indicando que "entre el Partido Nacional y los gremios de clase media se fue generando una relación de complicidad mutua, al menos con todos aquellos dirigentes no militantes de la Unidad Popular".

Este conflicto tan agudo repercutió también en el trabajo y en la acción de los otros dos poderes del Estado: Legislativo y Judicial. Por ejemplo, las constantes acusaciones a los ministros de Estado, en la medida en que en el Congreso había una mayoría opositora a la Unidad Popular, se usaban sin contemplaciones. Cuando la democracia cristiana se orientó a una oposición extrema y se unió con el Partido Nacional, estas acusaciones fueron siempre aceptadas, obligando a hacer constantes ajustes ministeriales, algo así como lo que ocurría durante el famoso "parlamentarismo" chileno de 1891 a 1924. El presidente respondía rearticulando su gabinete, donde volvía a aparecer, en otro cargo ministerial, el ministro acusado. Pero este juego parlamentarista sólo servía para trabar la acción del Ejecutivo.

Con el Poder Judicial la pugna se desató con motivo de las sentencias judiciales que ordenaban la devolución de algunas de las industrias incautadas a sus antiguos dueños. Ya a fines de 1972, los tribunales habían aceptado la aplicación de "medidas precautorias" en resguardo del patrimonio de los dueños de industrias, lo cual quitaba muchas facultades a los interventores nombrados en ellas. A principios de 1973, el intendente de Santiago privó de imperio a los tribunales cuando dispuso que no se concedería la fuerza pública para llevar a cabo los desalojos dispuestos por aquéllos respecto de las industrias intervenidas.

No cabe duda de que la mayoría de los miembros del Poder Judicial eran hombres "de derecha", como lo han demostrado diversas investigaciones y estudios realizados en el país, uno de ellos del autor de este libro. Esta situación, en una sociedad politizada como lo era la chilena de ese entonces, llevaba hasta instituciones "neutrales" la pugna política contingente y restaba legitimidad a una institución como los Tribunales de Justicia que tradicionalmente se habían visto alejados de estas luchas. A este propósito algunos autores, como Edgardo Boeninger, plantean que en un clima como ése era difícil que "los protagonistas de la guerra legal no hayan visto influidos sus juicios jurídicos por su posición emocional o ideológica en favor de una u otra posición".

De tanta o mayor gravedad parecía ser el conflicto con los gremios e instituciones colegiadas que agrupaban a personas de la misma profesión.

Desde luego que la CUT, la mayor central sindical chilena, estaba junto al gobierno de la Unidad Popular, incluso alguno de sus militantes fue ministro en este régimen.

En septiembre de 1972, los gremios empresariales continuaron su trabajo conducente a derrocar el gobierno. En ese mes fue creado un comando unido de camioneros, taxistas y choferes de ómnibus que se preparó para entrar en las lides políticas con huelgas y paralizaciones. El mes anterior había habido un paro de veinticuatro horas ordenado por las directivas gremiales del comercio, que fue respaldado de inmediato por los gremios de los grandes empresarios: la Confederación de la Producción y del Comercio, la Sociedad Nacional de Agricultura, la Sociedad de Fomento Fabril y la Cámara de Comercio, a los cuales se unió la Confederación de Pequeños Empresarios.

Como detallaremos más adelante, el Comando Unido de Camioneros, Taxistas y Autobuseros pidió un alza de tarifas, mejor abastecimiento de repuestos y nuevos vehículos. A estas demandas se añadieron algunos desórdenes y manifestaciones hasta el 13 de septiembre, día en que Allende denunció a la opinión pública la existencia de un plan que pretendía el derrocamiento del gobierno a través de los desórdenes públicos. En octubre, los enfrentamientos fueron mayores y las peticiones se agravaron cuando se pidió alzas de precio para la Papelera de Puente Alto "transformando", como dice Sergio Bitar, "el debate en una cuestión de defensa de la libertad de expresión". Todas las sociedades y gremios que estaban en huelga hicieron suyas estas peticiones. A todo esto se añadió una querella de la Kennecott, empresa norteamericana expropiada y, según ella, no pagada en lo que realmente valía. Esta querella fue presentada en los países de Europa pidiendo el embargo del cobre chileno que llegaba a los puertos de aquel continente para cobrarse estas deudas.

El gobierno decidió llevar a los tribunales de justicia a los dirigentes del gremio de los camioneros, paso que sólo sirvió para activar aún más el paro con bloqueo de carreteras que hizo todavía más grave el desabastecimiento de productos esenciales. El paro ya era un movimiento revolucionario, sobre todo desde que el dirigente León Vilarín anunció que se preparaba el llamado "Pliego de peticiones de Chile". Adherían al paro la democracia cristiana, el Colegio Médico y la Federación de Estudiantes Secundarios.

El 1 de noviembre de 1972 renunció el gabinete en pleno y dos días más tarde se formó uno nuevo pero con presencia de militares, donde el cargo de ministro del Interior recayó en el general Carlos Prats, comandante en jefe del Ejército. El paro cesó de inmediato y los huelguistas aceptaron todas las ofertas que había hecho el gobierno en las semanas anteriores. Sin embargo, este paro que había demorado casi un mes (veintiséis días) había sido el más grave de que se tenía memoria en Chile y había inaugurado un fenómeno político nuevo, que –como dice Bitar–

era la creación de una vanguardia opositora dirigida por los gremios de la pequeña burguesía. La estrategia era clara ya que los grandes empresarios no podían cesar sus actividades productoras debido al riesgo de ser intervenidos; pero los dirigentes políticos de derecha habían triunfado al penetrar, organizar y movilizar estas organizaciones.

Sin embargo, a la vez quedó en claro que el gobierno aún mantenía reservas para controlar esta subversión. Por una parte, los estudiantes que se incorporaron a trabajar para que, con sus esfuerzos, pudieran limitarse los efectos del paro; por otra, las Fuerzas Armadas que colaboraron para mantener el orden público y luego, con su presencia en el nuevo gabinete, servir de árbitros para terminar o, al menos, aminorar la pugna política.

Durante el verano 1972-1973, la presión bajó cuando la oposición dedicó todos sus esfuerzos a ganar la elección al Congreso Nacional y a buscar la mayoría requerida por la Constitución para poder acusar y deponer al presidente de la república. Sin embargo, y pese a las alzas, el desabastecimiento, la violencia callejera y otros síntomas, el gobierno obtuvo un 43,5 por ciento del total de votos y la oposición el 54,6 por ciento. Pese a este triunfo de los partidos opositores, no alcanzaban a los dos tercios de los senadores en ejercicio que eran necesarios para destituir al presidente. Para el gobierno, en cambio, esta votación era un verdadero triunfo, no sólo porque el presidente no podía ser destituido sino porque la cantidad de votos era muy superior a la que el propio Allende había obtenido en las elecciones presidenciales casi tres años antes y porque hubo provincias importantes, como Concepción, donde la Unidad Popular alcanzó el 54,5 por ciento de los sufragios.

Mientras tanto, la violencia continuaba y ello llevó a la formación de los "cordones industriales", es decir, que en las zonas industriales requisadas se organizaron comandos que se preparaban para su defensa. Estos cordones industriales terminaron aliándose con los comités formados en los cordones poblacionales que abarcaban las poblaciones marginales que rodeaban Santiago. Es posible que esta alianza de obreros industriales y vecinos de las poblaciones le pareciera a la oposición un enemigo verdaderamente peligroso y que les hiciera temer una verdadera alianza revolucionaria que podría golpear en el momento oportuno.

Este tipo de organizaciones se blandía ante el adversario por todas las autoridades de gobierno. El propio Allende en su mensaje al Congreso el 21 de mayo de 1973 expresó, entre otros conceptos, que el orden burgués había perdido su vigencia mientras que el nuevo poder que surgía en el país estaba compuesto por "los comités de dirección del área social, los consejos comunales campesinos, los consejos de salud, los consejos mineros, las Juntas de Abastecimientos y Precios (JAP) y los cordones industriales".

El resultado de las elecciones parlamentarias había dado al gobierno, pese a todos los reveses y a lo difícil de la situación, una sensación de seguridad y de que sería capaz de sortear los riesgos y peligros hasta conseguir sus objetivos. El avanzar sin transigir era ya una realidad y, siguiendo a Lenin, ya se estaba en condiciones de dar "dos pasos adelante y uno atrás". En este sentido, quizá el mayor peligro para el gobierno consistía en la acción de los grupos ultristas que en su entusiasmo iban mucho más allá de los planes de las autoridades, invadiendo, tomando y requisando tierras e industrias cuya expropiación no era conveniente o no estaba planteada todavía. Al mismo tiempo, no faltaban las declaraciones de dirigentes que descolocaban la posición del propio presidente, como una del secretario general del Partido Socialista, Carlos Altamirano, que era del siguiente jaez: "El socialismo leninista tendrá un solo riel que carece de todo parentesco con comicios libres, secretos e informados. Esa monserga queda para los archivos".

El 19 de abril de 1973 se inició una huelga de los trabajadores de El Teniente, que duró setenta días y remató en el movimiento militar denominado "tanquetazo" a fines de junio. Su origen fue de carácter económico por la interpretación de reajustes salariales, pero desembocó en una huelga de tipo político. Los mineros desfilaron hasta la ciudad de Santiago y fueron albergados en los patios de la casa central de la Universidad Católica de Chile por la Federación de Estudiantes de esa Universidad, dominada entonces por los grupos gremialistas, donde se les proporcionaron alimentos para que pudiesen desde allí resistir por mucho tiempo.

Mientras tanto, la oposición continuaba su guerrilla de desprestigio al gobierno, denunciando un fraude electoral en los comicios de marzo de ese año. Esta denuncia fue encargada al decano de la Facultad de Derecho de la Universidad Católica, Jaime del Valle, quien la fundamentó en un estudio hecho por su facultad. El propio rector de la universidad, Fernando Castillo Velasco, desmintió la existencia de aquellos resultados pero la prensa de oposición siguió haciendo mucho ruido en torno de ello.

La oposición continuó con las acusaciones a los ministros de Estado; todas eran aprobadas porque requerían mayoría simple y la oposición contaba con ella. Igualmente continuaron los atentados dinamiteros contra las torres de electricidad y televisión, que buscaban proporcionar una imagen de caos y de desorden ingobernable. Todo esto culminó con una asonada militar el 29 de junio, que es relatada en el párrafo relativo a las Fuerzas Armadas.

Todavía debe añadirse a estos problemas la actitud del gobierno de Estados Unidos que estaba decididamente por un golpe de Estado en Chile, según las declaraciones que constan en documentos del Senado de aquel país. Mientras esto ocurría, el gobierno de Nixon implementó una política de estrangulamiento económico negando completamente los préstamos y créditos para Chile, excepto los dirigidos a las Fuerzas Armadas. Así, la ayuda total de Estados Unidos a Chile cayó desde unos 260 millones de dólares en 1967 a sólo 3,8 millones en 1973, mientras la ayuda militar subió desde 4,1 millones a 15 millones en esos mismos años, según datos que proporciona Oppenheim. También usó su influencia en las instituciones internacionales para obtener un cese de los préstamos y logró hacerlos caer desde 93,8 millones en 1967 a sólo 9,4 en 1973. En cuanto al Banco Mundial, éste no prestó dinero a Chile mientras Allende estuvo en el poder.

El 25 de julio se inició el segundo paro de los camioneros, a los cuales se plegaron los transportistas de la locomoción colectiva y luego el Colegio Médico y otros colegios profesionales. A esto se agregaron el comercio y los cinco mil mineros de El Teniente, así como las federaciones estudiantiles secundarias y universitarias, mientras los atentados dinamiteros dejaban sin luz a la ciudad de Santiago por largos períodos. El 26 del mismo mes se declaró un paro general de gremios buscando paralizar totalmente al país. En todas estas acciones, especialmente en el paro del comercio, se acusó a la CIA y al gobierno de Estados Unidos de proporcionar fondos para mantener el paro.

El 23 de agosto, la Cámara de Diputados acusó al Ejecutivo de haber transgredido reiteradamente la Constitución, por lo cual se había colocado al margen de la legalidad. Este acuerdo fue, más adelante, muy citado como justificación del golpe militar del 11 de septiembre y, a mi juicio, constituye la coronación de todos los esfuerzos de la derecha por deslegitimar el gobierno de la Unidad Popular debido a que se lo acusaba de atropellar sistemáticamente las atribuciones de los demás poderes del Estado, de violar habitualmente las garantías que la Constitución asegura a todos los habitantes de la república y de permitir y amparar la creación de poderes paralelos ilegítimos. Frente a este diagnóstico, el acuerdo imputaba al presidente de la república y a los ministros de Estado miembros de las Fuerzas Armadas y del cuerpo de Carabineros el grave quebrantamiento del orden constitucional y legal de la república, diciéndoles que debían poner término cuanto antes a esta situación, acabando con todas las situaciones de hecho referidas, a fin de encauzar la acción gubernativa por las vías del derecho. Si esto se hacía, los ministros habrían prestado un valioso servicio a la república. En caso contrario, comprometían gravemente el carácter nacional y profesional de las Fuerzas Armadas y del cuerpo de Carabineros, con abierta infracción de lo dispuesto en el artículo 22 de la Constitución Política y con grave deterioro de su prestigio institucional.

Las Fuerzas Armadas chilenas

Como es sabido, los orígenes de las Fuerzas Armadas de América Latina pueden rastrearse hasta, por lo menos, finales del siglo XVIII. En el caso chileno, los autores tienden a destacar la creación del Ejército permanente por Alonso de Ribera para la Guerra de Arauco en 1601, como ya se dijo. Sin embargo, la misma situación se dio en todas las fronteras del Imperio español donde había tribus rebeldes difíciles de dominar, particularmente en la región de Moxos y la Chiquitania en la actual Bolivia y en Texas y California, fronteras norte y nordeste de ese imperio.

Dos hechos permitieron el desarrollo de los ejércitos en América Latina durante el siglo XIX: primero la guerra por la emancipación de los antiguos dominios españoles de América que dieron nacimiento a las nuevas repúblicas independientes; segundo, las guerras nacionales por afirmar o modificar las fronteras de los nuevos países que se desataron durante gran parte de aquel siglo, como la Guerra de la Triple Alianza en 1865 entre Paraguay por una parte y Brasil, Uruguay y Argentina por otra y la Guerra del Pacífico en 1879 entre Chile por un lado y Perú y Bolivia por otro. Pueden también señalarse la guerra promovida por Estados Unidos contra México en 1845 y la declarada por España contra Chile, Bolivia y Perú en 1865.

Por esta causa, y según Alain Rouquié, durante la segunda mitad del siglo XIX los ejércitos latinoamericanos pasaron a ser un símbolo de soberanía, por lo que su existencia se afirmó con los adelantos tecnológicos y la modernización, favorecidos por el establecimiento y el desarrollo de las que se han llamado "repúblicas oligárquicas" en América Latina. Ellas dispusieron de los fondos necesarios para contratar misiones militares europeas, operar ejércitos numerosos y adquirir navíos de guerra y otros implementos necesarios en la guerra moderna. En los párrafos que siguen examinaremos esta evolución para el caso del Ejército chileno.

Orígenes de las Fuerzas Armadas chilenas

Los orígenes de la formación militar en Chile fueron muy modestos. El primer gobierno nacional creó una escuadra que fue dirigida contra el virrey del Perú y sus fuerzas. Además, Bernardo O'Higgins creó en 1817 una Academia Militar que, a pesar de las buenas intenciones, pronto fue clausurada por falta de fondos. Desde entonces y hasta 1842, cuando el presidente Manuel Bulnes la reorganizó y cambió el nombre por el de Escuela Militar, no hubo en Chile una enseñanza militar regular. En cambio, la creación del presidente Bulnes tuvo una vida más larga y fue suprimida, por diversas razones, en 1876, para ser reabierta recién en marzo de 1879 una vez declarada la guerra a Bolivia.

Por lo tanto, pese a los esfuerzos de la Escuela Militar entre 1842 y 1876, no puede decirse que el Ejército de Chile tuviera una preparación muy rigurosa. Todo lo contrario, una vez terminada y ganada la Guerra del Pacífico, pese al brillante triunfo, se levantó una gran cantidad de críticas que son destacadas por Enrique Brahm García.

A fines del siglo XIX no se podía continuar confiando en "parámetros románticos", como ocurría con las guerras del pasado, "como todavía aquella de 1837 contra la Confederación Peruano-boliviana" o con las guerras napoleónicas u otras de principios de aquel siglo. "La valentía del soldado chileno ya no bastaba", ahora la ciencia militar era la que entregaba los conceptos, los elementos y los procedimientos para proceder a llevarla a cabo. Pese a lo anterior, todas las "glorias" tanto de la Armada como del Ejército fueron hechas y conseguidas con aquellas tropas y marinería sin ninguna o muy poca preparación. Todas las guerras chilenas –desde la de la independencia, aquella contra la Confederación Peruano-boliviana, la que se declaró contra España en 1865 y la del Pacífico en 1879– fueron ganadas antes de que se impusieran en el país las técnicas y métodos de los países más avanzados.

Cabe preguntarse cómo, después de tan modestos comienzos, hoy en día en toda América Latina las Fuerzas Armadas se han constituido, al decir de Alain Rouquié, en "una patología de la vida política, una anomalía en relación con el bien supremo de la democracia pluralista".

El triunfo de los prusianos en la guerra de 1870, donde en sólo seis semanas de guerra derrotaron a Francia y tomaron prisionero al emperador de Francia Napoleón III, es una comparación posible con la guerra del Pacífico librada apenas nueve años después y con un armamento muy parecido, y dejaba muchas lecciones al análisis de las operaciones chilenas contra Perú y Bolivia. ¿Por qué? Según Brahm porque la guerra franco-prusiana había hecho tomar conciencia de que la forma de conducir la guerra se había transformado radicalmente. La consigna pasaba a ser imitar a Prusia, y la búsqueda de aquellas "operaciones y cálculos de precisión matemática" que serían los que en adelante habrían de regir las guerras del futuro.

Alain Rouquié, a quien ya hemos citado en estas páginas, distingue etapas en la evolución de los ejércitos de América Latina. La primera, que corresponde a los años de formación, comprende desde los orígenes a los que ya nos hemos referido y se prolonga hasta principios del siglo XX. Es en esta etapa cuando se crearon ejércitos permanentes con oficiales profesionales y un proceso de modernización tanto en las técnicas y procedimientos como en lo relativo al equipamiento y armamento en general. El autor señala el hecho de que la modernización del aparato del Estado se corresponde con la modernización de las Fuerzas Armadas. Según sus palabras, este proceso de modernización "es inseparable del crecimiento hacia afuera de las economías nacionales", fenómeno que tiene lugar, precisamente, en el último cuarto del siglo XIX.

La modernización a la europea

Los mismos autores destacan que fueron dos los países que se disputaron la posibilidad de "modernizar" los ejércitos latinoamericanos: Francia y Alemania. Este último tenía a su favor el prestigio de sus triunfos militares contra Austria primero y luego contra Francia y el último de los Napoleones. Se trató de una intensa lucha por la influencia sobre las pequeñas naciones de Latinoamérica, lo que traía aparejada la compra de armamentos en exclusiva.

Es lo que pasó en Chile con la contratación de una misión alemana por la administración del presidente Domingo Santa María y su sucesor José Manuel Balmaceda. El representante de Chile en Alemania, Guillermo Matta, contrató al capitán de artillería y profesor de la escuela del ramo de Charlottemburg Emilio Körner, para que se desempeñara como subdirector y profesor de la Escuela Militar de Chile, el cual inició sus actividades en el país en 1887.

El historiador norteamericano William F. Sater, en un interesante estudio publicado recientemente, hace una crítica despiadada tanto de Körner como de la enseñanza que impartió y sus resultados. Del primero dice: "Chile era la última oportunidad profesional de Körner. Aunque era un condecorado veterano de combate y graduado de la Academia de Guerra, nunca se alzó por sobre el rango de capitán en el Ejército prusiano. Sus impresionantes credenciales académicas y proezas militares simplemente no podían igualar la falta de antecedentes aristocráticos e influencia política. De este modo, feliz emigró a Chile en 1885. Cuando se fue de este país tenía esposa, una familia y suficiente dinero para asegurar un cómodo retiro". Destaca que Körner debió su éxito a que traicionó al presidente Balmaceda en 1891, uniéndose "a los insurgentes que [lo] destituyeron". El premio fue el grado de coronel y el de brigadier en 1892 hasta alcanzar el de general de división en 1895, jefe de Estado Mayor e inspector general del Ejército.

Por recomendación de Körner, Chile contrató a muchos oficiales del Ejército alemán como instructores y envió a unos ciento cincuenta chilenos a entrenarse en Alemania. Compró unos ochocientos cañones Krupp y otros 150 mil rifles y carabinas Mauser, mientras la dotación de tropa subió a quince mil hombres, tres veces el número que tenía antes de la llegada de aquél.

Paralelamente a este crecimiento, se había comenzado a designar agregados militares en las misiones diplomáticas chilenas en el exterior.

Hacia 1913, según Brahm, los había en las legaciones de Berlín, Madrid, Viena, Roma, Londres y Tokio, además de una misión naval en Londres.

A esto hay que agregar la introducción del servicio militar obligatorio. Este servicio, creado en Francia durante el transcurso de su célebre Revolución de acuerdo con la idea de la "nación en armas", fue instaurado en Alemania por leyes de 1813-1814 y durante el resto del siglo XIX se fue extendiendo a otros países europeos y asiáticos. En Chile, bajo la influencia de los instructores alemanes, fue introducido por la Ley 1.362 de 1900 llamada de "Reclutas y reemplazos del Ejército y la Armada", aplaudida por muchos, aunque considerada por otros como muy corta ya que el servicio se estableció por el plazo de un año. El cumplimiento de esta ley desató muchas críticas por las malas condiciones en que el servicio se cumplía y la arbitrariedad de los suboficiales para con los conscriptos.

Alejandro Venegas en su conocida obra *Sinceridad. Chile íntimo en 1910* relata una serie de sucesos muy penosos ocurridos con ocasión del servicio militar: "El régimen de los cuarteles, en general, es absurdo y hasta inhumano y lo prueba el hecho de que en todos los cuerpos, el estado sanitario es lamentable y el servicio militar cuesta anualmente a la nación un número de vidas asombroso" (doce conscriptos fallecidos en el regimiento Caupolicán según denuncia de *El Mercurio de Santiago*, 3.661). "Otro hecho más acusador aún es la frecuencia de los suicidios; quien conozca el temperamento del individuo de nuestras clases trabajadoras tendrá que convenir en que, para que llegue a quitarse la vida, es necesario que se sienta oprimido de una manera inhumana."

Todas estas modificaciones permitieron a la misión alemana "prusianizar" el Ejército chileno a tal punto que los diplomáticos alemanes enviaron a su país relatos admirados por los éxitos logrados. Con mucha ironía Sater, en el artículo citado, reproduce la ingenua admiración del embajador alemán en Chile, Friedrich Carl von Eckert, en 1910, "atrapado por el júbilo del momento" cuando observó a "las armas marca Krupp" disparar las salvas de saludo al presidente, o cuando "las bandas militares comenzaron a tocar mientras la infantería marchaba con paso de ganso frente al palco de honor". Y el mismo autor cierra su comentario con mucho humorismo diciendo: "Después de observar los soldados de Santiago usando uniformes alemanes, llevando armas alemanas y marchando con paso de ganso al son de la música marcial alemana, no podemos personar [sic] el hecho de creer que los chilenos de verdad se habían convertido en alemanes, pero parecerse a un alemán no hace a una persona alemana".

El artículo no se detiene en estas humoradas sino que deja en descubierto las deficiencias y, lo que es más grave, la corrupción. Entre las deficiencias para convocar las reservas a fin de hacer un entrenamiento de repaso, estaba el hecho de que los más antiguos nunca aprendieron a utilizar el equipo nuevo y los más nuevos olvidaban fácilmente la enseñanza que se les había impartido. A esto hay que agregar las facilidades para eludir la conscripción, la falta de oficiales profesionales para guiar a los reservistas, debido a que muchos oficiales fueron ocupados en puestos administrativos en las innumerables oficinas del Ejército y otros eran ocupados como integrantes de seis misiones que se habían enviado a seis países de América Latina que los solicitaron. Ya en 1920 muchos pusieron en duda el valor de las reformas de Körner y que "la copia de las reglas militares alemanas [fueron] golondrinas perdidas entre las brumas de un invierno oscuro que parecían totalmente inaplicables en la realidad chilena".

Sin embargo, los aspectos más oscuros de toda esta pesimista visión, según Sater, fueron los problemas acarreados por la corrupción, a los que hay que agregar los abusos y malos tratos infligidos a los conscriptos durante el servicio militar.

Respecto de la corrupción, desarrolla una hipótesis muy grave frente a las preguntas que se derivan de los antecedentes expuestos. "Körner actuó como lo hizo para enriquecerse, enriquecer a Alemania y a sus fabricantes de armas, la oligarquía interna de Chile y, en menor cantidad, los cuerpos de oficiales del Ejército." Y formula la hipótesis de que el referido general creó un ejército de reclutas porque consumía más alimentos, forraje, uniformes y armas requiriendo una extensa burocracia militar para administrarlo. Todo esto enriquecía a Krupp y a Körner que recibía una "comisión" por cada compra, pero también a "los proveedores civiles, terratenientes e industriales que proporcionaban la comida de los militares, la vestimenta y el forraje y los cuerpos de oficiales que recibían puestos en la abultada burocracia militar". Acusa que se compraba a la empresa Krupp arneses para caballos de artillería y, como los caballos chilenos son más grandes que los alemanes, "sólo 89 de los 2.500 arneses se ajustaron en realidad", lo que al Estado le costó tres millones de pesos. Otras compras fueron innecesarias como la adquisición a un precio de millón y medio de pesos del fundo El Culenar para usarlo como campo de entrenamiento militar, pero que no sirvió pues era un terreno de difícil acceso, sin ramal de ferrocarril que lo conectara con la vía principal. En vista de ello se dedicó el fértil fundo a la producción agrícola por cuenta de varios oficiales del Ejército y políticos.

Lo mismo ocurrió con la compra de armas para el Ejército. En varias oportunidades, en especial en 1910, se confirmó que los repuestos comprados eran en un 82 por ciento de "tan mala calidad que se les puede estimar como totalmente inútiles". Agrega otros casos ocurridos por la misma época y concluye que todo esto se debía a que ninguna institución, "incluido el Ejército, podría escapar de los penetrantes y corrosivos efectos de la corrupción del régimen parlamentario". Sater estima que este problema de corrupción debió terminar en la época de la primera administración de Carlos Ibáñez o en la segunda de Arturo Alessandri, es decir, entre 1927 y 1938, cuando dejó de producirse.

Las Fuerzas Armadas progresistas

Durante la administración de Arturo Alessandri (1920-1925) se iniciaría la segunda etapa de la que nos habla Alain Rouquié, que para toda América Latina tuvo un carácter político reformista muy acentuado.

Este proceso se había iniciado en 1911 con el estallido de la Revolución Mexicana, uno de los hechos más sobresalientes del siglo XX en América Latina y que comprometió a parte importante del Ejército de su país en las profundas reformas que fueron implantadas en aquella nación durante las décadas de 1920 y 1930.

Se piensa también que los ejemplos que se estaban produciendo en Europa luego de finalizar la primera gran guerra tuvieron mucho que ver con esta evolución de los cuerpos armados. La intervención de los militares españoles en 1923, respetando el trono, causó mucha impresión en Chile. Por esos mismos años, la actividad política militar brasileña condujo a muchos uniformados de aquel país a unirse a otro militar, Luis Carlos Prestes, quien formó entre 1924 y 1927 una columna que recorrió gran parte de Brasil llevando un mensaje revolucionario a los pueblos y campos de ese país. Lo mismo ocurrió con la "revolución juliana" en Ecuador en 1925 y, más tardíamente, con los oficiales bolivianos después de la guerra del Chaco quienes, entre 1936 y 1939, promovieron reformas de trascendencia en su país.

En Chile, los primeros conatos de intervención militar tuvieron lugar, sin consecuencias políticas directas, en 1919. Sin embargo, como bien lo destacan los historiadores, en especial Ricardo Donoso, los acontecimientos políticos se estaban precipitando ya en la década de 1920 a causa de "la deshonestidad que había invadido la administración pública con la corrupción consiguiente que encontraba poderosos y altos protectores. Los sufrimientos de las clases medias y trabajadoras no conocieron límites y la ola de inmoralidad que había invadido cuarteles y regimientos fue denunciada con patriótica indignación desde la tribuna parlamentaria y las columnas de la prensa".

La molestia del Ejército se manifestó el 3 de septiembre de 1924 cuando el Senado aprobó en general un proyecto de dieta parlamentaria, ya sancionado por la Cámara de Diputados. Las galerías, desde donde se podía escuchar el debate del Senado, se habían colmado con oficiales que para hacer presente su molestia hicieron sonar sus sables. Sólo pudieron ser desocupadas cuando subió hasta ellas el ministro de Guerra Gaspar Mora, ex oficial del Ejército que gozaba de simpatías entre quienes habían sido sus colegas. Pero el movimiento ya estaba en marcha y así lo hizo saber al gobierno el inspector general del Ejército general Luis Altamirano Talavera. Las reuniones continuaron el 4 de ese mes y al día siguiente se formó una Junta Militar integrada por veinticinco jefes y oficiales que deliberó abiertamente sobre los cambios que las Fuerzas Armadas exigían al gobierno. Por su parte, habiendo renunciado el gabinete, se nombró uno nuevo donde el ministro del Interior fue el mencionado general Altamirano.

El 8 de septiembre concurrió el ministro del Interior al Congreso adonde llegó acompañado por el presidente del Senado, Eliodoro Yáñez, y el de la Cámara de Diputados, Gustavo Silva Campo. El ministro Altamirano pronunció un breve discurso sobre la regularización de la marcha administrativa de la república y de la necesidad de sancionar los proyectos de ley que no habían sido aprobados en los últimos cuatro años, entre los cuales se encontraban las leyes sociales que componían el Código del Trabajo. Los miembros del Congreso, muy asustados, aprobaron todos los proyectos de ley y lo mismo hizo el Consejo de Estado que aprobó sin discusión las leyes recién sancionadas por el Congreso Nacional. Acto seguido, el presidente Alessandri presentó la renuncia a su cargo, que no fue aceptada. Habiendo insistido, se aprobó un permiso constitucional por seis meses autorizándolo a viajar al exterior. El general Altamirano, ministro del Interior, asumió la vicepresidencia de la república manteniendo el cargo de ministro.

La presencia de las Fuerzas Armadas en el gobierno de la República de Chile se mantuvo hasta el 20 de marzo de 1925, fecha en que regresó a Chile el presidente Alessandri y reasumió el mando. Sin embargo, esto no significaba que las Fuerzas Armadas abandonaran el poder puesto que en Montevideo, cuando venía Alessandri de regreso, la delegación chilena que lo fue a recibir le notificó que había sido llamado de regreso para que cumpliera el programa revolucionario de las Fuerzas Armadas como una cortesía a las autoridades legítimas, pero que en caso de no aceptar esta condición no podría reingresar al país. Por lo tanto, todos los hechos de estos últimos meses del gobierno de Alessandri no fueron otra cosa que la puesta en acción de los diversos puntos que los militares chilenos habían discutido en septiembre de 1924 y que quedaron plasmados en la Constitución de 1925, en las leyes sociales y en las demás instituciones que desde entonces comenzaron a darse en la república.

Durante el breve gobierno de Emiliano Figueroa Larraín (1925-1927) continuó la tutela militar sobre las actividades del gobierno hasta que, como se ha dicho en otro capítulo, se instaló la dictadura militar de Carlos Ibáñez del Campo (1927-1931), quien completó la obra proyectada por las Fuerzas Armadas de Chile.

Una vez derrocada la dictadura de Ibáñez, y cuando los débiles gobiernos que la sucedieron también fueron destituidos, las Fuerzas Armadas chilenas se retiraron a sus funciones profesionales, es decir, a la defensa de la soberanía externa y el mantenimiento del orden y la seguridad del Estado. Ello en parte debido al descrédito que se produjo por los errores de la dictadura y en parte, también, por la habilidad del presidente Alessandri en su segunda administración para mantener las milicias republicanas creadas al término del gobierno de Ibáñez. Como dice Verónica Valdivia, estas circunstancias dieron como resultado que las Fuerzas Armadas "quedaran aisladas al interior de la sociedad al fracasar como opción política".

Esta misma autora expresa que el retiro de las Fuerzas Armadas se debió a varios factores: pérdida de la justificación para mantener el poder en sus manos; surgimiento de una crisis moral en el interior de ellas al ser derrotadas todas las propuestas ofrecidas por la misma institución luego del derrocamiento de Ibáñez, y un tercer factor, ya expresado, el surgimiento de un poder militar paralelo formado por civiles respecto del cual hemos hablado en la tercera parte de esta obra y que pudo hacer desfilar en Santiago el 7 de mayo de 1933 unos catorce mil efectivos. Esta milicia, como se ha dicho, se mantuvo hasta 1936 y fue uno de los elementos más efectivos que usó el gobierno para asegurar el retorno de las Fuerzas Armadas a sus funciones específicas.

La modernización a la norteamericana

Muy pocos años más tarde se inició la tercera etapa de las que menciona Rouquié, clasificación que hemos reproducido en estas páginas. La década de 1940 fue un tiempo intermedio durante el cual se desarrolló la Segunda Guerra Mundial y en el que, como era obvio, desaparecieron definitivamente las misiones europeas en América. Era evidente, también, que una vez terminado el conflicto este vacío habría de ser llenado por Estados Unidos, nación que precisaba asumir este rol a causa de su creciente rivalidad con la Unión Soviética, antes aliados en aquella guerra. Una vez que ésta hubo terminado, Estados Unidos era ya, sin discusión, la primera potencia mundial y había reemplazado a Gran Bretaña como metrópoli económica de América Latina.

Esta tercera etapa es la llamada de la "Guerra Fría" y, aunque este conflicto no se hizo presente con gran fuerza en América Latina, Estados Unidos desarrolló una doble estrategia para comprometer junto a ella a las demás naciones del continente. Una fue la celebración de tratados con asistencia militar que han formado una maraña de disposiciones usadas por Estados Unidos con mucho éxito. La segunda, la constitución de una verdadera institucionalidad latinoamericana a cargo de la OEA surgida entre 1945 y 1948 para controlar internamente cualquier desviación de estas alianzas, según ha quedado detallado.

En 1952 estalló la guerra de Corea y ello sirvió de pretexto a Estados Unidos para firmar tratados bilaterales de asistencia militar con doce países de la región dentro del marco de la Mutual Security Act, aprobada por el Congreso norteamericano en 1951.

El desafío que significó para Estados Unidos la Revolución Cubana puso en ejercicio permanente toda esta organicidad jurídica; esto significó continuas asambleas, reuniones de consulta de cancilleres y puesta en marcha de otras organizaciones destinadas a detener esa revolución. Al mismo tiempo, la ayuda militar se intensificó y se pusieron en discusión las nuevas teorías que definían al enemigo, entre ellas, la de la "Seguridad Nacional".

Según los autores norteamericanos Michael T. Klare y Peter Kornblut, durante el último tercio del siglo XX los estrategas norteamericanos se dieron cuenta de que Estados Unidos se había preparado para una improbable guerra mundial en el continente europeo, mientras desatendía la verdadera amenaza que se estaba incubando en el Tercer Mundo. En muchas regiones atrasadas del planeta había una "guerra real" manifestada a través de revoluciones, atentados terroristas y diversas formas de "agresión ambigua", los cuales no serían otra cosa que un intento de la Unión Soviética para desestabilizar los intereses norteamericanos en esos países. Ya en la década de 1960 se había hablado de guerras limitadas o de guerras irregulares, y el presidente Kennedy dio su apoyo a la doctrina estratégica que exigía estar preparados tanto para una guerra convencional o nuclear como para un conflicto irregular ocurrido en el interior de una zona o de un país estratégicamente ubicado.

A causa de estos propósitos apareció el término "guerra de baja intensidad" que resumía muy bien la respuesta que debía dar Estados Unidos a todos los movimientos revolucionarios del Tercer Mundo, y los estrategas señalaron que "la batalla del siglo" era esta "prolongada contienda crepuscular" entre guerreros norteamericanos y combatientes revolucionarios. Por lo tanto, el verdadero peligro no sería la concentración de tropas soviéticas en los países europeos sino el proceso revolucionario apoyado por las potencias comunistas que se estaba desarrollando en muchos países del Tercer Mundo, en especial en ciertas regiones de América Latina como Centroamérica y el mundo andino. Por lo tanto, la aparición de la Doctrina de la Seguridad Nacional, los cambios ocurridos en los ejércitos de América Latina y las dictaduras surgidas en el continente para enfrentar situaciones de emergencia deben relacionarse con los conceptos antes señalados.

En 1963 ya estaba en funciones la Escuela de las Américas (US Army School of the Americas) ubicada en Panamá y cuyo objetivo principal era proporcionar a los militares latinoamericanos "una formación que les permita contribuir a la seguridad militar de sus respectivos países" y cuyas clases, dictadas en castellano y en portugués, se referían al comunismo, su ideología y sus propósitos expansivos. De esta escuela egresaban anualmente mil cuatrocientos militares latinoamericanos convenientemente diplomados, y se calcula que hasta 1970 habían asistido a sus clases 137 mil efectivos de Argentina, 194.300 de Brasil y 61 mil de la República de Chile. A esto debe agregarse la creación de cuarenta y tres misiones militares en diecisiete países latinoamericanos.

Los conceptos que se entregaron entonces a los alumnos de América Latina estaban enfocados en la perspectiva de que el enemigo interior estaba constituido por la "amenaza comunista" a la que las Fuerzas Armadas deberían combatir y destruir; de esta manera la lucha contrarrevolucionaria pasaba a ser una misión urgente e impostergable. Como dicen los autores, la seguridad nacional reemplaza a la defensa nacional, y se le da a la dimensión castrense un sentido que nunca hasta entonces había tenido. La Primera Guerra Mundial tuvo por objeto el predominio político y económico de una potencia sobre otra. En el mundo bipolar surgido de la Segunda Guerra Mundial los conflictos evolucionaron hacia un enfrentamiento entre dos modelos muy distintos para organizar la vida económica, social y política. El adversario ya no tiene importancia por su nacionalidad sino por su ideología, y el enemigo comienza a ser alguien oculto, que debe ser encontrado y destruido. Se trata, como dice Rouquié, de las fronteras ideológicas donde "la nebulosa occidental y cristiana parecía haber reemplazado al Estado-nación en la jerarquía de las lealtades militares".

El reingreso de las Fuerzas Armadas chilenas a la política contingente

Es fácil entender que el cambio sufrido por la ciencia militar en América Latina y en Chile fue inmenso. Por supuesto que en un principio, desde la década de 1950 en adelante e incluso hasta la de 1970, todavía el Ejército chileno en sus paradas militares y en el desarrollo de su vida profesional cotidiana no hacía gala de tales cambios. Pero ya se estaba produciendo una distancia sideral entre los viejos y los nuevos tiempos. ¡Cuánta diferencia con los instructores que enseñaban a usar los cañones Krupp o a marchar al paso de ganso! Ahora, los nuevos instructores enfundaban a sus discípulos en sacos donde estaban dibujadas ramas y hojas como un disimulo de su paso por la selva y les enseñaban a pintarse las caras con trazos negros a fin de no poder ser identificados.

Pero la población del país no se había percatado de los cambios y se tranquilizaba sobando y rememorando los viejos mitos del profesionalismo de las Fuerzas Armadas chilenas, de que eran no deliberantes y apolíticas, ilusiones tan mencionadas por la izquierda chilena y por el propio presidente Allende.

Sin embargo, desde que se restauraron las instituciones democrático-liberales a fines de 1932, casi todos los presidentes de Chile habían tenido que vérselas con algún intento golpista. El presidente Pedro Aguirre Cerda, antes de cumplir un año de su mandato, tuvo que desbaratar la intentona planeada para el 25 de agosto de 1939 por el general Ariosto Herrera, comandante en jefe de la Segunda División con asiento en la capital. Este golpe fracasó gracias a la enérgica actitud del entonces coronel Guillermo Barrios, a las medidas tomadas por el Ministerio del Interior y al pueblo de Santiago que salió a las calles y copó algunos sectores del centro de la ciudad.

A principios de 1947 se organizó un grupo cívico militar llamado Acción Chilena Anti Comunista (ACHA) que estaba asesorado por importantes militares en servicio activo y que pretendió emular a las ex milicias republicanas de la década anterior. Llegó a reunir varios miles de adherentes, pero ese mismo año se disolvió a causa de que el gobierno expulsó al Partido Comunista del gobierno.

A principios de 1955 se supo de las continuas reuniones de diversos oficiales del Ejército y de la Fuerza Aérea con el objeto de deliberar respecto de la situación económica que sufría el país en aquellos meses. Este grupo, que se denominaba Línea Recta, funcionó durante varios meses y, según insinúa Arturo Olavarría, contaba con la simpatía del propio presidente Carlos Ibáñez del Campo. Este movimiento fracasó a causa de que dos altos jefes del Ejército renunciaron cuando el presidente no los autorizó para imponer sanciones a los complotados y cuando en el Congreso Nacional se discutieron estos hechos.

De muchísima mayor gravedad fueron los sucesos ocurridos en la Academia de Guerra del Ejército a fines de abril de 1968. En aquella ocasión, alrededor de ochenta oficiales alumnos de los tres años del curso regular y del curso de informaciones hicieron llegar al director una solicitud individual y simultánea de retiro de la institución basados en que las bajas remuneraciones no les permitían mantenerse y, a la vez, en que la decadencia de la institución no les ofrecía ningún porvenir. El gobierno del presidente Eduardo Frei pidió la renuncia al ministro de Defensa y al comandante en jefe de Ejército nombrando a sus sustitutos. Días después, el 6 de mayo, se realizó en el auditorio de la Escuela Militar una reunión donde asistió el cuerpo de generales y la oficialidad de la guarnición de Santiago. En este acto, el nuevo ministro de Defensa condenó los hechos que se produjeron en la Academia de Guerra, pero a la vez ofreció solucionar en un plazo de seis meses el problema de las remuneraciones y el decaído estado del Ejército.

Los sucesos, sin embargo, continuaron agravándose. Se supo que se habían realizado muchas reuniones clandestinas de oficiales de la guarnición antes de las fiestas patrias de 1969. En aquella oportunidad, el comandante en jefe del Ejército general Sergio Castillo pidió al general

Roberto Viaux que presentara su expediente de retiro debido a sus actitudes de deliberación. El general Viaux se negó a obedecer. El 21 de octubre de 1968 se sublevaron el regimiento Tacna (por lo que este suceso se conoce con el nombre del "Tacnazo") y la Escuela de Suboficiales; el general Viaux, llegado desde Antofagasta, tomó el mando de los regimientos sublevados apresando a sus jefes. Los alumnos de las academias de Guerra y Politécnica del Ejército concurrieron al Tacna a expresar su adhesión, mientras el general Alfredo Mahn iniciaba gestiones directas en nombre del presidente Frei para hacer cesar el movimiento. Paralelamente se fue reuniendo en torno de La Moneda y sectores adyacentes una gran multitud en apoyo del gobierno legal. Poco más tarde, las fuerzas leales al mando, que estaban a cargo del general Emilio Cheyre, rodearon el sector de los regimientos sublevados hasta que, finalmente, una gestión del subsecretario de Salud condujo a la firma del acta que puso fin al levantamiento; ésta le concedía mejores salarios, mejor equipo y la renuncia del ministro de Defensa. Mientras tanto, fue detenido el general Viaux y sujeto al Juzgado Militar de Santiago.

Estos hechos obligaron a un nuevo cambio de autoridades y se nombró comandante en jefe del Ejército al general René Schneider Chereau y jefe del Estado Mayor al general Carlos Prats González, ambos muy conocidos en la historia reciente de Chile por su firme adhesión a la doctrina de la prescindencia política de las Fuerzas Armadas.

No se calmaron con esto las inquietudes militares. Continuaron las reuniones conspirativas y en diciembre se tomaron algunas medidas contra los complotados pasando a retiro a los más comprometidos. En seguida, el comandante en jefe dio una orientación sobre política institucional en el Consejo de Generales, la cual fue difundida a todos los oficiales del Ejército del Estado Mayor de la Defensa Nacional. Tal es la llamada "doctrina Schneider" que exponía que el poder militar estaba sujeto al control civil y su función era de absoluta prescindencia tal como lo impone la Constitución. Por tanto, los esfuerzos debían concentrarse en el perfeccionamiento de la capacidad operativa del Ejército y en el ejercicio de la verticalidad del mando, lo cual significa que el comandante en jefe del Ejército es la única vía de representación de las necesidades y aspiraciones de los militares al Poder Ejecutivo.

Las alternativas de la elección presidencial realizada el 4 de septiembre de 1970 mantuvieron a las Fuerzas Armadas alertas pero, en apariencia, sin sufrir problemas conspirativos en su interior. La tempestad se desató el 22 de octubre de aquel año cuando un grupo de automóviles y de hombres interceptó el auto en que viajaba hacia su despacho el comandante en jefe y trató de apresarlo. Como ello no fuera posible, los asaltantes acribillaron al comandante y huyeron mientras el chofer llevaba al general hasta el Hospital Militar donde fue sometido a varias operaciones, pero igualmente falleció tres días después.

En esos momentos ya era presidente electo Salvador Allende quien, en conformidad con el todavía presidente Eduardo Frei y luego del funeral del asesinado comandante en jefe, nombró en su reemplazo al general Carlos Prats.

Desde este momento, noviembre de 1970 hasta septiembre de 1973, casi tres años, se desarrolló en Chile en torno de las Fuerzas Armadas y la vida política una impresionante relación que terminó con el viejo mito de la "prescindencia" de los militares en la actividad política chilena.

Oppenheim resume en las siguientes frases la situación de las Fuerzas Armadas frente a los sucesos políticos ocurridos entre 1970 y 1973. Expresa que ellos "lentamente erosionaron las posiciones constitucionalistas de las Fuerzas Armadas" y que, pese a la posición de Estados Unidos, mucha de la culpa de este fenómeno debe ser achacada a la derecha chilena antes que a la potencia del Norte. Recuerda cómo muchos grupos de derecha pidieron un golpe militar luego de conocerse los resultados de la elección del 4 de septiembre de 1970, y el propio asesinato de Schneider en octubre de ese año no fue otra cosa sino un intento de que el Ejército se levantara en armas frente al atentado hecho a su jefe. Agrega que la derecha continuó "cortejando a los militares a través de todo el período de Allende" y que las huelgas, sabotajes y otros hechos de violencia cometidos bajo la inspiración de la derecha se hicieron con el mismo fin que el asesinato de Schneider, es decir, para crear un caos donde "las Fuerzas Armadas se sintieran obligadas a intervenir con el fin de salvar la nación".

Sin embargo, el autor citado se detiene con detalle en aquellos aspectos de la relación entre el gobierno de la Unidad Popular y las Fuerzas Armadas que, al igual que los hechos antes relatados, sirvieron para deteriorar no sólo la "doctrina Schneider" sino también las relaciones entre las Fuerzas Armadas y el propio gobierno.

Los miembros de la Unidad Popular desconocían la realidad interna de los cuerpos militares, lo que perjudicaba la labor de las autoridades civiles. Oppenheim indica que Allende pudo retirar a muchos generales que no eran leales al gobierno a principios de 1971, cuando ello era posible. Pero el mismo autor se pregunta: "¿Quiénes, en verdad, eran los generales que podían probar ser desleales? La izquierda no tenía manera de averiguar esto. Su mayor pecado entonces fue el de omisión, algo que ellos tenían desde siempre".

El segundo aspecto relevante sobre este tema era la teoría bajo la cual la Unidad Popular había llegado al poder. Es decir, los políticos triunfantes hablaron de hacer una revolución aunque dentro de las leyes y la Constitución. Por lo tanto, el gobierno esperaba ser tratado por la oposición y las instituciones con la normalidad y consideraciones que se habían dispensado hasta ahora a los demás gobiernos, pese a que el suyo era revolucionario. Esta última consideración hacía explicable que aquellos que se oponían a la Unidad Popular no la trataran con la normalidad y consideraciones que se esperaban sino como al gobierno revolucionario que era y que pretendía modificar las estructuras políticas y sociales del país, amenazando por tanto a los intereses fundamentales de las fuerzas opositoras.

Esta situación necesariamente conducía hacia una polarización que alcanzaba a todos los sectores del país. Por ello, la decisión de Allende de llevar a las Fuerzas Armadas a componer un gabinete en 1972 y reiterar esta política a mediados de 1973 fue un error, que para el autor citado trajo consecuencias negativas no calculadas. Entre ellas, una mayor politización de las Fuerzas Armadas, puesto que desde entonces y por vez primera éstas se vieron involucradas directamente en el quehacer político y fueron invitadas para contener el paro de octubre de 1972, quedando la impresión de que los civiles no tenían la capacidad para resolver un conflicto político de esta magnitud.

Conjunción de variables: terrorismo de derecha

El 2 de noviembre de 1972 prestó juramento el nuevo gabinete que estaba compuesto por tres uniformados: el general Carlos Prats como ministro del Interior, el almirante Ismael Huerta en Obras Públicas y Transportes y el general de brigada aérea Claudio Sepúlveda como ministro de Minería. El propio general Prats, en declaración a la prensa, señaló que el nuevo gabinete tenía por objeto mantener la paz social neutralizando el enfrentamiento que se veía evidente dentro de la comunidad nacional y, a la vez, asegurar la libertad y la pureza de los comicios electorales de marzo destinados a renovar el Congreso Nacional.

Ambos objetivos se cumplieron y el paro de los camioneros terminó el 5 de noviembre. A este propósito el influyente diario *Le Monde* de Paris, comentando el nuevo gobierno chileno, señaló lo siguiente: "Los militares han aceptado colaborar directamente con Allende. ¿Pero qué han pedido a cambio? Probablemente han exigido que no se los obligue a "hacer política". ¿Significa esto que Allende va a olvidarse del "paso al socialismo" previsto en su programa? Aunque el general Prats, como es de esperar, ejerza su cargo de ministro del Interior de una manera "técnica" y no "política", es sintomático que su ascenso se produzca precisamente en el momento en el que se aprueba la ley que permite a las Fuerzas Armadas tener plenos poderes para prohibir toda posesión de armas, cualesquiera que sean".

El articulista se estaba refiriendo a la ley dictada para restringir la posesión o tenencia de armas automáticas exclusivamente a las Fuerzas Armadas y del orden, que otorgaba a los militares facultades para buscar y confiscar armas de fuego que estuviesen en poder de los civiles. Esta ley entró en vigencia en Chile en octubre de 1972 pero alcanzó sus más terribles efectos desde mediados de 1973, como se verá más adelante.

Luego de cuatro meses y veinticinco días de gobierno, el 27 de marzo de 1973, finalizó la tarea de los ministros militares en el gabinete puesto que se habían cumplido los propósitos que se tuvieron en vista al nombrarlos, es decir, la tranquilidad dentro del país y la realización de las elecciones del Congreso Nacional el primer domingo de marzo de aquel año. Durante todo este tiempo, Prats fue subrogado en la comandancia en jefe por el general Augusto Pinochet.

En los comicios antes mencionados, el gobierno obtuvo el 43,39 por ciento de los votos, lo que impidió que la oposición alcanzara los dos tercios de los asientos del Senado como era su propósito. Como es sabido, la Constitución de 1925 exigía los dos tercios de los votos de los senadores, entre otros casos, para aprobar una acusación en contra del presidente de la república que lo declarara culpable y, por tanto, destituirlo de su cargo.

Desde entonces, las actuaciones del comandante en jefe del Ejército se encontraron bajo una lupa, casi siempre distorsionadora, de la prensa y los políticos de oposición. Por ejemplo, fue notoria la deliberación militar que se produjo el 11 de abril de 1973 en presencia del general Prats cuando éste presidió una sesión de sesenta oficiales medios y superiores de cada una de las tres instituciones armadas, ocasión en que el ministro de Educación Jorge Tapia expuso el proyecto de la Escuela Nacional Unificada (ENU), tema que ya entonces había suscitado una gran efervescencia. Debido al tono de las interpelaciones que se hicieron al ministro de Educación, el general Prats, dos días más tarde, en el teatro de la Escuela Militar ante seiscientos oficiales de la guarnición de Santiago, se refirió a la campaña psicológica desatada para "perturbar la mentalidad profesional de la oficialidad" acusando directamente a la extrema derecha de esa responsabilidad. Al criticar a los oficiales que intervinieron en la reunión anterior se oyeron "algunas toses y carraspeos" que obligaron al comandante a dar un golpe recio en la mesa para hacerlos callar. Durante los días siguientes continuó dando conferencias a sus subordinados y, a fines de abril, entregó nuevamente la comandancia en subrogancia al general Pinochet, jefe de Estado Mayor, porque debió viajar por un mes a Estados Unidos, Inglaterra, la Unión Soviética, Yugoslavia, Francia y España, gira profesional destinada a dar solución a urgentes deficiencias de equipamiento del Ejército.

Cuando el comandante en jefe regresó a Chile el 5 de junio se encontró con la situación aún más deteriorada y pudo constatar que la politización en las Fuerzas Armadas no sólo era creciente sino que sus miembros se inclinaban hacia la derecha o, en todo caso, contra el gobierno de la Unidad Popular. También pudo verificar que las fuerzas opositoras, en especial la derecha, extremaban las medidas organizando cuerpos paramilitares neofascistas como Patria y Libertad que desde junio había declarado estar actuando en la clandestinidad. También tomaba otras medidas, como enviar cartas con plumas de gallina a los militares o hacer manifestaciones públicas en el mismo sentido frente al Ministerio de Defensa. En esos mismos días arreciaban los "cacerolazos", desafinado concierto que se hacía casi todas las noches desde el día de la Marcha de las Cacerolas Vacías realizada a fines de 1971.

Gestación del golpe de Estado

Dentro de estas acciones de la derecha se hizo muy famoso el incidente de la "lengua" que le sucedió al general Prats en la tarde del 27 de junio cuando viajaba entre su domicilio y su oficina en el ministerio. Durante el viaje, un auto se instaló al lado del vehículo del comandante y desde allí dos personas se dedicaron a sacar la lengua y a hacer gestos soeces gritando groserías. El general les ordenó que se detuvieran para que le diesen explicaciones. Como no obedecieran y continuaran los insultos, disparó con su pistola al guardabarros delantero del auto. Entonces se detuvieron "con pánico", dice el general, y se bajaron dos mujeres que le pidieron perdón, pero en esos momentos el auto del general se vio rodeado por muchos conductores que bloqueaban la calle y gritaban que él había querido matar a una mujer, mientras otros pintaban el coche del general y otros le desinflaban los neumáticos. Al mismo tiempo se vieron rodeados por periodistas y fotógrafos. Estuvo a punto de sufrir mayores vejámenes y sólo lo salvó la presencia de un taxista que le gritó: "General, lo van a linchar. Déjeme sacarlo de aquí".

Era evidente que se trataba de una acción concertada que pudo tener inusitadas consecuencias. En todo caso, este suceso tragicómico no tuvo otros efectos inmediatos que las campañas radiales que se desataron de inmediato, y parece estar relacionado con una también tragicómica asonada militar que fue conocida con el nombre del "tanquetazo" por haber sido llevada a cabo por el II Regimiento Blindado.

Esto sucedió el 29 de junio de 1973 y la sublevación abortó rápidamente gracias a que no se plegaron al movimiento los demás regimientos de Santiago o de provincias. Muchos analistas relatan las ridículas incidencias ocurridas cuando los tanques hicieron fila en una gasolinera para cargar combustible (cuenta no pagada hasta el día de hoy) o cuando en su marcha hacia La Moneda se veían detenidos por los semáforos. Nada ridícula fue, en cambio, la muerte de un corresponsal extranjero que fue baleado mientras filmaba precisamente al hombre que lo asesinaba. Pero en todo caso la decidida actitud del general Prats, que obligó a rendirse a los tanques que se encontraban en la Alameda al sur de La Moneda, hizo que esta rebelión terminara antes del mediodía.

A pesar de lo rápido del término de la sublevación, el general Prats cuenta en sus memorias que tuvo información, a través del MIR, de que aquel 29 de junio algunos oficiales subalternos de la Escuela de Caballería habrían tratado de convencer a los suboficiales de que marcharan a Santiago a apoyar al regimiento blindado que se sublevó, proposición que fue rechazada. Igualmente, en varios buques de guerra la oficialidad habría hecho arengas para que la suboficialidad apoyara el levantamiento, aunque tampoco hubo respuesta favorable.

En esos meses de mediados de 1973 se agregó un nuevo factor de perturbación y de conflicto. Me refiero a la ley de control de armas, tema que se actualizó debido a que se supo o se supuso que las industrias, sedes políticas y juntas de vecinos partidarias de la Unidad Popular se estarían armando. En concepto del general Prats, la ley debía aplicarse "conforme a denuncias responsables, con sujeción estricta a los procedimientos que ella señala y siempre que se practiquen en locales sin «apellidos» políticos". De inmediato comenzaron los allanamientos, aunque todos tuvieron lugar en empresas que estaban en manos de trabajadores adictos a la Unidad Popular. Hubo algunos particularmente violentos como el realizado a principios de agosto en Lanera Austral de Magallanes donde se llevó a cabo un "aparatoso" operativo a cargo del general Manuel Torres de la Cruz, con un muerto y graves perjuicios en la industria, todo "absolutamente innecesario para los fines de la aplicación de la ley. Lo anterior se veía agravado por el hecho de que todos los operativos se habían dirigido contra los partidarios del gobierno mientras que nada se había hecho para encontrar los depósitos de armamentos de Patria y Libertad, organismo que había anunciado a los cuatro vientos que iniciaba la resistencia al gobierno desde la clandestinidad.

Frente a una situación como la descripta, sólo quedaba una angosta puerta para salir de ella y era un acuerdo entre la Unidad Popular y la democracia cristiana. Este camino lo intentó el cardenal arzobispo de Santiago Raúl Silva Henríquez y consiguió que se realizara un primer encuentro en La Moneda el 30 de julio de 1973, con asistencia del presidente de la república, del senador Patricio Aylwin, presidente de la democracia cristiana, y del vicepresidente del mismo partido, Osvaldo Olguín. Al presidente Allende lo acompañaban sus ministros Carlos Briones, de Interior, y Clodomiro Almeyda, de Defensa. La reunión continuó esa misma noche, esta vez sin Almeyda pero con un representante del Partido Comunista, José Cademártori. Los acuerdos fueron sobre aspectos generales y las partes estimaron que las tratativas estaban desahuciadas.

La segunda reunión, también a instancias del cardenal arzobispo, se hizo en la propia casa de éste el 17 de agosto y fue una cena a la cual asistieron sólo el anfitrión, el presidente de la república y el presidente del Partido Demócrata Cristiano. Según cuenta en sus memorias el cardenal Silva, esta reunión pareció un poco más esperanzadora que la anterior;

no obstante, a principios de septiembre este diálogo se cortó en medio de mutuas recriminaciones.

Según Oppenheim, las conversaciones entre la Unidad Popular y la democracia cristiana convocadas por el arzobispo Silva fracasaron pese a que se habló largo, porque el Partido Demócrata Cristiano no parecía tener ganas de resolver la crisis y cada vez que ambas partes parecían llegar a un acuerdo, Aylwin aparecía con nuevas demandas.

Según insinúa Prats en sus memorias, había una intención de que las Fuerzas Armadas, en un futuro gabinete, se superpusieran a la Unidad Popular "separando a ésta de Allende y dejándolo en posición simbólica, algo así como una solución a la «uruguaya» como la que se había alcanzado en ese país a principios de 1973". Esta presunción Prats la reafirma poco más adelante diciendo que cuando a principios de agosto se planteó un nuevo gabinete militar se ofreció a los comandantes en jefe los ministerios de Hacienda, Defensa y Minería, y que los generales quedaron desconcertados pues esperaban "que el acceso de las Fuerzas Armadas al gobierno sería como lo planteaba la democracia cristiana, con una representatividad de generales y almirantes que cubrieran la mitad o los dos tercios del gabinete y el resto, con personalidades apolíticas y debiendo, además, cubrirse los mandos medios". Esto debía entenderse como un "golpe seco" que pondría en interdicción al presidente.

En cambio lo que hubo fue un nuevo gabinete militar, el noveno del gobierno de la Unidad Popular, que juró el 9 de agosto de 1973 con Orlando Letelier en Interior, el almirante Raúl Montero Cornejo en Hacienda, Prats en Defensa Nacional, el general César Ruiz Danyau en Obras Públicas y Transportes y el general de Carabineros José María Sepúlveda Galindo como ministro de Tierras y Colonización.

Mientras tanto, subsistía una serie de situaciones conflictivas que parecían llevar sin remedio hacia un enfrentamiento final. Así lo planteaba el almirante José Toribio Merino, quien a principios de agosto era comandante en jefe subrogante de la Armada, cuando informó al general Prats que se había iniciado un proceso en el Juzgado Naval de Valparaíso debido a que se había descubierto una célula del MIR formada entre los suboficiales y clases de dos navíos de la Armada, y que los acusados ya habían sido detenidos y puestos a disposición del fiscal.

De mayor gravedad, si cabe, era el paro iniciado por los transportistas y demás gremios, que estaba derivando hacia un paro nacional. Iniciado el 26 de julio y usando como pretexto la necesidad de conseguir una mejor distribución de las piezas de recambio y la importación de 2.800 camiones nuevos, la organización de transportistas de Chile decidió paralizar sus actividades en todo el país y por tiempo indefinido. Este paro venía acompañado de una serie de actos terroristas, y en poco más de un mes se produjeron 180 atentados dinamiteros que destruyeron total o parcialmente torres eléctricas, gasoductos y líneas férreas a través del país.

El intendente de Santiago, Jaime Faivovich, renunció el 12 de agosto a su cargo y al de interventor en la huelga de camioneros, y el presidente designó interventores militares provinciales en esta huelga, todo esto de acuerdo con la Ley de Seguridad Interior del Estado. En Santiago fue nombrado el general Herman Brady. Una vez que la Contraloría General de la República tomó razón de estos decretos de nombramiento, el comité operativo encargado de coordinar las acciones de las autoridades frente al paro de los gremios se reunió y acordó sobre los operativos de requisamiento que había que realizar con mayor urgencia. Se decidió hacerlo en aquellos puntos donde se había concentrado gran número de camiones en paro: Reñaca, Los Andes, Puente Alto, Los Ángeles y Osorno; el primero estuvo a cargo de la Armada y de los demás se ocupó el Ejército. Sin embargo la Armada, a través de los almirantes Montero y Carvajal, expresó su reticencia a emplear personal naval en el allanamiento de Reñaca diciendo que allí los gremios habían organizado una verdadera fortaleza y que por lo mismo sería preferible que el gobierno cediera frente a los puntos de arreglo que habían planteado los huelguistas. Sobre esto, el general Prats en sus memorias hace el siguiente amargo comentario: "Pienso en la curiosa postura de ambos almirantes, mientras no vacilan en realizar con máximo rigor el allanamiento de industrias e instalaciones públicas controladas por la Unidad Popular en virtud de la Ley de Control de Armas, sienten el "temor reverencial" de aplicar los mismos procedimientos a los elementos de la oposición lanzados a un paro de gravísimas consecuencias para la economía nacional. Tienen temor pese al respaldo legal que les da la Ley de Seguridad Interior del Estado. Me limito a responderles, sin mayores comentarios, que se atengan a lo ordenado".

Sin embargo estas medidas, salvo en Reñaca, comenzaron a tener éxito, por lo cual el mismo comité operativo dispuso otras para proteger las refinerías, gasoductos y terminales de la Empresa Nacional del Petróleo (ENAP), industrias estratégicas, servicios de utilidad pública, obras de arte y otras.

El 17 de agosto ocurrió otro tropiezo. El ministro de Obras Públicas y Transportes, general César Ruiz, renunció a su cargo ministerial, pero se resistía a renunciar al cargo de comandante en jefe de la Fuerza Aérea, que le exigía el presidente de la república. Éste ofreció el cargo al general Gustavo Leigh, quien pidió un plazo para meditar este ofrecimiento. Finalmente se acordó que el general Leigh asumiera la comandancia en jefe de la FACH, y que el cargo de ministro de Obras Públicas fuese para otro general de la misma rama, recayendo el nombramiento en el general Humberto Magliochetti. El general Leigh, cuenta Prats, "agradece con emocionadas palabras la confianza que el presidente deposita en él, de la que espera hacerse acreedor".

Pero estos cambios parecían juegos de salón frente a la gravísima situación que continuaba viviéndose. El ofuscamiento y la pasión se habían apoderado de la mayoría de los chilenos y estaban causando quizá efectos todavía más graves que las huelgas y los atentados, porque habían alejado toda posibilidad de razonar y llegar a una solución. El mismo episodio antes referido, que parecía haber quedado solucionado, no sólo no lo estaba sino que al día siguiente el general César Ruiz se autoacuarteló en Los Cerrillos ofreciendo una abierta resistencia a los nombramientos hechos. Hasta allá viajó el nuevo comandante general Leigh, y se encontró con Ruiz tanto en Los Cerrillos como en El Bosque donde siguieron sucediéndose tensas reuniones con la oficialidad, las que finalizaron cuando los generales solidarizaron con Leigh. Por tanto éste regresó a su oficina a esperar que Ruiz le trajera su renuncia; todo esto mientras en la puerta del ministerio un grupo de mujeres gritaba consignas en favor de Ruiz y otras en contra de Prats y el almirante Montero.

En la tarde del día siguiente, 21 de agosto, frente al domicilio del comandante en jefe del Ejército, general Carlos Prats, se concentraron unas trescientas mujeres que gritaban pidiendo ser recibidas para entregar una carta dirigida a la esposa del comandante en jefe. Luego de hacer esto, se vio llegar más gente hasta ese lugar, unas mil quinientas personas que proferían toda clase de insultos al general Prats. Poco más tarde llegó el subcomisario de la Prefectura de Santiago Oriente con un ayudante y unos veinte carabineros, que fueron recibidos por la multitud a gritos, insultos y pedradas. Como los manifestantes continuaran lanzando pedradas a la casa del general Prats, carabineros procedió a repeler el ataque pero debió pedir refuerzos, los que lograron terminar con la manifestación pasadas las nueve y media de la noche. Poco antes había llegado el general Augusto Pinochet, quien también fue pifiado por los manifestantes; lo mismo pasó con el presidente Allende que llegó hasta la casa a expresar su sentimiento por lo ocurrido.

Al día siguiente, el general Prats habló con el general Pinochet y le confió la misión de sondear a los generales. Si estuvieran dispuestos a emitir una declaración pública ofreciéndole explicaciones, él estaría dispuesto a olvidar lo ocurrido. Pero Pinochet al mediodía le manifestó que había fracasado en esta misión, noticia que movió a Prats a reunirse con los generales para oír de ellos directamente su decisión. Luego de hacerles un resumen de los últimos acontecimientos y, en especial, de los incidentes relacionados con la renuncia de Ruiz Danyau, dio a los generales veinticuatro horas de plazo para saber si estaban dispuestos a firmar una declaración como la expuesta.

Al otro día Prats supo que la mayoría de los generales no estaba dispuesto a firmar aquella declaración. Supo, además, que los generales Mario Sepúlveda, comandante de la segunda división del Ejército y de la guarnición de Santiago, y Guillermo Pickering, comandante de Institutos Militares, quizá los más leales a Prats, habían presentado su renuncia indeclinable. En conversación privada, éstos le manifestaron a Prats que siendo ambos comandantes de unidades operativas claves del Ejército no podían continuar debido a la acción de sus propios colegas generales, que intrigaban con los mandos medios y subalternos o se dejaban empujar por las presiones de éstos.

El siguiente paso de Prats fue presentar su renuncia al presidente Allende, con quien sostuvo una emotiva pero franca entrevista. El argumento que convenció al presidente para aceptar la renuncia fue que si Prats continuaba en el cargo tendría que usar su facultad de pedir la renuncia a doce o quince generales, medida que sin duda desataría la guerra civil. Agregó que si lo sucedía el general Pinochet, "que tantas pruebas de lealtad me había dado", quedaba la posibilidad de que la situación general del país caminara hacia una distensión.

El general Prats recibió la adhesión de mucha gente, comenzando por el presidente de la república, a la cual siguieron otras de Radomiro Tomic, Renán Fuentealba, Felipe Herrera y Pablo Neruda. Pero quizá la carta más significativa, por lo increíble que parece hoy en día, es la que le envió el nuevo comandante en jefe del Ejército, general Augusto Pinochet, y por eso la reproduzco íntegra:

> Al sucederle en el mando de la institución que usted comandara con tanta dignidad, es mi propósito manifestarle –junto con mi invariable afecto hacia su persona– mis sentimientos de sincera amistad, nacida no sólo a lo largo de nuestra profesión sino que –muy especialmente– cimentada en las delicadas circunstancias que nos ha correspondido enfrentar. Al escribirle estas líneas, lo hago con el firme convencimiento de que me dirijo no sólo al amigo sino ante todo al señor general que en todos los cargos que le correspondió desempeñar, lo hizo guiado sólo por un superior sentido de responsabilidad, tanto para el Ejército como para el país. Es por lo tanto para mí profundamente grato hacerle llegar, junto con mi saludo y mejores deseos para el futuro, en compañía de su distinguida esposa y familia, la seguridad de que quien lo ha sucedido en el mando del Ejército queda incondicionalmente a sus gratas órdenes, tanto en lo profesional como en lo privado y personal.

Los hechos siguientes se precipitaron. El 23 de agosto, como se relató antes, la Cámara de Diputados adoptó un acuerdo en el cual condenaba al gobierno de la Unidad Popular señalando un conjunto de ilegalidades.

El diario *Le Monde* de París el sábado 25 de agosto de 1973 expresó las siguientes palabras a propósito de los últimos acontecimientos de Chile: "Sea como sea, es un éxito para ella [la oposición], porque ha maniobrado hábilmente y ha llevado la operación contra el general Prats y contra el gobierno con una eficacia que permite suponer una vez más que ha existido una cierta injerencia extranjera".

Los acontecimientos posteriores fueron sólo la cuenta regresiva del gobierno de Salvador Allende. Aunque el 28 de agosto se reconstituyó el ministerio, fue el último de este presidente. Ingresaron en Interior, Carlos Briones; en Hacienda, el almirante Daniel Arellano; en Defensa, Orlando Letelier Solar; en Minería, el general Rolando González Acevedo; en Educación, Edgardo Enríquez Fröden; en Salud Mario Lagos, y en Vivienda Pedro Felipe Ramírez. Continuaba en Tierras y Colonización el único miembro de las fuerzas del orden, el general director de Carabineros José María Sepúlveda Galindo.

Los miembros de este gabinete acompañaron a Allende a su última concentración el día 4 de septiembre para conmemorar los tres años del triunfo de la Unidad Popular en las elecciones de aquel día. Pese al carácter festivo de esta celebración y a la elevada concurrencia de adherentes (alrededor de un millón de personas), ya nadie abrigaba esperanzas de que la situación llegara a tener una salida pacífica.

Los actores del drama

Aunque muchos militares se encontraban o se habían encontrado en actividades conspirativas durante todo 1973 y también antes, puede sostenerse que el golpe de Estado del 11 de septiembre fue planeado en una fecha no muy anterior y que sus actores se comprometieron, también, pocos días antes.

En todo caso, debe decirse desde un principio que la mayoría de los datos con que se cuenta sobre estos sucesos políticos emanan de periodistas, tanto de los que escribieron obras completas sobre el día 11 como de los que hicieron entrevistas y las publicaron más tarde con el formato de libros. Los periodistas han desempeñado, pues, el papel que en otras épocas históricas les correspondió a los cronistas que recopilaron los hechos del pasado según lo que ellos vieron o escucharon decir a otros. Esto puede entenderse sin problemas si consideramos que la mayoría de los hechos que se irán relatando no son de aquellos que quedan escritos o reproducidos en archivos sino que emanan del secreto, de los propósitos clandestinos o de la inmediatez de los acontecimientos y de la vorágine de los hechos desatados en lo mejor de un enfrentamiento. Hay relatos que no citamos aquí, como los de Ignacio González Camus, León Gómez Araneda, Osvaldo Puccio y otros, que son piezas muy valiosas para la historia, junto con otros en los cuales basamos nuestra narración como Patricia Verdugo y otros que se citan a continuación.

Según el general Augusto Pinochet en su obra *El día decisivo*, él mismo se dedicó, desde el 23 de junio de 1972, a elaborar un plan mediante una circular destinada a ocho organismos del Estado Mayor General con el fin "de reactualizar algunos conceptos de la Planificación de Seguridad Interior". Más adelante, en septiembre de 1972, agrega que cuando supo que el general Canales había sido pasado a retiro por ciertas expresiones de insubordinación, comprendió que "la revolución debía ser preparada en un círculo muy cerrado y sólo con personas de nuestro Ejército, sin mezclar a nadie más ni siquiera a título de información".

Por su parte, el general Gustavo Leigh, comandante en jefe de la Fuerza Aérea en la época del golpe, relata en una entrevista que le hizo la periodista Florencia Varas que a mediados de 1973 se estaba elaborando el llamado "Plan Trueno" para el caso de tener que actuar frente a "un caos social o una emergencia de carácter nacional [que] estábamos ahora seguros de que ello se produciría". Los mismos planes de emergencia se estaban haciendo en la Marina y en el Ejército, pero sin interacción entre estos cuerpos armados. Esta afirmación, para conceder crédito a ambos generales, habrá que relacionarla con lo dicho en el párrafo anterior por el general Pinochet, referido al plan que cada una de las Fuerzas Armadas se encontraba realizando desde meses antes. Agrega que empezó a tomarle el peso a la situación con motivo del sepelio del edecán del presidente, comandante Araya, el 28 de julio de 1973, pero que un acuerdo entre los principales actores del golpe sólo se produjo dos días antes, el 9 de septiembre de 1973.

El general Pinochet agrega en la obra citada que su trabajo paciente y tesonero de más de un año le permitió tener al Ejército listo para la acción de deponer al gobierno y también fijar la fecha, que sería el 14 de septiembre de 1973, y que la batalla por Santiago "sería de doble cerco". Habría dos agrupaciones, una que iniciaría el combate y formaría el primer cerco y "la segunda que daría el abrazo final dejando dentro de ella a los que nos estuvieran atacando". En lo relativo a los hechos ocurridos el 9 de septiembre, se ajusta a lo que relata el general Leigh.

Este último contó a Florencia Varas que el 9 de septiembre fue a ver a Pinochet a su casa "donde celebraba el cumpleaños de una de sus hijas". Preguntado sobre la posición del general Pinochet respondió que estaba tranquilo y que escuchó el planteamiento que el general del aire le estaba formulando acerca de que "no le veíamos vuelta al asunto". Luego éste preguntó al dueño de casa qué pensaba sobre esto "porque lo que es nosotros, no damos más; creo que ya estamos en un punto en que si no actuamos el país va al caos". Pinochet le preguntó si no había pensado que esto podía "costar la vida a nosotros y a muchos más", a lo que el general Leigh contestó afirmativamente. En ese momento llegaron a unirse a la reunión, pero sin previo aviso, los almirantes Huidobro, Carvajal y el comandante González que traían un mensaje del almirante Merino.

En ese momento debemos ir a otra fuente, la obra de otra periodista, Patricia Verdugo, titulada "Interferencia secreta, 11 de septiembre de 1973", la que cuenta una versión diferente de estos sucesos. Indica como un "hecho cierto que el general Augusto Pinochet, comandante en jefe del Ejército, supo del golpe en marcha sólo pocas horas antes. No estuvo en el origen del complot", ya que los golpistas dudaban de él por haber sido nombrado por el presidente Allende y porque la información de la inteligencia del gobierno lo consideró un general de confianza. Los militares golpistas dentro del Ejército estaban encabezados por el general Sergio Arellano Stark y se sentían complicados con el general Pinochet hasta que el 27 de agosto éste pronunció un discurso a puertas cerradas ante el alto mando militar sugiriendo veladamente la posibilidad de sumarse al golpe. Pero sólo fue el sábado 8 de septiembre cuando el general Arellano llegó a la casa de Pinochet a últimas horas de la tarde para hablar con él y hacerle la confidencia de que el golpe estaba en marcha para el martes siguiente. Según la periodista, el general Pinochet reaccionó con sorpresa y molestia como lo cuenta el propio general Arellano en sus memorias, *Más allá del abismo*. Sin embargo, esta reunión realizada el 8 no consta en los demás testimonios ya que, como dice la misma periodista, las fuentes son poco confiables y todas estas memorias han sido acomodadas para dejar a cada autor convertido en el verdadero artífice de este golpe.

Lo que sí es seguro es que ese día 8, en Valparaíso, se habían reunido en la Academia de Guerra los golpistas de la Marina encabezados por el almirante José Toribio Merino, uno de los jefes más importantes del golpe que se estaba preparando. Allí, el almirante Carvajal les informó que la Fuerza Aérea estaba de acuerdo con el golpe pero que del Ejército aún no se tenía confirmación. Acordaron reunirse al día siguiente, 9 de septiembre, en casa del almirante Weber después de la misa en la capilla naval. Antes de separarse, el almirante Carvajal instruyó al almirante Huidobro que el día y la hora del golpe debían fijarse esa noche.

El almirante Huidobro llamó al capitán de navío Ariel González, jefe de Inteligencia del Estado Mayor de la Defensa, y lo hizo viajar a Valparaíso. Ambos urdieron una mentira para llevar a la reunión del día siguiente en casa del almirante Weber. Dirían que ambos habían tenido una reunión en Santiago esa noche y que el Ejército y la Fuerza Aérea habían decidido que el golpe sería el martes 11 a las seis de la mañana. Reunidos al día siguiente como habían acordado, los presentes escucharon el acuerdo que mencionaban Huidobro y González y dieron su plena aprobación para realizar el golpe el día y hora señalados, y comisionaron a los mismos Huidobro y González para que fueran a Santiago a notificar esta conformidad a los complotados.

Y aquí se juntan las versiones en el momento en que el general Pinochet conversaba en su casa con el general Leigh y recibían la visita de los almirantes de Valparaíso. La conversación giró hacia el discurso que en la mañana había pronunciado el senador Carlos Altamirano y sus conceptos inaceptables para los presentes que obligaban a decidir cuanto antes una reacción. Se habló del golpe como de algo inevitable y los almirantes mostraron un escrito ("papelito" dice Leigh, "breve texto manuscrito" dice Verdugo) enviado por el almirante Merino a los generales Pinochet y Leigh y que decía lo siguiente: "Bajo mi palabra de honor el día H será el 11 y la hora H las 06.00. Si Uds. no pueden cumplir esta fase con el total de las fuerzas que mandan en Santiago, explíquenlo al reverso. El almirante Huidobro está autorizado para tratar y discutir cualquier tema con Uds. Les saluda con esperanza y comprensión. Merino". Al reverso el remitente había escrito: "Gustavo, es la última oportunidad J.T. Augusto, si no pones toda la fuerza de Santiago desde el primer momento, no viviremos para el futuro. Pepe."

El general Pinochet, según esta fuente, tuvo todavía sus dudas, pero presionado por el general Leigh firmó y timbró con el sello de la comandancia en jefe.

El 10, como relatan las fuentes, fue de intensa actividad para Pinochet. Conversó con los generales Brady, Benavides, Arellano y Palacios y el coronel Polloni. En breves frases, se refirió a la posibilidad de morir en estos combates en cuyo caso lo sucedería el general Bonilla. Luego dispuso que las tropas de Los Andes y San Felipe se movilizaran hacia Santiago al anochecer.

El golpe se completó en la tarde del 10. Leigh traía preparada una proclama que fue firmada por Pinochet, luego por Leigh y enseguida por el almirante Carvajal en nombre de Merino. El último en firmar fue el general César Mendoza, tercera antigüedad en Carabineros y que asumiría el mando de esta fuerza del orden durante el golpe militar.

El resto es historia muy conocida, contada y relatada. Sólo agregaremos que con la heroica resistencia presentada el 11 por las fuerzas que estaban en La Moneda, incluido el propio Allende, y luego con el bombardeo de este edificio y con el suicidio del presidente de la República cerca de las dos de la tarde de ese día, se cerró todo un ciclo de la historia de Chile y se abrió otro preñado de terribles incertidumbres que relataremos en el próximo y último capítulo de esta historia.

Como un epílogo del drama, quisiera reproducir dos opiniones de contemporáneos que miraron con imagen crítica los tres años de la Unidad Popular.

Se trata en primer lugar de Régis Debray, quien venía saliendo de su prisión en Bolivia en 1971 y le correspondió llegar primero a Chile donde se encontró con su amigo Salvador Allende, ahora presidente de Chile. Los recuerdos saltan en la imaginación de este político, escritor y guerrillero francés, quien no resiste la tentación de definir a Allende como un "radical-socialista en su forma de ser y de gobernar, radical sin más en su modo de despedirse". Y agrega que "Salvador Allende (si se me permite enrolar a un gran señor en un museo Grévin tan intimista aunque edificante a su manera) vino a ocupar retrospectivamente su sitio en medio de mi galería de monstruos sagrados". Lo describe "con su barriguita de notario regalón y sus maneras de senador de Lot-et-Garonne", pero se trataba de un "francmasón estoico [que] en el último y decisivo minuto pasaba a la categoría superior". "Y el propio Allende, el antihéroe de los guerrilleros de la época, murió el 11 de septiembre de 1973 como héroe romano; se suicidó con una bala de Kalashnikov entre los escombros de su despacho de La Moneda, bombardeado por la Aviación. Una manera de decirles a los "facciosos" que tomaban al asalto el palacio presidencial que la junta no tendría el placer de atarlo vivo a su carro. Algo así como: No me obliguéis a pediros que salvéis mi vida, seríais capaces de concedérmelo." Y finaliza: "La salida con señorío hace cien veces más que transformar la vida en destino, transforma el destino en voluntad".

En segundo lugar nos referimos a uno de los mejores historiadores de la nueva generación de Chile, que no se encontraba entre los partidarios del presidente muerto, pero que sí era descendiente de José Manuel Balmaceda, otro mandatario chileno que también decidió el camino del suicidio luego de perder su batalla contra sus enemigos. Me refiero a Alfredo Jocelyn-Holt Letelier quien en su obra *Chile perplejo* expresa el siguiente y emocionante juicio sobre el fin del presidente Allende:

> Resulta increíble, dado lo anterior, que a Allende se le juzgue como un frívolo. Puede que haya estado errado, que se haya metido en un zapato chino, que su sentido de las circunstancias históricas, la carga histórica que significaba estar donde estaba, haber llegado donde llegó, en fin, que se haya obnubilado por el papel histórico que le había tocado, pero de las tantas e innumerables acusaciones que se le pueden adjudicar, en rigor, de liviandad no es posible acusarlo.
> Por lo mismo, no corresponde tampoco interpretar su fin como una constatación de fracaso. Es perfectamente posible concluir que el gobierno de la Unidad Popular fue una derrota, es más, un desastre político y económico, pero no a partir del sacrificio simbólico que hace Allende el día 11. Eso es un absurdo. De hecho, la impronta dramática que él conscientemente asume ese día confirma su sentido contrario, el de una victoria moral, ético-política, a pesar de la derrota partidaria. Allende no muere como presidente de una tienda o combinación política, o como un político más en un país en el que, incluso hoy, los políticos abundan. El Allende de La Moneda, ese día 11, se inviste nuevamente de la más alta magistratura del país, con todo lo que eso significa. A quienes no estaban dispuestos a aceptarlo y tolerarlo por lo que era, les vuelve a enrostrar precisamente aquello que los llevara a derrocarlo.

Finalmente reproduce algunas de las palabras con que el presidente se despidió ese día de los chilenos:

> Trabajadores de mi patria. Otros hombres superarán este momento gris y amargo donde la traición intenta imponerse. Mirad hacia adelante, sabiendo que, más temprano que tarde, abriréis de nuevo las grandes alamedas por donde camina el hombre libre para construir una sociedad mejor.

Bombardeo del Palacio de La Moneda por la Fuerza Aérea de Chile, 1973.
(Archivo Fotográfico del Museo Histórico Nacional, Chile)

V. AÑOS NEGROS. UNA TRANSICIÓN PARA EL SIGLO XXI

Entre 1973 y 1990 se instaló en Chile una experiencia política absolutamente inédita como fue el régimen o gobierno militar encabezado por el dictador Augusto Pinochet, quien gobernó Chile con poderes omnímodos durante dieciséis años y medio.

Decimos inédita porque no hay otra experiencia similar en el país.

Ni siquiera los presidentes coloniales tuvieron una amplitud de atribuciones como las que se autootorgó la dictadura. Los funcionarios de la Corona de España, pese al absolutismo reinante, tenían totalmente acotadas sus funciones, sus poderes y sus atribuciones. Los tratadistas medievales y del Renacimiento sostuvieron que el poder público al cual aquéllos llamaban "pública potestad" provenía directamente de Dios, por lo cual la potestad real sería de derecho natural y también de derecho divino. No obstante, los gobernantes españoles sabían que la monarquía absoluta estaba limitada por la ética, el derecho natural y el derecho divino y también por la propia legislación vigente, puesto que la potestad real no es soberana. Así lo reconocen los diversos juristas que elaboraron interesantes tesis sobre los límites de la potestad real. Siguiendo este razonamiento, si los reyes absolutos tenían esas limitaciones, con mucho mayor razón debían observarlas también sus subordinados en América, por lo que en este continente nunca debió soportarse un despotismo oficialmente permitido por la Corona.

Tampoco los presidentes republicanos de Chile gozaron de facultades que les permitieran convertirse en déspotas, es decir, en funcionarios con autoridad absoluta no limitada por las leyes. Como se ha visto, el modelo conservador que implantó el ministro Diego Portales, si bien invistió de poderes muy grandes a la autoridad ejecutiva, colocó los frenos indispensables para que se protegiera el bien común y se respetara la ley instaurando un modelo político muy semejante al que regía en el país durante la dominación española.

Es inédita porque, pese a las declaraciones tranquilizadoras de los primeros bandos publicados el mismo 11 de septiembre, la verdad es que toda la legislación chilena quedó en el aire y fue colocada entre paréntesis, sujeta a la conveniencia o a los intereses del régimen. Esto se afirmó en el acta de constitución de la Junta de gobierno, la cual en su artículo único dispuso que los comandantes en jefe se constituían como junta para asumir el mando supremo de la Nación,[1] a lo que se agregó el compromiso de "restaurar la chilenidad, la justicia y la institucionalidad quebrantadas". Más adelante, el bando 5 se dedicó a justificar el golpe militar concluyendo que las Fuerzas Armadas "han asumido el deber moral que la Patria les impone [...] asumiendo el poder por el lapso en que las circunstancias lo exijan apoyado en la evidencia del sentir de la gran mayoría nacional, lo cual de por sí, ante Dios y ante la historia, hace justo el actuar y por ende, las resoluciones, normas e instrucciones que se dicten [...] las que deberán ser acatadas y cumplidas por todo el país".

Esta toma del poder total significó que la Junta Militar y más tarde su presidente asumieron el Poder Ejecutivo, en seguida el constituyente y por último el Legislativo, lo cual se hizo mediante el Decreto-ley 128. En cuanto al Poder Judicial, permaneció en manos de sus tradicionales organismos (Corte Suprema, de Apelaciones, juzgados de letras, etc.) pero, como dice el informe Rettig, se encontraba totalmente disminuido por dos razones: primero por un "sentimiento de simpatía", y yo agregaría "de aplauso", que casi todos los miembros de los tribunales superiores brindaban al régimen militar; y segundo, debido a que "resultaba casi ocioso controlar la legalidad de quien podía cambiarla a su arbitrio, incluso en el nivel constitucional". El Poder Judicial expulsó de su seno a cincuenta y seis magistrados (casi el 10 por ciento del total de jueces del país) partidarios del régimen depuesto y los reemplazó por incondicionales, lo cual le permitió una gran unidad de acción y lo convirtió también en un excelente auxiliar de las decisiones de la Junta Militar, como lo denunció la periodista Alejandra Matus en *El libro negro de la justicia chilena* y el juez René García Villegas en su obra *Soy testigo*.

Respecto de la Contraloría General de la República, ésta siguió un camino semejante al del Poder Judicial y se mantuvo con sus funciones tradicionales a sabiendas de que la Junta o el Presidente podían cambiar "a su arbitrio la norma cuyo incumplimiento se le representara". De hecho, la única vez que el contralor se opuso a los deseos de la máxima autoridad fue cuando rechazó la llamada "Consulta Nacional" de 1978, pero el gobierno obligó a esta autoridad a renunciar y la reemplazó rápidamente por otra más obsecuente que, de inmediato, autorizó aquella consulta.

---

1. Según Ascanio Cavallo, en *La historia oculta del régimen militar*, las instrucciones dadas al que redactó el acta de constitución expresaban que debía ponerse "el poder total".

Lo anterior quería decir que las instituciones chilenas tradicionales, aquellas que afirmaron su cotidiana y respetada democracia, desaparecieron o, al menos, quedaron sometidas al arbitrio de la Junta de gobierno.

El Congreso Nacional y el Tribunal Constitucional fueron disueltos mediante el Decreto-ley 27, el cual justificó la medida debido a "la necesidad de contar con la mayor expedición en el cumplimiento de los postulados que la Junta se ha propuesto". En cuanto al Tribunal Constitucional, como tenía la misión de dirimir los conflictos entre los poderes Ejecutivo y Legislativo, y como este último había dejado de existir, fue suspendido de sus funciones "hasta nueva orden".

Los partidos políticos fueron colocados en receso por el Decreto-ley 77, que obraba en consecuencia con el 27 que disolvió el Congreso, órgano donde operaban estos partidos. Respecto de los de ideología marxista, los declaró disueltos y prohibidos y pasaron a ser considerados asociaciones ilícitas todos los partidos, entidades, agrupaciones, facciones o movimientos que sustentaren esa doctrina. Fue cancelada su personería jurídica y sus bienes pasaron a manos del fisco. El Decreto-ley 78, en consecuencia del anterior, declaró "en receso a todos los partidos políticos y entidades, agrupaciones, facciones o movimientos de carácter político no comprendidos en el D.L. 77" y sus bienes quedaron bajo la administración de las directivas correspondientes.

Igualmente se declaró la caducidad y se ordenó la incineración de los registros electorales apoyándose esta medida en unas supuestas investigaciones en la Universidad Católica que habían comprobado "la existencia de graves y extendidos fraudes electorales". Se recordará que este presunto fraude fue denunciado antes del golpe militar por el decano de la Facultad de Derecho de la Universidad Católica de Chile, quien era un activo dirigente de la derecha, afirmación que había sido desmentida por el entonces rector de esa universidad, Fernando Castillo Velasco.

Asimismo se decretó la cesación en sus cargos de los alcaldes y los regidores, y se dispuso que, en lo sucesivo, sólo permanecerían los alcaldes, que serían designados por la autoridad ejecutiva entre personas de su exclusiva confianza.

Finalmente, se declaró la interinidad de la administración pública, declarando en reorganización a todos los servicios públicos con excepción del Poder Judicial y la Contraloría.

También fueron modificadas las garantías constitucionales, la libertad personal fue suspendida y luego restringida mediante los estados de emergencia que fueron implantados en el país. Así, por Decreto-ley 3 del mismo 11 de septiembre de 1973 se declaró el estado de sitio en todo el territorio nacional y por el Decreto-ley 4 del mismo día se implantó el estado de emergencia en algunas provincias y departamentos. Esta situación se mantuvo por mucho tiempo, pues el estado de sitio que procedía "en caso de conmoción interior provocado por fuerzas rebeldes sediciosas que se encuentran organizadas o por organizarse, ya sea en forma abierta o en la clandestinidad", era prorrogado cada seis meses. Mediante otro decreto se interpretó el artículo 418 del Código de Justicia Militar declarando "que el estado de sitio decretado por conmoción interna en las circunstancias que vive el país, debe entenderse *estado o tiempo de guerra* para los efectos de la aplicación de la penalidad de ese tiempo que establece el Código de Justicia Militar y demás leyes penales".

Pronto le tocó el turno al movimiento sindical. En diciembre de 1973 se dictó el Decreto-ley 198 que ordenó a los sindicatos, a sus directivas y dirigentes "abstenerse de toda actividad de carácter político en el ejercicio de sus funciones", disponiendo que "durante la vigencia del estado de guerra o estado de sitio que vive el país, las organizaciones sindicales sólo podrán efectuar reuniones de asamblea de carácter informativo o relativas al manejo interno de la organización".

Como si todo lo anterior fuera poco, las nuevas autoridades intervinieron las universidades. Pretextando la necesidad de unificar criterios en la dirección de la enseñanza superior, el Decreto-ley 50 del 1 de octubre de 1973 dispuso el nombramiento de rectores delegados en cada una de las universidades del país. Como dice el informe Rettig, "tales rectores concentraron la plenitud de atribuciones y funciones que, con anterioridad, detentaban las diversas autoridades colegiadas y unipersonales de las universidades chilenas".

Puede apreciarse que se trataba de una verdadera aplanadora que procedía a dejar al país en punto cero. Repetimos que las Fuerzas Armadas y del Orden, por propia decisión, se habían otorgado derechos omnímodos, y que esta situación insólita hizo del régimen militar y de su derivación, la dictadura del general Augusto Pinochet, algo del todo excepcional, donde podía darse cualquier situación y tomarse cualquier decisión dentro de una arbitrariedad que causa asombro y espanto.

No podrá ser motivo de admiración, entonces, la seguidilla de atropellos a los derechos humanos. Como se ha dicho, para estudiar sus penosos efectos, en 1990 fue creada la Comisión Verdad y Reconciliación, más conocida como Comisión Rettig por el apellido de su presidente.

Relacionado con lo recién dicho, el nuevo régimen creó otra característica inédita en la historia republicana de Chile: la falta de plazos para resolver esta situación de suyo tan excepcional. Esta indefinición fue motivo de tensiones en el interior de las Fuerzas Armadas y de la propia Junta Militar, pero la acción de Augusto Pinochet terminó rápidamente con estas dudas y destituyó a todos los que se inquietaban por este problema, entre ellos el general Gustavo Leigh, quien fue expulsado de la Junta Militar el 24 de julio de 1978. El general Leigh, según declaración del propio afectado, fue destituido como consecuencia de su "permanente esfuerzo para dar cabal cumplimiento a los postulados que inspiraron el movimiento del 11 de septiembre en cuanto él fue motivado por la necesidad imperiosa de restaurar la chilenidad, la justicia y la institucionalidad quebrantadas".

De esta manera, y en palabras de Pinochet, quien no señalaba plazos sino metas, esta dictadura se prolongó por dieciséis años y seis meses, quebrando con ello el récord de permanencia en el cargo de un mandatario chileno, el que hasta entonces correspondía al presidente colonial Manuel Cano de Aponte (1717-1733), quien cumplió en el cargo hasta el día de su muerte, quince años, diez meses y veinticuatro días.

Dadas estas características tan singulares, pudo desarrollarse en Chile una dictadura que demostró una ferocidad terrible hacia todos los que creía sus enemigos. Esto lo hizo pese a conquistarse con ello para siempre el repudio internacional, como se pudo apreciar en las relaciones del régimen con los organismos internacionales y países extranjeros, en las acusaciones de las Naciones Unidas, la Organización de Estados Americanos y los más importantes países del planeta. Se conquistó un enorme desprecio internacional que quedó de manifiesto cuando fuera detenido en Londres el 16 de octubre de 1998 y puesto en proceso para determinar su extradición a España donde se le seguían varias querellas por sus actos durante su gobierno. El gobierno militar rasgaba vestiduras culpando de los ataques al comunismo internacional y a los enemigos del régimen, pero éste nunca pudo engañar a nadie y tuvo que permitir la entrada al país de observadores que difundieron las ignominias que se estaban cometiendo dentro de Chile.

Esta ferocidad a la que aludimos pudo ejercerla en un país aterrorizado y sin organismos que pudieran defender eficazmente a los que sufrían las arbitrariedades del sistema. Veremos más adelante cómo sólo la Iglesia Católica consiguió establecer algunos mecanismos de defensa que terminaron siendo un buen paliativo, pero a la vez constituyeron el dedo acusador del régimen y de los crímenes que se cometían a diario.

Antología del horror

Hemos usado como título una expresión con la que Ernesto Sábato denominó a un informe similar relativo a la represión en Argentina. Para Chile, el término se justifica sobradamente con lo ocurrido dentro de los años de represión en una lista interminable de asesinatos, crímenes, torturas y desapariciones. Según las estadísticas de la Comisión Rettig, el número provisorio de víctimas por violación a los derechos humanos fue de 1.068, al que habría que agregar 957 detenidos-desaparecidos y otras noventa víctimas de particulares que actuaban bajo pretextos políticos, lo cual hace un total de 2.115 víctimas. Más tarde han aparecido muchos otros casos.

Sin embargo, el 11 de marzo de 1974 el gobierno militar lanzó una "Declaración de Principios" donde dejaba establecido que "entiende la unidad nacional como su objetivo más preciado y que rechaza toda concepción que suponga y fomente un antagonismo irreductible entre las clases sociales", aunque a renglón seguido, y de acuerdo con la inspiración *portaliana* que creía guiaba sus pasos, "el gobierno de las Fuerzas Armadas y del Orden ejercerá con energía el principio de autoridad, sancionando drásticamente todo brote de indisciplina o anarquía".

Precisamente para sancionar drásticamente "todo brote de indisciplina o anarquía" se creó el 14 de junio de 1974 la Dirección de Inteligencia Nacional (DINA), que sería la continuadora de la comisión con igual sigla organizada en noviembre de 1973. Dependía directamente del presidente de la república y su director habría de ser nombrado mediante decreto supremo y tendría amplias facultades, algunas de las cuales fueron hechas públicas y otras quedaron como reservadas. Entre estas últimas, y cuyo texto no fue publicado en el *Diario Oficial*, estaba la "de disponer la participación de todos los organismos de inteligencia de las instituciones de la Defensa Nacional, facultando a la DINA para realizar allanamientos y aprehensiones".

En un régimen de tantos poderes y donde confluían tantos odios era muy fácil que se produjeran atentados irreparables a los derechos humanos, como los muy conocidos de "la Caravana de la Muerte" o del "Helicóptero de la Muerte" que dirigió el general Sergio Arellano Stark. Su paso por seis ciudades dejó 77 muertos, asesinados sin otra causa que su pertenencia a determinados partidos políticos y sin ser oídos, pese a que muchos se habían entregado confiados en la vigencia de las leyes de Ginebra. Por ejemplo, en la ciudad de La Serena varios funcionarios, profesores y estudiantes fueron fusilados sin juicio, entre ellos el director de radio Atacama, el profesor universitario director de la orquesta sinfónica de La Serena, Jorge W. Peña Hen –quien había hecho una labor muy fructífera entre los jóvenes de La Serena con vocación musical–, otros dos profesores universitarios, un estudiante y algunos obreros. Se dio como explicación que habían tratado de huir y se les debió aplicar la ley de la fuga, lo cual, por supuesto, era falso ya que se los fusiló en la misma ciudad y sus cuerpos fueron sepultados en una fosa común del cementerio, desde donde fueron exhumados recién en diciembre de 1998 para darles el entierro cristiano que correspondía y al que sus familias tenían derecho.

En Calama la matanza fue todavía más terrible, si cabe, porque fue agravada por una ferocidad desconocida a fin de hacer sufrir padecimientos indecibles a los detenidos antes de su muerte. Debe agregarse que todo ello fue hecho a espaldas de los jefes militares de las respectivas zonas, como ocurrió con el general Joaquín Lagos, jefe militar de la

Años negros. Una transición para el siglo XXI 241

segunda zona, quien no supo nada de los fusilamientos sino hasta después de haberse ido el general Arellano, lo que motivó sus más enérgicas protestas que hizo llegar hasta el general Pinochet, quien estaba de gira por el norte del país en esos días. Pero tampoco fue escuchado y debió renunciar.

En realidad, detenerse a relatar todos los horrores que se cometieron en aquellos años parece una labor innecesaria dado que éstos han sido descriptos en numerosas obras como la de Rodrigo Atria *et al.* titulada *Chile, la memoria prohibida*, o la de la periodista Patricia Verdugo, *Los zarpazos del puma* y muchas otras que han ido revelando lo ocurrido. El trabajo incansable de los miembros de la Comisión Rettig, los archivos de la Vicaría de la Solidaridad y, finalmente, a partir de 1998, la labor del ministro de la Corte de Apelaciones de Santiago Juan Guzmán Tapia, también han contribuido a proporcionar nuevos detalles a medida que su investigación continúa y se profundiza.

Existe, pues, y afortunadamente, un enorme material que en el futuro podrá ser condensado en algunos relatos que se dediquen a estudiar lo que fue este verdadero "holocausto" comparable con cualquiera de los horrores en que fue pródigo el siglo XX. Quedará, mientras tanto, la tristeza, la pesadumbre y la evocación de este negro y turbio pasaje de la historia de Chile, también inédito, y el deseo de que una cosa así no vuelva nunca más a ocurrir.

Queda la tarea de averiguar por qué se cometieron estos atroces crímenes. Tarea para los historiadores, pero especialmente para los psicólogos, que tendrán que hurgar en los misterios de la psiquis humana. Hubo un momento en que todo este drama trató de ocultarse afirmando que nada ocurría. Entonces al mirar la vida que continuaba en el país parecía que se había dado origen a dos realidades, una oculta y terrible que transcurría en la oscuridad de las mazmorras y otra pública y normal que lucía a la luz del día. Porque los campos de tortura se encontraban en lugares alejados o inaccesibles, como era el caso de los campos de concentración. Tampoco se veían los que estaban situados en el corazón de la ciudad pero en galerías secretas, fuertemente aisladas, desde donde los gritos desgarradores de las víctimas no alcanzaban a oírse en el mundo de afuera, el mundo normal que transcurría a pocos metros con apariencia serena. Había un sector intermedio, que era adonde llegaban los parientes o amigos de quienes habían sido detenidos, generalmente las antesalas y oficinas de aquellas guaridas para las torturas, y donde se los engañaba negando que el detenido estuviese allí y se los enviaba a un interminable recorrido por hospitales, morgues y otros depósitos de cadáveres.

Sobre aquellos detenidos que continuaban siendo maltratados aun después de haber tenido que confesar sus secretos y sus recuerdos recaían luego otras consecuencias como la degradación y la certeza de su propia humillación y vileza. Como relata Hernán Valdés en sus recuerdos del campo de concentración de Tejas Verdes en las cercanías de San Antonio: "Detestamos nuestros temores, nuestros hedores, nuestros ruidos, nuestra hambre, las expresiones de angustia mil veces repetidas por lo que va a sucedemos, por lo que habrá sucedido con todos, familia y compañeros, que afuera no saben si estamos vivos o muertos. Nos peleamos por la comida, por el pan, nos robamos unos a otros las mejores frazadas. No nos gustan nuestras caras, la fealdad de los demás expresa demasiado claramente cuál debe ser la fealdad de la propia".

Y esta degradación proviene de muchas cosas. Pero especialmente de una larga estadía donde los insultos, las groserías y las patadas eran el único contacto entre detenidos y carceleros, y donde se vivía una angustiosa espera del momento en que se los torturaría. Hasta que finalmente se los llevaba hasta la sala de torturas y debían todavía esperar largos, eternos, minutos u horas, a que llegara el supremo instante de la confesión obligatoria. El mismo Valdés relata esta espera con las siguientes palabras: "No sé cómo decir que estoy temblando sin que esto parezca una figura retórica. Las rodillas, los hombros, el pecho, los músculos del cuello y la nuca se estremecen cada cual independientemente, con contracciones distintas. Sé que me duele mucho la espalda, pero el dolor no me hace sufrir. El efecto de los pies mojados, de la camisa empapada, del lóbrego frío de este lugar se entrelaza perfectamente bien con el temor, estableciendo un circuito de estremecimientos musculares y respiratorios. [...] De pronto, lejos, oigo gritos. Pero no son gritos de los que nacen de la garganta, éstos tienen un origen más profundo, como desde el fondo del pecho o de las tripas. ¿Son de Manuel? No podría asegurarlo. Hay muchos otros sonidos entremedio. Ruidos de motores, voces de mando, silbidos que conforman una melodía, muy entonadamente. Los gritos cesan y después recomienzan, cubiertos por todo lo que debe ser una actividad humana rutinaria y trivial en un espacio intermedio. Tengo mucho frío".

Es muy interesante preguntarse el objetivo de todo esto. Los interrogatorios en campos de concentración o en centros de detención como la famosa Villa Grimaldi pueden entenderse como la búsqueda de los hilos de una gigantesca trama o conspiración que en realidad nunca existió. Sin embargo, muchas veces las preguntas solían ser imbéciles o contradictorias o absurdas. Pero podrían ser parte de una metodología para desconcertar al interrogado y hacerlo descuidar su defensa. Como dice Valdés, "se trata de mellar todas las defensas. Estamos perdidos y dependemos sólo de ellos. Sólo a través de ellos, nuestros nombres, nuestras personalidades, pueden reencarnarse y sólo aceptando nuestra culpabilidad tenemos la esperanza de salir con vida". En realidad mucha gente fue detenida sin tener ninguna relación con lo que interesaba a la policía secreta, sólo por estar de visita en una casa donde alguien fue detenido, o porque estaban parados en una esquina sin documentos o porque se bajaron de un ómnibus detrás de una chica que resultó que trabajaba para la policía militar, como relata el mismo Valdés, y allí se produjo el absurdo de un interrogatorio que no tenía destino, por lo cual los torturadores se dedicaron a pedirle a su víctima inocente que contara chistes y sólo le aplicaban la corriente eléctrica si el chiste era malo.

Relacionada con esta persecución a las personas se encontraba la represión a las manifestaciones del arte, puesto que las autoridades veían oposición en cualquier objeto de arte que ellos no comprendieran. Por ejemplo, dos días después del golpe militar tres tanquetas rodearon el Palacio de Bellas Artes en el Parque Forestal de Santiago y sin más comenzaron a disparar contra su frontis. La única explicación que pudo obtenerse por parte de la policía era que una vecina había denunciado por teléfono a la Primera Comisaría de Carabineros que vio ingresar al museo a doscientos miristas (miembros del MIR, Movimiento de Izquierda Revolucionaria). Gracias a la intervención del todavía director del museo, el pintor Nemesio Antúnez, pudo cesar el bombardeo que causó daño invaluable a conocidas pinturas. Por ejemplo, el *Retrato de mujer* de Javier Mandiola fue perforado por dos balas, un cuadro de Pablo Burchard fue dañado por otra bala y así con numerosos cuadros de autores nacionales y extranjeros.

Pero no serían sólo los cuadros y los retratos los dañados. Guillermo Núñez, director del Museo de Arte Contemporáneo, estuvo mucho tiempo preso acusado de ser enlace del MIR y de ocultar a un dirigente poblacional de ese grupo político. Después de ser liberado realizó una exposición en el Instituto Chileno Francés de Cultura donde expuso jaulas de pájaros, trampas de ratones, panes amarrados y otros. La exposición no duró más de cuatro horas puesto que llegó la DINA, descolgó y destruyó parte de la muestra y apresó al expositor, quien pasó otros cuatro meses en la cárcel antes de salir al exilio.

Se trató de justificar a esta policía diciendo que era un medio eficaz para acallar disidentes peligrosos, muchos de los cuales trabajaban desde el extranjero para socavar las bases del gobierno militar. Así ocurrió con el crimen de Orlando Letelier ejecutado en plena ciudad de Washington el 21 de septiembre de 1976 o con el del general Carlos Prats, asesinado en Buenos Aires, también en septiembre pero de 1975. En el mismo sentido debe entenderse el atentado contra el ex ministro y ex vicepresidente de Chile, Bernardo Leighton, y su esposa en Roma el 6 de octubre de 1975 que los dejó con invalidez permanente. De todos estos crímenes y atentados se acusó a la DINA y en 1994 se siguió en Chile el juicio por la muerte de Orlando Letelier contra el entonces director responsable de ella, general Manuel Contreras, y se lo condenó a siete años de presidio. En Buenos Aires se ha seguido juicio por la muerte del general Prats, que en el 2000 aún no había terminado. En cuanto al intento de asesinato de Leighton y su esposa, se enjuició y condenó en Roma a los ejecutores italianos y también a los chilenos, entre los cuales estaba el citado Manuel Contreras, y todavía no se ha podido hacer efectiva la sentencia de estos últimos por no haber sido entregados desde Chile a Italia.

Pero en todo caso esa enorme inversión en funcionarios, edificios, complicados aparatos de tortura y otros que manejaba la policía secreta no tenía una explicación racional sobre sus objetivos. Sólo parece que queda como argumento la necesidad de producir terror colectivo en la población o de generar un miedo absoluto en el país para permitir al gobierno castrense gobernar con la mayor tranquilidad posible.

Intervención de la Iglesia Católica chilena

Las atrocidades que se estaban cometiendo en Chile no generaron, en los primeros momentos, una reacción eficaz como para proteger a las víctimas. Todo lo contrario, la rapidez de los hechos, el desconocimiento de lo que realmente estaba sucediendo y la ausencia total de prensa escrita y radiofónica libre hicieron que solamente las personas que contaban con un ser querido, pariente o amigo entre los detenidos y desaparecidos pudieran calibrar lo que estaba ocurriendo.

Las primeras en conocer parte de la realidad fueron las embajadas acreditadas en el país, por su misma posición y por los asilados que comenzaron a llegar en grandes cantidades a solicitar ayuda y protección.

Pero muy pronto sobrevino la acción de las iglesias, en particular la Católica cuyo jefe, el arzobispo de Santiago, cardenal Raúl Silva Henríquez, tomó la iniciativa y comenzó una tarea cada vez más comprometida en pro de los que estaban siendo reprimidos.

Hay que dejar constancia de que la Iglesia Católica chilena, en su mayoría, siempre estuvo cerca del conservantismo. Estimó que todos los obispos de Chile, unos más y otros menos, históricamente siempre se aproximaron a las posiciones conservadoras, por lo que muchos creyeron que ella no habría de intervenir para detener la acción de la Junta Militar.

No obstante, en 1973 había ya una larga tradición de sacerdotes que habían apoyado posturas más avanzadas y que tuvieron que pagar por ello, como lo recuerda la extensa lista de eclesiásticos que fueron fusilados o están todavía desaparecidos. Esta minoría siempre tuvo graves problemas cuando exponía sus puntos de vista, pues en aquella época la autoridad eclesiástica atacaba directamente. Tal ocurrió con el jesuita Fernando Vives Solar, brillante sacerdote que realizó una profunda labor en diversos sectores y consiguió formar notables discípulos entre los laicos como Clotario Blest, más tarde dirigente sindical y fundador de la Central

Única de Trabajadores (CUT) en 1953. Otros de sus discípulos fueron el también jesuita Alberto Hurtado Cruchaga, hoy beatificado y en trámite de canonización en Roma, y monseñor Manuel Larraín Errázuriz, más tarde obispo de Talca y fundador y primer presidente del Consejo Episcopal Latinoamericano (CELAM). Entre 1912 y 1913 debió exiliarse debido a las presiones del Partido Conservador. Nuevamente debió salir al exilio en 1918 y ya no pudo regresar a Chile sino hasta 1931. Estos eclesiásticos siempre fueron una minoría aunque por su peso y categoría ejercieron gran influencia en el Chile de las décadas de 1940 a 1970.

Raúl Silva Henríquez fue el octavo arzobispo de Santiago (1961-1983) y durante su gobierno recibió muchos ataques de los católicos de derecha por su apoyo a la reforma agraria y de la izquierda que le exigía posiciones que, en las circunstancias del país, para él era imposible de adoptar. Tal fue el caso de la toma de la Catedral de Santiago el 11 de agosto de 1968, momento en que monseñor Silva suspendió a los sacerdotes que habían intervenido en el hecho. El arzobispo trató de colocarse en una posición equilibrada y equidistante, que diera garantías pero que resguardara la autonomía de la autoridad religiosa. Pero había otras circunstancias, mucho más delicadas, que no le permitirían conservar esa especie de neutralidad equilibrada que le permitía ser divergente de los extremos pero lo mantenía como el mejor juez para dirimir esos problemas.

Lo cierto es que cuando ocurrió el golpe militar el 11 de septiembre de 1973, las controversias de la Iglesia con los extremos quedaron atrás y los pastores católicos no dudaron un instante en reconocer dónde estaba ahora su deber. Así lo relata el cardenal Silva en sus memorias: "Nosotros supimos desde el primer momento que debíamos estar al lado de las víctimas, sin que nos importara su color ni su ideología. Nuestra obligación era salvaguardar la vida humana y para ello debíamos proteger intransigentemente los derechos de las personas. Yo diría que en esto no hubo nunca desacuerdos entre los obispos de Chile".

No podía haber desacuerdo ya que desde la separación de la Iglesia y el Estado en 1925, que recordamos en otra parte de esta obra, estaba pendiente la promesa ofrecida en una Pastoral Colectiva por los obispos chilenos de aquella época: "El Estado se separa de la Iglesia; pero la Iglesia no se separará del Estado y permanecerá pronta a servirlo; a atender el bien del pueblo; a acudir en ayuda de todos sin exceptuar a sus adversarios, en los momentos de angustia en que todos suelen, durante las grandes perturbaciones sociales, acordarse de ella y pedirle auxilio".

A partir del 11 de septiembre, la Iglesia chilena, particularmente la de Santiago, tuvo una relación muy accidentada con las autoridades del gobierno. La firme actitud del arzobispo, secundado por el Comité Permanente del Episcopado, ayudó a paliar en algo los efectos de la feroz represión que se desató desde el primer día por parte de la Junta Militar pero ocasionó una guerra permanente entre las autoridades militares por una parte y las religiosas por otra.

El primer acto donde se encontraron ambas autoridades fue con motivo del 18 de septiembre, apenas una semana después del golpe, cuando la Junta Militar quiso realizar una especie de Tedéum en la Escuela Militar de Santiago. El cardenal Silva se opuso hasta que finalmente hubo acuerdo en hacer lo que se llamó "Oración por Chile" en el Templo de la Gratitud Nacional en la Alameda de Santiago. Allí asistieron, además de la Junta, los ex presidentes de Chile Jorge Alessandri, Gabriel González y Eduardo Frei Montalva, y durante él monseñor Silva leyó una homilía donde planteó algunos conceptos básicos acerca de lo que había de ser la obra de gobierno: "Venimos aquí a orar por los caídos y venimos, también y sobre todo a orar por el porvenir de Chile. Pedimos al Señor que no haya entre nosotros vencedores ni vencidos y, para esto, para reconstruir Chile, quisiéramos ofrecer a los que en horas tan difíciles han echado sobre sus hombros la pesadísima responsabilidad de guiar nuestros destinos toda nuestra desinteresada colaboración. [...] Amamos la libertad. Durante los largos años de nuestra vida como nación hemos hecho enormes sacrificios por obtenerla, conservarla y acrecentarla. [...] Junto a nuestro amor a la libertad existe en nosotros el amor y el respeto a la ley. Hemos creído que ella constituye la mejor salvaguarda de nuestra libertad y el mejor estímulo de nuestro desarrollo".

Sin embargo, las autoridades de la Iglesia Católica sabían muy bien lo difícil que era que tales propósitos se cumplieran. Al día siguiente de pronunciadas aquellas palabras que buscaban la concordia fue asesinado por una patrulla militar en el puente Bulnes el sacerdote catalán Joan Alsina, de treinta y un años, y su cadáver fue arrojado al río Mapocho. Otros sacerdotes y ex sacerdotes también fueron asesinados como ocurrió con Michael Woodward, muerto a consecuencia de las torturas en Valparaíso, y Antonio Llidó, que está todavía en la lista de los detenidos-desaparecidos. Gerardo Poblete, joven salesiano, murió también a causa de las torturas. Estos crímenes venían a unirse a muchísimos otros que se realizaban diariamente en el país, lo cual hizo exclamar al Papa Paulo VI el 7 de octubre en la Plaza de San Pedro, refiriéndose a Chile, que "es cada día más evidente el carácter irracional e inhumano del recurso a la ceguera y a la crueldad de las armas homicidas para establecer el orden o, más exactamente, la dominación represiva de algunos hombres sobre otros".

Estas palabras causaron grave preocupación entre los miembros del nuevo gobierno al punto que la Junta escribió una carta al Papa el 15 de octubre donde se declaraban "dolorosamente conmovidos" por aquellas palabras y "por la injusta imagen nuestra que se ha formado en el extranjero y especialmente ante Vuestra Santidad a quien el gobierno y el pueblo de Chile mantienen su tradicional devoción". En esta carta y en lo sucesivo las autoridades militares insistirían machaconamente en que toda denuncia se trataba de una campaña contra la Junta (ellos dirán "anti Chile") promovida por el marxismo internacional que estaba desesperado por su derrota. Frente a esto se entiende la reflexión de un clérigo, quien decía que resistir una dictadura atea es sencillo; lo difícil es resistir una dictadura católica.

Entretanto, el cardenal había hecho una visita al Estadio Nacional de Santiago donde se concentraba la mayoría de los prisioneros de la Junta Militar. Allí, luego de recorrer los camarines donde se hacinaban presos políticos y de conversar con ellos sobre sus necesidades, pudo hablar por micrófono a los demás desde la tribuna ofreciéndoles los servicios de la Iglesia y su ayuda. Según sus palabras, "salí deshecho del recinto del Estadio Nacional. Nada de lo que hubiera oído era comparable con esta visión tan concreta y directa del dolor, la humillación, el miedo".

Al día siguiente, el arzobispado estaba lleno de gente que concurría para que las autoridades de la Iglesia intercedieran por los detenidos. Tal fue el origen de las sucesivas instituciones que se establecieron en Chile para ayudar a los perseguidos y en general para cautelar los derechos humanos en el país. Por orden del arzobispo, su secretario consiguió una asistente social y un secretario, una pequeña oficina en el edificio del arzobispado y un abogado profesor de la Universidad Católica, quien aceptó el desafío, como dice el cardenal, de incorporarse a este pequeño núcleo que habría de ser "el primer germen formal" para la defensa de los derechos humanos.

Poco más tarde fue necesario crear un organismo para que pudiera hacerse cargo de la demanda de ayuda que crecía día a día. De esta manera el 6 de octubre de 1973 fue creado el Comité Ecuménico de Cooperación para la Paz en Chile, conocido con el nombre de Comité Pro Paz. Colaboró, por los luteranos, el obispo Helmut Frenz, y a él se integraron la Iglesia Evangélica Luterana, Evangélica Metodista, los metodistas pentecostales, los bautistas, los ortodoxos, el rabino Ángel Kreiman por la comunidad judía y la Iglesia Católica representada por el obispo Fernando Ariztía, el padre Patricio Cariola y otros. Fue nombrado secretario ejecutivo el padre Fernando Salas.

El objetivo de esta organización era atender a los chilenos que se encontraran en grave situación económica o personal, y a la semana de instalada había tanto público que fue necesario abrir otras oficinas. Al cabo de un mes, estas oficinas estaban desbordadas, por lo que fue preciso arrendar una casa en la calle Santa Mónica de Santiago. En enero de 1974, el Comité inició la presentación de recursos de amparo ante los tribunales de justicia, los que, como se sabe, no consiguieron su objetivo que era la presentación de los detenidos, pero sirvieron para que no se mantuviera en la sombra el enorme número de detenciones a las que seguía la desaparición de los apresados. A mediados de aquel año, el Comité ya tenía ciento tres funcionarios en Santiago y noventa y cinco en provincias, mientras su acción se distribuía en varios departamentos: legal, asistencial, laboral, universitario, de salud, de solidaridad y de desarrollo campesino.

La labor de esta institución, universalmente reconocida, fue una espina que dolía mucho al gobierno y la tuvo siempre en su mira para deshacerse de ella.

En noviembre de 1975, cuando el Comité llevaba dos años de vida, el general Pinochet citó al cardenal y le dijo que éste era un organismo que se había dedicado a calumniar al gobierno informando que en Chile se ejercía sistemáticamente la violación de los derechos humanos. Se trataba, a juicio de Pinochet, de que el Comité era un foco permanente de subversión. En *La historia oculta del régimen militar* Cavallo et al. reproducen la siguiente conversación entre monseñor Silva Henríquez y el general Augusto Pinochet: "No estamos de acuerdo –dijo el cardenal–. El Comité cumple una tarea que la Iglesia respalda. Si ustedes respetaran los derechos humanos. [...] ¡No me llene la cachimba de tierra, cardenal! –replicó Pinochet enojado–. ¡Si usted no lo quiere disolver, se lo disuelvo yo! El cardenal advirtió que se trataba de una decisión. Optó por aprovechar el enojo: –Pídamelo por escrito, general". En sus memorias, monseñor Silva indica que le advirtió a Pinochet que la Iglesia no abandonaría su deber de cautelar los derechos humanos. "Mire presidente –le dije–, podemos cerrar Pro Paz pero no podemos renunciar a nuestro deber. Si usted quiere impedirlo tendrá que ir a buscar a la gente a mi casa, porque los meteré debajo de mi cama si es necesario".

La guerra del gobierno contra el Comité había adoptado todas las formas posibles, desde las discusiones a gritos entre el cardenal y el general Pinochet hasta las medidas administrativas como impedir el reingreso del obispo Frenz cuando éste inició un viaje a Europa y la expulsión de religiosos extranjeros. A estas medidas se unieron las presiones hechas sobre las comunidades protestantes y también algunas amenazas como la de quitarles la personería jurídica (de derecho privado) que ellas en esa época tenían. Luego, como música de fondo se desató una campaña de prensa contra aquel organismo donde se decía todo tipo de cosas buscando su descrédito. Finalmente el cardenal contestó a la carta que le enviara el general Pinochet aceptando la exigencia del gobierno de disolver el Comité haciendo "expresa reserva de que la labor caritativa y religiosa desplegada hasta ahora por el Comité, en favor de quienes sufren diversas formas de pobreza, continuará desarrollándose dentro de nuestras propias y respectivas organizaciones eclesiales y siempre en un marco de fraterna colaboración ecuménica".

No bastó al gobierno esta clausura. Un fiscal militar instruyó un proceso que envió a los padres Cariola y Salas a la cárcel primero y luego al anexo de la misma que existe en la calle Capuchinos, en Santiago. El cardenal se encontraba en Roma cuando ocurrió este suceso y allí se enteró de que "cuando los padres Cariola y Salas entraron a Capuchinos, encadenados y escoltados por gendarmes, los presos formaron un extenso pasillo que recorría patios y escaleras, hasta la puerta misma de su celda: a medida que avanzaban, un espontáneo aplauso comenzó a crecer entre los presos, hasta convertirse en una estruendosa recepción".

La clausura del Comité Pro Paz no significó que la Iglesia chilena hubiera abandonado sus propósitos de defender a los perseguidos del régimen. Como lo pronosticó el cardenal, a principios de 1976 estableció un organismo –no provisional como había sido el Comité sino definitivo– que tomó el nombre de Vicaría de la Solidaridad y que nació el primer día de aquel año. Fue nombrado vicario el presbítero Cristián Precht y secretario general el laico Javier Luis Egaña, quienes iniciaron sus tareas de inmediato y en poco tiempo lograron construir un exitoso instrumento de asistencia y ayuda al cual asistían a diario cientos de personas. Así, la Vicaría había presentado más de cuatro mil recursos de amparo (todos denegados por la justicia pero que, sin embargo, mantenían vivas las circunstancias de la desaparición o detención de una persona). Fuera de esta ayuda jurídica, la labor se extendía a la atención de trescientos comedores infantiles, cincuenta bolsas de cesantes y 130 talleres de subsistencia.

Pero las autoridades militares creían que el punto más importante y más sensible de esta institución lo constituía el departamento de documentación que se estimaba equivalente a un sistema de inteligencia. Evidentemente era la memoria viva de todos los atropellos, abusos, crímenes e iniquidades cometidas por la Junta Militar y sus organismos de represión y ha servido, más adelante, para aquilatar la enorme y despiadada labor desarrollada por los organismos de Estado contra la disidencia en Chile.

Esta misma Vicaría convocó a un simposio internacional sobre los derechos humanos en Santiago. Se trataba de una reunión de 45 delegados de distintos países que analizarían en las narices de la Junta Militar el problema de los derechos humanos en Chile. Esta reunión sería paralela y simultánea con la discusión que tendría lugar en las Naciones Unidas del informe sobre Chile hecho por una comisión especial de ese organismo presidida por el pakistaní Ali Allana.

Todas estas circunstancias hacían que el gobierno viera con muy malos ojos esta reunión y hubo muchas presiones para que no se realizara. Sólo la tenacidad y el carácter del arzobispo Silva unidos a la eficiencia de la Vicaría pudieron conseguir que se allanaran los obstáculos y que finalmente tuviera lugar el 22 de noviembre de 1978, bajo el lema "Todo hombre tiene derecho a ser persona", la inauguración solemne de esta reunión en la Catedral de Santiago. De sus sesiones quedaron, entre otros resultados, la Cantata por los Derechos Humanos y el Acta de Santiago, un compromiso firmado por los asistentes al simposio. Pero quizá el legado más importante fue el impacto político causado en el país por tratarse del "acto más grande y el primero de su naturaleza registrado bajo el régimen militar".

Ese mismo año, la Organización de las Naciones Unidas decidió dar su premio quinquenal a los derechos humanos a la Vicaría de la Solidaridad de Chile. La ceremonia de entrega tuvo lugar en Nueva York el 10 de diciembre y a ella concurrió el arzobispo Silva a recibir el premio de manos del secretario general Kurt Waldheim. También ese mismo fin de año recibió la noticia del cambio de vicario de la Solidaridad. Precht había sido reemplazado por monseñor Juan de Castro, y este cambio se formalizó en febrero de 1979.

La Vicaría sorteó todos los obstáculos y, como organismo permanente, siguió viviendo bajo los arzobispos que sucedieron a monseñor Silva. El saldo a su favor fue inmenso y cuando el cardenal Raúl Silva Henríquez falleció en el último año del siglo XX, la gente se agolpó en las calles a rendirle un homenaje de una magnitud rara vez vista, homenaje emocionante como gratitud de un pueblo a quien había salvado tantas vidas de una muerte segura en manos de una policía secreta famosa por sus procedimientos criminales.

Monseñor Silva gobernó la arquidiócesis de Santiago hasta 1983, cuando renunció por haber alcanzado los setenta y cinco años, edad de jubilación de los obispos. Se estima que su gestión lo ha colocado entre los chilenos más notables y conocidos del siglo XX. En cambio, los prelados que lo sucedieron, Juan Francisco Fresno Larraín (1983-1990) y Carlos Oviedo Cavada (1990-1998), fueron obispos que conocieron el fin del gobierno militar y el comienzo de la transición. También les correspondió obrar en consecuencia con una Iglesia que ya no era la Paulo VI y que, bajo su sucesor Juan Pablo II había entrado en una etapa de reflujo y de retorno a métodos más conservadores.

La búsqueda de una legitimación

Un régimen surgido en las circunstancias y de la manera como lo hizo el gobierno militar necesitaba ser legitimado para actuar normalmente en la vida internacional. Esta legitimación, pues, era hacia afuera ya que hacia el interior el nuevo régimen contaba con el apoyo irrestricto de los sectores que habían combatido al gobierno de la Unidad Popular, en especial los antiguos partidos y movimientos de derecha.

De ahí la necesidad de realizar algunas publicaciones para hacerlas distribuir como propaganda. Primero surgió el llamado *Libro Blanco del cambio de gobierno en Chile* editado por la Secretaría General de Gobierno de la República de Chile cuyo propósito, enunciado en su introducción, era restablecer "la verdad sobre los sucesos de Chile [la que] ha sido deliberadamente deformada ante el mundo", por lo cual sin "miedo alguno a la verdad" se ha publicado este libro para que la opinión universal "juzgue si los chilenos tuvimos o no derecho a sacudir el 11 de septiembre de 1973 el yugo de un régimen indigno y oprobioso, para iniciar el camino de la restauración y de la renovación nacional".

Como se expresa, habría dos propósitos que justificaron la deposición del gobierno de la Unidad Popular. El primero, sacudir el yugo de un régimen indigno y oprobioso. Segundo, iniciar el camino de la restauración y de la renovación nacional. Continuaba esta obra tratando de probar, aunque con magros resultados, la existencia de una maniobra conducente a un autogolpe patrocinado por el gobierno depuesto. Al doctor Allende, marxista confeso, ante el desplome de la economía chilena y según este mismo libro, no le quedaba otro camino que planear un autogolpe, cosa que iba a realizar a mediados de septiembre de 1973, para lo cual se acumularon muchas armas y se adiestró a sus partidarios en milicias paramilitares.

Otra obra que apareció por esos días fue una cuya autoría pertenece al propio general Augusto Pinochet. Se trata de *El día decisivo. 11 de septiembre de 1973*, el cual evoca, en forma de entrevistas y con numerosos anexos, los acontecimientos que precedieron al golpe y los hechos del golpe mismo. Allí el general Pinochet relata su angustia durante los tres años de la Unidad Popular al ver cómo el país se dirigía hacia el marxismo, por lo cual su conclusión fue que "nuestra patria sólo podría ser salvada por la fuerza de las armas, y esta medida debía ser adoptada antes de que fuera irreparablemente tarde". De esta manera cuando en junio de 1972 se dio cuenta de que "el señor Allende jamás se desviaría de su meta marxista" inició una planificación total de carácter defensivo y ofensivo que podría servir a un futuro golpe de Estado.

Estos argumentos fueron la primera y la última justificación del golpe. Así continuó expresándose majaderamente tanto en el país como en los foros internacionales hasta el final del régimen militar. Con estos argumentos se procuraba explicar, también, el encono que los miembros de la ex Unidad Popular mantenían hacia el régimen militar tratando de desacreditarlo por cualquier medio. Podría, pues, decirse que el combate al marxismo fue siempre la piedra angular de todo intento de legitimación del golpe militar o del "pronunciamiento" como melifluamente sus partidarios solían nombrarlo.

También se trabajó la hipótesis del "portalianismo" o "régimen portaliano" haciendo alusión a las ideas de este famoso ministro, que habían sido trasladadas hasta nuestra época por algunos historiadores de la primera mitad del siglo XX como Alberto Edwards y Francisco Antonio Encina. Como ya se ha visto, éstos exageraron la figura y el pensamiento de Portales hasta convertirlos en el paradigma del buen gobierno y *conditio sine qua non* del orden político que Chile habría disfrutado durante el siglo XIX.

El régimen militar habría heredado estas virtudes políticas y, basado en ellas, estaría restaurando aquel sistema de gobierno siguiendo los pasos de ese ministro. Como fácilmente se comprende, esta justificación y esta búsqueda de legitimidad a través de estas comparaciones estaban dirigidas más hacia el interior del país que hacia el exterior, donde sin duda las ideas de Portales no podían entusiasmar a nadie. Desde luego al edificio donde funcionó la tercera UNCTAD (Conferencia de las Naciones Unidas para el Comercio y el Desarrollo) en 1972 y donde se había establecido provisionalmente el gobierno militar se le cambió el nombre por el de "Diego Portales". Profusas ediciones de las obras de Edwards, especialmente *La fronda aristocrática*, su lectura obligatoria en colegios e instituciones de enseñanza secundaria, estaban enfocadas en este sentido. Sin embargo, estas acciones no se extendieron en el tiempo y ni siquiera se usaron para dar la base de algún partido político como el portalianismo lo había sido del antiguo Partido Conservador. Estoy seguro de que la nueva derecha, a la cual nos dedicaremos más adelante, con mucha inteligencia buscó parámetros más modernos en los que basar su ideología y sus programas.

En todo caso, los autores están de acuerdo en que no era necesario buscar modelos políticos en el pasado, puesto que la tradición chilena desde la dominación española hasta nuestros días se había basado en un Ejecutivo unipersonal encarnado en un presidente de la república con muchos poderes. La aventura parlamentaria de fines del siglo XX había dado paso con la Constitución de 1925 a un presidente muy poderoso, muy de acuerdo con la vieja tradición chilena. Por tanto, no era necesario crear la idea de un Ejecutivo poderoso porque ésta ya existía desde antiguo.

De aquí que el general Augusto Pinochet tratara desde un principio de asumir la presidencia, ya que ella lo legitimaría mejor que cualquier doctrina o que la misma lucha contra enemigos externos algo abstractos.

El mismo día 11 de septiembre asumió la presidencia de la Junta de gobierno, presidencia que se dijo sería rotativa. Pero esta rotación nunca llegó. En diciembre de 1974 se declaró que el Poder Ejecutivo sería ejercido por el general Augusto Pinochet con el título de presidente de la república. En cuanto al Poder Legislativo y el constituyente serían ejercidos conjuntamente por los miembros de la junta de gobierno, como un "pequeño congreso" en el cual estaría incluido también el nuevo presidente.

Mientras tanto, el aislamiento del gobierno de Chile con respecto al resto del mundo se hacía también cada día más pronunciado. Aunque Chile continuaba perteneciendo a todas las instituciones internacionales creadas luego de la Segunda Guerra Mundial –sólo se salió del Pacto

Andino–, tenía en todas ellas una presencia disminuida. Muchos países como México y todos los de la órbita soviética, con excepción de Rumania, habían roto relaciones con Chile. Otros, como Italia, las habían suspendido manteniendo una embajada sin embajador. Las frecuentes alusiones del Vaticano a las condiciones de los derechos humanos en Chile y los informes anuales de las Naciones Unidas condenaban sistemáticamente al régimen de Pinochet a un ostracismo muy incómodo.

Innumerables fueron los desaires que este gobernante tuvo que soportar. Cuando asistió a los funerales del general Francisco Franco en España en octubre de 1975 debió apresurar su regreso porque algunos jefes de Estado europeos no deseaban asistir mientras él se encontrara en España. Sólo podía contar con sus pares de las dictaduras del Cono Sur, Argentina, Paraguay y Brasil. Pero estas alianzas con otros gobiernos autocráticos eran relativas, como pudo demostrarse cuando en marzo de 1980, habiendo partido a una visita oficial a las Filipinas donde lo había invitado el general Ferdinand Marcos, entonces presidente de ese país, debió ordenar el regreso a Chile mientras volaba hacia Manila porque había llegado un cable cancelando a última hora aquella invitación.

Buscando paliar estas consecuencias, la consulta a la que fueron citados los chilenos en enero de 1978 tuvo entre otros objetivos la búsqueda de una legitimación. Esta especie de plebiscito contó con la oposición de uno de los miembros de la Junta –el general Gustavo Leigh, quien expresó que no sería posible evitar "las dudas y suspicacias que el procedimiento empleado provocará en Chile y en el extranjero"–, de la Iglesia Católica, del contralor general de la república –Héctor Humeres, quien devolvió el decreto supremo que llamaba a plebiscito porque no estaba ajustado a derecho– y de muchos otros. Esta consulta era ambigua en sus términos ya que se llamaba a la ciudadanía no sólo a respaldar al gobierno sino a condenar el voto adverso de las Naciones Unidas en materia de los derechos humanos en Chile. Sin embargo, el general Pinochet arremetió contra todos, expulsó al contralor disidente, lo sustituyó por un incondicional y entró en graves discrepancias con el general Leigh, a quien destituiría poco después. De más está decir que esta "consulta", sin padrones electorales y sin posibilidad de propaganda contraria, la ganó el gobierno, que obtuvo un 75 por ciento de los votos contra el 24,4 por ciento de la oposición.

El pretexto para deshacerse del general Leigh fueron unas opiniones que éste dio al diario italiano *Corriere della Sera* acerca de cómo él veía el término del período de administración militar que, a su juicio, debía finalizar en un plazo no mayor de cinco años. Frente a estas declaraciones, la propia Junta Militar acordó declarar la inhabilidad absoluta del general Gustavo Leigh para ejercer los cargos de comandante en jefe de la Fuerza Aérea y miembro de la Junta de gobierno.

Entretanto, un consejo de Estado que el general Pinochet creara para redactar una Constitución elaboró un texto legal que también fue sometido a consulta, esta vez el 11 de septiembre de 1980. Nuevamente hubo un éxito del gobierno, aunque con un porcentaje menor que el anterior. La Constitución fue aprobada con el 67 por ciento de los votos a favor y el 30,17 por ciento en contra. En ambos casos, tanto en 1978 como en 1980, debido a la falta de garantías, de padrones y de propaganda electoral, estos resultados eran más que dudosos y así lo destacaron los personeros de la oposición, por supuesto sin obtener mayores resultados y sin ser oídos.

No obstante, estas dos consultas, la aprobación de la nueva Constitución así como la modificación de la Junta Militar, proporcionaron una institucionalidad que, aunque conseguida con métodos más que discutibles, tenía por objeto legitimar el régimen político y darle la solidez que las solas armas no le podían proporcionar. Por otra parte, el relativo bienestar producido por las políticas económicas hasta el instante del plebiscito era sin duda causa de tranquilidad, lo que fue aprovechado por Pinochet para afianzar todavía más su régimen. La promulgación de la Carta de 1980, el comienzo de su aplicación a partir de las disposiciones transitorias y el traslado del gobierno al edificio de La Moneda, ahora restaurado de sus heridas del 11 de septiembre, todo ello se hizo aprovechando el simbolismo que estos pasos presentaban a la opinión pública.

Un análisis somero de esta nueva Constitución nos permitirá conocer cuál fue el sueño del dictador para el Chile de cuando él no estuviera y cuáles los métodos para mantener un régimen en la forma más semejante a lo que éste deseaba y que fuera salvado de los embates de los grupos políticos que preferían otro modelo constitucional. Con todo, la entrada en vigencia de parte de esta Constitución significaba también el término de una primera etapa que, como vimos, llevó al ejercicio de un poder absoluto y sin contrapeso, para iniciar otra donde comenzaban a perfilarse algunos límites y el funcionamiento de una maquinaria política que serviría de contrapeso a su aplastante poder.

La Constitución de 1980 (el surrealismo en política)

Como hemos dicho en otra parte, una vez obtenida su independencia y antes de alcanzar una estabilidad institucional, el Chile republicano redactó tres Constituciones: las de 1818, 1822 y 1823, que no tuvieron mayor repercusión en lo que sería la futura tradición política del país. Luego de su estabilización ha dictado cuatro, las de 1828, 1833, 1925 y 1980. Puede decirse que tres de ellas, las tres primeras, con una vigencia total de 145 años, un siglo y medio, constituyen un continuo donde hay pocos cambios y éstos no son fundamentales o lo son fruto de una evolución jurídica. Por tanto, la doctrina constitucional chilena o, mejor dicho, la tradición constitucional de gobierno en Chile, la conforma ese siglo y medio de vigencia casi ininterrumpida de un conjunto de normas constitucionales a las que el país logró adaptarse sin demasiados sobresaltos.

La Junta Militar, como en todos los campos en que operó, tuvo el discutible privilegio de modificar de raíz toda esta tradición dictando una Carta constitucional que rompía la costumbre jurídica, incorporando en su texto una serie de disposiciones que, como veremos, no tenían otro objeto que perpetuar el régimen político al estilo del general Pinochet y de una parte de la derecha. Es decir, que, a diferencia de la sana doctrina constitucional que ordena y dispone para todos, se impuso al país un texto constitucional que estaba hecho para favorecer a una parte de la población, dejando a la otra huérfana de apoyo. Esto era posible imponiendo en ella la presencia militar permanente y poniendo toda clase de vallas para que la izquierda quedase a perpetuidad alejada de toda posibilidad de acceder al poder.

Cuánta diferencia con el concepto que se tenía antiguamente de lo que debía ser una Constitución. Al promulgar la de 1828 el 8 de agosto de ese año, el vicepresidente de la república anunciaba a la nación que "las leyes que vais a recibir no son obra tan sólo del poder; lo son principalmente de la razón. Cesaron para nosotros los tiempos en que la suerte nos condenaba a la ciega obediencia de una autoridad sin límites. Entre nosotros las leyes son pactos fundados en el libre uso de nuestras prerrogativas". Más adelante concluía con una invocación: "Chilenos: observemos no sólo con exactitud y con fidelidad, sino con celo y entusiasmo la Constitución que de sus manos hemos recibido. Esta observancia es lo único que puede salvarnos. Ella debe ser la ocupación de nuestra vida, el objeto de nuestros estudios, la calidad que nos distinga y la garantía que nos afiance el más sólido y lisonjero porvenir. Observemos la Constitución como el pacto más sagrado que pueden estipular los hombres; como el vínculo más estrecho que puede unirnos con nuestros hermanos; como el antemural más formidable que podamos oponer a nuestros enemigos".

El texto constitucional que comentaremos presenta dos tipos de disposiciones: las permanentes y las transitorias.

En lo que se refiere a las primeras, muchas de ellas son tomadas casi al pie de la letra de las Constituciones tradicionales. Son aquellas disposiciones que no le hacen mal a nadie, como algunos de los ejemplos siguientes: "Los hombres nacen libres e iguales en dignidad y derechos"; "El Estado de Chile es unitario. Su territorio se divide en regiones"; "La soberanía reside esencialmente en la nación. Su ejercicio se realiza por el pueblo a través del plebiscito y de elecciones periódicas y también por las autoridades que esta Constitución establece"; "Son chilenos los nacidos en el territorio de Chile", etcétera.

Hay varias disposiciones novedosas que corresponden a situaciones no consideradas hasta ahora por representar necesidades que sólo últimamente se han impuesto o hecho evidentes. Por ejemplo, la protección de la vida del que está por nacer o el respeto y protección de la vida privada y pública y a la honra de la persona y de su familia. También el derecho a vivir en un medio ambiente libre de contaminación, siendo deber del Estado velar para que este derecho no nos afecte y, por último, tutelar la protección de la naturaleza.

Hasta aquí no hay complicaciones de tipo político. Pero donde sí comienza a haberlas es en las disposiciones que cambian completamente las relaciones entre los poderes del Estado. Esta Constitución creó un cuarto poder que agregó a los clásicos Ejecutivo, Legislativo y Judicial. Estableció un poder militar, suspicaz y receloso, que veía enemigos por todas partes y que fue contrapuesto al poder clásico de las autoridades civiles.

Por ejemplo, la creación de un Consejo de Seguridad Nacional encabezado por el propio presidente de la república y que se integra con los presidentes del Senado y de la Corte Suprema, con los tres comandantes en jefe de las respectivas ramas de las Fuerzas Armadas y con el general director de Carabineros. Con derecho a voz podían participar algunos ministros, actuando como secretario el jefe del Estado Mayor de la Defensa Nacional. Este organismo, donde había una permanente mayoría de cuatro militares frente a tres civiles, asesora al presidente en materia de seguridad nacional, representa su opinión a cualquier autoridad frente a un hecho, acto o materia que atentare gravemente contra las bases de la institucionalidad y debe informar, previamente, sobre los proyectos de leyes constitucionales. Dada la composición de fuerzas, su derecho a representar su opinión a cualquier autoridad significa una permanente intromisión en los diversos órganos del Estado, algo que les está vedado a las autoridades civiles, como lo declara por ejemplo el artículo 73 sobre el Poder Judicial cuando dice: "Ni el presidente de la república ni el Congreso pueden, en caso alguno, ejercer funciones judiciales, avocarse causas pendientes, revisar los fundamentos o contenido de sus resoluciones o hacer revivir procesos fenecidos".

Junto a esta disposición se incluyó otra en su artículo 93 mediante la cual "los comandantes en jefe del Ejército, de la Armada y de la Fuerza Aérea y el general director de Carabineros serán designados por el presidente de la república de entre los cinco oficiales generales de mayor antigüedad, que reúnan las calidades que los respectivos estatutos institucionales exijan para tales cargos; durarán cuatro años en sus funciones, no podrán ser nombrados para un nuevo periodo y *gozarán de inamovilidad* en su cargo". Para removerlos antes de que se cumpla el plazo por el cual fueron nombrados, el presidente de la república necesita acuerdo del Consejo de Seguridad Nacional donde se encuentra en permanente minoría.

Las dos disposiciones anteriores son el eje que amarra a la autoridad civil y le impide totalmente ejercer su verdadera potestad. Es cierto que la Constitución en sus artículos 24 y siguientes concede al presidente de la república muchas atribuciones y dispone que "su autoridad se extiende a todo cuanto tiene por objeto la conservación del orden público en el interior y la seguridad externa de la República, de acuerdo con la Constitución y las leyes". Sin embargo, para cambiar, suprimir o modificar aquellas disposiciones de la Constitución que conforman esta trabazón tan fuertemente amarrada y ligada, si no tiene el consentimiento de la mayoría de los miembros del Consejo de Seguridad Nacional o los dos tercios de los votos del Congreso Nacional, no puede cambiar nada.

Si el presidente desea reformar las normas sobre las bases de la institucionalidad (capítulo I), tribunal constitucional (capítulo VII), Fuerzas Armadas, del orden y seguridad públicas (capítulo X) y Consejo de Seguridad Nacional (capítulo XI) requiere tales requisitos que es casi imposible hacerlo puesto que se exige la concurrencia de voluntades del presidente de la república y de los dos tercios de los miembros en ejercicio de cada Cámara y no procederá a su respecto el plebiscito. El proyecto así aprobado no se promulgará sino que deberá esperar "la próxima renovación conjunta de las Cámaras". En la primera sesión, éstas deberán deliberar y votar el texto y éste requiere nuevamente el concurso de los dos tercios para su aprobación. Sólo entonces, si el presidente está de acuerdo, comenzará a operar la modificación constitucional.

Como puede verse, esto es un zapato chino. Para vergüenza de nuestro país, esta Constitución puede compararse con algunas que en el siglo XIX promulgaran famosos dictadores y son recordadas hasta hoy como paradigma de la infamia política. Por ejemplo la que dictó en Ecuador en 1869 Gabriel García Moreno y que fue llamada por sus contemporáneos "Carta de Esclavitud" o "Carta Negra" o la Constitución colombiana de 1843, sindicada de monárquica y retardataria.

Todo lo antes señalado corresponde a las disposiciones que han sido llamadas "de amarre", tan bien enlazadas y sujetas que sin duda será una hazaña política de envergadura conseguir desatar una sola de estas ataduras para acercar esta Carta a una visión más democrática. Hay también otras disposiciones que son parte del "amarre". Entre ellas, la composición del Senado, que es integrado con senadores elegidos por regiones y con senadores designados "a dedo", según la pintoresca expresión popular. Estos últimos son los siguientes: dos ex ministros de la Corte Suprema elegidos por ésta; un ex contralor designado también por la Corte Suprema; un ex comandante en jefe del Ejército, otro ex comandante en jefe de la Armada, otro ex comandante de la Fuerza Aérea y un ex director general de Carabineros, todos ellos nombrados por el Consejo de Seguridad Nacional. Estos componen lo que se ha llamado la "bancada militar". Además de un ex rector de universidad nombrado por el presidente de la república y un ex ministro de Estado designado también por el presidente. Finalmente, pasan a ser senadores vitalicios los ex presidentes de la república que se hayan desempeñado en su cargo durante un período continuo no inferior a seis años.

Todas estas disposiciones se ligan y coronan con la normativa que expone el artículo 8 de esta singular Carta constitucional. Este artículo tiene una declaración de principios y luego una serie de normas sobre cómo castigar a los que las infringen.

La declaración de principios comienza diciendo: "Todo acto de persona o grupo destinado a propagar doctrinas que atenten contra la familia, propugnen la violencia o una concepción de la sociedad, del Estado o del orden jurídico de carácter totalitario o fundada en la lucha de clases, es ilícito y contrario al ordenamiento institucional de la República".

A continuación dispone que "las organizaciones, movimientos o partidos políticos que por sus fines o por la actividad de sus adherentes tiendan a esos objetivos, son inconstitucionales". El organismo competente para conocer estos "delitos" será el Tribunal Constitucional y, en todo caso, las personas que incurrieren en estas contravenciones no podrán optar a cargos públicos por el término de diez años, ni podrán ser rectores o directores de establecimientos de educación, ni enseñar en ellos, ni explotar medios de comunicación social ni ejercer otras funciones que se señalan en el mismo artículo.

Con todo, donde el surrealismo político alcanzó mayor vuelo fue en las disposiciones transitorias. Allí se dispone, entre otras cosas, que a partir de la vigencia de esta Constitución, es decir desde el 11 de marzo de 1980, comenzará también un período presidencial de ocho años y en él continuará como presidente de la república "el actual presidente general de Ejército, don Augusto Pinochet Ugarte, y durará todo el lapso de dicho período". Durante este tiempo funcionará la Junta de Gobierno integrada por los representantes del Ejército, la Armada, la Fuerza Aérea y Carabineros, y tendrá la función legislativa y constituyente. Una vez terminado este periodo de ocho años, es decir, en 1988, los integrantes de la Junta de Gobierno propondrían al país "la persona que ocupará el cargo de presidente de la república en el período presidencial siguiente" al ya referido. Para hacer esto se reunirán noventa días antes de que expire el período presidencial en ejercicio y elegirán al ciudadano que será propuesto al país. El presidente llamará a un plebiscito para que el país se pronuncie sobre si acepta o no el nombre "sugerido" por la Junta, el que será convocado para una fecha no inferior a treinta días ni superior a sesenta desde que se haya hecho esta "proposición". Si como resultado del plebiscito la ciudadanía se manifestare conforme con la persona "aconsejada" por la Junta, aquélla asumirá el poder el mismo día que termine el anterior período. Pero si el pueblo rechazara el nombre, "se entenderá prorrogado de pleno derecho el período presidencial [...] continuando en funciones por un año más el presidente de la república en ejercicio y la Junta de Gobierno". Vencido este plazo, tendrán plena vigencia todos los preceptos de la Constitución y se llamará a elección de presidente y del Congreso Nacional.

La historia es muy conocida. Reunida la Junta de Gobierno, "recomendó" al general Augusto Pinochet para un segundo período, que se extendería entre 1989 y 1997.

La continuación es también muy conocida. Derrotado en el plebiscito, durante 1989 el gobierno de Pinochet entró en conversaciones con la coalición triunfante y se acordó modificar la Constitución.

Esto era resultado de la naturaleza misma de la Carta de 1980, construida como hemos visto por un articulado permanente y por otro provisorio, donde sus normas, parafraseando a Arriagada, componían "una construcción a partir de las necesidades de la dictadura, no de principios". Estaba hecha pensando en que en el plebiscito final, en octubre de 1988, el triunfo sería del candidato presentado por la junta de gobierno al país y éste gobernaría hasta 1997. En segundo lugar, había tomado en cuenta que durante este período se gobernaría teniendo enfrente una oposición respaldada por la mayoría de los electores. En tercer lugar, que aquella oposición podría ser dominada tanto por el poder y la autoridad enormes entregados al presidente de la república como por una Corte Suprema obsecuente y entregada de lleno a la autoridad del anterior, y también por el respaldo de las Fuerzas Armadas "cuyo poder político se ejercería a través del control mayoritario del Tribunal Constitucional, el Consejo de Seguridad Nacional y los senadores designados".

Este siniestro panorama fue desbaratado por los resultados del plebiscito, que determinaron que se eligiera un nuevo presidente en el plazo de un año como lo establecían las disposiciones transitorias, y estaba claro que sería elegido entre una personalidad surgida de las filas de la oposición. En estas circunstancias, la arquitectura tan armoniosa recién señalada podía darse vuelta contra los intereses del régimen saliente y, gracias a los poderes otorgados, se haría tal vez relativamente fácil desmantelar la obra del general Pinochet y sus consejeros.

Por estas razones, el gobierno estuvo inclinado a aceptar que se realizaran algunas reformas en la Constitución, que finalmente fueron las siguientes:

– Disminución del poder del presidente de la república en los siguientes casos: fue suprimida la facultad de disolver la Cámara de Diputados por una vez durante su período, circunstancia propia del régimen

parlamentario y no del presidencial; cese del mecanismo de insistencia en la formación de las leyes; reducción del mandato presidencial de ocho a cuatro años, disposición que sólo rigió con el primer gobierno de la Concertación de Partidos por la Democracia, ya que luego se volvió al tradicional período de seis años; por último, el mecanismo de nombramientos, ascensos y retiros de los oficiales de las Fuerzas Armadas dejó de ser una decisión del presidente de la república y quedó regulado en una ley orgánica constitucional que fue dictada por el régimen militar poco antes de terminar su período.
- Aumento del poder del Congreso Nacional en los siguientes casos: disminución del peso relativo de los senadores designados; esto se logró aumentando el número de los senadores elegidos, que de veintiséis pasaron a ser treinta y ocho, lo que redujo el peso de los designados de un 35 a un 24 por ciento con respecto de los elegidos; término de la insistencia del Ejecutivo; reducción de los requisitos para la reforma de la Constitución consiguiéndose que fuera un congreso y no dos sucesivos como estaba dispuesto; se logró, además, una reducción del quórum para su aprobación; finalmente se derogó la disposición que ordenaba cesar en sus cargos a los parlamentarios que siendo presidente de la Cámara o de la comisión hubiesen admitido a votación una moción o indicación que el Tribunal Constitucional declarara manifiestamente inconstitucional, castigo que también recaía en los autores de tales iniciativas.
- Respecto de las Fuerzas Armadas, se logró hacer ingresar al Consejo de Seguridad Nacional al Contralor General de la República, con lo cual quedó integrado por cuatro civiles y cuatro militares; se cambió la expresión "representar" por la de "hacer presente su opinión", la cual ahora sólo podría hacerla al presidente, al Congreso y al Tribunal Constitucional.
- Respecto de los derechos políticos de los ciudadanos, se obtuvo la derogación del artículo 8 que ya hemos comentado; se incorporaron al orden constitucional los tratados internacionales en derechos humanos; finalmente se disminuyeron las facultades del presidente para restringir derechos y garantías constitucionales en caso de estados de excepción.

Como se comentó en su época, estas reformas fueron modestas, ya que permanecieron muchas de las disposiciones que mantenían el "amarre" al que hemos hecho referencia. Esta modestia y la dificultad de realizar nuevas reformas es lo que ha permitido que a la democracia surgida de 1990 se la haya llamado "protegida" o "tutelada", puesto que los fuertes "amarres" no permitieron a los gobernantes y autoridades hacer otra cosa. Así pasó la primera década de gobiernos democráticos y se mantiene la ilusión de volver a una democracia plena cuando la habilidad de los políticos logre desatar el nudo gordiano que aún sujeta el progreso institucional de Chile.

Debe agregarse, para terminar, que estas modificaciones fueron aprobadas mediante plebiscito en julio de 1989.

Las relaciones chileno-argentinas (1960-1983)

Después de los grandes debates de finales del siglo XIX y principios del XX, y una vez dictados los laudos arbitrales de Eduardo VII, los problemas de límites entre Chile y Argentina, si bien no estaban solucionados en su totalidad, dejaron de ser un obstáculo para las relaciones entre ambos países.

Otros hechos llamaban ahora la atención. El 27 de noviembre de 1909 se logró unir los tramos del túnel transandino que se construía tanto desde Chile como de Argentina. Esta importante obra pública había significado cavar 3.030 metros de túnel a 4.200 metros sobre el nivel del mar y ello permitió inaugurar el ferrocarril transandino el 5 de abril de 1910.

De aquí en adelante las relaciones se desarrollaron con la mayor cordialidad. Con motivo del centenario argentino, el presidente chileno Pedro Montt y una importante comitiva viajaron a Buenos Aires aprovechando el nuevo ferrocarril. Los homenajes que recibió la delegación chilena fueron muy altos y en todos los actos públicos los presidentes de Chile y Argentina aparecieron juntos. Iguales demostraciones de afecto se dieron cuando, en septiembre del mismo 1910, se celebraron las fiestas centenarias de Chile, ocasión en que encabezó la delegación argentina el presidente de ese país José Figueroa Alcorta, quien se hizo acompañar por una delegación de los Granaderos de San Martín.

Dentro de este ambiente, Brasil le planteó a la República Argentina un pacto amplio de no agresión, consulta y arbitraje. En 1915 se adhirió Chile a esta iniciativa y primero se reunieron los tres cancilleres en Chile para luego seguir viaje a Buenos Aires donde se firmó el tratado. Este pacto no fue ratificado por los respectivos Congresos pero, debido sin duda al prestigio internacional de las tres naciones, pudo operar como tal sin tener la aprobación formal. Así, los delegados de este pacto lograron conciliar los intereses de Estados Unidos y México en 1915 para que el primero devolviera el puerto de Veracruz a las autoridades mexicanas, hecho ocurrido durante el desarrollo de la Revolución Mexicana.

Sin embargo, en esa misma época, surgieron algunas discusiones sobre la posesión de las islas existentes en el canal de Beagle, problema que aún se encontraba pendiente. Aunque se llegó a aprobar un protocolo de arbitraje, el comienzo de la Primera Guerra Mundial hizo aconsejable detener las tratativas hasta más adelante.

Las relaciones entre Argentina y Chile, siempre buenas en ese período, tenían sin embargo un talón de Aquiles como lo eran los varios puntos pendientes, en especial el valle del Palena, la región de Laguna del Desierto y los Campos de Hielos Patagónicos, todos en la Undécima Región, y la soberanía de los islotes del canal Beagle en la Duodécima Región de Magallanes.

En 1960, durante el gobierno de Jorge Alessandri, los gobiernos de Chile y Argentina suscribieron un protocolo para someter el litigio sobre los territorios de Palena y General Paz entre los hitos 16 y 17 al arbitraje de la Corona británica. La reina Isabel II dictó su laudo arbitral el 9 de diciembre de 1966, y quedaron en manos de Chile las partes más pobladas y las tierras de mejor calidad, aunque el 71 por ciento del territorio en disputa, que en su mayor parte eran montañas, le correspondió a Argentina.

La soberanía sobre tres islotes (Picton, Nueva y Lenox) situados al sur del canal Beagle en la costa austral de Tierra del Fuego fue, como hemos visto, también muy discutida durante largos años entre Chile y la Argentina. La disputa pareció encontrar una solución cuando se emitió la llamada "Declaración de Buenos Aires" de junio de 1970, que dio inicio a la negociación definitiva. Un año después, el 22 de julio de 1971, los presidentes de Chile Salvador Allende y de Argentina Alejandro Agustín Lanusse (1971-1973) suscribieron un compromiso arbitral que entregó el laudo al arbitraje de la Corona británica, el que se regiría por el Tratado General de Arbitraje de 1902 y por los términos del citado compromiso. Conviene explicar que este compromiso cambiaba, para el futuro, tanto la persona del árbitro como el procedimiento que se debía aplicar, y sólo se mantenía el antiguo tratado para resolver la causa litigiosa del canal Beagle.

El 2 de mayo de 1977 el gobierno británico puso en conocimiento de los gobiernos pactantes el laudo arbitral que establecía el trazado del canal y reconocía como chilenas las islas en disputa. Como era de esperar, fue aceptado de inmediato por el gobierno de Chile, mientras que el de Argentina reservó su pronunciamiento para hacerlo dentro del plazo de nueve meses que establecía la sentencia para su ejecución. El 25 de enero de 1978 el gobierno argentino publicó una "Declaración de Nulidad" del referido laudo, al que calificaba "insanablemente nulo". A esta declaración argentina le sucedió el 10 de julio del mismo año otra de la corte arbitral redactora de la sentencia que expresaba que el laudo se encontraba "cabal y materialmente cumplido", por lo que "la pretensión del gobierno de Argentina de rechazar y anular unilateralmente el laudo" era inadmisible e inválida en sí misma.

Ante la disconformidad de Argentina con la sentencia arbitral se hicieron numerosas gestiones para encontrar una solución. Una de ellas fue el encuentro presidencial de Puerto Montt, realizado el 23 de febrero de 1978, donde los gobernantes de Argentina y Chile acordaron crear una comisión negociadora para buscar la solución del problema. Esta comisión, sin embargo, no logró resultados y se agravó la tensión militar. El gobierno argentino adoptó medidas para el alistamiento de sus fuerzas e incluso se realizaron simulacros de bombardeo en Buenos Aires, mientras que en la ciudad chilena de Punta Arenas se comenzaban a pintar los techos de los hospitales y asilos con el emblema de la Cruz Roja Internacional.

Frente a la urgencia de la situación, el embajador de Chile ante la Organización de Estados Americanos, Pedro Daza, pidió una reunión inmediata del Consejo Permanente. Por su parte, el 2 de noviembre, el ministro chileno de Relaciones Exteriores, Hernán Cubillos, propuso al gobierno argentino recurrir en conjunto ante la Corte Internacional de Justicia de La Haya para poner en funcionamiento el método establecido por el Tratado General de Solución Pacífica de las Controversias, suscripto por ambos países el 5 de abril de 1972, que derogó el tratado de 1902 y reemplazaba el arbitraje británico por esa corte. Como esta propuesta tampoco encontró acogida, el gobierno de Chile solicitó la aplicación del Tratado Interamericano de Asistencia Recíproca llamando a la reunión de consulta hemisférica que contemplaba ese tratado. Sin embargo, esta reunión se suspendió a pedido de Estados Unidos y demás países miembros en espera de una gestión de paz que había iniciado la Santa Sede.

Efectivamente, tanto el cardenal arzobispo de Buenos Aires, Raúl Primatesta, como el de Santiago de Chile, Raúl Silva Henríquez, intervinieron durante todo el año en Roma, primero frente a Paulo VI, luego frente a Juan Pablo I y finalmente a Juan Pablo II, el cual aceptó actuar de mediador entre los dos gobiernos. El Papa llamó por teléfono a los generales Jorge Rafael Videla, entonces presidente de Argentina, y Augusto Pinochet, presidente de Chile, y obtuvo el consentimiento de ambos. En seguida buscó a la persona que debía cumplir este cometido y la encontró en el cardenal Antonio Samoré, de setenta y dos años, que hablaba un perfecto castellano y conocía como pocos América Latina. Este se embarcó para Buenos Aires adonde llegó el 27 de diciembre de 1978 e inició su difícil misión.

Los gobiernos de Argentina y Chile firmaron el 8 de enero de 1979 el Acta de Montevideo en la que agradecían al pontífice su mediación y le solicitaban "guiarlos en las negociaciones y asistirlos en la búsqueda de una solución del diferendo, para lo cual ambos gobiernos convinieron buscar el método de solución pacífica que consideraran más adecuado".

De acuerdo con ello, el 12 de diciembre de 1980 el pontífice convocó a las delegaciones de ambos países al Vaticano para hacerles entrega de la propuesta papal. Chile dio respuesta inmediata, mientras el gobierno argentino pidió un período de reflexión mayor justificando la demora en que el 29 de marzo de 1981 asumiría una nueva administración en el país presidida por el general Roberto Eduardo Viola. Sin embargo, las conversaciones y discusiones se prolongarían todavía por mucho tiempo. El Tratado de Paz y Amistad entre Chile y la Argentina recién se firmó el 29 de noviembre de 1984, y los instrumentos de ratificación se intercambiaron en una solemne ceremonia que tuvo lugar en el Vaticano el 2 de mayo de 1985 en presencia del Papa. El artículo 7° de este tratado estableció definitivamente el trazado de la línea fronteriza en el canal Beagle: dejó bajo soberanía chilena las islas e islotes disputados en ese canal, pero comprimió la jurisdicción marítima de Chile al prolongar la línea divisoria hasta el sur del cabo de Hornos, al no reconocer aguas interiores chilenas y al establecer zonas de intereses y actividades comunes.

La política económica y sus efectos después de 1973

Las primeras medidas de tipo económico luego del golpe militar tuvieron por objeto eliminar las distorsiones de los precios, para lo cual éstos fueron liberados y la inflación demostró su verdadera magnitud.

Como estiman los autores, las metas eran estabilizar y desestatizar, procediéndose a devolver a sus propietarios las empresas que habían sido intervenidas. Se trataba de otorgar plenas garantías a la propiedad privada y de estimular la iniciativa de los empresarios. No obstante, las Fuerzas Armadas, en los primeros tiempos, insistieron en mantener la responsabilidad del manejo de la economía y así, pese a que el grupo de economistas conocidos con el nombre de "Chicago boys"[2] hizo entrega a la Junta de un programa de gobierno, sólo se incorporó a éstos en calidad de asesores.

Las primeras reformas económicas de fondo fueron planteadas por tres civiles incorporados en 1974. Fernando Léniz, ministro de Economía, y Jorge Cauas, de Hacienda, compartieron responsabilidades con Raúl Sáez, un respetado economista de esa época, que pasó a ser ministro de Coordinación Económica. Tardó un tiempo en aclararse cuál era la tendencia que terminaría imponiéndose y recién en 1975 se nombró ministro de Hacienda a Sergio de Castro, que era la cabeza del grupo Chicago, y en 1976 a Sergio Fernández en el Ministerio de Trabajo, reemplazando

---

2. Para el estudio de este grupo, su origen, sus principios y logros véase Sofía Correa "Algunos antecedentes históricos del proyecto neoliberal en Chile (1955-1958)", en *Opciones*. 6, pp. 196-146 de 1985. También de Angel Soto Gamboa, "Orígenes del modelo económico chileno. *El Mercurio* y los economistas de Chicago 1960-1970", en *Revista Chilena de Historia y Geografía*, 163. 1997.

al general Nicanor Díaz Estrada que era el último representante de la línea que privilegiaba la sensibilidad social. Este equipo, muy cohesionado y con propósitos muy claros, fue completado con el nombramiento de Miguel Kast en Odeplan (Oficina de Planificación Nacional). El grupo Chicago, cada vez más cercano al general Pinochet, presentó nuevamente en 1975 un programa de recuperación económica que fue aprobado por el gobierno y comenzó a ser puesto en ejecución pese a los drásticos efectos de los ajustes que preveía. Según Edgardo Boeninger, los "Chicago boys" estaban conscientes de que "ese ajuste significaba que aumentaría la cesantía, la pobreza marginal y el desamparo de algunos estratos de la población" pero estimaban que debía afrontarse "tal hecho sin remilgos porque a la larga el beneficio sería para el país entero".

Algunos autores llaman "revolución" a las medidas implementadas por este grupo y agregan que éstas se extendieron a la economía entera. Por ejemplo, se profundizó en la liberalización del mercado de capitales, se procuró el abandono de la unidad sindical para que estas organizaciones perdieran su poder de negociación y se adoptó un arancel nominal uniforme del 10 por ciento para todas las importaciones salvo los automóviles. Así, las empresas privadas chilenas se encontraron por primera vez en mucho tiempo de cara a la competencia internacional, lo cual trajo aparejada la quiebra de muchas industrias que no estaban capacitadas para competir. A la vez, las dificultades de acceder al crédito para las empresas medianas y pequeñas llevaron a una concentración basada en un número reducido de grupos económicos, algunos de los cuales tenían nombres significativos (por ejemplo "Los Piraña").

Algunos autores se admiran de que en estas condiciones se mantuviera el apoyo empresarial al régimen, lo cual podría explicarse por el intenso miedo que habían tenido a una expropiación total por parte del Estado en tiempos de la Unidad Popular y por un agradecimiento a las Fuerzas Armadas por haber restituido el carácter sagrado de la propiedad privada, aunque lo que estaba ocurriendo, en la práctica, era tan grave para ellas como en su tiempo lo fueron las acciones de aquel gobierno. Probablemente los trabajadores aquilataban de otro modo esta política, especialmente cuando en 1975 el desempleo subió al 16,4 por ciento, todo ello acompañado de una efectiva disminución de los salarios reales y una inflación del 343,3 por ciento.

A partir de 1976 comenzó a mejorar la economía general del país. La inflación fue disminuyendo hasta alcanzar a finales de la década de 1970 niveles cercanos al 30 por ciento anual. El desempleo, por su parte, tuvo un leve descenso. La tasa de crecimiento económico en 1977 alcanzó el 8,3 por ciento y en los tres años siguientes se mantuvo sobre el 7 por ciento. Pronto estos éxitos fueron exhibidos como un "milagro". Simultáneamente con ello, muchos antiguos opositores comenzaron a variar su posición, sorprendidos por los resultados que eran exhibidos con enorme entusiasmo por los economistas del régimen y así fue como organismos tradicionalmente opositores entraron a revisar sus posiciones.

La otra cara de la moneda no era, en cambio, muy atractiva. Como relata Genaro Arriagada, "el número de familias viviendo en situación de pobreza aumentó del 28 al 44 por ciento entre 1970 y 1980, al tiempo que el gasto social por habitante había disminuido y asimismo las remuneraciones reales" que entre 1974 y 1981 alcanzaron apenas a tres cuartos del nivel que tenían en 1963.

En todo caso, en 1980, cuando se aprobaba la Carta constitucional, la crisis internacional estaba a las puertas. En 1981 aparecieron sus primeros síntomas que afectaron profundamente la economía chilena, muy vulnerable tanto a causa del tipo de cambio, sobrevalorado y fijo en 39 pesos por dólar, como por un elevado endeudamiento. Según los economistas se dieron fenómenos internacionales como la caída de los términos de intercambio en más de un 20 por ciento a partir de 1981 y se produjo, también, un drástico aumento de las tasas de interés internacionales que llevó a que los pagos de intereses de la deuda subieran a casi el doble del valor de las exportaciones en 1982. Esto provocó en Chile una gravísima crisis comparable, según Genaro Arriagada, a la que provocó en Kuwait "la suma de la invasión iraquí y la guerra del Golfo".

La economía pasó en 1982 de una fase de crecimiento dinámico a otra de crisis muy aguda. El desempleo subió al 19,6 por ciento en 1982 y al 26,4 por ciento en 1983 debido, en parte, a la quiebra de numerosas empresas –de las cuales la primera fue la Compañía Refinadora de Azúcar de Viña del Mar (CRAV)–, que alcanzó a casi mil doscientas en los años citados. Según Boeninger, "en 1982 se produjo la drástica reducción del crédito externo, lo que acabó con el auge económico y mostró empresas excesivamente endeudadas que no pudieron pagar, dando lugar a una cartera incobrable de los bancos que superaba en tres o cuatro veces su patrimonio, por lo que no sólo no pudieron seguir prestando a clientes insolventes sino que terminaron, casi sin excepción, en una situación técnica de quiebra". Y agrega que "en noviembre de 1982 la deuda impaga de la banca ascendió a 2.500 millones de dólares, el doble del capital y reservas de esas instituciones (Bancos de Chile y Santiago). Sólo la abismante falta de toda regulación y supervisión, la irresponsabilidad de los grupos y el dogmatismo de los conductores del equipo económico explican que se haya llegado a una situación de quiebra generalizada del sistema financiero. Este proceso culminó con la intervención de cinco bancos y la liquidación de otras tres instituciones financieras".

Esta deuda terminó siendo rescatada "con una enorme inyección de recursos públicos [del Banco Central] dando origen a la llamada deuda subordinada", la cual perduraba todavía en 1997 cuando el gobierno propuso una solución definitiva. Lo que nadie rescató fueron las deudas en dólares que habían contraído los sectores modestos y de clase media cuando el 14 de junio de 1982 el precio fijo de 39 pesos debió ser alzado en un 18 por ciento.

Oscar Muñoz se detiene a considerar lo ocurrido desde el punto de vista de las consecuencias de las políticas económicas aplicadas, y dice que "los efectos netos de las políticas económicas aplicadas hasta 1982, especialmente de las políticas monetarias y financieras, fueron desastrosos para el sector privado, incluido el propio sector financiero, cuando cambiaron las favorables condiciones internacionales. Las quiebras e insolvencias de empresas y bancos constituyeron una amenaza más severa para los empresarios que incluso las expropiaciones e intervenciones realizadas durante el régimen de la Unidad Popular. Se ha estimado que el valor de las propiedades que pasaron a ser controladas por el Estado a partir de la crisis financiera de 1982 superó los valores equivalentes de las noventa y un empresas que planeaba expropiar el gobierno de la Unidad Popular".

Estos acontecimientos debían traer, para el régimen, fuertes y peligrosas consecuencias sociales. Una población que está soportando tasas de desempleo de 33,6 por ciento (incluyendo a quienes recibían subsidios), pero que en las barriadas pobres se elevaban al 50 por ciento. Una población que había visto disminuir el gasto social por habitante en un 20 por ciento entre 1974 y 1982 y, además, había tenido que soportar la violencia y los atropellos de un régimen policial y la muerte y desaparición de seres queridos. Por eso, y citando nuevamente a Arriagada, quien comenta lo dicho por un importante banquero, "todo eso, por una suerte de correa transmisora, se fue acumulando principalmente en las poblaciones; ahí se concentró la abrumadora parte del sufrimiento y la presión que ha creado este volcán social sobre el que hemos empezado a vivir".

Las protestas populares (1983-1986)

Las protestas populares que se desarrollaron en Santiago de Chile y en las principales ciudades del país fueron las primeras manifestaciones masivas para demostrar a la dictadura los deseos de cambios profundos y exigir la modificación del curso que llevaban hasta entonces los acontecimientos en el país.

Según algunos autores, estas protestas terminaron por ver sus resultados anulados debido a que simultáneamente se desarrollaron dos tendencias disímiles: una violenta, que deseaba la caída del régimen por métodos duros y agresivos que impulsaran el inicio de una revolución, y otra pacífica que buscaba un consenso opositor para imponer al gobierno una negociación y una transición pactada para llegar a la democracia.

De todas maneras este movimiento popular tuvo en jaque a las autoridades frente a una movilización que tomó unas proporciones que ni los organizadores ni menos el gobierno esperaron.

No cabe duda de que las protestas tuvieron su punto de partida en la crisis financiera en que se encontraba sumido el país. En enero de 1983, unos 1.200 dirigentes sindicales enviaron al general Pinochet una carta abierta que reproduce el ex presidente Patricio Aylwin en los siguientes términos: "Nunca en su vida como nación libre y soberana Chile ha enfrentado una crisis más grave y profunda como la que actualmente vivimos. [...] Tras nueve años de gobierno autoritario podemos comprobar que la propaganda que nos ha mantenido en un manto de engaño e ilusión, llamando «milagro chileno» a una locura consumista financiada con créditos extranjeros que pagaremos todos los chilenos, llamando democracia a un sistema político en el que sólo prima la voluntad de una persona porque «no se mueve una hoja» sin su autorización".

También en enero de ese año, la directiva de la Confederación de Trabajadores del Cobre llamó a un paro nacional que fue ratificado por el congreso extraordinario que estos trabajadores celebraron a mediados de abril en Punta de Tralca. En esa ocasión debutó un joven sindicalista, Rodolfo Seguel, elegido presidente de la confederación.

Sin embargo, existían dudas entre los dirigentes políticos y sindicales sobre la posibilidad de éxito de un paro de esta naturaleza. Luego de diversas reuniones se decidió reemplazar la convocatoria al paro obrero por una acción de protesta. De esta manera se convocó para el 11 de mayo de 1983 la Primera Jornada de Protesta Nacional y se dieron instrucciones para el mencionado día. Entre éstas, se recomendó a la población no enviar los niños al colegio, no comprar absolutamente nada, no hacer trámites en oficinas, no usar la locomoción colectiva y mantener los propios vehículos circulando a menos de treinta kilómetros por hora. Finalmente se convocaba para las veinte horas de ese día al inicio en todo el país del toque de cacerolas más o menos en la misma forma que en tiempos de la Unidad Popular.

El éxito de esta jornada fue total y superó todo lo esperado. A las acciones diurnas les sucedió una batahola nocturna de cacerolas, a la que se unió un estruendo de ruidos procedentes de todos los medios posibles. Especialmente bocinas de automóviles que recorrían los distintos barrios animando a los que protestaban.

El gobierno reaccionó en la forma en que acostumbraba, con el resultado de dos muertos, cincuenta heridos y 350 detenidos. Por supuesto, el funeral de las víctimas produjo nuevas manifestaciones y nuevas represiones.

La Segunda Jornada de Protesta fue convocada para el 14 de junio y su realización hizo subir el número de muertos a cuatro, los heridos a setenta y los detenidos a 1.351, de los cuales 634 correspondían a la capital.

Pero según la revista *Mensaje*, órgano de la Compañía de Jesús, en un comentario reproducido por Patricio Aylwin, esta jornada produjo "ausentismo escolar, drástica caída de las ventas en el comercio, manifestaciones en las universidades, silencio en las empresas, cacerolazos y bocinazos en la noche, barricadas en las poblaciones e incluso en los sectores residenciales de la clase media". Característica de esta jornada fue la gran cantidad de gente que salió a las calles a manifestar públicamente su protesta.

La Tercera Jornada de Protesta fue convocada para el 12 de julio y tuvo un saldo de dos muertos y 1.064 detenidos. El gobierno decretó toque de queda desde las veinte horas, pero el éxito de esta protesta hizo ilusoria esa medida.

Durante la cuarta, convocada para el 11 de agosto y que duró dos días, el gobierno preparó una represión todavía mayor. Puso en las calles a dieciocho mil soldados que actuaron con una violencia desbocada. Los muertos subieron a veintiséis debido a que los soldados disparaban hacia el interior de las casas. Como manifestó la oposición, "se cometieron por los soldados y policías violaciones de domicilio y toda clase de atropellos a hogares de los chilenos, especialmente a los más pobres".

Esta jornada tuvo además nuevos protagonistas ya que debutó con ella el nuevo ministro del Interior, Sergio Onofre Jarpa, que había sido llamado a Buenos Aires, donde se desempeñaba como embajador, para tomar esta responsabilidad y quien debió responder por los muertos y heridos. Pero también esta jornada y la anterior tuvieron la importancia de obligar al gobierno a iniciar conversaciones con los organismos políticos de la oposición.

La Quinta Jornada transcurrió en un ambiente similar y se realizó del 8 al 11 de septiembre durante los cuales se hicieron siete actos en homenaje a Salvador Allende y se prosiguió con las marchas, tomas de colegios, enfrentamientos en el centro de la ciudad, barricadas en las poblaciones y en la noche los cacerolazos y cortes de luz provocados por cadenas que eran arrojadas sobre los tendidos eléctricos. Esto significó la muerte para quince personas, mientras hubo cuatrocientos heridos y seiscientos detenidos.

Todavía hubo otras protestas en octubre y noviembre, todas ellas con víctimas y detenidos. Pero el interés se fue centrando en las conversaciones y en la acción de los partidos políticos que estaban saliendo de su clandestinidad para tomar parte en estos hechos. En todo caso, y como dice Boeninger, "la crisis económica 1982-1984 fue el primer eslabón de una cadena de acontecimientos que echó por tierra el proyecto político de Pinochet e hizo posible la restauración de la democracia en 1990. Correspondió al movimiento social el rol protagónico en esta primera fase de la larga lucha por la democracia".

Comenzó así una etapa crucial para la historia política chilena. Los partidos políticos, en especial los de izquierda, habían sufrido transformaciones de importancia, en parte influidos por la evolución política europea de la década de 1980 que culminó con la caída del muro de Berlín. Los cambios producidos en España en el interior del Partido Socialista Obrero y la llegada de éste al poder en la península fueron parte de un movimiento renovador en el interior del Partido Socialista chileno. Pero sobre todo la experiencia de la derrota y del exilio, la presencia de François Mitterrand en Francia, la evolución de los acontecimientos, la necesidad de restaurar y conservar la democracia y la inviabilidad comprobada de todos los procesos revolucionarios planteados en América Latina después de la victoria de Fidel Castro en Cuba, empujaban hacia la solución socialdemócrata. Jorge Casteñeda reproduce un comentario hecho en 1989 por el conocido académico brasileño Helio Jaguaribe, quien se permitió decir que "en estos países [latinoamericanos] la única democracia viable es una socialdemocracia de masas. El modelo socialdemócrata [...] con una economía de mercado, sometido a programas o planes sociales de envergadura que aceleran la incorporación de amplias masas a niveles de vida superiores [...] es obvio que constituye la fórmula mejor para hacer frente a las necesidades de estos países".

Esta evolución permitió la reforma de un partido como el Socialista, que a fines de la década de 1960 se había proclamado marxista-leninista y que durante el gobierno de la Unidad Popular sostuvo siempre las posturas más radicales e intransigentes. Permitió también el nacimiento de otro partido socialdemócrata llamado Partido por la Democracia (PPD), fundado por el presidente de Chile, Ricardo Lagos. Permitió, por último, que se produjera un acercamiento con la democracia cristiana, condición *sine qua non* para constituir un futuro frente político capaz de derrotar a la dictadura.

Pero mientras tanto otros acontecimientos teñían el panorama político chileno y confundían a los analistas.

La acción represiva continuaba, ahora en manos de la Central Nacional de Inteligencia (CNI), la cual, en un intento por mejorar la imagen del régimen, había reemplazado a la DINA desde 1977. No obstante, sus métodos no habían variado, como lo demostró el asesinato del conocido líder sindical Tucapel Jiménez, presidente de la Asociación Nacional de Empleados Fiscales (ANEF), hecho ocurrido el 25 de febrero de 1982. La causa parecía clara ya que Jiménez, en unión de Manuel Bustos, presidente de la Coordinadora Nacional Sindical, y de Eduardo Ríos, presidente de la Unión Democrática de Trabajadores, había logrado un amplio entendimiento entre las organizaciones sindicales con miras a un paro. Este asesinato fue ejecutado por miembros de la CNI y revistió caracteres brutales de ensañamiento, pues estaba dirigido a atemorizar a los dirigentes sindicales.

Mayor brutalidad, si cabe, fue el rapto y posterior asesinato de tres profesores, dos de los cuales, Manuel Guerrero Ceballos y José Manuel Parada Maluenda, este último director de la Unidad de Archivo y Procesamiento de la Vicaría de la Solidaridad, fueron apresados en la mañana mientras conversaban en la puerta del colegio donde trabajaban. Ambos eran comunistas y a ellos se sumó un tercero, Santiago Nattino Allende, quien fue apresado en la calle y llevado con los anteriores. Estos hechos habían ocurrido el 29 de marzo de 1985 y al día siguiente de madrugada fueron llevados a una zona rural cerca de Pudahuel donde fueron degollados.

El crimen causó tal estupor que fue preciso designar un ministro en visita, recayendo el nombramiento en José Cánovas Robles, uno de los pocos jueces que durante la dictadura había demostrado una irreprochable independencia. En poco tiempo el ministro fue avanzando en su tarea hasta comprobar la directa responsabilidad de Carabineros y sus autoridades. El miembro de la junta de gobierno y director de Carabineros, general César Mendoza, debió renunciar y fue reemplazado por el general Rodolfo Stange. El proceso continuó en manos del ministro Cánovas por expresa decisión de la Corte Suprema.

La violencia no terminó, pues las protestas se mantuvieron durante todo 1985. A ellas se sumaron acciones de guerra llevadas adelante por el Frente Patriótico Manuel Rodríguez, derivado del Partido Comunista, que siempre se toparon con una represión feroz. El 2 de julio de 1986, en el marco de una huelga decretada por la Asamblea de la Civilidad formada durante el mes de abril anterior, una patrulla militar apresó a una pareja de jóvenes a los cuales roció con kerosene y les prendió fuego. El joven murió más tarde en el hospital, pero su acompañante, Carmen Gloria Quintana, logró sobrevivir a sus heridas y se convirtió en un símbolo viviente de los efectos de la brutalidad militar y de las aberraciones mentales que padecían algunos de sus miembros.

Sin embargo, y a pesar de estos hechos tan terribles, las protestas habían logrado abrir un espacio político e iniciar acciones que podían llevar al regreso de la democracia. Una de ellas fue la constitución en agosto de 1983 de la Alianza Democrática, que estuvo compuesta por la democracia cristiana, el Partido Radical, la Izquierda Radical, socialistas renovados y algunas personas pertenecientes a los antiguos partidos de derecha que ya eran disidentes del gobierno militar. Esta alianza inició conversaciones con el ministro Jarpa.

Paralelamente se había restaurado la actividad política en la derecha y así nació la Unión Demócrata Independiente (UDI) en septiembre de 1983 y la Unión Nacional en noviembre del mismo año. La primera, según sus fundadores, fue creada para expresar ideas cercanas al gobierno militar porque de otra manera éste no habría tenido expresión política en un partido. La segunda apoyaba también al gobierno, aunque con algunas reservas críticas.

Todas estas acciones no tenían más valor que el que podía darles el general Pinochet y éste se encargaba gustoso de echar los baldes de agua fría. A cualquier ciudad o región del país adonde iba se dedicaba a hacer declaraciones que anulaban todo lo conversado. Seguro de que la oposición, fuera de las protestas en declinación, no había gastado todas sus armas, se afirmó en su proyecto político contenido en la Constitución. Para ello optó por cerrar el diálogo y cambiar el gabinete, al cual hizo entrar, como ministro de Hacienda, a Hernán Büchi. A éste se entregó el control de la gestión económica en forma hegemónica y con los más amplios poderes, situación que se mantuvo hasta el plebiscito de 1988.

Las acciones de la civilidad

En estas nuevas circunstancias y frente al desahucio de las conversaciones con el gobierno se produjo una intervención de la Iglesia Católica que ahora estaba encabezada por el nuevo arzobispo de Santiago, Francisco Fresno Larraín. Éste se apoyó en tres personas de su confianza y con ellos inició una serie de consultas que abarcaron un arco político amplísimo que englobó desde la Unión Nacional, compuesta por personeros de la derecha discrepantes del gobierno en algunos aspectos, hasta la Izquierda Cristiana. Incluía en estas conversaciones a la Alianza Democrática y al Partido Nacional, recientemente restaurado y compuesto también por personalidades de la derecha democrática. Estas conversaciones dieron su fruto el 25 de agosto de 1985 cuando se firmó un documento titulado "Acuerdo Nacional para la transición a la plena democracia".

Los autores están de acuerdo en señalar que este acuerdo fue el primer paso para sacar del estancamiento las acciones tendentes a obtener la evolución hacia la democracia y permitió dar la preferencia a los métodos pacíficos sobre los confrontacionales. Se trataba, pues, de un documento firmado por partidarios y opositores al régimen, pero sin intervención ninguna del gobierno, motivo por el cual la UDI estuvo excluida de su firma.

Pero este acuerdo tampoco obtuvo los fines buscados que eran obtener que el gobierno se aviniera a conversar y a modificar los plazos, métodos y demás circunstancias relativas al cambio de gobierno. Algunos estiman que se trató de un intento prematuro; otros atribuyeron a ciertos personeros del gobierno la habilidad de enredar a los firmantes en discusiones y explicaciones sobre el significado de algunas de sus cláusulas. El hecho es que durante 1985 no se iniciaron las conversaciones con el gobierno y al llegar 1986, apodado "año decisivo" por la oposición, ésta hubo de buscar otra estrategia.

Y ella consistió en la constitución de lo que entonces se llamó Asamblea de la Civilidad ya mencionada. A fines de marzo de 1986, el Consejo Metropolitano de Colegios Profesionales convocó a una Asamblea

Nacional de la Civilidad, que era una entidad multigremial, pues se pensó que podía ser capaz de llevar adelante un diálogo con el gobierno sobre la base de las aspiraciones que todas estas instituciones tenían.

De allí salió la "Demanda de Chile", documento que fue entregado para su publicación en mayo de aquel año y que, según Boeninger, fue "el momento populista de la oposición", el que tenía por objeto "sacar a la totalidad del pueblo a la calle, cada sector motivado por sus propias reivindicaciones". Al no obtenerse ninguna respuesta, la Asamblea citó a un paro para el 2 y el 3 de julio.

Este paro recibió una respuesta muy dura del gobierno. Durante su curso se produjeron actos tan horribles como el de quemar a dos jóvenes, según fue relatado poco antes, víctimas que deben sumarse durante ese día a otros seis muertos, cincuenta heridos y más de seiscientos detenidos. Sin embargo, se consiguió paralizar al menos la ciudad de Santiago aunque, como lo recuerda Patricio Aylwin, "el costo en vidas y en sufrimiento de gente humilde e inocente había sido muy alto y el régimen se afirmó brutalmente en su fuerza, sin dar el menor signo de comprensión ni de apertura".

Por lo tanto, la violencia no se detuvo allí. El 7 de septiembre de 1986 se cometió un grave atentado contra el general Pinochet cuando éste volvía de su casa de descanso situada en el Cajón del Maipo, sector cordillerano próximo a Santiago. Cinco guardaespaldas del dictador fueron asesinados en este acto y otros siete quedaron heridos. El general Pinochet, en cambio, resultó ileso gracias a la protección, según dijo él, de la Virgen del Carmen cuyo retrato (profusamente reproducido por la prensa) creía ver en un vidrio astillado de la ventana de su automóvil.

Las autoridades decretaron el estado de sitio. Por su parte, miembros de grupos paramilitares de derecha se atuvieron a la "ley del talión" y asesinaron a cuatro personas, entre ellas al distinguido periodista José Humberto Carrasco, todas pertenecientes a la izquierda, que fueron sacadas de sus casas aprovechando la complicidad del toque de queda.

Si recapitulamos los hechos expuestos, podremos ver que la oposición entre 1983 y 1986 demostró un protagonismo notable. A las protestas siguieron, por una parte, los intentos organizativos de un sector de la oposición que se manifestó en la Alianza Democrática, el Acuerdo Nacional y la Asamblea de la Civilidad, a los cuales nos hemos referido. Pero también siguieron, por otra parte, y reflejando la estrategia del Partido Comunista, la formación de grupos como el Frente Patriótico Manuel Rodríguez (FPMR) y la comisión de atentados terroristas, crímenes, cortes de luz y otros hechos que producían reacciones irracionales por parte de la autoridad y sus partidarios.

Sin embargo, y siguiendo a Genaro Arriagada, gracias a las protestas, "la oposición chilena ganó enormes espacios de libertad y, en ese sentido, el movimiento tuvo no poco éxito".

En primer lugar, la libertad de expresión ganó grandes espacios al ponerse fin a la censura de libros, "una de las medidas más aberrantes adoptadas por los militares en contra de la cultura". Al mismo tiempo y gracias a esta presión, el gobierno aceptó en noviembre de 1983 la aparición de la revista *Cauce*, órgano del pensamiento socialdemócrata. A principios de 1984, el ex senador Jorge Lavanderos adquirió el dominio de una revista llamada *Fortín Mapocho* que circulaba desde hacía muchos años entre los comerciantes del Mercado Municipal de Santiago. El nuevo dueño la transformó en un semanario moderno y, más tarde, en un diario. Simultáneamente aparecieron otras dos revistas, *Apsi* y *Análisis*, ambas de izquierda.

En segundo lugar, tanto las organizaciones estudiantiles como las de profesionales, donde el gobierno designaba a sus directivos, lograron, cuando se produjeron las protestas, que se les reconociera el derecho a elegir sus propias direcciones y fue así como los colegios profesionales y las organizaciones universitarias fueron rápidamente controlados por la oposición que ganó los cargos luego de sendas elecciones. Lo mismo pasó con los partidos políticos que, aunque no fueron reconocidos por el gobierno, se legitimaron de facto, comenzaron a elegir a sus directivos, a realizar asambleas públicas, dar conferencias de prensa y realizar todos los actos que normalmente hacen los partidos. Como dice Arriagada, fueron tan notables todos estos cambios, conseguidos con la sangre de tantos muertos y heridos, con el dolor de tantos detenidos, que hicieron de Chile "una sociedad políticamente abierta, cualesquiera fueran los propósitos del gobierno y cualquiera el texto de su Constitución y sus leyes".

El atentado contra Pinochet había evidenciado a la opinión pública la existencia de una doble estrategia entre los partidos opositores. Por una parte, el Partido Comunista y su brazo armado el Frente Patriótico Manuel Rodríguez propiciaban el enfrentamiento armado contra el gobierno de Chile. Por la otra, los partidos que más tarde formarían la Concertación de Partidos por la Democracia, a los cuales se incorporó la izquierda "renovada", según hemos expresado, optaron por la vía electoral, moviéndose dentro de los estrechos márgenes que había permitido el gobierno.

Conformarse con la vía electoral significaba que había que aceptar la metodología planteada por el gobierno en las disposiciones transitorias de la Constitución de 1980 que dejamos señaladas antes. Según eso, la lucha electoral debería ceñirse a un plebiscito donde los electores sólo tenían dos opciones, "sí" o "no", respecto de la ratificación de Pinochet por otro período más. En caso de triunfar el "sí", continuaría el gobierno hasta 1997. En caso de triunfar el "no", el gobierno alargaría su periodo por otro año y a fines de 1989 habría elecciones generales para presidente de la república y el Congreso Nacional.

Tal fue el dilema que aceptaron los partidos de la Concertación y para ello se prepararon con la esperanza de que triunfara el no.

Con todo, había una condición importante que debía ser alcanzada y conseguida para cambiar el "clima político" desarrollado en los últimos meses y que no era en absoluto propicio para realizar estas justas electorales. En primer lugar, estaba este exigente y rígido programa que para muchos era una trampa más de la dictadura, por lo que no producía ninguna esperanza de alcanzar un resultado electoral justo y "verdadero". Se había hecho lo imposible por cambiar esta situación y devolver así la confianza a las partes contendientes, especialmente a la oposición, pero no se estaba de regreso a los cauces normales dentro de los que se habían desarrollado tradicionalmente las elecciones en el país. En segundo lugar, debía modificarse la sensación de pesimismo que cundía en la población a causa de tanto sacrificio que parecía inútil o poco eficiente, y de la sensación de impotencia e inutilidad que "se extendía desde las directivas nacionales de los partidos hasta los militantes de base".

Pero había otras percepciones muy funestas que agobiaban al pueblo chileno. Una era el miedo generalizado en todas las capas sociales que, como dice Genaro Arriagada, para la izquierda, "estaba asociado a los atropellos habidos después del golpe militar: en el caso de la oposición en su conjunto estaba ligado a toda la historia del régimen, pero en especial al recuerdo todavía vivo de la represión policial con que se aplastó las protestas y se allanaron las poblaciones. Para vastos sectores de grupos medios y, desde luego para la clase alta, la violencia era una amenaza que provendría de la rebelión de los marginales".

Otra sensación que agobiaba al país era la de la humillación. Especialmente en los sectores populares, cuyos miembros habían visto sufrir o experimentado ellos mismos el sufrimiento de la cesantía prolongada, del allanamiento periódico de las poblaciones en altas horas de la madrugada, el abuso de la policía y "la prepotencia patronal amparada por la derogación o la pérdida de vigencia de las leyes laborales, la destrucción y el desmantelamiento de los sindicatos, la experiencia de los programas para aminorar el desempleo donde la mezquindad del subsidio recibido no hacía sino aumentar la sensación de miseria y falta de sentido del propio trabajo". El mismo autor, citando un informe del CED, ILET, SUR de 1987, destaca cómo la humillación destruye la autoestima y rebaja su capacidad para actuar mientras "los hombres adultos sienten la humillación de haber sido desplazados de sus roles tradicionales por las mujeres y los jóvenes, en quienes hoy recae la defensa y expresión públicas de la dignidad familiar".

Para modificar el pesimismo y devolver la confianza era preciso romper el inmovilismo, dejar de lado el pesimismo en que se había caído y abrir un nuevo espacio de esperanza en la posibilidad de un cambio político. Para ello se recurrió a la misma autoridad universal que había conseguido alejar y hacer desaparecer el peligro de una guerra entre los pueblos hermanos de Argentina y Chile. De allí que la noticia de la visita del Papa, precisamente a Chile y Argentina, llenara de entusiasmo a la mayoría de la población del país e hiciera variar el mencionado "clima". En su momento, muy pocas personas entrevieron las implicaciones que traería consigo este viaje. De los contemporáneos que relatan sus impresiones, sólo el ex presidente Aylwin hace una mención a este tema diciendo que "la presencia y el testimonio del Papa causó honda impresión en la sociedad chilena y creo que tuvo silenciosa pero importante influencia en el devenir de los acontecimientos nacionales". En cambio, las autoridades de gobierno, al parecer, no apreciaron la importancia de la visita y se limitaron a designar como coordinador al obispo castrense, Joaquín Matte, sobre lo cual Ascanio Cavallo expresa que "a decir verdad hubo en ello cierta displicencia. Matte no asistió nunca a ninguna reunión ni ejerció coordinación alguna".

En cambio la Iglesia chilena, desde el 1 de abril de 1986, se sumergió en una actividad constante y minuciosa para preparar el viaje del Papa. La Asamblea Plenaria Extraordinaria que se convocó para esa fecha terminó organizando la gira y fijando las ciudades que recorrería. Como primer paso se seleccionaron las arquidiócesis, que eran cinco: Antofagasta, La Serena, Santiago, Concepción y Puerto Montt, todas las cuales serían visitadas por el Papa. Valparaíso fue incluida pese a ser sólo obispado, ya que siempre había estado a cargo de un arzobispo. A éstas se agregaron Temuco para el encuentro con el pueblo mapuche y Punta Arenas en atención a que el Papa había resuelto el problema del canal Beagle y los islotes. Junto a este acuerdo se nombró una comisión nacional para organizar y coordinar la visita. Un aspecto importante fue el financiamiento de los gastos, para lo cual se encargó de la recolección de fondos al empresario Eleodoro Matte, quien logró reunir los cuatrocientos millones de pesos que se estimaba costarían los actos que tendrían lugar con ocasión de este viaje.

En octubre de ese año viajó a Chile un delegado del Vaticano para estudiar los programas y actividades. Recién entonces el gobierno nombró una comisión conformada por cuatro subsecretarios que se encargaría de esta materia, los cuales trabajaron con la comisión nacional y el delegado del Vaticano. Las reuniones continuaron después de que el delegado partió de regreso, y aunque muchas veces éstas fueron ásperas por las exigencias del gobierno los problemas terminaron por allanarse.

El 1 de abril de 1987 llegó el Papa al aeropuerto de Santiago de Chile donde se realizó la ceremonia de recepción en forma normal. Desde allí se dirigió en el "papamóvil" hasta la Catedral de Santiago –pasando por la calle San Pablo en su recorrido por la ciudad–, donde fue recibido por el deán de la Catedral, por el vicario de la Solidaridad y por más de trescientos eclesiásticos que lo aguardaban desde muy temprano.

Las ceremonias siguieron ese mismo día y los siguientes dentro de un vértigo agotador. De todas ellas, hay que recordar especialmente la reunión con los jóvenes en el Estadio Nacional, "lugar de competiciones, pero también de dolor y sufrimiento en épocas pasadas", como recordó en su mensaje. Igualmente la ceremonia en el Parque O'Higgins, ex Cousiño, donde fue beatificada sor Teresa de Los Andes y donde se produjeron incidentes violentos que debieron ser reprimidos por la policía. También hubo incidentes en la cercanía de la tumba del padre Alberto Hurtado, más tarde beatificado por este mismo Papa, y en la visita que hizo al parque La Bandera. Hay bastantes explicaciones y se han adjudicado culpas a muchos, pero qué duda cabe –en una dictadura tan feroz como la chilena del general Pinochet, que ejercía una fuerte represión sobre los sectores populares– de que estos excesos se debían a la misma represión sufrida durante tantos años. El mismo ex presidente Aylwin comenta estas situaciones diciendo: "Frente a ese síntoma brutal de los tiempos que vivíamos –enfrentamiento casi permanente entre la violencia subversiva y la violencia represiva–, Juan Pablo II nos dejó su mensaje de paz, «el amor es más fuerte»".

De mucho interés también fue la visita que el Papa hizo en La Moneda al general Pinochet. Luego de las formas protocolares y de una bendición desde un balcón que daba a la plaza, el Papa ingresó con el general al Salón de las Audiencias donde ambos se encerraron a solas. La duración de la audiencia estaba prevista en veinte minutos, pero se extendió durante 44 y de ella no se sabe casi nada. Como dice Ascanio Cavallo, "sus dos protagonistas han guardado el secreto como la más hermética confidencia de años. Esa noche, cenando en la Nunciatura, Juan Pablo II confió parte de la conversación" a cuatro prelados pero bajo secreto. Sólo se sabe que el Papa dio al general algunos consejos y recomendaciones. En 1988 le enviaría un recado con un alto dignatario de la Iglesia: "Dígale al general que no se olvide de lo que le dije".

El Papa partió desde Chile el 6 de abril, no sin antes decir en Antofagasta una homilía que se constituyó en un fuerte respaldo para los obispos de Chile.

A nuestro juicio, el viaje del Santo Padre a Chile tuvo un fuerte contenido "político" antes que pastoral y estuvo determinado por una voluntad consciente. Antes de su llegada se estableció que éste era "el mensajero de la paz", y que traía un mensaje de vida. Su asistencia a las poblaciones pobres de Santiago, donde escuchó a los pobladores relatar sus pesares y penurias, sus contactos con las organizaciones culturales, sociales, económicas y políticas, donde escuchó a sus representantes, su visita a determinados lugares como asilos, cárceles y otros donde actúa el dolor, funcionó como una verdadera "catarsis" o "purificación". Durante seis días el país estuvo paralizado en función de la visita del Papa. La televisión transmitía y mostraba a cada hora todos los pasos que éste iba dando y repetía los aspectos que estimaba "claves" en la visita. Por ejemplo su encuentro con Carmen Gloria Quintana, la joven quemada viva por una patrulla militar en julio de 1986, o con los funcionarios de la Vicaría de la Solidaridad en los patios de la Catedral; su oído atento al discurso de una valiente pobladora en la población La Bandera, y la reacción afectuosa frente a sus palabras; finalmente sus expresiones a los jóvenes en el Estadio Nacional recordándoles que este mundo que parece sucumbir por el odio, la violencia y la injusticia, "este mundo que es el vuestro no está muerto sino adormecido", para lo cual repitió las palabras de Jesús a la hija de Jairo dormida: "Contigo hablo, levántate".

Fue una visita que realmente despertó al país; realizó, como hemos dicho, una verdadera catarsis purificadora y liberadora, devolvió la confianza a las gentes y rompió esa especie de "impasse" en que se encontraba el mundo político. Estimo que desde entonces el desarrollo de los sucesos hasta llegar al día del plebiscito, el 5 de octubre de 1988, encontró un cauce seguro y sereno a través del cual transitó confiado.

El plebiscito

Otra condición que debía ser considerada por el gobierno era la situación económica a partir de 1985 cuando los efectos de la recesión quedaron atrás.

Habiendo nombrado el gobierno a Hernán Büchi como ministro de Hacienda, éste se abocó a la necesidad de restaurar el crecimiento sostenido que la economía había tenido en la década de 1970, el cual generaba empleo y no sólo producía mayor bienestar sino que daba posibilidades al gobierno de un eventual triunfo en el plebiscito.

Según Boeninger, el programa del nuevo ministro proponía un tipo de cambio sobrevaluado para estimular las exportaciones; el cumplimiento de los pagos de la deuda externa a fin de restablecer vínculos con el Banco Mundial y el Fondo Monetario Internacional; privatización a bajo precio de las empresas públicas a fin de dar nuevas oportunidades a las empresas privadas; ajuste fiscal muy estricto como eje de la política antiinflacionaria, acompañado de una fuerte reducción de los salarios reales; normas de regulación bancaria a fin de impedir la aparición de unos pocos grupos económicos, y una política de reducción de aranceles más gradual, usando bandas de precios y otros mecanismos de fomento a la producción.

Las medidas decretadas lograron una recuperación de la economía y mejoraron significativamente las cuentas externas. El déficit fiscal se redujo y se llegó a un equilibrio en 1989. Las exportaciones no tradicionales fueron promovidas y éstas dieron una respuesta dinámica. Aumentaron las exportaciones permitiendo un crecimiento de las importaciones. Junto a ello hay que destacar que la compatibilidad entre ajuste y crecimiento se consiguió mediante la reducción del gasto público y por consiguiente la reducción de los programas sociales, mientras que el desempleo, importante meta para el plebiscito, bajó muy lentamente. Desde un 30,4 por ciento en 1983 hasta un 9 por ciento en 1988. Boeninger dice que, pese al éxito de la política económica en cuanto a poner término a la crisis, no se logró "cambiar la percepción pública negativa respecto del neoliberalismo, de modo que lo que la oposición bautizó como «deuda social», reflejada en las cifras anteriores, así como en la reducción del gasto público en educación y salud, pesó negativamente para el régimen en las jornadas electorales de 1988 y 1989".

No obstante, a medida que se acercaban las fechas impuestas en los artículos transitorios de la Constitución, se hacía más evidente que éste era el escenario en donde habría de jugarse el resultado político futuro de Chile. Así lo expresaban los sectores políticos de derecha, pese a disidencia de algunos líderes en el nuevo partido Renovación Nacional. También había oposición en ciertos partidos de izquierda, por ejemplo en el sector socialista de Clodomiro Almeyda; pero la fuerza de las circunstancias y el término de los plazos hacían cada vez más evidente la realización del plebiscito como lo único posible.

Esto significaba para el gobierno del general Pinochet la aceptación de sus objetivos en todos los sectores de derecha. Y, por supuesto, la imposición de su nombre para esa justa electoral, ya que algunos de sus partidarios exhibían veleidades y estimaban que el candidato debía ser un civil.

Según se recordará, sería la Junta de gobierno la que nombraría al candidato que se propondría al país. Pero uno de sus miembros, el almirante José Toribio Merino, expresó que en el seno de ésta se estaban discutiendo los nombres de dos o tres civiles que podrían continuar la política del actual régimen y que él pensaba que el futuro presidente habría de tener una edad de cincuenta y dos o cincuenta y tres años. Poco más tarde el general Matthei que, como recordaremos, había reemplazado en la Junta al general Leigh, también opinó en el mismo sentido y finalmente el nuevo representante de Carabineros, general Stange, se unió a estas opiniones.

Pinochet reaccionó moviendo a sus fuerzas más leales, los militares, quienes en sendos actos conmemorativos de aniversario de sus instituciones o regimientos se lanzaron a proclamar la candidatura del dictador. Lo mismo hicieron públicamente en la prensa diversos funcionarios y ministros. A continuación, el 6 de julio de 1987 Pinochet cambió al ministro del Interior y nombró a uno de sus leales, Sergio Fernández, quien declaró que no era tiempo de hablar de candidaturas y que debía tenerse presente que se cumpliría lo dispuesto por la Constitución respecto del plebiscito.

El 1 de octubre de 1986 se había dictado la nueva ley sobre inscripciones electorales que habría de regir desde el 25 de febrero del año siguiente. Con el dictado y la puesta en marcha de esta ley, los diversos partidos comenzaron a tomar posiciones.

Sin embargo, la decisión final estaba condicionada por el número de chilenos que finalmente se inscribiría en los registros electorales. Al parecer, en el gobierno se pensaba que con un número total de inscriptos de cuatro millones el plebiscito era perfectamente manejable, pues creían tener dos millones incondicionales por el sí. A su vez, la oposición pensaba que con seis millones de inscriptos se ganaba el plebiscito; al menos así lo creía el ex senador Patricio Aylwin, futuro presidente de Chile, quien da esa cifra en su obra *El reencuentro de los demócratas* y a quien terminó dando la razón el resultado del plebiscito.

La ley sobre Tribunal Calificador de Elecciones dictada el 16 de junio de 1985 estableció que este tribunal funcionaría desde el plebiscito en adelante, y dispuso un nuevo marco para cambiar la estrategia de los partidos de oposición, los cuales deberían llamar a sus partidarios a inscribirse. Lo mismo ocurrió con la ley de votaciones y escrutinios de enero de 1988.

Pese a la reticencia de partidos como el Comunista, la avalancha de inscripciones no pudo pararse. La ex diputada María Maluenda, madre del asesinado José Manuel Parada, se inscribió a fines de junio de 1987, lo que motivó su expulsión del Partido Comunista. Por esa misma época se conoció un llamado de la viuda del ex presidente Allende, Hortensia Bussi, quien desde el exilio llamaba a los chilenos a inscribirse. En julio del mismo año se encontraba también en funcionamiento un comité para estos fines encabezado por Sergio Molina e integrado por representantes de los ocho partidos que conformaban la Alianza Democrática. Había otro comité de izquierda dirigido por Ricardo Lagos, futuro presidente de Chile, que también trabajaba por movilizar a los chilenos para inscribirse. Y un tercero, esta vez de mujeres, que tenía la misma misión.

Finalmente el 30 de agosto de 1988 se cumplió la etapa de nombramiento de candidato único de gobierno, que fue, como todos lo sabían, el mismo general Augusto Pinochet. En esos mismos momentos partió la carrera del plebiscito cuando ya se habían inscripto 7.435.913, cifra que comprendía a más del 90 por ciento de los chilenos mayores de 18 años.

Desde febrero de 1988 estaba constituida la Concertación de Partidos por el No, integrada por la democracia cristiana, el Partido Socialista de Chile (fracción Almeyda y fracción Núñez), MAPU, MAPU Obrero Campesino, Radical (de Silva Cimma), Radical (fracción de Fernando L. Luengo), Izquierda Cristiana, Social Democrático, Democrático Nacional, Humanista, USOPO, y Unión Liberal Republicana. Más tarde se unieron a este grupo otras fracciones de partidos políticos. Todos suscribieron un documento que expresaba la convicción de los firmantes de que sólo las elecciones libres conducirían hacia la democracia, pero ante la negativa del gobierno se llamaba a los chilenos a votar "no" en el plebiscito y así derrotar a Pinochet y a su régimen.

La campaña por el "no" se hizo entre marzo y octubre de 1988 y fue dirigida con entusiasmo y eficiencia. Especialmente notable fue la participación de la Concertación en la franja electoral que permitía la ley en la Televisión Nacional. La campaña por el "no" fue cerrada con un acto de masas en el parque O'Higgins con asistencia calculada de un millón de personas.

Por último, el 5 de octubre de 1988 los resultados fueron claros y nítidos. Por el "no" votaron 3.967.579 personas, es decir el 54,7 por ciento, y por el "sí" 3.119.110, con el 43,01 por ciento. Parecía que en estas circunstancias y con tales resultados la profecía de Allende comenzaba a realizarse y que habían comenzado a abrirse las "anchas alamedas" que pronosticara en su último discurso.

La gente que no se conocía pero que se abrazaba en las calles, las casas embanderadas; los buses, automóviles y camiones que hacían sonar sus bocinas por las calles; la felicidad reinante en esos días de victoria y el aire de la primavera del hemisferio austral, todo hacía ver que la liberación había comenzado y parecía prometer que un nuevo Chile estaba naciendo de las ruinas del antiguo que fuera muerto en 1973.

El general Pinochet deja el mando. Congreso Nacional, 11 de marzo de 1990.
(Archivo Fotográfico del Museo Histórico Nacional, Chile)

EPÍLOGO.
LA CONCERTACIÓN DE PARTIDOS POR LA DEMOCRACIA (1990-2000)

Dada la magnitud de los sucesos ocurridos, la historia de Chile durante los diez últimos años del siglo xx no podía presentar su antiguo rostro sino que debía lucir características singulares que, tal como venía sucediendo desde 1970, habrían de producir un cambio y un reajuste completo de lo que hasta entonces había sido la historia chilena.

Como ha ocurrido en otras partes de esta *Historia*, en este epílogo no podemos abarcar todos los aspectos que ella comprende. Por la misma brevedad de nuestro trabajo y por nuestro propósito de destacar lo que probablemente se recordará más en el futuro, nos detendremos en algunos de aquellos sucesos que parecen ser claves y sobre los cuales hay mayor número de trabajos escritos.

Desde luego no todo ha sido cambio; hay un aspecto que nos hizo recordar el Chile viejo. Nos referimos al impecable desenvolvimiento del régimen institucional democrático durante ese periodo. La ordenada sucesión presidencial, el funcionamiento de los partidos políticos, la constitución de las cámaras legislativas, las campañas electorales limpias y ordenadas, el honrado reconocimiento de la victoria del rival en una contienda y otros hechos nos traían el recuerdo del pasado, como si nunca se hubiera interrumpido la vida honorable de Chile. Sin embargo, estos actos, regidos por una Constitución considerada por muchos como espuria, nos llevaban a la paradójica situación que significaba que una Carta, discutida y discutible, enfrentada a la costumbre ancestral, hacía resurgir los viejos usos constitucionales, las virtudes y los vicios que existían desde principios del siglo xix, todos negándose a desaparecer luego de casi doscientos años de funcionamiento.

Todo lo demás era nuevo y sorprendente.

Por ejemplo, la torpe y discutible actitud del Ejército en todo lo que fuera relativo al pasado, en especial a los crímenes cometidos por el gobierno militar desde 1973. Así como no quisieron reconocer las acusaciones de las Naciones Unidas y otros organismos internacionales, tampoco facilitaron ni permitieron datos a ninguna autoridad para el esclarecimiento de tantos casos sobre los cuales lo único que pedían los parientes era el conocimiento de la verdad. Como se sabe, el primer gobierno de la Concertación tuvo serias dificultades con el Ejército al hacer funcionar a la Comisión Verdad y Reconciliación, pese a que la integró con representantes de todas las tendencias políticas importantes de ese momento.

También se opusieron a todo lo que, a su juicio, pudiere causar algún menoscabo en sus funciones o intereses, incluso si éstos eran particulares.

Pueden citarse sobre el particular dos demostraciones hechas por el Ejército con el objeto de detener ciertas investigaciones sobre actividades del general Pinochet o de su familia, operaciones que se conocen con el nombre de Ejercicio de Enlace, la primera, y el Boinazo, la segunda. No llegó a haber peligro de golpe de Estado ya que no participaron las demás ramas de las Fuerzas Armadas ni tampoco se trató de una actividad que comprometiera a la oposición política, puesto que no intervinieron en ella los dos principales partidos de derecha.

El llamado Ejercicio de Enlace se llevó a cabo el 19 de diciembre de 1990 y consistió en un acuartelamiento, negado por el propio Ejército, que prefirió calificarlo como "ejercicio de alistamiento y enlace", situación que, pese a su rareza, según sus autores se trataba de algo rutinario y propio de las actividades castrenses.

La verdad estaba en otro lado, y no tenía nada de rutinario.

Como cuenta Edgardo Boeninger, a fines de septiembre de 1990 el Ejército se encontraba a la defensiva debido a dos hechos emanados de sus altos jefes. El primero fue el desacato causado por el general Parera al no pedir la autorización al jefe del Estado, Patricio Aylwin, para iniciar la parada militar de ese año. Mayor bochorno, si cabe, fue el segundo que consistió en un ataque hecho por el general Pinochet en una comida celebrada por sus partidarios en el Club de la Unión donde insultó al ejército alemán en términos tan descomedidos que provocó un incidente internacional muy enojoso para el gobierno de Chile.

Pero había otras circunstancias que tocaban la sensibilidad de Pinochet. Esto consistió en algo que el autor citado, con mucha diplomacia, llama "un problema conexo imprevisto" y se refiere a los negocios de la familia Pinochet. Había unos cheques emitidos por el Ejército a nombre de Augusto Pinochet Hiriart, hijo mayor del ex dictador, originados en la compra de una empresa dedicada a la fabricación de partes y piezas del armamento del Ejército, por una suma cercana al millón de dólares. También apareció otra operación esta vez en favor de Lucía Pinochet Hiriart, también hija del ex dictador quien, junto con su esposo, estaba cobrando la suma de veinticinco millones de pesos por comisiones pagadas por el Instituto de Seguros del Estado. Finalmente un tercer

Epílogo. La Concertación de Partidos por la Democracia

negocio, esta vez de Julio Ponce Lerou, yerno del comandante en jefe, a quien se adjudicaron 93 mil hectáreas de yacimientos salitreros a un precio muy bajo cuando se privatizó la empresa Sociedad Minera de Chile (Soquimich), que había sido propiedad del Estado. Sobre esto hubo una intervención de la Cámara de Diputados y del Consejo de Defensa del Estado que fue considerada por el Ejército como una maniobra de acoso político contra Pinochet.

Esta situación era completamente insólita en la historia de Chile y pone de manifiesto la profundidad a la que había caído la moral pública durante la dictadura. Pero el gobierno democrático, que iniciaba su marcha política en este ambiente enrarecido legado por su antecesor, debía usar la máxima prudencia y así lo hizo en este caso salvando, como dice el autor citado, "formalmente la legalidad de lo acontecido". No obstante, el gobierno entendió claramente que tal ejercicio era claramente una amenaza para el caso de que se quisiera continuar hurgando en los negocios privados de la familia.

El llamado "Boinazo" se produjo mucho tiempo más tarde, el 28 de mayo de 1993. Se trató de un vistoso operativo donde un grupo de paracaidistas llamados "boinas negras" rodearon el edificio de las Fuerzas Armadas donde había una reunión del cuerpo de generales que presidía Pinochet. Todos los generales se encontraban también, inusualmente, en ropa de combate incluido el capellán castrense Joaquín Matte, vestido con tal atuendo, dejando constancia de lo absurdo de su anacrónica misión. Se dijo que este boinazo no pasó más allá de esta reunión y que había sido citado por el propio Pinochet, indignado por un artículo del diario *La Nación* que daba cuenta de la reapertura del caso de los cheques del hijo del general, bautizados ahora por el público como "pinocheques".

El vicepresidente de la república, Enrique Krauss, en ausencia de Aylwin quien se encontraba de gira en Europa, se reunió con Pinochet y éste le entregó un extenso petitorio tratando de obtener un acta de acuerdo que Krauss se negó a firmar. La admirable tenacidad y consecuencia de los ministros permitió despejar el camino y moderar las peticiones de los militares.

Sobre este particular conviene destacar que, pese a que Pinochet se avino a entregar el mando al presidente Aylwin el 11 de marzo de 1990, mantuvo con respecto al nuevo gobierno una actitud terca que en los primeros tiempos de la transición no ayudaba nada a la quietud de los ánimos. Sus discursos en el Club de la Unión con ocasión de los homenajes que partidarios del régimen militar hacían todos los años en septiembre, constituyeron un manjar delicioso para los periodistas, pero dejaban todo tipo de secuelas de protestas por las barbaridades que allí se decían. Por ejemplo, en el discurso de 1990, el general Pinochet se refirió al ejército alemán diciendo que era un conjunto de homosexuales, drogadictos y melenudos. Estas lindezas no podían dejar de causar fuertes protestas de parte de los afectados. Al mismo tiempo, en los primeros años Pinochet no quería reconocer la autoridad del ministro de Defensa, cosa que trascendió, aunque los demás comandantes en jefe no tuvieron mayores problemas en reconocer esta vía legal para relacionarse con el presidente de la república. Hay que reconocer un enorme mérito a Patricio Aylwin por haber soportado con entereza y firmeza esta situación tan anómala y haber logrado, hasta finalizar su mandato, guiar la labor del Ejecutivo hacia la consecución de las metas fijadas. Pero se trataba, indudablemente, de algo nuevo y sorprendente en la historia política del país, nunca antes sometido a presiones de este tipo.

También ha sido un fenómeno nuevo en Chile la creación, existencia y mantenimiento en el poder de una combinación política tan exitosa como la Concertación, raro ejemplo político chileno en doscientos años.

Esta coalición política nació oficialmente el 2 de febrero de 1988 luego de un largo proceso donde los partidos de izquierda fueron acercando sus políticas hasta concluir en la necesidad de constituir un solo comando unido que fuera capaz de organizar una campaña que consiguiera derrotar a Pinochet y su régimen. En diciembre de 1987 el dictador había manifestado su rechazo a reformar la Constitución. Este reto fue recogido por los partidos opositores, que expresaron entonces su disposición a actuar dentro del marco del plebiscito. El 4 de enero de 1988 el consejo nacional de la democracia cristiana acordó llamar al electorado a votar por el "no" a Pinochet o a quien lo representare. El 5 de enero el Comité de Izquierda por las elecciones libres dio el mismo paso. El 25 de enero la sección del Partido Socialista que dirigía Clodomiro Almeyda llamó a "aunar a toda la oposición en la decisión clara y tajante de levantar un gigantesco y combativo «no» a Pinochet y a su régimen". A esto se unieron todos los partidos de izquierda a excepción del Comunista y el Movimiento de Izquierda Revolucionaria (MIR). Más tarde, en junio, el Partido Comunista terminó por unirse a la campaña del "no".

En el acto constitutivo de la Concertación de Partidos por el "no", realizado en la fecha indicada en el Hotel Tupahue, se reafirmó la convicción de que sólo las elecciones libres conducirían al restablecimiento de la democracia, por lo cual, frente a la negativa del gobierno, no quedaba otro remedio que movilizar a la ciudadanía en torno al voto por el "no", voto negativo como dice Aylwin pero que sin embargo era positivo por lo que significaba.

En junio la Concertación se dio una estructura cuyos órganos decisivos fueron el Comité Directivo, su vocero, y la Secretaría Ejecutiva. El Comité quedó compuesto por Enrique Silva Cimma, Ricardo Lagos, Andrés Zaldívar, Luis Maira y José Tomás Sáez (sustituido más tarde por Tomás Hirsh). Vocero fue Patricio Aylwin y secretario ejecutivo Genaro Arriagada. A esto se fueron agregando otros equipos técnicos y creativos. Tal fue el grupo humano al que le correspondió la inmensa tarea de organizar y

Epílogo. La Concertación de Partidos por la Democracia

poner en marcha los trabajos en todo el país y en el plano funcional y logró superar los obstáculos de todo tipo que se iban presentando, entre los cuales no fue el menor la escasez de recursos materiales.

Por parte del gobierno los trabajos se lanzaron con una anticipación aun mayor que la de la oposición, ya que la reunión de alcaldes realizada en Viña del Mar en agosto de 1987 sirvió para ello. Así, tanto los alcaldes como los funcionarios pasaron a ser generalísimos a nivel comunal de esta campaña. Las giras a las regiones y provincias planeadas para el general Pinochet eran verdaderas proclamaciones, para lo cual se usaban las inauguraciones de viviendas o de obras públicas. En estos actos se declaraba a este singular candidato como "Hijo Ilustre" de tal o cual ciudad o pueblo. Detrás de todo esto, el ministro del Interior, Sergio Fernández, constituido en virtual generalísimo del "sí", movía los hilos desde La Moneda, mientras todos los funcionarios, incluidos los militares, trabajaban activamente por el general; todo ello, por supuesto, bajo la monserga de que votar por el "no" era volver al caos de la Unidad Popular. Los denuestos contra "los politicastros que hoy marchan unidos tras el «no»" menudeaban y estaban envueltos en un lenguaje dirigido a desorientar a la opinión pública, opinión que además se encontraba atemorizada por el enorme poder del Estado y convencida de que habría fraude como en las oportunidades anteriores. Por ello la principal tarea de propaganda consistía en mantener despierto el optimismo a través de respuestas racionales a las dudas que iban surgiendo entre los electores.

A estas alturas y cuando a fines de agosto la Junta de gobierno, conforme a lo esperado, proclamó como candidato al general Pinochet, la Concertación le encargó a su vocero, Patricio Aylwin, que se refiriera a este hecho. En aquella ocasión y en discurso radiofónico, éste expresó: "La nominación de Pinochet es un desafío a la conciencia moral de los chilenos. Pinochet representa la negación de los valores que se identifican con el alma de Chile: su vocación libertaria y de rechazo a toda forma de opresión, la primacía del derecho como instrumento de justicia y de rechazo a toda forma de anarquía y de arbitrariedad; la tolerancia de opiniones divergentes y el rechazo a toda clase de fanatismo y sectarismo; el respeto a la verdad; el sentido de solidaridad y la tendencia a no extremar los conflictos sino procurar resolverlos por la conciliación, valores todos que en último término se traducen en algo esencial: el respeto a la dignidad de las personas".

En esos momentos la campaña electoral atraía a todos y era el principal objeto de conversaciones y discusiones. Probablemente ello derivaba de la intensa campaña, ahora televisiva a través de la Franja del "no" que, desde un principio, demostró su superioridad sobre la del "sí". Probablemente ello era resultado de una consulta que se hizo a tres institutos académicos que se vinculaban con círculos democráticos. Ellos eran el

Centro de Estudios del Desarrollo (CED), el Instituto Latinoamericano de Estudios Transnacionales (ILET) y el Centro de Estudios Sociales y Educación (SUR), todos los cuales estaban trabajando desde fines de 1987 en un Programa de Estudios de Opinión Pública y Análisis Político (CIS) que tenía por objeto saber lo que pensaban y querían los distintos grupos y sectores en el país. De estos análisis surgió la estrategia de los equipos político-técnicos de la Concertación y su Comité Creativo, que estuvo basada fundamentalmente en derrotar el miedo que aún subsistía en la población, generando confianza en su capacidad para recuperar su ciudadanía, reconstruir su convivencia democrática y gestar en conjunto una futura sociedad libre, próspera, justa y solidaria. Estos mismos equipos inventaron el eslogan "Chile, la alegría ya viene" y el arco iris como símbolo visual del "no", que expresaba la unión de una diversidad de partidos que componían la Concertación.

Junto con eso se logró constituir en la Región Metropolitana unos quinientos comités de base, mientras en otras regiones se llegaron a conformar 250 comités comunales. El objetivo era, en una primera etapa, movilizar a la población para que se inscribiera en los registros electorales procurando un compromiso con el voto por el "no". Luego había que buscar personas que quisieran participar como apoderados en las mesas el día del plebiscito, quienes debían capacitarse en jornadas que se realizaron al efecto. A continuación se seleccionaron grupos de personas a fin de participar en el seguimiento de posibles votantes usando el método "puerta a puerta", junto con lo cual se programaron concentraciones públicas en Santiago y otras regiones.

La culminación fue la Marcha de la Alegría, que partió simultáneamente desde Arica y desde Puerto Montt mediante diversas columnas que iban haciendo etapas renovando sus miembros participantes a la vez que realizaban diversos actos proselitistas. Esta marcha culminó en Santiago luego de cubrir un área de 3.600 kilómetros, haciendo escala en cincuenta y siete ciudades.

Finalmente, para el mismo día del plebiscito se prepararon diversos resguardos. En las mesas receptoras de sufragios se colocaron apoderados; luego se constituyeron equipos para realizar escrutinios paralelos a los oficiales consiguiendo una copia del acta firmada por el presidente de la respectiva mesa, y por último se obtuvo una presencia importante y representativa de observadores internacionales.

Ya hemos comentado los resultados del plebiscito, que fueron ampliamente favorables a la opción del "no". Este triunfo abrió las puertas para una restauración democrática que, de acuerdo con los artículos transitorios de la Constitución, debió esperar hasta diciembre de 1989 cuando se celebraron elecciones para presidente de la república y miembros del Congreso Nacional, y hasta el 11 de marzo de 1990 cuando se produjo la transmisión del mando de manos del general Pinochet al candidato triunfante Patricio Aylwin (Concertación I), quien se constituyó en el primer presidente de esta nueva etapa democrática.

Era también el primer presidente de la Concertación de Partidos por la Democracia y gobernó entre 1990 y 1994, los cuatro años que estipulaba la reforma constitucional. Fue sucedido por otro democratacristiano, Eduardo Frei Ruiz Tagle (Concertación II), hijo del presidente de su mismo nombre. Éste gobernó seis años en virtud de la nueva reforma constitucional y fue sucedido por Ricardo Lagos Escobar (Concertación III), socialista, con lo cual en 2000 se ha iniciado el tercer gobierno de la Concertación de Partidos por la Democracia, sucesora de la Concertación por el No y de tan brillantes resultados como aquélla.

El aspecto que más se ha destacado tanto dentro como fuera del país ha sido el enorme éxito que han tenido las políticas económicas desarrolladas y mantenidas desde 1990 por los gobiernos de la Concertación.

Se ha creído ver en las políticas económicas prudentes seguidas por estos gobiernos la clave del éxito de las medidas adoptadas. Como dice Kurt Weyland, los nuevos gobiernos democráticos en Chile deliberadamente evitaron el ciclo populista que había producido efectos devastadores durante el gobierno de la Unidad Popular o en el Perú de Alan García (1985-1990). Aunque el gobierno de Patricio Aylwin (Concertación I) reconoció la "deuda social" producida por el régimen militar y estaba dispuesto a modificar el modelo económico con el objeto de abordar temas de manifiesta gravedad como la estructura del sistema de salud pública y el sistema educacional, optó para ello por "un enfoque gradualista", expandiendo el gasto social de "un modo fiscalmente responsable" a fin de que no causara inflación.

El autor que citamos se pregunta por los factores que permitieron a los gobiernos democráticos sostener estas políticas cautas y prevenir y resistir las demandas de los diversos grupos sociales y organizaciones a las que el régimen militar les causó pérdidas considerables en su ingreso. Su respuesta se dirige a destacar la "fortaleza organizacional y la naturaleza abarcante" de los principales partidos políticos así como las condiciones políticas del país. Recuerda cómo los dos principales partidos de la Concertación, el Demócrata Cristiano y el Socialista, echaron mano de la disciplina interna para controlar a sus militantes e influyeron en las organizaciones como la Central Única de Trabajadores (CUT).

Los gobiernos de la Concertación dieron primacía a diversos objetivos: mantener una baja inflación, un presupuesto equilibrado, "una tasa de cambio competitiva y un déficit sostenible en la balanza de pagos". Especialmente el primero, pues durante el último tiempo del régimen militar el aumento del gasto público hecho por el gobierno de Pinochet con fines electorales había dado para 1990 un 27 por ciento de inflación. El programa seguido para bajar este índice no fue uno de shock, como en otros países de América Latina (Perú, Argentina, Brasil), sino que se hizo gradualmente.

También las políticas de desarrollo activas dinamizaron la economía chilena durante esta década. La estrategia puesta en marcha privilegió la exportación de materias primas teniendo en cuenta que, también en forma gradual, éstas comenzarían a ser procesadas hasta llegar a exportaciones industriales, todo ello en un marco de intervención del Estado tendiente a suplir las carencias de las fuerzas del mercado. Para ello liberalizaron el comercio reduciendo los aranceles en 1991 de un 15 por ciento uniforme a un 11 por ciento, pero también usaron los medios diplomáticos que complementaban las anteriores medidas como fue la firma de los acuerdos finales de la Ronda Uruguay del GATT, que liberalizaron el intercambio de servicios y redujeron las barreras arancelarias al comercio. En esta misma línea, el país buscó la integración económica regional con América del Norte y del Sur.

¿Cuáles fueron los socios comerciales más atrayentes para Chile? Por un lado estaba el mercado de Estados Unidos al que se podía acceder ingresando al Acuerdo de Libre Comercio Norteamericano (NAFTA), donde Canadá, Estados Unidos y México le ofrecieron un puesto a Chile. Esta opción era muy grata para las grandes empresas chilenas que exportaban materias primas con un mínimo de procesamiento. Por otro lado, se encontraba el Mercosur, asociación constituida en 1991 por Argentina, Brasil, Paraguay y Uruguay, estrategia que apoyaban las pequeñas y medianas empresas chilenas que exportaban manufacturas y materias primas altamente procesadas que habían sido vendidas en 1993 a este mercado en una proporción del 30 por ciento. No obstante, la inestabilidad de algunos de los países del Mercosur y algunos principios de esta asociación que eran divergentes con la política comercial chilena exigían para su integración un mayor estudio por parte del gobierno de Chile.

Sin embargo, la integración del país al NAFTA no fue posible entonces debido a que el gobierno norteamericano no pudo obtener del Congreso que se le concediera una autoridad discrecional (*fast track authority*) a fin de negociar un acuerdo de libre comercio con Chile. Por este motivo Chile se acercó al Mercosur y en 1996 convinieron que no sería un miembro pleno sino que llegaron a un acuerdo de asociación que le permitiría una gradual liberalización del comercio con los países de ese bloque, manteniendo Chile su propia política arancelaria frente a otros países. Otro de los grandes bloques extracontinentales al que el país se unió fue la Asociación de Países Exportadores de Cobre (APEC).

Otro campo donde la acción de los gobiernos de la Concertación han dedicado mucho interés son los programas públicos de capacitación laboral. Entre 1989 y 1996 la cantidad de personas que han tomado parte en cursos de entrenamiento subsidiados creció en 142 por ciento hasta llegar a abarcar 451.934, que corresponde al 8,5 por ciento de la fuerza laboral del país. Especialmente importante ha sido esta acción en la pequeña y mediana empresa, lo que ha significado una modernización del modelo exportador chileno y ha contribuido también a una mayor equidad social.

En este sentido hay que recordar que la reforma educacional ha sido también una preocupación importante de estos gobiernos que han hecho esfuerzos para aumentar la calidad de la educación, introduciendo incentivos para la actividad de los maestros. Con ello se busca expandir la base de mano de obra calificada para introducir tecnologías productivas de mayor complejidad.

Estas políticas han contribuido al tan celebrado éxito económico de Chile. Por ejemplo, las exportaciones han subido entre 1990 y 1997 desde 8.370 millones de dólares a 16.920 millones. No es sólo la cantidad la que debe destacarse sino también el hecho de que se incrementó el número de productos colocados en el exterior, el número de firmas exportadoras y el de países clientes. Debe destacarse también que no se trató únicamente de un crecimiento "cuantitativo" sino que se han actualizado los procesos productivos hasta aumentar la productividad a niveles muy altos, lo que, a su vez, ha permitido mantener la competitividad de las exportaciones chilenas

Estas circunstancias se unieron a otras que también ayudan a mostrar un modelo exitoso. Por ejemplo la inflación, que en el régimen militar se mantuvo alta, con un promedio de 23 y 21,5 por ciento en los quinquenios 1980-1985 y 1985-1990, bajó al 12,5 por ciento en el quinquenio 1990-1995 y al 6 por ciento en 1997. Lo mismo el desempleo que descendió del 13 por ciento en el quinquenio 1980-1985 y del 8,1 por ciento en el siguiente quinquenio, al 6,6 por ciento en 1997. Además, el crecimiento anual del salario real en promedio geométrico para el período fue de 0,2 por ciento en el quinquenio 1980-1985 y de 1,2 en el quinquenio siguiente, subiendo al 4,8 por ciento en el quinquenio 1990-1995 y al 4,9 por ciento en 1996.

Lo que ha preocupado a los economistas y ha provocado debates y largos artículos críticos ha sido que la distribución del ingreso "ha permanecido casi inalterable". Si la tasa de crecimiento económico ha llegado al 11 por ciento promedio entre 1990 y 1995, si la esperanza de vida es en promedio setenta y cuatro años, si la tasa de analfabetismo es inferior al 5 por ciento, el nivel de escolaridad promedio de la fuerza de trabajo es superior a nueve años, y la población urbana con acceso al agua potable es del 98 por ciento y la que tiene acceso al alcantarillado es un 81 por ciento, cómo puede explicarse que haya una distribución del ingreso inequitativa.

Al terminar el régimen militar el número de pobres bordeaba los cinco millones de habitantes, el equivalente a un tercio de la población. Pero este número había bajado en 1996 a tres millones trescientos mil, es decir, al 23,2 por ciento de la población.

El problema reside en la inequidad, no tanto en niveles de pobreza o de indigencia. Comparado con la distribución del ingreso en sesenta y cinco países en desarrollo, Chile está ubicado en el séptimo lugar entre países con peor distribución de tal ingreso. En América Latina sólo Brasil está peor que Chile y éste se encuentra al nivel de Guatemala, Kenya y Sudáfrica. Por lo tanto, como dijo la Organización Internacional del Trabajo (OIT) en 1998, "el mejoramiento de los grupos de ingresos bajos se ha debido fundamentalmente al aumento general del nivel medio de bienestar de la población vía crecimiento económico antes que a una distribución más equitativa de los beneficios del mismo".

Frente a esto, el planteamiento más aceptable parece ser aumentar las políticas sociales tomando en cuenta el rol fundamental que tendría la educación en la reducción de la disparidad señalada. Se agrega también la tasa de participación femenina en la fuerza laboral, que es mucho más baja que la de otros países latinoamericanos. Los trabajos consultados concluyen que una política que tome en cuenta estos factores podría alcanzar el éxito que otros esfuerzos no han logrado.

Deseo terminar este epílogo con una descripción somera de los partidos políticos y su obra durante la década de 1990.

Como se ha visto, el equilibrio de fuerzas entre los partidos políticos chilenos fue el factor predominante para evitar que una tendencia se impusiera avasalladoramente sobre la otra. Todo lo contrario de lo ocurrido a causa del golpe militar de 1973 cuando la derecha, al incorporarse al carro victorioso de las Fuerzas Armadas, no tuvo contrapeso para imponer sus ideas, puntos de vista y sus criterios.

En 1989 las fuerzas políticas divididas en partidarios del gobierno (derecha y sus nombres de fantasía: Unión por el Progreso, Unión por Chile, Alianza por Chile, Unión Demócrata Independiente (UDI) y opositores (Concertación fundamentalmente]) eran fuerzas equivalentes, por lo que, como dice Peter Siavelis, esto "condujo a una transición necesariamente caracterizada por la moderación, la negociación y el compromiso, que ha evolucionado hacia un modelo distintivamente" chileno de democracia *consensual*".

Comenzando por la derecha, como lo hemos hecho en el curso de este trabajo, deberemos insistir en sus sucesivas muertes y resurrecciones que se repiten a lo largo de la historia de Chile.

Entre las muertes más famosas de la derecha se encuentra la de marzo de 1965 cuando tuvieron lugar las elecciones generales de senadores y diputados. En esa oportunidad constituían la derecha el Partido Conservador, cuya votación en esa fecha cayó desde un 14,7 a un 5,3 por ciento, y el Partido Liberal con una caída similar desde un 16,5 a un 10,05 por ciento. Este resultado que se estimó en aquella ocasión catastrófico dio motivo a que estos dos partidos acordaran unirse, agregando los votos de un pequeño partido llamado Acción Nacional, fundado por Jorge Prat Echaurren, para tomar el nombre de Partido Nacional.

Los autores, en especial Marcelo Pollak, estiman que la fundación del Partido Nacional equivale al nacimiento de la "nueva derecha" en Chile, que se diferenciaría de la derecha tradicional o antigua en un aspecto fundamental. La vieja derecha desconfiaba de filosofías políticas como abstractas, impracticables, ideológicas y racionalistas, mientras que la nueva derecha aspira a ser filosófica y teóricamente refinada. Procura desarrollar análisis rigurosos de las razones que hay detrás del colapso del liberalismo y conservadurismo clásicos frente a las ideas políticas propiciadas por el Estado de bienestar. Pollak asegura que la nueva derecha es un fenómeno que surgió como directo resultado de los dramáticos cambios políticos y económicos ocurridos en el orden internacional de la posguerra. Entre ellos, las estructuras políticas y económicas de la sociedad capitalista, que cada vez en mayor grado desembocaron en un conflicto entre las demandas crecientes en un Estado que no podía intervenir en la inflación y por eso arriesgar las utilidades de las empresas capitalistas. Muchos piensan que este conflicto destruyó las frágiles bases de la ideología liberal dominante en la cual se basaba el consenso de posguerra.

Esta comprobación, según los autores citados, tuvo mucha relación con las modificaciones que sufrió el pensamiento político de la derecha en todas partes donde se produjeron aquellas demandas, que se desarrollaron también en el Primer Mundo como fueron los movimientos por los derechos civiles en Estados Unidos o las protestas de estudiantes en Europa, y pensaron que la única solución era reducir tanto las expectativas crecientes como la participación de la política de masas.

En todo caso, la nueva derecha chilena, pese a que su partido principal se autodisolvió nuevamente a causa del golpe militar, tuvo una actuación relevante en el gobierno militar. Algunos de sus militantes, como Jaime Guzmán, fueron consejeros de Pinochet y autores de muchas de sus iniciativas. Puede decirse que entre 1975 y 1989 la nueva derecha fue el principal aliado de este gobierno y así debe atribuírsele autoría sobre toda la política económica de los "Chicago boys" y también sobre las llamadas siete modernizaciones que llevaron a cabo durante los años señalados. Entre ellas las reformas laborales que derogaron el Código del Trabajo y establecieron nuevas normas muy favorables a los patrones. La nueva previsión que abolía el antiguo sistema de las Cajas de Previsión para establecer las Administradoras de Fondos de Pensiones (AFP) que dejaba en manos privadas la administración de las imposiciones de los afiliados. La salud que era entregada a través de los Institutos de Salud Previsional (Isapres) también al sector privado, aunque se mantuvo y modificó el antiguo Servicio Nacional de Salud y también el sistema público del Fondo Nacional de Salud (Fonasa).

Como consecuencia de los sucesos acaecidos con motivo de la crisis de 1982 emergieron los nuevos partidos de la derecha, el primero llamado

Unión Demócrata Independiente (UDI), patrocinado por los gremialistas, que nació en agosto de 1983, el Movimiento de Acción Nacional (MUN) organizado por Sergio Onofre Jarpa también en 1983, y el Partido Nacional que nació con fuertes divisiones en su interior pues una parte de sus miembros quería participar como un partido de oposición más cerca de los democratacristianos.

Y por último el partido Renovación Nacional, fundado en abril de 1987, que aunó a los demás partidos de derecha para fundar uno solo. Esta acción política duró poco tiempo debido a las diferencias entre UDI y la misma Renovación Nacional.

Al referirnos a la Concertación como la coalición política más exitosa de la historia de Chile no aludimos al éxito de uno o dos partidos de ella a través de los gobiernos de sus representantes sino a la coalición como tal y, en ese sentido, la comparamos con otras etapas de la historia de Chile.

Sin duda el gobierno de los presidentes conservadores entre 1831 y 1861 fue una etapa de progreso, pese a las dos revoluciones que debieron sofocar. Pero se trataba no de una coalición sino del gobierno de un partido único muy poderoso que podía tener un proyecto de largo plazo, pues en su interior existía un consenso y un equipo de personas que podían llevar a cabo tal proyecto.

Luego de esta experiencia se produjeron gobiernos que se sostuvieron en diversas alianzas de partidos o pactos sobre la base del Partido Liberal que en sí no era un partido sino grupos o tendencias de este nombre que se alternaban en el poder sobre la base del número de diputados y senadores que disponía en el Congreso. Hubo también alianzas con los conservadores, como ocurrió por breve tiempo durante el gobierno del presidente Federico Errázuriz Zañartu (1871-1876). También surgieron alianzas liberales, todas de frágil cohesión, generalmente enredadas en las ambiciones de unos pocos y que a veces contaban con el concurso del Partido Radical. La más interesante y la que se acerca más a un proyecto como el que recordábamos recién para los conservadores fue la constituida para realizar reformas en la relación Iglesia-Estado, alianza que fue conocida como Partido Progresista. El triunfo del parlamentarismo hizo de las alianzas políticas un sueño de una noche, ya que las mayorías se hacían y deshacían conforme a las ambiciones de grupo y al mecanismo de los votos de censura en el Congreso.

Dictada la Constitución de 1925 que restauraba el poder presidencial, la alianza o pacto más conocido fue el Frente Popular que, a nuestro juicio, fue el tercer pacto en la historia de Chile que conformó también un proyecto. Esta coalición inició su gobierno en 1938 y a ella nos hemos referido en capítulos anteriores. De ahí en adelante se vio todo tipo de combinaciones, desde los radicales con la izquierda, hasta los radicales con la derecha, todas de breve duración. Sin embargo, se considera el período 1938-1952 como el de un largo proyecto liderado por el Partido

Radical y que implantó en Chile el modelo keynesiano de desarrollo. También se experimentó el gobierno de un partido único unido a un proyecto de reformas como ocurrió durante la administración de Frei Montalva (1964-1970), terminando aquel período con una combinación de izquierda llamada Unidad Popular a la que podríamos considerar la cuarta coalición con un proyecto específico de reformas que trató de implantar en los tres años que duró su mandato.

En parte, el éxito de la Concertación reside, a mi juicio, en la perfecta restauración que ha hecho del antiguo sistema democrático chileno, de sus valores y virtudes; restauración que se debe sin duda, como ya hemos dicho, a que se mantenía latente e inmaculada en el pueblo chileno esta tradición que se instaló rápidamente como si nunca hubiera dejado de funcionar.

Siguiendo el hilo de estas consideraciones, parece admirable la capacidad del sistema político chileno de llevar a cabo una transición política como la ocurrida desde 1988, sin perturbaciones y ajustándose a las reglas señaladas por la misma dictadura. A este respecto, Claudio Fuentes se pregunta si se ha producido una cabal transformación del sistema de partidos políticos chilenos. Y el mismo autor se responde destacando varios hechos.

El primero es que aquellos que a principios de la década de 1980 pensaron en la transición iniciaron un cambio, puesto que allí se encuentra la génesis de la forma de hacer política en la actualidad. Aquel debate estuvo centrado en varios elementos siendo el primero el reconocimiento de que uno de los factores que hizo posible el golpe de Estado "fue la existencia de proyectos excluyentes, lo que se traducía en ausencia de diálogo y alto nivel de desconfianza" entre las corrientes políticas participantes. En cuanto a la situación posterior, hay que considerar la urgencia en que se encontraron los partidos de oposición en esa época para acordar una estrategia que los llevase a la democracia. El tercero, la necesidad que tenían los partidos políticos de "recomponerse ideológicamente", para lo cual autoevaluaron "sus proyectos políticos de más largo plazo". Hacia 1985 se llegó a la conclusión de que el régimen militar impondría sin discusión las reglas del juego, por lo que una coalición opositora debía estructurarse primero para el plebiscito y luego para "establecer una fórmula electoral y de gobierno".

Estas conclusiones obligaron a definir lo que se buscaba. Es decir, si se establecía un pacto o acuerdo o, más bien, un proyecto político de largo plazo. La Concertación, constituida por el Partido Demócrata Cristiano, Partido Socialista, Partido por la Democracia y Partido Radical Social Demócrata, fue en un principio un pacto o instancia instrumental que buscaba una salida hacia la democracia. Pero más adelante comenzó a buscar una nueva estructura y así algunos hablaron de un "nuevo contrato social" para llegar a un "proyecto transformativo de largo plazo".

El autor citado se pregunta acerca de los aspectos que mantienen cohesionadas a las coaliciones, y a la Concertación de partidos por la democracia en particular. Uno de ellos sería el actual sistema electoral binominal que obliga a formar pactos y a diseñar estrategias para hacer compatibles las expectativas de los distintos partidos que componen la coalición. Otro factor, muy propio del fenómeno político de Chile a fines de los 90, consiste en el éxito de la Concertación que ha logrado administrar el país de una manera eficiente sin generar crisis. También la cercanía histórica del régimen militar y su presencia actual a través de problemas no resueltos (como por ejemplo, los derechos humanos) que aglutina todavía a los que fueron enemigos de este régimen.

Referido a lo anterior, habría que hablar de la democracia de los consensos, título que se ha puesto a los compromisos políticos de la administración de la Concertación, debido a que se ha procurado obtenerlos sobre diversas materias para poder no sólo administrar sino presentar proyectos de ley que vayan modificando las estructuras legadas por el régimen militar. El mismo autor ha señalado que existen desde luego consensos sobre aspectos fundamentales, como es el caso del derecho de propiedad o la economía social de mercado y, desde luego, sobre el diálogo como método de discusión política para alcanzar acuerdos. Pero junto a éstos, hay disensos fundamentales no resueltos hasta ahora como el rol de las Fuerzas Armadas, las funciones que debería cumplir en el futuro; al igual que en todo lo relativo a temas sobre aborto y divorcio, donde hay consenso en el interior de la Concertación pero no en la UDI o Renovación Nacional. Han sido precisamente estos temas, al ser discutidos en el Congreso Nacional, donde los desacuerdos se han hecho tajantes y donde no hay posibilidad de conversación alguna. Esto se debe a que existen actualmente en el país, al nivel de la política contingente, posturas de tipo integrista (cristiano-conservadores) que obedecen a políticas emanadas no sólo de partidos políticos sino también de organismos religiosos (como en el caso del divorcio o del aborto). Junto a esto existen otros grupos que se rigen por un conservadurismo liberal, poseedores de una cierta pluralidad de valores. Finalmente, un tercer bloque mantiene posiciones democrático-seculares.

El mantenimiento de estas posiciones, por ahora, hará muy difícil una política de consensos en materias fundamentales como la reforma constitucional o la imposición de ciertos valores a la sociedad chilena. Aunque se espera que la habilidad de Ricardo Lagos (Concertación III), unida a las situaciones emergentes como el proceso al general Pinochet luego de su detención en Londres en 1998 y su regreso a Chile año y medio después, despejará el camino y proporcionará la visibilidad que el gobierno de Chile necesita para lograr las metas que se ha propuesto.

Antes de terminar, una pregunta final importante. ¿Qué es lo que ocurrió en Chile a partir de 1970 y qué es lo que sigue ocurriendo?

Epílogo. La Concertación de Partidos por la Democracia

Somos muchos los que estamos buscando una definición a los hechos ocurridos durante los últimos treinta años en la historia de Chile, los cuales, como ya lo he dicho, me parecen atípicos si se mira el conjunto de los hechos históricos del Chile moderno y contemporáneo.

Probablemente la gran atención que despertó el triunfo de la Unidad Popular entre los observadores internacionales y luego el golpe militar del 11 de septiembre, sucesos que estuvieron en las primeras páginas de todos los periódicos del mundo, atrajeron muchas interpretaciones que dieron una conclusión apresurada.

Algunos historiadores están pensando que lo ocurrido en Chile durante los últimos treinta años fue una revolución que aún no termina y formulan sus deseos de que ojalá este proceso acabe de una vez. Por mi parte, yo estaría dispuesto a aceptar una hipótesis como la expuesta siempre que se la distinga en sus características esenciales y diferenciales ya que, a mi juicio, no puede ser comparada con otras revoluciones ocurridas en el siglo XX tanto en América como en África y Asia.

La Revolución Cubana (1956-1959), considerada como ejemplo por los revolucionarios del continente, tuvo lugar dentro de un contexto donde la guerrilla era el mecanismo para alcanzar el triunfo. Su ejemplo cundió por toda América del Sur, pero fracasó en Bolivia, Perú, Venezuela y Centroamérica. Sólo subsiste en Colombia, con un proceso político y militar estancado que sobrevive en medio de una violencia sin sentido que no es capaz de asegurar el triunfo de las guerrillas que aún combaten en su suelo.

Tampoco las revoluciones islámicas que se mueven entre el norte de África y el centro de Asia, ya que su indumentaria religiosa fundamentalista no tiene parangón en otro lugar que no sea en los países islámicos.

El resto del planeta se desenvuelve hoy en día entre la opulencia del Primer Mundo y sus economías de mercado y el atraso y la miseria del Tercer Mundo subdesarrollado.

Por tanto, si aceptamos la tesis de la revolución chilena, colocaríamos a este país a un lado del proceso histórico que hoy predomina en América y en otras regiones del mundo.

Me parece, por tanto, que lo que ha ocurrido en Chile fue más bien una derivación de la antigua Guerra Fría. Lo único revolucionario era el proyecto político de la Unidad Popular y precisamente por eso se acarreó las iras del Pentágono y del gobierno de Estados Unidos, país que, como vimos en el capítulo quinto, aliado con la oposición a Allende, jugó muy bien sus cartas para derrotar en 1973 al gobierno enemigo y terminar con la Unidad Popular chilena. Todavía estaba muy lejos el famoso muro de Berlín y su espectacular caída, y el golpe de Estado del 11 de septiembre se enmarcó dentro de los más puros cánones de la contrarrevolución latinoamericana y puede ser comparada a lo ocurrido en Guatemala en 1954, Santo Domingo en 1965, la contra en Nicaragua en la década de 1980, la invasión de Granada en 1983.

Producida la contrarrevolución, el régimen militar terminó aliado con la derecha, que le proporcionó el personal y los medios de los que el Ejército carecía. Afirmados en la Pontificia Universidad Católica, los "Chicago boys" le proporcionaron la teoría y la práctica de la economía para realizar los cambios que el nuevo régimen quería efectuar. También afirmado en la misma universidad, el profesor Jaime Guzmán comenzó a proporcionar el material jurídico para las reformas institucionales, con lo cual las facultades de Economía y de Derecho de aquella universidad jugaron roles políticos de importancia, tal como había pasado con la Universidad de Chile durante el siglo XIX.

En este sentido, el gobierno militar realizó muchos cambios, "modernizaciones" como ellos los llamaron, que de hecho modificaron en profundidad las instituciones sociales, especialmente las de salud y educación. Pero de ninguna manera puede hablarse de revolución salvo que estimáramos que todo cambio o modificación de las instituciones es revolucionario o está inserto en un proceso revolucionario.

Como dijimos en la quinta parte, el concepto de revolución debe ser distinguido del término 'cambio' y usado para describir aquellas modificaciones políticas juzgadas lo suficientemente importantes como para merecer el nombre de "revolución", término que deberá usarse sólo como un cambio súbito destinado a establecer un nuevo orden o a restablecer, por medios violentos, un orden anterior estimado más justo o más adecuado.

El gobierno militar terminó en marzo de 1990 y un nuevo aire pareció entrar por las ciudades y campos de Chile. Con todo, como también hemos visto, subsistieron durante mucho tiempo los malos modos del general Pinochet y de sus tropas, actitudes que, sin embargo, comenzaron lentamente a desvanecerse con el paso del tiempo. Dos hechos fueron decisivos: el primero, la "jubilación" del ya anciano general en 1997 y su reemplazo por otro comandante en jefe más joven; el segundo, la visita de Pinochet a Gran Bretaña donde fue apresado el 16 de octubre de 1998 por orden del gobierno respondiendo a una solicitud del juez español Baltasar Garzón.

Como todo lo referido a Pinochet, esta noticia también dio la vuelta al mundo y se inició un proceso donde la humillación que conllevaba la medida tuvo que afectar profundamente el espíritu del ex general. Por una casualidad, el autor de este libro se encontraba en el aeropuerto de Francfort el 22 de septiembre de 1998 cuando arribó desde Chile Pinochet con un numeroso séquito. Todavía lo vi erguido y caminando sin dificultades. Conversó con sus acompañantes y recorrió el aeropuerto mientras sus asesores le buscaban visa en algún país. Francia, con ese olfato que la caracteriza, la negó de inmediato. Gran Bretaña, en cambio, se la concedió y el general, sin ninguna intuición y sin asesores competentes, entró en las fauces del lobo.

Desde entonces cumplió un año y medio de prisión preventiva en Londres hasta que el gobierno de Chile, usando sus medios diplomáticos, logró que éste regresara al país donde se le hizo una formidable recepción por parte del Ejército, que también fue vista en el exterior y que recibió diversas críticas por los arrestos que el anciano general se permitió al bajar del avión. Pero estos arrestos ya no asustaban a nadie y en Chile se encontró con más de cien demandas o querellas criminales en su contra y con un proceso de desafuero para poder procesarlo.

El ex general ya había sido desaforado en Gran Bretaña. El Ejército, por su parte, ya no hace "ejercicios de enlace" ni "boinazos". Su comandante en jefe sólo puede llevar a cabo un "almuerzo" de camaradería con los comandantes en jefe de las otras ramas de las Fuerzas Armadas y de Carabineros, lo que fue bautizado como "servilletazo" y recibir, más tarde, una reconvención pública del presidente de la república por la publicidad desplegada en aquella acción.

En estos momentos esperamos que se encuentre terminando el largo proceso político, económico y social que ha sufrido Chile entre 1970 y 2000. Las heridas pendientes están comenzando a cicatrizar con las decisiones del Poder Judicial. La "democracia tutelada", como algunos han llamado a la chilena de la última década del siglo xx, también está viviendo sus últimos días, pues esperamos que el proceso de reformas, bajo mano segura, también comience a caminar.

ÍNDICE DE NOMBRES

A

Abascal, José Fernando de, 58, 60
Achá, José María de, 98
Aguirre Cerda, Pedro, 121, 144-145, 154, 156, 192, 216
Aguirre, Francisco de, 21
Ahumada Maldonado, Gaspar de, 43
Alberdi, Juan Bautista, 75-76, 167
Alcazaba, Simón, 16
Alessandri Rodríguez, Jorge, 160, 178, 183, 184-185, 187, 246, 262
Alessandri, Arturo, 115, 118, 120, 122, 123, 125-127, 129, 132,134-140, 142, 144, 211-213
Alfonso, José, 88
Allana, Alí, 249
Allende Gossens, Salvador, 153, 165, 181, 184, 187-191, 196, 198, 200, 201, 205, 218-219, 222-223, 225-227, 229-231, 262, 269, 280-281
Almagro, Diego de, 16, 18, 20, 26
Almeyda, Clodomiro, 222, 279, 388
Alsina, Joan, 246
Altamirano Talavera, Luis, 212
Altamirano Orrego, Carlos, 198, 204, 230
Álvarez Jonte, Antonio, 56
Amat, Manuel de, 50
Amunátegui, Gregorio Víctor, 166
Amunátegui, Miguel Luis, 166
Angelini (grupo), 69
Antúnez, Nemesio, 243
Araya, comandante, 228
Arellano Stark, Sergio, 229, 230, 240
Arellano, Daniel, 227

Arriagada, Genaro, 288
Arteaga, Melchor de, 29
Aylwin Azócar, Patricio, 222, 268-269, 273, 276, 280, 286, 287-288, 291

B

Baburizza, Pascual, 68
Ballivián, Vicente, 167
Balmaceda, José Manuel, 72, 78, 96, 102-103, 106, 121, 163, 208, 231
Bannen, Washington, 106
Baraona, Francisco de, 43
Barrios, Eduardo, 169
Barrios, Guillermo, 216
Barros Arana, Diego, 103-104, 166
Barros Jarpa, Ernesto, 138, 148
Beatriz Clara, 28
Bécquer, Gustavo Adolfo, 168
Bello Codesido, Emilio, 137
Bello, Andrés, 71, 105, 166, 167, 171, 173
Benavides, César Raúl, 230
Benavides, Vicente, 90
Bertrand Vidal, Julio, 169
Bilbao, Francisco, 166
Blanquier, Pedro, 131
Blest Gana, Alberto, 110
Blest, Clotario, 244
Bolívar, Simón, 61
Bombal, Maria Luisa, 173
Bonaparte, José, 59
Bonilla, general, 230
Braden, William, 163

Brady, Herman, 224, 230
Braun Menéndez (grupo), 68
Bravo de Saravia, Francisco (marqués de la Pica), 43
Bravo de Saravia, Melchor, 39
Briones, Carlos, 222, 227
Brown, Juan, 68
Brunner, Karl, 128
Buchanan Jones (grupo), 68
Büchi, Hernán, 272, 278
Bueso, Alonso, 41
Bulnes, Manuel, 84, 206
Burchard, Pablo, 243
Bussi de Allende, Hortensia, 280
Bustos, Manuel, 270

C

Cademártori, José, 222
Calder, Curtis, 138
Campo Lantadilla, Alonso de, 41, 42
Canales, general, 228
Cano de Aponte, Manuel, 239
Cánovas del Castillo, Antonio, 139
Cánovas Robles, José, 271
Cariola, Patricio, 247-249
Carlos IV, 59
Carlos V (de Alemania, I de España), 16, 19
Carrasco, José Humberto, 273
Carvajal, almirante, 224, 228-229,
Castelli, Juan José, 57
Castillo Velasco, Fernando, 204, 237
Castillo, Ramón, 134
Castillo, Sergio, 216
Castro, Fidel, 270
Castro, Juan de, 250
Castro, Sergio de, 264
Cauas, Jorge, 264
Cheyre, Emilio, 217
Child, Theodore, 75
Claro (grupo), 69
Cochrane, Thomas (lord), 86
Contreras, Manuel, 243-244
Coolidge, Calvin, 130
Correa y Toro, Carlos, 109
Correa y Toro, Rafael, 109
Cotapos, Acario, 169
Cruchaga Tocornal, Miguel, 137
Cruz Coke, Eduardo, 118-119
Cruzat (grupo), 69

Cubillos, Hernán, 263
Cueva, Juan de la, 47

D

D'Halmar, Augusto, 168, 169
Darío, Rubén (Félix Rubén García Sarmiento, llamado), 168
Darwin, Charles, 83
Daza, Pedro, 263
Díaz Estrada, Nicanor, 265
Díaz Gana, José, 68
Donoso, Armando, 169
Drake, Francis, 41
Dules, Allen, 138

E

Eckert, Friedrich Carl von, 209
Eduardo VII, 105
Edwards, Agustín, 68, 127, 130
Edwards, Alberto, 251
Edwards, Arturo, 68
Edwards (familia), 68
Egaña, Javier Luis, 249
Egaña, Mariano, 70, 73, 76
Encina, Francisco Antonio, 11, 72, 73, 78,167,251
Enersis (grupo), 6, 16
Enríquez Fröden, Edgardo, 227
Errázuriz Echaurren, Federico, 104
Errázuriz Zañartu, Federico, 296
Errázuriz, Crescente, 140
Errázuriz, Ladislao, 127
Espejo, Pedro de, 43

F

Faivovich, Jaime, 224
Felipe II, 17
Fernández y Fernández, Joaquín, 148
Fernández, Sergio, 264, 279, 289
Fernando VII, 57
Figueroa Alcorta, José, 261
Figueroa Larraín, Emiliano, 120, 126, 130, 212
Figueroa, Javier Ángel, 127
Franco, Francisco, 253
Frei Montalva, Eduardo, 162, 178, 183, 185, 192, 200, 216-218, 246, 297
Frei Ruiz Tagle, Eduardo, 291

Índice de nombres

Frenz, Helmut, 247-248
Fresno Larraín, Juan Francisco, 250,272
Freyre y Santander, Manuel de, 130
Frías, Félix, 167
Fuentealba, Renán, 226

G

Galán, Antón, 41
Garabito, León, 43
Garcés Gana, Francisco, 137
Garcés, Joan, 189
García de Cáceres, Diego, 41
García de Mendoza, 38, 47
García Lorca, Federico, 173
García Moreno, Gabriel, 257
García Oñez de Loyola, Martín, 19,28-29
García, Alan, 291
Garro, José, 42
Garzón, Baltasar, 300
Gay, Claudio, 166
González Acevedo, Rolando, 227
González Videla, Gabriel, 134, 151-152, 172,178,184
González, Ariel, 229
González, comandante, 228
González, Gabriel, 119, 246
González, Juan Francisco, 169
Goyenechea de Cousiño, Isidora, 68
Grau, Miguel, 100, 101
Guerrero Ceballos, Manuel, 270
Guillonda, Antón, 41
Gutiérrez Alliende, José Ramón, 137,
Gutiérrez, Juan María, 167
Guzmán, Ernesto A., 169
Guzmán, Jaime, 201, 295, 300
Guzmán, Juan, 241

H

Helms, Jesse, 187
Herckmans, Elías, 85
Hernández, Andrés, 41
Herrera, Ariosto, 216
Herrera, Felipe, 226
Hirsh, Tomás, 288
Huerta, Ismael, 219
Huidobro, almirante, 228-229
Huidobro, Vicente, 169, 172
Humeres Héctor, 253
Hurtado Cruchaga, Alberto, 245, 277

I

Ibáñez del Campo, Carlos, 118, 120, 126-128, 130-131, 134, 138, 142, 147, 152, 154, 161n., 178, 184, 211, 213,216
Iglesias, Miguel, 101
Irarrázabal, Alonso de, 38
Irarrázaval, Manuel José, 68
Isabel II de España, 19
Isabel II de Gran Bretaña, 262

J

Jaguaribe, Helio, 270
Jarpa, Sergio Onofre, 269, 271, 296
Jiménez, Tucapel, 270
Juan Pablo II, 250, 263, 277
Juárez (o Suárez), Inés, 22
Juárez Celman, Miguel, 79
Jufré, Juan, 41

K

Kast, Miguel, 265
Kennedy, John Fitzgerald, 159, 214
Kissinger, Henry, 187
Körner, Emilio, 208
Korry, Edward, 187
Krauss, Enrique, 287
Kreiman, Ángel, 247

L

La Gasca, Pedro de, 16
Labra Carvajal, Armando, 15
Lagarrigue, Javier, 164
Lagos Escobar, Ricardo, 68, 270, 280, 286, 291, 298
Lagos, Joaquín, 140
Lagos, Mario, 227
Lambert, Carlos, 68
Lanusse, Alejandro Agustín, 262
Larraín Errázuriz, Manuel, 245
Larraín, Manuel, 160
Lassiter, William, 130
Lautaro (caballerizo de Valdivia), 28
Lavanderos, Jorge, 274
Lazcano Echaurren, Fernando, 123
Lazo, Silverio ("El Chichero"), 112
Lecaros, Juan de, 43

Leigh, Gustavo, 224, 228, 230, 253
Leighton, Bernardo, 243
Leng, Alfonso, 169
Lenin (Vladimir Illich Ulianov, llamado), 204
Léniz, Fernando, 264
Letelier Solar, Orlando, 223, 227, 243
Letelier, Valentín, 122, 141
Lillo, Ginés de, 44
Lisperguer y Solórzano, Juan Rodulfo, 43
Llidó, Antonio, 246
López de Velasco, Juan, 39
López, Vicente Fidel, 167
Luengo, Fernando Luis, 280
Luksic (grupo), 69

M

MacIver, Enrique, 109
Magallanes Moure, Manuel, 168, 169
Magliochetti, Humberto, 224
Mahn, Alfredo, 217
Maira, Luis, 288
Malsch, Albert, 111
Maluenda, María, 280
Maluenda, Rafael, 169
Mancera, virrey marqués de, 85
Mandiola, Javier, 243
Marcos, Ferdinand, 253
Mariño de Lovera, Pedro, 39
Martínez de Rozas, Juan, 57, 167
Martínez, Melchor, 58
Marx, Karl, 190
Matta, Guillermo, 208
Matte Hurtado, Eugenio, 142
Matte, Eleodoro, 276
Matte, Joaquín, 276, 287
Matte (familia), 68
Matthei, general, 279
Melgarejo, Mariano, 98
Mendoza, César, 230, 271
Mendoza, Pedro de, 16
Merino, José Toribio, 223, 228-229, 230, 279
Mery, Hernán, 160
Messía de Torres, Diego, 43
Messía de Valenzuela, Cristóbal, 43
Messía, Cristóbal, 43
Michimalonco, 25

Mistral, Gabriela (Lucila Godoy Alcayaga, llamada), 169, 171-172
Mitre, Bartolomé, 167
Mitterrand, François, 270
Molina, Jerónimo de, 38, 41
Molina, Sergio, 280
Montero Cornejo, Raúl, 223-225
Montero, Juan Esteban, 132, 147
Montes, José, 68
Montt, Manuel, 73-74
Montt, Pedro, 261
Mora, Gaspar, 211
Mora, José Joaquín de, 70
Moraes Barros, Prudente de, 80
Moreno, Francisco P,, 103-104
Mosquera, Tomás Cipriano de, 167
Muñoz Artigas, Luis, 133
Muñoz de Guzmán, Luis, 57

N

Namuncura (cacique), 95
Napoleón I (Bonaparte), 59, 60
Napoleón II (Francisco Carlos José Napoleón Bonaparte), 207
Nattino Allende, Santiago, 271
Neruda, Pablo (seudónimo de Neftalí Ricardo Reyes), 152, 169, 172, 173, 226
Nervo Ruiz, Amado, 149
Niza, Guillermo de, 41
Novoa, Eduardo, 192
Núñez, Guillermo, 243

O

O'Higgins, Bernardo, 61, 69, 206
Ocampo, Gabriel, 167
Olañeta, Casimiro, 167
Olavarría, Tomás de, 30
Olguín, Osvaldo, 222
Oro, Domingo de, 167
Osorio, Mariano, 61
Ovalle, Alonso de, 17, 33, 40
Oviedo Cavada, Carlos, 250

P

Parada Maluenda, José Manuel, 270, 280
Pareja, Antonio, 61
Parera, general, 286
Pastene, Juan Bautista de, 41

Índice de nombres

Paulo VI, 246, 250
Peña Hen, Jorge W., 240
Pereira, Luis, 68
Pérez Rosales, Vicente, 87
Pérez Zujovic, Edmundo, 183
Perón, Juan Domingo, 136, 171
Pershing, John J., 130
Philippi, Bernhard Eunom, 87
Philippi, Rodulfo Amando, 87
Pickering, Guillermo, 225
Piñera (grupo), 69
Piñero, Miguel, 167
Pinochet Hiriart, Augusto, 286
Pinochet Hiriart, Lucía, 286
Pinochet Ugarte, Augusto, 10, 136, 220, 225-226, 228, 230, 235, 241, 248, 251-254, 258-259, 263, 265, 268, 271, 274, 276, 280-281, 283, 286-287, 289, 295, 298, 300
Pinto Riesco, Jaime, 132
Pinto, Aníbal, 108
Pinto, José Manuel, 92
Pizarro, Francisco, 20
Pizarro, Gonzalo, 26
Poblete, Gerardo, 246
Ponce Lerou, Julio, 287
Popham, Home, 56
Portales, Diego, 72, 74, 76, 79, 97, 235, 252
Prado, Pedro, 168, 169
Prat Echaurren, Jorge, 294
Prat, Arturo, 100
Prats González, Carlos, 202, 217, 220, 223, 225-226
Precht, Cristián, 249-250
Prestes, Luis Carlos, 211
Prieto, Joaquín, 70
Primatesta, Raúl, 263
Puelma, Francisco, 68

Q

Quezada Acharán, Armando, 122
Quintana, Carmen Gloria, 271, 278
Quiroga, Rodrigo de, 39, 41

R

Rada y Gamio, Pedro José, 130
Ramírez, Pedro Felipe, 227
Ramos, José Tomás, 68

Recabarren y Aguirre, Manuel, 94, 107
Recabarren, Luis Emilio, 124
Renjifo, Manuel, 73
Reyes, Judas Tadeo, 57
Ribera, Alonso de, 30, 40, 91, 206
Ríos, Eduardo, 270
Ríos, Juan Antonio, 134, 148, 150-151, 178
Roca, Julio Argentino, 77, 89, 95, 102, 104
Rodas, Jorge de, 41
Rodríguez Aldea, José Antonio, 70
Rodríguez Peña, Demetrio, 167
Rosas, Juan Manuel de, 97
Ross de Edwards, Juana, 68
Ross Santa María, Gustavo, 127, 134, 135, 138, 143-144
Ruiz Danyau, César, 223-226
Ruminot, Manuel, 94

S

Saavedra, Cornelio, 91-93
Sáenz Peña, Roque, 149
Sáez, José Tomás, 288
Sáez, Raúl, 164, 264
Said (grupo), 69
Salas, Fernando, 247-249
Samoré, Antonio, 263
San Ignacio de Loyola, 28
San Martín, José de, 61
Santa María, Domingo, 163, 208
Santiván, Fernando, 168, 169
Saravia, Ramiriáñez de, 39
Sarmiento de Gamboa, Pedro, 83
Sarmiento, Domingo Faustino, 73, 105, 106, 167, 171
Schneider Cherau, René, 186-187, 217, 218
Schroeders, Edgardo von, 133
Seguel, Rodolfo, 268
Sepúlveda Galindo, José María, 223, 227
Sepúlveda, Claudio, 219
Sepúlveda, Mario, 225
Sigdo Coppers (grupo), 69
Silva Cimma, Enrique, 280, 288
Silva Henríquez, Raúl, 222-223, 244, 246, 248-250
Silva Ocampo, Gustavo, 212
Sor Teresa de Los Andes, 277
Sotomayor, Alonso de, 38, 39

Stange, Rodolfo, 271, 279
Subercaseaux Browne, Julio, 110
Subercaseaux Vicuña, Francisco, 110
Sucre, Antonio José de, 61

T

Talavera, Manuel Antonio, 58
Tapia, Jorge, 220
Tejedor, Carlos, 167
Thatcher, Margaret, 136
Tocornal, Joaquín, 73
Tohá, José, 190
Toledo, Francisco de, 65
Tomic Romero, Radomiro, 164, 183, 200, 226
Topa Yupanqui, 19
Torres de la Cruz, Manuel, 222
Torres, María de, 43
Torres, Pedro de, 42, 46
Tounens, Orelie Antoine de, 91
Túpac Amaru II (José Gabriel Condorcanqui, llamado), 65

U

Uriburu, José Evaristo, 104
Urmeneta-Errázuriz (familia), 68
Urquiza, Justo José de, 91
Urrutia, Basilio, 93
Urrutia, Gregorio, 93, 94
Urzúa Astaburuaga, Felipe Santiago, 127

V

Valdés Subercaseaux, Gabriel, 183
Valdivia, Pedro de, 16, 18, 20-26, 28-30, 35, 37-38, 46, 91
Valle, Jaime del, 204

Varas, Antonio, 73-74
Varela. Federico, 68, 168
Vasconcelos, José, 171
Venegas, Alejandro, 110
Vera y Pintado, Bernardo, 57
Viaux, Roberto, 186, 216-217
Vicuña de Subercaseaux, Magdalena, 68
Vicuña Mackenna, Benjamín, 68, 166, 167
Vicuña, Zenón, 109
Videla, Jorge Rafael, 263
Viel, Benjamín, 87
Vilarín, León, 202
Viola, Roberto Eduardo, 264
Vivar, Jerónimo de, 24, 25
Vives Solar, Fernando, 244

W

Waldheim, Kurt, 250
Wayna Capac, 19
Weber, almirante, 229
Welles, Summer, 150
Whitman, Walt, 172
Wiener, Charles, 75
Woodward, Michael, 246

Y

Yáñez, Eliodoro, 212
Yrigoyen, Hipólito, 124, 134

Z

Zaldívar, Andrés, 288
Zañartu Campino, Alberto, 132
Zárate, Isabel de, 38

BIBLIOGRAFÍA

ALCÁZAR, Joan y Gonzalo CÁCERES, "Dos dictaduras del período de entre guerras: Primo de Rivera e Ibáñez del Campo. Una propuesta de historia comparada", en M.V. GRILLO y P. GELI (comps.), *La derecha política en la historia europea contemporánea*. Universidad de Buenos Aires, 1999, pp. 173-213.

ALDUNATE, Carlos, "Estadio alfarero en el sur de Chile", en Jorge HIDALGO et al., *Culturas de Chile. Prehistoria desde sus orígenes hasta los albores de la conquista*. Santiago de Chile, Andrés Bello, 1989.

AMUNÁTEGUI, Domingo, *Mayorazgos y títulos de Castilla*. Santiago de Chile, Imprenta y Litografía y Encuadernación Barcelona, 1901-1904, 3 vols.

ANDERSON IMBERT, Enrique, *Historia de la literatura hispanoamericana*. México, Fondo de Cultura Económica, 1954.

ANSALDI, Waldo, "Frívola y casquivana, mano de hierro en guante de seda. Una propuesta para conceptualizar el término oligarquía en América Latina", en *Cuadernos del CLAEH*, 61. Montevideo, 1975.

APEY RIVERA, María Angélica, "El trabajo en la industria del salitre (1880-1930)", en *Dimensión histórica de Chile*. Santiago de Chile, Universidad Metropolitana de Ciencias de la Educación, 1985, pp. 64-141.

ARGUEDAS, Alcides, "Historia contemporánea de Bolivia", en Ricardo LEVENE, *Historia de América*. Buenos Aires, Jackson, 1947, vol. XI. pp. 3-130.

ARRIAGADA, Genaro, *Por la razón o la fuerza. Chile bajo Pinochet*. Santiago de Chile, Sudamericana, 1998.

ATRIA, Rodrigo et al., *Chile, la memoria prohibida*. Santiago de Chile, Pehuén, 1989.

AYLWIN, Mariana et al., *Chile en el siglo XX*. Santiago de Chile, Emisión s./f.

AYLWIN AZÓCAR, Patricio, *El reencuentro de los demócratas. Del golpe al triunfo del no*. Santiago de Chile, Grupo Z, 1998.

BANZEN, Washington, *Instrucción primaria* (memoria de prueba para optar al grado de licenciado en la Facultad de Derecho de la Universidad de Chile). Santiago de Chile, s./e., 1903.

BARROS, Luis y Ximena VERGARA, *El modo de ser aristocrático*. Santiago de Chile, Aconcagua, 1978.

BARROS, Mario, *Historia diplomática de Chile*. Santiago de Chile, Rafael Jover, 1884-1902, vols. 1-16.

BARROS GREZ, Daniel, *Como en Santiago y otras comedias*. Santiago de Chile, Nascimento, 1995.

BASADRE, Jorge, *Historia de la República del Perú*. Lima. Cultura Antártica, 1946, 2 vols.

BAUER, Arnold J., "Expansión económica en una sociedad tradicional. Chile central en el siglo XIX", en *Historia 9*. Santiago de Chile, 1970.

BENGOA, José, *Historia del pueblo mapuche. Siglos XIX y XX*. Santiago de Chile, Sur, 1985.

BITAR, Sergio, *Transición, socialismo y democracia. La experiencia chilena*. México, Siglo Veintiuno, 1979.

BLANCPAIN, Jean Pierre, *Los alemanes en Chile (1816-1945)*. Santiago de Chile, Ediciones Pedagógicas Chilenas, 1985.

BLEST GANA, Alberto, *Los trasplantados*. Santiago de Chile. Zig-Zag, 1945. 2 vols.

BOENINGER, Edgardo, *Democracia en Chile. Lecciones para la gobernabilidad*. Santiago de Chile, Andrés Bello, 1997.

BONILLA, Heraclio, *Un siglo a la deriva. Ensayos sobre el Perú, Bolivia y la guerra*. Lima, Instituto de Estudios Peruanos, 1980.

BOTANA, Natalio, *El orden conservador. La república posible*. Buenos Aires, Hyspamérica, 1986.

BRAHM GARCÍA, Enrique, "Del soldado romántico al soldado profesional. Revolución en el pensamiento militar chileno (1885-1940)", en *Historia*, 25, 1990.

BULNES, Gonzalo, *Guerra del Pacífico*. Santiago de Chile, Del Pacífico, 1955, 3 vols.

CAVALLO, Ascanio, Óscar SEPÚLVEDA y Manuel SALAZAR, *La historia oculta del régimen militar*. Santiago de Chile, *La Época*, 1988.

CÁCERES, Esther de, "Alma y poesía de Gabriela Mistral", en G. MISTRAL, *Poesías completas*. Madrid, Aguilar, 1968, pp. XV-XVI.

CAMPOS, Fernando, *Historia constitucional de Chile*. Santiago de Chile, Editorial Jurídica de Chile, 1956.

CARRIERE, Jean, *Landowners and politics in Chile. A study of de "Sociedad Nacional de Agricultura" (1932-1970)*. Amsterdam, Centro de Estudios y Documentación Latinoamericanos, 1981.

CHILD, Theodore, "Urban and commercial Chili", en *Harper's Monthly Magazine*. 81. Londres, 1890, pp. 901-923.

CÉSPEDES DEL CASTILLO, Guillermo, "Lima y Buenos Aires. Repercusiones económicas y políticas de la creación del Virreinato del Río de la Plata", en *Anuario de Estudios Americanos*, 3. Sevilla. 1946.

—— *La exploración del Atlántico*. Madrid, MAPFRE, 1991.

Cobos, María Teresa, *La división político-administrativa de Chile (1541-1811)*. Valparaíso, Universidad Católica de Valparaíso, Instituto de Historia, 1989.
Collier, Simon y William P. Sater, *Historia de Chile (1808-1994)*. Cambridge University Press, 1998.
Debray, Régis, *Alabados sean nuestros señores. Una educación política*. Buenos Aires, Sudamericana, 1999.
Donoso, Ricardo, *Las ideas políticas en Chile*. México, Fondo de Cultura Económica, 1946.
—— *Alessandri agitador y demoledor. Cincuenta años de historia política de Chile*. México, Fondo de Cultura Económica, 1952, 2 vols.
Drake, Paul, *Socialismo y populismo en Chile (1936-1973)*. Valparaíso, Universidad Católica de Valparaíso, 1992.
Edwards, Alberto, *La fronda aristocrática*. Santiago de Chile, Pacífico, 1972.
Encina, Francisco Antonio, *Portales*. Santiago de Chile, Nascimento, 1934, 2 vols.
Errázuriz, Crescente, *Historia de Chile. Pedro de Valdivia*. Santiago de Chile, 1911-1912, 2 vols.
Eyzaguirre Philippi, Teresa, "Alcaldes y regidores del Cabildo de Santiago durante el siglo xiv. (Estudio de grupos)", tesis de licenciatura en Historia, Pontificia Universidad Católica de Chile, 1978.
Fermandois. Joaquín, *Abismo y cimiento. Gustavo Ross y las relaciones entre Chile y Estados Unidos (1932-1938)*. Santiago de Chile, Ediciones Universidad Católica de Chile, 1996.
Floria, Carlos A. y César A. García Belsunce, *Historia política de la Argentina contemporánea*. Madrid, Alianza, 1988.
Fuentes, Claudio, "Partidos y coaliciones en el Chile de los 90. Entre pactos y proyectos", en Paul Drake e Iván Jaksic (comps.), *El modelo chileno. Democracia y desarrollo en los 90*. Santiago de Chile, Lom, 1999.
Garcés, Joan F., 1970. *La pugna política por la presidencia de Chile*. Santiago de Chile, Editorial Universitaria, 1971.
García Villegas, René, *Soy testigo. Dictadura, tortura, injusticia*. Santiago de Chile, Amerindia, 1990.
Gazmuri, Cristián, *Eduardo Frei Montalva y su época*. Santiago de Chile. Aguilar, 2000.
—— Patricia Arancibia y Álvaro Góngora, "Eduardo Frei Montalva. Una biografía", mimeo.
Góngora, Mario, *Encomenderos y estancieros. Estudios acerca de la constitución social aristocrática de Chile después de la conquista (1580-1660)*. Santiago de Chile, Universidad de Chile, Sede de Valparaíso, 1970.
—— *Ensayo sobre la noción del Estado en Chile, en los siglos xix y xx*. Santiago de Chile, La Ciudad, 1981.

GREZ, Sergio, "La huelga general de 1890", en *Perspectivas. Revista de Teoría y Análisis Político*, 5. Santiago de Chile, CEP, 1990.

GUERRERO LIRA, Cristián, "La contrarrevolución de la Independencia en Chile", tesis de doctorado en Historia, Pontificia Universidad Católica de Chile, 1996.

HERRMANN, Alberto, *La producción de Chile de los metales o minerales más imperantes, de las sales naturales, del azufre y del guano desde la conquista hasta agosto de 1894*. Santiago de Chile, Imprenta Nacional, 1894.

HEISE, Julio, *Historia de Chile. El período parlamentario (1861-1925)*. Santiago de Chile, Andrés Bello, 1974.

HIDALGO, Jorge, "Diaguitas chilenos protohistóricos", en Jorge HIDALGO et al., *Culturas de Chile. Prehistoria desde sus orígenes hasta los albores de la conquista*. Santiago de Chile, Andrés Bello, 1989.

ILLANES, María Angélica, *La dominación silenciosa. Productores y prestamistas en la minería de Atacama (1830-1860)*. Santiago de Chile, Instituto Superior Blas Cañas, 1987.

Informe de la Comisión Nacional de Verdad y Reconciliación (Informe Rettig). Santiago de Chile, febrero de 1991, 3 vols.

JARA, ÁLVARO, *Guerra y sociedad en Chile*. Santiago de Chile, Editorial Universitaria, 1971.

JOBET, Julio César, "Ensayo crítico del desarrollo económico-social de Chile", en *Anales de la Universidad de Chile, 81-82*. Santiago de Chile, 1951.

JOCELYN-HOLT, Alfredo, *El Chile perplejo. Del avanzar sin transar al transar sin parar*. Santiago de Chile. Planeta-Ariel, 1998.

JUAN, Jorge y Antonio DE ULLOA, *Noticias secretas de América*. Buenos Aires, Mar Océano, 1953.

KLARE, Michel T. y Peter KORNBLUT (coords.), *Contrainsurgencia, proinsurgencia y antiterrorismo en los 80. El arte de la guerra de baja intensidad*. México, Grijalbo, 1990.

LAGOS ESCOBAR, Ricardo, *La concentración del poder económico. Su teoría. Realidad chilena*. Santiago de Chile, Del Pacífico, 1965.

LANGDON, Elena, "Higiene y salud públicas", en Armando DE RAMÓN y Patricio GROSS (comps.), *Santiago de Chile. Características histórico-ambientales (1891-1924)*. Londres, Monografías de Nueva Historia, 1985.

LEON, Leonardo, *La merma de la sociedad indígena en Chile central y la última guerra de los promaucaes (1541-1558)*. Escocia, Institut of Amerindian Studies. University of St. Andrews, 1991.

Libro Blanco del cambio de gobierno en Chile. Santiago de Chile, Lord Cochrane, 1973.

MALSH, Albert, *Le dernier recoin du monde. Deux ans au Chili*. Ginebra, 1907.

MAMALAKIS, Marcos, *The growth and structure of the Chilean economy. From Independence to Allende*. New Haven. Yale University Press, 1976.

MARTÍNEZ, Melchor, *Memoria histórica de la revolución de Chile desde el cautiverio de Fernando VII hasta 1814.* Valparaíso, Imprenta Europea, 1848.
MARTNER, Daniel, *Historia de Chile. Historia económica.* Santiago de Chile, Balcells Co., 1929.
MATUS, Alejandra, *El Libro Negro de la justicia chilena.* Buenos Aires, Planeta, 1999.
MELLAFE, Rolando, "Las primeras crisis coloniales, formas de asentamiento y el origen de la sociedad chilena. Siglos XVI y XVII", en *Historia social de Chile y América. Sugerencias y aproximaciones.* Santiago, 1986.
MELLER, Patricio, "Pobreza y distribución del ingreso en Chile (década de los 90)", en Paul DRAKE e Iván JAKSIC (comps.), *El modelo chileno. Democracia y desarrollo en los 90.* Santiago de Chile, Lom, 1999.
MONTESSUS DE BALLORE, Fernando de, "Geografía sísmica de Chile", en *Revista Chilena de Historia y Geografía*, 7. Santiago de Chile, tercer trimestre de 1912.
MOULIAN, Tomás, *Chile actual. Anatomía de un mito.* Santiago de Chile, Universidad Arcis-Lom, 1997.
MUÑOZ DELAUNOY, Ignacio, "El Congreso Nacional de Chile en la segunda mitad del siglo XIX. Desvirtuación de una hipótesis", tesis de licenciatura en Historia, Pontificia Universidad de Chile, s./f.
MUÑOZ GOMÁ, Óscar, *Chile y su industrialización. Pasado, crisis y opciones.* Santiago de Chile, CIEPLAN, 1986.
NAZER, Ricardo, "Estudio sobre grupos oligárquicos", ponencia presentada en el Seminario sobre Clases Sociales. Santiago de Chile, Pontificia Universidad Católica (no impreso), 1998.
OLAVARRÍA, Arturo, *Chile entre dos Alessandri.* Santiago de Chile, Nascimento, 1962-1965, 4 vols.
OPPENHEIM, Louis H., *Politics in Chile. Democracy, authoritarism and the search for development*, Boulder. Vestview Press, 1999.
ORREGO LUCO, Luis, *Casa Grande.* Santiago de Chile, Zig-Zag, 1953.
ORTEGA MARTÍNEZ, Luis et al., *Corporación de Fomento de la Producción. Cincuenta años de realizaciones (1939-1989)*, Universidad de Santiago de Chile, Facultad de Humanidades, Departamento de Historia, 1989.
OVALLE, Alonso de, *Histórica relación del Reino de Chile.* Santiago de Chile, Instituto de Literatura Chilena, 1969.
PÉREZ ROSALES, Vicente, *Recuerdos del pasado (1814-1860).* Santiago de Chile, Zig-Zag, 1943.
PINOCHET UGARTE, Augusto, *El día decisivo. 11 de septiembre de 1973.* Santiago de Chile, Andrés Bello, s./f.
PINTO, Jorge, Maximiliano SALINAS y Rolf FOESTER, *Misticismo y violencia en la temprana evangelización de Chile.* Temuco, Universidad de la Frontera, 1991.

PINTO, Julio, *Trabajadores y rebeldías en la pampa salitrera. El ciclo del salitre y la configuración de las identidades culturales*. Universidad de Santiago de Chile, 1998.

PINTO SANTA CRUZ, Aníbal, *Chile, un caso de desarrollo frustrado*, Universidad de Santiago de Chile, 1998.

POLLAK, Marcelo, *The New Right in Chile (1973-1997)*. Londres, Macmillan, 1999.

PRATS, Carlos, *Memorias. Testimonio de un soldado*. Santiago de Chile, Pehuén, 1985.

QUEREJAZU, Roberto, *La guerra del Pacífico*. Cochabamba. Los Amigos del Libro, 1983.

RAMÍREZ NECOCHEA, Hernán, *Balmaceda y la contrarrevolución de 1891*. Santiago de Chile, Editorial Universitaria, 1972.

RAMÓN, Armando de, *Descubrimiento de Chile y compañeros de Almagro*. Santiago de Chile, Universidad Católica de Chile, 1953.

—— "Práctica del conservatismo y régimen oligárquico. Los idearios portaliano y alberdiano y su proyección", en *Argentina y Chile en la época de Rosas y Portales*. Editorial Universitaria de La Plata, 1997.

—— "La sociedad española de Santiago de Chile entre 1581 y 1596. (Estudio en grupos)", en *Historia*, 4. Santiago de Chile, 1965.

—— José Manuel LARRAÍN, *Orígenes de la vida económica chilena (16591808)*. Santiago de Chile, CEP, 1982.

—— Ricardo COUYOUMDJIAN y Samuel VIAL, *Ruptura del Viejo Orden hispanoamericano*. Santiago de Chile, Andrés Bello, 1993.

RECTOR, John, "Transformaciones sociales producidas por la independencia de Chile", en *Revista de Historia y Geografía*, 143. Santiago de Chile, 1975, pp. 107-126.

RISOPATRÓN, Luis, *Diccionario geográfico de Chile*. Santiago de Chile, Imprenta Universitaria, 1924.

RIVAS VICUÑA, Manuel, *Historia política y parlamentaria de Chile*. Santiago de Chile, Ediciones de la Biblioteca Nacional, 1964, 3 vols.

ROBERTSON, William, *History of the conquest of America*. Londres, 1777.

ROCK, David, *Argentina 1516-1987. Desde la colonización española hasta Raúl Alfonsín*. Madrid, Alianza, 1988.

ROMERO, Luis Alberto, "Decadencia regional y declinación urbana en el interior argentino (1776-1787)", en *Revista Paraguaya de Sociología*, 42-43. Asunción, mayo-diciembre de 1978.

ROUQUIÉ, Alain, *El Estado militar en América Latina*. Buenos Aires, Emecé, 1984.

RUMBOLD, Horace, *Recollections of a diplomatist*. Londres, Edward Arnold, 1903.

SALAZAR, Gabriel y Julio PINTO, *Historia contemporánea de Chile*. Santiago de Chile, Lom, 1999, 2 vols.

SATER. William F., "Reformas militares alemanas y el ejército chileno", en *Revista de Historia*, VII. Universidad de Concepción, 1997.
SCULLY, Timothy, *Los partidos del centro y la evolución política chilena*. Santiago de Chile, CIEPLAN-Nótre Dame, 1992.
SEPÚLVEDA, Sergio, *El trigo chileno en el mercado mundial*. Santiago de Chile, Universidad de Chile - Editorial Universitaria, 1959.
SIAVELIS, Peter M., "Continuidad y transformación del sistema de partidos en una transición 'modelo'", en Paul DRAKE e Iván JAKSIC (comps.), *El modelo chileno. Democracia y desarrollo en los 90*. Santiago de Chile, Lom, 1999.
SILVA HENRÍQUEZ, Raúl, *Memorias del cardenal*. Santiago de Chile, Copygraph, 1991-1994, 3 vols.
STABILI, María Rosaria, *Il Cile. Dalla repubblica liberale al dopo Pinochet (1861-1990)*. Florencia, Grupp, 1991.
—— *Il sentimento aristocratico. Elites cilene allo specchio (1860-1960)*. Lecce, Congedo, 1996.
SUÁREZ, Úrsula, *Relación autobiográfica, prólogo y estudio preliminar*. Santiago de Chile, Editorial Universitaria.
SUBERCASEAUX, Julio, "Autobiografía", en *Boletín de la Academia Chilena de la Historia*, 62-63. Santiago, 1960-1961.
TALAVERA, Manuel Antonio, "Revoluciones de Chile. Discurso histórico, diario imparcial de los sucesos memorables acaecidos en Santiago de Chile desde el 23 de mayo de 1810 hasta el 20 de noviembre de 1811", en *Colecciones de historiadores y de documentos relativos a la Independencia de Chile*. Santiago de Chile, 1937, vol. XXIX.
TEITELBOIM, Volodia, *Gabriela Mistral, Pública y secreta*. Santiago de Chile, Sudamericana, 1996.
—— *Antes del olvido. I: Un muchacho del siglo XX. II: Un hombre de edad media*. Santiago de Chile, Sudamericana, 1998-1999.
THAYER OJEDA, Tomás, *Santiago durante el siglo XVI. Constitución de la propiedad urbana y noticias biográficas de sus primeros pobladores*. Santiago de Chile, 1905.
URZÚA VALENZUELA, Germán, *Historia política de Chile y su evolución electoral*. Santiago de Chile, Editorial Jurídica, 1992.
VALDÉS, Hernán, *Tejas Verdes. Diario de un campo de concentración en Chile*. Santiago de Chile, Lom-CESOC, 1996.
VALDÉS Canje, Dr (seud. de Alejandro VENEGAS), *Sinceridad. Chile íntimo en 1910*. Santiago de Chile, CESOC, 1998.
VALENZUELA, Arturo, *El quiebre de la democracia en Chile*. Santiago de Chile, FLACSCO, 1989.
VALDIVIA ORTIZ DE ZÁRATE, Verónica, *Las milicias republicanas. Los civiles en armas (1932-1936)*. Santiago de Chile, DIBAM-Centro de Investigaciones Diego Barros Arana, 1992.

VICUÑA MACKENNA, Benjamín, *Los Lisperguer y la Quintrala (Doña Catalina de los Ríos)*, 2ª ed. crítica de Jaime EYZAGUIRRE, Santiago, Zig-Zag, 1944.

VILLALOBOS, Sergio, *La vida fronteriza en Chile*, Madrid, MAPFRE, 1992.

VIVAR, Jerónimo de, *Crónica de los reinos de Chile* (ed. de Ángel BARRAL GÓMEZ), Madrid, Historia 16, 1988.

WEBER, Max, *Economía y sociedad*, México, Fondo de Cultura Económica, 1964.

WEYLAND, Kurt, "La política económica en la nueva democracia chilena", en Paul DRAKE e Iván JAKSIC (comps.), *El modelo chileno. Democracia y desarrollo en los 90*, Santiago de Chile, Lom, 1999.

WIENER, Charles, *Chili & Chiliens*, París, Léopold Cere, 1888.

Andros Impresores
www.androsimpresores.cl